James Parton

General Butler in New Orleans

James Parton

General Butler in New Orleans

ISBN/EAN: 9783743695399

Hergestellt in Europa, USA, Kanada, Australien, Japan

Cover: Foto ©ninafisch / pixelio.de

Weitere Bücher finden Sie auf **www.hansebooks.com**

General Butler

in

New-Orleans.

Von

James Parton,

Verfasser der „Lebensbeschreibung Aaron Burrs," der „Lebensbeschreibung
Andrew Jacksons" rc.

Nach der englischen Ausgabe bearbeitet

von

Hermann Raster und Edmund Remack.

New-York:

Verlag von Mason Brothers, 7 Mercer Street,
Boston: Mason & Hamlin. Philadelphia: J. B. Lippincott & Co.
London: D. Appleton & Co., 16 Little Britain.

HENRY BEYER,
Stereotyper and Electrotyper,
538 Broadway, N. Y.

C. A. ALVORD,
Printer,
15 Vandewater St. N. Y.

Vorrede.

Der Versuch, eine Geschichte der merkwürdigsten Kriegsepisode zu schreiben, in Betreff welcher die Urtheile der Zeitgenossen, im Inlande, wie im Auslande, so himmelweit von einander abweichen, wird kaum einer Erklärung bedürfen. Die Ehre des Landes erheischt, daß eine vom Volke als gerecht, weise, und human acceptirte, von den Widersachern der Republik aber als despotisch, brutal und grausam verschrieene Verfahrungsweise, wenigstens verstanden und nur auf Grund einer vollen Kenntniß aller bezüglichen Thatsachen gewürdigt werde.

Nothwendig aber scheint es, die Veranlassung zu bezeichnen, welcher das vorliegende Buch seine Entstehung verdankt und die Quellen anzugeben, aus denen der Verfasser seine Mittheilungen geschöpft hat.

Wie viele andere Freunde des Vaterlandes und der Freiheit, war ich den Vorgängen in Louisiana unter Butlers Verwaltung mit lebendiger Theilnahme gefolgt und hatte die Entrüstung getheilt, welche die groben Entstellungen jener Vorgänge durch die Aufrührer, ihre Gesinnungsgenossen und ihre „neutralen" Verbündeten erweckten.

Nach General Butlers Abberufung setzte ich ihn brieflich von meinem Vorhaben in Kenntniß, eine historische Darstellung seiner Verwaltung nebst einer flüchtigen Skizze seiner früheren Laufbahn zu schreiben und ersuchte ihn um seine Zustimmung und Mitwirkung bei diesem Unternehmen. Darauf erhielt ich folgende Antwort:

„Ihr Ansinnen ist in hohem Grade schmeichelhaft für mich und gern werde ich mich bemühen, Ihnen in der angedeuteten Weise behülflich zu sein. Alle meine Briefcopir= und Befehlbücher, sowie die amtlichen und nichtamtlichen Schreiben, die ich empfangen habe, stehen zu Ihrer Verfügung. Wenn ich durch mündliche Mittheilungen Sie über Punkte aufklären kann, in Betreff deren Sie andernfalls der Wahrheit nicht würden auf den Grund kommen können, so bin ich dazu mit Vergnügen bereit.

Ueber Eins aber müssen wir uns vor allen Dingen verständigen. Wenn ich Ihnen alle möglichen Gelegenheiten gebe, sich von Allem, was ich in New Orleans, oder anderswo gethan habe, die genaueste Kenntniß zu verschaffen, so geschieht es unter der ausdrücklichen Bedingung, daß Sie darüber ganz und gar nach Ihrem Gutdünken schreiben und sich durch die Rücksicht auf die Quelle, aus welcher Sie Ihre Kunde geschöpft haben, auch nicht im Gering=sten in Ihrem Urtheil bestimmen lassen; ferner, daß Sie sich bei der streng=sten Prüfung dessen, was ich gethan oder durch Andere habe thun lassen, in keiner Weise durch etwaige Höflichkeitspflichten gegen mich beirren lassen. Ich begehre nichts weiter, als daß Sie mir gestatten mögen, Ihnen alle documentarischen und sonstigen Belege mitzutheilen, die Ihnen bei der Bil=dung Ihres Urtheils von Werth sein können."

Ich hatte noch nicht das Vergnügen, den General persönlich zu kennen. Unsere Correspondenz endete damit, daß ich ihn in Lowell besuchte, eine geraume Zeit in seinem Hause zubrachte und dort von ihm, seinen Stabsof=fizieren und seiner Gattin die umfassendsten mündlichen Mittheilungen zur Ergänzung der zu meiner Verfügung gestellten Akten und Briefschaften em=pfing. Niemals, weder damals, noch seitdem hat der General in Bezug auf die Art und Weise, wie der Stoff zu verarbeiten sei, die leiseste Andeutung gemacht, nie eine Zeile von dem Manuskript des vorliegenden Buches gese=hen, oder eine darauf bezügliche Frage an mich gestellt.

Während demnach Alles, was in den nachfolgenden Blättern Werth, oder Interesse haben mag, lediglich dem mir von General Butler auf so freund=liche Weise geleisteten Beistande zu danken ist, ist er weder für die Form, noch für den Inhalt des Buches (ausgenommen die in seinen eigenen Worten wiedergegebenen Schriftstücke) verantwortlich. Finden sich darin falsche Auffassungen von Ereignissen, oder Menschen, oder sind die mir mitgetheilten Papiere auf ungeschickte Weise benutzt worden, so trifft mich allein der Tadel dafür. Ausdrücklich sei noch erklärt, daß wenn in dem Buche über diesen oder jenen Mann eine unvortheilhafte Meinung ausgesprochen ist, ich mir diese Meinung durch Prüfung der Thatsachen selbst gebildet und keineswegs aus irgend einer Aeußerung des General Butler geschöpft habe. In Bezug auf Alles, was ihn selbst angeht, ist General Butler einer der offenherzigsten Menschen, ganz besonders in Bezug auf solche seiner Handlungen, die er selbst später zu bedauern Veranlassung fand, oder die ihm Vorwürfe zugezogen haben. Aber in Bezug auf das Verfahren Anderer ist er schweigsam und milde. Niemals habe ich ihn über die Persönlichkeiten, welche seine Pläne durchkreuzt, oder seine Abberufung bewirkt haben, nur ein einziges Wort sagen hören, das nicht ihnen ins Gesicht wiederholt werden könnte, ohne sie zu verletzen.

Wenn ich die der Eroberung von New Orleans vorangegangene Lebenslaufbahn des General Butler einigermaßen ausführlich geschildert habe, so ist dies geschehen, damit der Leser selbst darüber urtheilen könne, ob ein Mann, wie General Butler es war, ehe er die Verwaltung von New Orleans übernahm, solcher Abscheulichkeit, wie die Feinde der Republik ihm nachgesagt haben, fähig sei.

Es ist für die Zukunft des Landes von höchster Wichtigkeit, bei Allem, was über den gegenwärtigen Krieg geschrieben wird, sich streng an die Wahrheit zu halten. Was aus den entsetzlichen Opfern an Gut und Blut für folgende Geschlechter, an Tröstungen, Warnungen und Belehrungen entsprießen kann, das kann nur durch eine treue und wahre Darstellung des Geschehenen gewonnen werden. Alle Täuschungen, Entstellungen, Prahlereien und unwürdige Verkürzungen der Wahrheit seien den Widersachern der Freiheit überlassen. Wir schulden uns, wir schulden dem Andenken an die Helden, die den Tod fürs Vaterland gestorben sind und allen nachfolgenden Geschlechtern die volle, ganze Wahrheit auch auf die Gefahr hin, daß sie uns Nachtheil bringe. Was mich betrifft, so kann ich mit gutem Gewissen versichern, daß jede Seite des vorliegenden Buches nur in der einzigen Absicht geschrieben worden ist, dem Leser die Thatsachen ungeschminkt und unverfälscht vorzuführen.

James Parton.

New York, im Oktober, 1863.

Die Uebersetzer dieses Buches müssen die Bemerkung vorausschicken, daß sie dasselbe auf den Wunsch und unter Mitwirkung des Verfassers auf einen bedeutend geringeren Umfang, als der des Originals zusammengedrängt haben. Es ist dies einmal durch Auslassung solcher aktenmäßigen Belege geschehen, die nur einen beschränkten historischen Werth und auch diesen nur in der Ursprache haben; andererseits durch eine gedrängte Darstellung namentlich solcher Theile des Buches, für welche bei deutschen Lesern nur ein geringes Interesse vorauszusetzen ist. Ueberall ist es das Bestreben der Uebersetzer gewesen, dem Verfasser gerecht zu werden, was nicht durch eine wörtliche Uebertragung seines Buches in deutsch-amerikanisches Kauderwelsch geschehen kann, sondern nur durch eine so treu als möglich den Geist des Buches wiedergebende, und soweit thunlich, den Styl des Verfassers bewahrende Verarbeitung in wirkliches Deutsch, wie man es in einem in Deutschland erschienenen Buche zu finden erwarten würde. Wenn es den Uebersetzern gelungen wäre, der vorliegenden Bearbeitung eine solche sprachliche Form zu geben, daß sie auf den gebildeten Leser den Eindruck eines deutschen Originalwerkes hervorbrächte, wäre der Zweck, den sie im Auge gehabt haben, vollständig erreicht.

Inhalt.

Erstes Capitel.

General Butler vor dem Kriege.

Er stammt aus kriegerischem Geschlecht. Seines Vaters Vater stritt unter General Wolfe bei Quebec und machte den Unabhängigkeitskrieg der Ver. Staaten mit. Seine Mutter gehörte der in New Hampshire wohlbekannten Familie der Cilleys an. Ein Oberst Cilley führte in dem Treffen bei Bennington eine Compagnie von Rekruten, die niemals ein Geschütz gesehen hatten. Um ihnen Muth zu machen, setzte er sich rittlings auf eine Kanone, während sie abgefeuert ward. Von diesem stammt Gen. Butler mütterlicherseits. Angelsächsisches Blut und das Blut der zähen und kühnen schottisch-irischen Race fließen in seinen Adern zu gleichen Theilen.

Sein Vater, John Butler, diente in dem Kriege von 1812 als Dragonerhauptmann,—eine Zeitlang zu New Orleans unter Jackson, dessen Namen er seinem Erstgeborenen gab. Nach dem Kriege ging er zur See, als Supercargo, Schiffsführer, oder Kaufmann, und erwarb sich dadurch mäßigen Wohlstand. Seiner politischen Gesinnung nach war er strenggläubiger Demokrat, und das zu einer Zeit, wo in New Hampshire ein Demokrat fast ein Geächteter war. In seinem Wohnorte gab es nur acht Demokraten, die unter sich eine kleine Genossenschaft bildeten, gemieden von den Föderalisten und nur deshalb nicht als gefährlich verfolgt, weil man sie ihrer geringen Zahl wegen verachtete. Seine Söhne hatten somit von frühester Jugend an das Bewußtsein einer verabscheuten, aber tüchtigen und unerschrockenen Minorität anzugehören.

Im März 1819 starb John Butler in Westindien am gelben Fieber. Die Sorge für seine beiden Söhne, wovon der jüngste, Benjamin, erst fünf Monate alt war, fiel der Mutter zu. Deren Mittel waren gering, denn ihr Mann hatte den größten Theil ihres Vermögens bei sich gehabt und nur

sehr wenig davon gelangte an seine Hinterbliebenen.   Eine tüchtige, wirth=
schaftliche, sorgsame und aufopfernde Frau, eine ächte New=Engländerin,
wußte Frau Butler ihre geringen Mittel trefflich zu Rathe zu halten und
beiden Söhnen eine anständige Erziehung zu geben.   Sie lebt noch, um
sich der Früchte ihrer selbstverleugnenden Mühen zu erfreuen.

Am 5. November 1818 ward Benjamin Butler zu Deerfield, einem klei=
nen Landstädtchen in New Hampshire, geboren.   Der vaterlose Knabe war
schwächlich, gutmüthig, allem Hader abgeneigt und sehr glücklich darüber,
einen starken älteren Bruder zu haben, der ihn beschützte.   Lesen, schreiben,
rechnen, ein wenig Erdkunde und die Elemente der Grammatik lernte er in
der Bezirksschule.   Die Lesebegierde, die sich in den New Englandstaaten so
häufig findet, ergriff ihn.   Wie andere Knaben nach Vogelnestern oder Obst,
so jagte er Büchern nach und da er keine große Auswahl hatte, so lernte er
die wenigen, die er besaß, fast auswendig.   So einst das ganze Evangelium
Matthäi.   Sein Gedächtniß war schon damals, wie es noch heute ist, er=
staunlich.   Es giebt wohl im ganzen Lande Niemanden, der so viele Ge=
dichte auswendig kann, wie er.   Seine Mutter, die in ihm eine bedeutende
geistige Begabung zu finden glaubte, entschloß sich ihn studiren zu lassen und
schmeichelte sich mit der frohen Hoffnung, ihn dereinst die Kanzel besteigen
zu sehen.

An einem frostigen Novembermorgen im Jahre 1821 hätte man ein halbes
Dutzend Bostoner Herren mit emsig forschenden Blicken in der Nähe der
Fälle des Merrimac durch den Schnee waten sehen können.   Nur ein Dörf=
chen von fünf oder sechs Häusern befand sich dort.   Unter Felsen und Ge=
büsch suchten die Herren wie nach Verlorenem umher, in emsigem Gespräch
begriffen.   Die Frucht dieser Wanderung war die Stadt Lowell, die heute
ein Ort von 40,000 Einwohnern ist, deren Baumwollen= und Wollen=Fa=
briken ein Kapital von dreizehn Millionen darstellen und allein an Arbeits=
lohn monatlich 200,000 Dollars auszahlen. —Im Jahre 1828, als unser
junger Freund im zehnten Jahre stand, und Lowell bereits ein rasch aufblü=
hendes Städtchen von 2000 Einwohnern war, siedelte sich seine Mutter mit
ihren Söhnen dort an.   Zu ihrer Aller Glück.   Der braven Mutter gelang
es, ihr dürftiges Einkommen durch Annahme von Kostgängern zu vermehren,
ihr lernbegieriger Sohn konnte bessere Schulen besuchen und Bücher lesen,
so viel sein Herz begehrte.   Bald ging er aus der Elementarschule in die
Bürgerschule über und bereitete sich dann in einer Lehranstalt zu Exeter für
den Besuch der Hochschule vor.

S e i n Wunsch war, in die Militär=Akademie zu Westpoint zu gelangen
und als Sohn eines Offiziers würde er am Ende unter Jacksons Verwal=

tung keine Schwierigkeiten gefunden haben, die vielbegehrte Stelle eines Zöglings in jener Anstalt zu erlangen. Aber die Mutter beharrte in ihrem Wunsche, ihn der Kirche zu widmen. Auf den Rath des Geistlichen ihrer Gemeinde entschied sie sich für das kurz zuvor in Waterville (Maine) von den Baptisten begründete und fast gänzlich von Baptistengeistlichen geleitete Seminar. Mit diesem war eine Anstalt verbunden, in welcher die Zöglinge täglich drei Stunden lang Handarbeiten verrichteten, deren Ertrag wenigstens einen Theil ihrer Erziehungskosten bestritt.

Als Benjamin Butler diese Hochschule bezog, war er ein schmächtiger und schwächlicher Knabe von sechszehn Jahren, von blasser Gesichtsfarbe und röthlich-braunem Haar. Seine Stirn trat hart über den Augen so stark hervor, daß ein Phrenologe keine Schwierigkeiten gehabt haben würde, die kräftige Entwickelung seines Begriffsvermögens darzuthun. Scharfen Blicks, feurig, strebsam und furchtlos war der Knabe, doch entwickelt war noch nichts in ihm, als ein rastloser Wissenstrieb und ein wunderbar starkes Gedächtniß. Um seine Börse stand es sehr schlecht. Von seiner Mutter konnte er wenig erhalten,—ein Oheim ließ ihm gelegentlich eine kleine Unterstützung zukommen und was er in seinen drei Stunden täglicher Handarbeiten durch Tischlerei verdiente, war eine lächerlich geringe Summe.

Carlyle meint, daß wenn ein Sperling die Geschichte des Sperbers zu schreiben hätte, sie schwerlich sehr schmeichelhaft für diesen ausfallen würde. Steife, strenggläubige Zopfprofessoren befinden sich ihrer ganzen Natur nach im Gegensatz zu so kecken, aufgeweckten, an die Vertretung oppositioneller Gesinnungen gewöhnten Jünglingen, wie Butler es war. Ich fürchte daher sehr, daß wenn seine Laufbahn in der Hochschule von seinen Lehrern geschildert werden sollte, er uns nicht eben im günstigsten Lichte dargestellt werden würde. Diese Lehrer waren weit mehr Theologen, als Pädagogen; es lag ihnen viel mehr daran, die Zöglinge fromm, als gelehrt zu machen und zu diesem Bestreben stimmte Butlers ganze Geistesanlage sehr schlecht.

Gleichwohl war die Zeit, die er in der Anstalt zubrachte, von großem Nutzen für seine Ausbildung. Wenn er geneigt war diejenigen Unterrichtsgegenstände zu mißachten, auf welche die Lehrer den größten Werth legten, so machte er dafür von der Bibliothek der Anstalt den umfassendsten Gebrauch. Er war ein unersättlicher Leser. Die Naturwissenschaften, besonders die Chemie, flößten ihm das lebhafteste Interesse ein und er ergab sich ihrem Studium mit dem regsten Eifer.

Sein Beispiel wirkte auch auf seine Schulgenossen und es bildete sich eine förmliche Partei unter ihnen, welche, die pedantische Zopfmethode des Unterrichts verwerfend, die freieste Willkür in der Erwerbung von Kenntnissen

übte. Sein treffliches Gedächtniß setzte Butler in Stand, ohne Unter=
brechung seiner freiwilligen, regellosen Studien den Anforderungen des me=
chanischen, auf todtes Auswendiglernen zielenden Unterrichts zu genügen.

Wegen einer Disciplinarfrage gerieth er mit seinen frommen Lehrern in
ernsten Conflikt. Die Schulgesetze belegten Versäumniß des Frühgottes=
dienstes mit einer Geldbuße von 10 Cents. Das war keine Kleinigkeit für
einen jungen Mann, der nicht gern aufstand, ehe es heller Tag war und
täglich kaum mehr als zwanzig oder dreißig Cents erwarb. Allein es war
nicht bloß die Geldbuße, die er fürchtete, sondern die noch außerdem damit
verbundene Censur und die im Wiederholungsfalle angedrohte Relegation.
Eines Tages hielt einer der Professoren eine Predigt, worin er vom Stand=
punkte des schroffsten Calvinismus aus folgende Sätze ausführte: „1. Nur
die Auserwählten können der Seligkeit theilhaft werden. 2. Von den
Menschen, die sich Christen nennen, wird wahrscheinlich kaum einer unter
hundert der Seligkeit theilhaft werden. 3. Die Heiden können eher selig
werden, als solche Bewohner christlicher Länder, welche die Sorge für ihr
Seelenheil vernachläßigen." Nach Anhörung dieser Predigt reichte Butler
ein in den ehrerbietigsten Ausdrücken abgefaßtes Gesuch an den Schulrath
ein, worin er bat, von der ferneren Theilnahme an den gottesdienstlichen
Versammlungen entbunden zu werden. Denn wenn die vom Professor N.N.
gepredigten Lehren richtig seien, so könne er sich durch solche Theilnahme nur
eine fortwährende Seelenpein bereiten. In der Kirche befänden sich gewöhn=
lich an 600 Personen, wovon neun seine hochverehrten Professoren seien.
Da nun nur ein Christ unter hundert selig werden könne, so seien sogar
drei von diesen Herren Professoren, so edle und würdige Männer sie auch
seien, unrettbar der ewigen Verdammniß verfallen. Wie könne da er, ein
unwürdiger Schüler so trefflicher Männer, nur im entferntesten die Hoffnung
hegen, zur Seligkeit zu gelangen? Ewiger Verdammniß überantwortet,
wie er sich unter solchen Umständen fühlen müsse, könne er durch Anhörung
so trefflicher Kanzelredner &c. nur seine Seelenqual steigern. Wolle er sich
ihr entziehen, so verstoße er wieder gegen die Schulgesetze. Mit Verdamm=
niß im Jenseits, mit unerschwinglichen Geldbußen und Relegation im Dies=
seits bedroht, könne er sich nur an den Edelsinn des Vorstandes wenden und
um Erlösung von der ihm durch Besuch des Gottesdienstes verursachten
Pein bitten.

Die Petition war aufs sorgfältigste ausgearbeitet, sauber abgeschrieben
und in der üblichen Form beim Rektor eingereicht worden; aber dieser ver=
stand den derben Spaß nicht. Butler ward feierlich vor den Cötus beschie=
den und als Delinquent wegen Unehrerbietigkeit gegen die Religion und ihre

Diener abgekanzelt. Nur durch die Verwendung einiger Lehrer, denen sein Humor nicht so ganz unverständlich war, entging er der Ausstoßung.

Gegen die starren Dogmen, welche den Zöglingen einzuprägen die Lehrer für ihre Hauptaufgabe hielten, lehnte sich der klare und scharfe Verstand des jungen Butler mit aller Macht auf. Gegen das Ende seiner Studienzeit hielt der Rektor eine Reihe Vorlesungen über die Wunder und suchte mit erbaulicher Logik die folgenden beiden Sätze darzuthun: „1. Wenn die in der Bibel berichteten Wunder Christi wahr sind, so beweisen sie den göttlichen Ursprung der Christuslehre. 2. Die Wunderberichte sind wahr, denn die Apostel, die aus persönlicher Anschauung wissen mußten, ob sie wahr, oder falsch seien, haben ihren Glauben an die Wahrheit derselben durch ihren Märtyrertod bekräftigt." Nach dem Schluß der Vorlesungen forderte der Rektor die Zöglinge auf, ihre etwaigen Einwendungen vorzubringen und zu begründen. Butler benutzte sofort die Gelegenheit, um den biedern Frommen mit allen aus dem Arsenale des Freidenkers entnommenen Waffen in die Enge zu treiben. Vor allen Dingen legte er ihm eine lange Liste von Märtyrern vor, die als Zeugen für Dogmen gestorben sind, welche die heutige Kirche als Irrlehren verwirft. Alle Religionen, so demonstrirte er, haben ihre Märtyrer, aber das Martyrium beweist Nichts,—nicht eimal die Aufrichtigkeit des Blutzeugen. Was aber die Apostel betreffe, so habe Petrus den Herrn verleugnet, Thomas sei ein arger Zweifler gewesen, Jacob und Johannes seien einfach den Juden zu liebe geopfert worden und von Paulus sei das letzte, was man wisse, daß er sich zum Lobredner Neros gemacht habe. Die Disputation währte mehrere Tage lang und der arme Rektor, mit so heiligem Eifer er sich auch seiner frommen Haut wehrte, gerieth dabei in arge Bedrängniß.

Die mannichfachen Conflikte, in welche der rastlose Geist und die scharfe Denkweise Butlers ihn mit der Schuldisciplin und den religiösen Anforderungen seiner Lehrer gebracht hatten, bewirkten, daß er die Anstalt nicht mit einem so günstigen Zeugnisse verließ, wie er es seinen Kenntnissen nach hätte beanspruchen dürfen. Zum Theologen war er verdorben. Bei einem interessanten Prozesse, dessen Verhandlung er angehört hatte, war er zu der Erkenntniß gelangt, daß die Rechtswissenschaft der für ihn geeignetste Beruf sei.

Verschuldet und kränklich verließ er die Hochschule. Ein Oheim, ein biederer und gutmüthiger Seefischer, hatte Mitleid mit dem kümmerlichen Aussehen seines Neffen. Er forderte ihn auf, den Sommer auf seinem Schooner an der Küste von Labrador zuzubringen und tüchtig zu helfen. Es geschah. Der junge Mann schaffte auf dem Schooner, trank frischen Leberthran in

Menge und kam nach vier Monaten völlig hergestellt, gesund und kräftig zurück. In zwanzig Jahren seitdem ist er nicht einen Tag krank gewesen.

In seinem zwanzigsten Jahre schlug er seinen Wohnsitz wieder in Lowell auf und trat nun alles Ernstes ins praktische Leben ein. Der Rechtsanwalt, in dessen Bureau er eintrat, lebte meistens in Boston, und von ihm konnte er daher wenig profitiren. Doch bedurfte er seiner auch nicht. Er studirte die Rechtswissenschaft mit unermüdlichem Eifer und begann zugleich eine bescheidene Praxis in den Polizeigerichten. Meistens waren es Beschwerden von Fabrikarbeiterinnen gegen die Fabrikanten, die er zu verfechten hatte, oder auch unbedeutende Criminalfälle. Sehr gering war das Einkommen, das er dadurch erwarb. Sechs Monate lang fungirte er daneben noch als Lehrer in einer der öffentlichen Schulen, um sich—einen anständigen Anzug kaufen zu können. Im Ganzen verbrachte er um diese Zeit jeden Tag wohl achtzehn Stunden in angestrengter Thätigkeit.

Damals war es, wo er sich der City Guard, einer Compagnie desselben Milizregimentes anschloß, welches durch das Massacre zu Baltimore (19. April 1861) so bekannt geworden ist. Jederzeit militärischen Uebungen zugethan, hat Butler vom Gemeinen auf in allen Graden bis zum Brigadegeneral hinauf gedient. Die Exercitien der Miliz waren jahrelang seine einzige Erholung und oft genug hatte er deshalb die Neckereien von Collegen zu ertragen, welche darin eine lächerliche Liebhaberei sahen.

Im Alter von 22 Jahren (1840) ward Butler in die Zahl der praktizirenden Rechtsanwälte aufgenommen. Um jene Zeit erwarb er sich durch einen an sich unbedeutenden Vorfall die Gunst einiger Fabrikanten. Seine Clientinnen, die Fabrikmädchen, hatten ihre Arbeit eingestellt und versammelten sich, mehrere Tausend an der Zahl, um ihre Beschwerden, welche sich namentlich auf die unvernünftig lange Dauer der Arbeitszeit bezogen, zur Geltung zu bringen. Sie luden den jungen Advokaten ein, eine Rede zu halten. Er entsprach der Aufforderung und ertheilte ihnen wohlgemeinte Rathschläge. Während er die Gerechtigkeit ihrer Forderung anerkannte, that er ihnen zugleich dar, daß die Conjuncturen einen erfolgreichen "strike" für jetzt unmöglich machten, denn das Angebot von Arbeit sei weit stärker, als der Bedarf und die Fabrikanten seien so gestellt, daß sie ihre Etablissements lange Zeit außer Betrieb setzen könnten, ohne ernstliche Einbuße zu erleiden. Ein strike unter solchen Umständen würde größere Uebel in seinem Gefolge haben, als die, deren Abstellung er bezwecke,—man solle damit warten, bis die Conjuncturen günstiger seien u. s. w. Kurz, er wiegelte ab und zwar mit Erfolg, denn die Mädchen kehrten zu ihrer Arbeit zurück. Das gefiel, wie schon bemerkt, einigen Fabrikherren wohl und sie gaben gelegentlich dem „verständigen jungen Manne" lohnende Aufträge.

Demokrat blieb er dennoch,—Demokrat in L o w e l l , welches durch den=selben Schutztarif geschaffen war, den die demokratische Partei unter Jackson zerstörte. Es war, als ob Jemand in Cape Cod die Fischereiprämien oder in Louisiana den hohen Zuckerzoll hätte anfechten wollen. In so üblem Ge=ruche standen seine Parteimeinungen in Lowell, daß er zu den Zeiten, wo das Kreisgericht Termin hielt, nicht an der Table d'hote erscheinen konnte, ohne sich Beleidigungen auszusetzen.

Seine Keckheit und intellektuelle Schlagfertigkeit kamen ihm damals gut zu Statten. Einer seiner ersten Prozesse kam zur Verhandlung. Er be=antragte die Veröffentlichung einer Ediktalladung.

„In welcher Zeitung?" fragte der alte Actuarius, ein rabiater Whig.

„„Im Lowell Advertiser,"" war die Antwort. Der Advertiser aber, ein urdemokratisches Blatt, war in einem Gerichte zu Lowell nie erwähnt wor=den; wenige hätten wohl nur den Muth gehabt einzugestehen, daß sie das Blatt kennten.

„Im Lowell Advertiser?" fragte der Actuarius in wegwerfendem Tone, „ich weiß nichts von einem solchen Blatte."

„„Bitte,"" entgegnete der Anwalt, „„halten Sie doch die Verhandlung nicht auf. Wenn Sie hier alles Das erzählen wollen, was Sie n i c h t w i s s e n , so werden wir heute nicht fertig.""

Mit derartigen schneidenden Antworten war er stets bei der Hand. Eines Tages verhörte er einen Zeugen für die Gegenpartei in etwas leichtfertigem Tone. Der Richter erinnerte ihn daran, daß der Zeuge Professor an der Harvard=Universität sei. „Ich weiß, ich weiß," war Butlers schnelle Ant=wort, „wir haben erst kürzlich einen solchen an den Galgen spedirt."

Seinem Erfolge als Rechtsanwalt war seine politische Gesinnung nicht hinderlich. Wer prozessirt, will seinen Prozeß gewinnen und hat gar nichts dagegen, wenn sein Anwalt mit dem der andern Partei nicht auf dem freund=schaftlichsten Fuße steht. Wie dem auch sei, Butler gewann in verhältniß=mäßig kurzer Zeit eine umfangreiche und einträgliche Praxis. Er war ein gewandter, umsichtiger, in seinen Mitteln unerschöpflicher, dabei energischer, selbst heftiger Sachwalter. Seine Vorstellung von der Aufgabe eines Rechtsanwalts war die hierzulande üblichste,—er suchte seinem Clienten zum Siege zu verhelfen, ohne nach der sittlichen Berechtigung der von ihm ver=tretenen Seite des Rechtsstreits zu fragen. Das zu thun, meinte er, sei Sache des Gesetzgebers und des Richters; e r , als Anwalt, habe lediglich die Interessen seines Clienten wahrzunehmen.—Sein starkes Gedächtniß,

das ihm schon auf der Schule so treffliche Dienste geleistet hatte, war ihm
auch bei den Gerichtsverhandlungen von großem Nutzen. Selbst bei den
längsten Prozessen behielt er alle Zeugenaussagen im Kopfe, ohne sich No=
tizen zu machen. An Mannichfaltigkeit der juristischen Hülfsmittel, an
Geistesgegenwart und an der Fähigkeit, selbst noch in Augenblicken, wo seine
- Niederlage schon entschieden zu sein schien, durch eine ganz unvermuthete
Wendung den Sieg zu erringen, hat er kaum je seines Gleichen gefunden.
Mit diesen für einen Anwalt unschätzbaren Eigenschaften vereinigte er eine
zähe Hartnäckigkeit, die durch Nichts zu brechen war und niemals eine Sache
verloren gab, so lange nur noch der Schatten einer Möglichkeit des Sieges
vorhanden war.

Hier ein Beispiel von dem, was man die Praktiken und Kniffe Butlers
genannt hat. Ein nicht unvermögender Bürger von Boston, aus sehr acht=
barer Familie, litt an der Idiosynkrasie des Stehlens. Er wurde endlich auf
vier verschiedene Anklagen vor Gericht gestellt. Eine Menge Advokaten
waren herbeigekommen, denn man erwartete eine sehr lange und interessante
Verhandlung. Es war ein heißer Sommertag; der hochbetagte Richter war
schlaff und abgespannt; das ganze Gerichtspersonal gähnte und wartete mit
Ungeduld auf den Schluß der Sitzung. Butler fungirte als Vertheidiger.
Nun besteht in Massachusetts ein Gesetz, daß wenn ein Verbrechen innerhalb
eines gewissen Zeitraums wiederholt wird, es eine härtere Strafe nach sich
zieht als im ersten Betretungsfalle; bei der zweiten Wiederholung wieder
eine härtere und so fort. Nach diesem Gesetze würde der Inculpat, wenn er
aller vier Anklagen schuldig befunden wäre, sechszig Jahre Zuchthausstrafe
verwirkt haben. Butler machte den Staatsanwalt auf diese Härte aufmerk=
sam, die im vorliegenden Falle um so grausamer erscheine, da man es wohl
mehr mit einer Geisteskrankheit, als mit Verbrechen zu thun habe. Es ge=
lang ihm, den Staatsanwalt dahin zu bringen, daß er sich bereit erklärte,
drei der Anklagen fallen zu lassen, falls der Inculpat sich derjenigen, bei wel=
cher das entwendete Object am größten war, schuldig bekenne. Nun ward
der Angeklagte citirt.

„Sind Sie schuldig oder nicht schuldig?“

„Sagen Sie schuldig,“ herrschte Butler von seinem Sitz aus mit Sten=
torstimme den Inculpaten an.

Der arme Teufel warf einen Blick, in dem sich Staunen und Schrecken
malten, auf seinen Vertheidiger und schwieg.

„Sagen Sie schuldig,“ wiederholte dieser, dem Angeklagten scharf in die
Augen blickend.

Der so Aufgeforderte hatte nicht den Muth sich zu widersetzen, stammelte das Wort „Schuldig" hervor und sank, ganz überwältigt von Scham, auf seinen Sitz zurück.

„Nun, meine Herren," sagte der Vertheidiger, habe ich meinen Theil der Uebereinkunft erfüllt?"

—Ja.

„Dann erfüllen Sie den Ihrigen."

Das geschah. Der Staatsanwalt gab in Betreff der drei übrigen Anklagen ein nolle prosequi zu Protokoll und beantragte die Urtheilssprechung. Da aber erhob sich Butler, nahm die Anklageacte zur Hand und wies darin einen Formfehler nach, der so wesentlich war, daß er die ganze Anklage zu Nichte machte. Er bezog sich auf den Ort, an welchem das Verbrechen begangen war.

„Der hohe Gerichtshof wolle gefälligst bemerken," sagte der Anwalt, „daß er keinerlei Competenz in der Sache hat. Ich beantrage, daß der Angeklagte seiner Haft entlassen werde."

Zehn Minuten nachher ging dieser als freier Mann aus dem Gerichtssaale. Der Richter selbst, der wahrscheinlich ganz damit zufrieden war, einer langweiligen Verhandlung entgangen zu sein, lachte über den schlauen Kniff und wünschte dem Anwalt Glück zu der ausgezeichneten Disciplin, in der er seine Clienten halte.

Indessen waren alle forensischen Triumphe Butlers keineswegs dieser Art. In vielen Fällen errang er sie nur nach einem langen Kampfe, in welchem beiderseits das höchste juristische Geschick verwendet ward. Hierzu ein Beispiel.

Der Sohn eines Freundes Butlers hatte eine Fahrt nach China als Matrose mitgemacht. Auf dieser Reise litt er unsäglich vom Skorbut, da der Capitän versäumt hatte, die üblichen Vorkehrungsmittel gegen diese Krankheit, Limonensaft und frisches Gemüse, anzuschaffen. Die Mannschaft verklagte den Capitän auf Schadenersatz; Butler trat für sie, Rufus Choate für den Verklagten als Anwalt auf. Die gerichtliche Schlußverhandlung währte nicht weniger als neunzehn Tage. Butlers Plaidoyer führte die folgenden zwei Sätze aus: 1. Daß der Capitän die Pflicht gehabt habe, frisches Gemüse anzuschaffen, wenn es ihm möglich gewesen sei, und 2. daß es ihm möglich gewesen sei. Bei der Feststellung dieser zwei Punkte legte er eine solche Masse von Kenntnissen, Gewandtheit und Scharfsinn an den Tag, wie sie selten gefunden wird. Die gesammte Sanitätslehre und die Sanitäts-Gesetzgebung, die Berichte aller Schiffer, das Gewohnheitsrecht der Handelsmarine aller Nationen, Berichte von Parlamentsausschüssen, alte Logbücher und die neuesten Abhandlungen über das Seerecht, die mündlichen

Zeugnisse alter Seefahrer und ärztliche Gutachten, Alles ward zur Feststel=
lung jener beiden Punkte verwendet.   Butler legte den Geschworenen eine
riesige Seekarte vor, bezeichnete darauf, mit dem Logbuche des Schiffes in
der Hand, den Cours des Schiffes und wies nach, daß es bei vier verschie=
denen Gelegenheiten, als die ganze Mannschaft vom Skorbut zerfressen war,
sich ganz in der Nähe von Inseln befunden hatte, die wegen der Vortrefflich=
keit und Wohlfeilheit ihrer Früchte und Gemüse berühmt sind.   Choate be=
kämpfte jede Aufstellung seines Gegners mit Geschick und Beredsamkeit, aber
mit unermüdlichem Eifer sammelte Butler am Schluß jedes Gerichtstages
neues Material für den folgenden.   Er durchstöberte ganze Bibliotheken,
schlug alle Encyclopädieen nach, kundschaftete alte Seefahrer aus und
schleppte sie nebst ganzen Rudeln von Aerzten ins Gericht.   Im Laufe des
Prozesses hatte er fast alle angesehenen Aerzte von Boston, sowie alle Schiffs=
capitäne und Rheder auf die Zeugenbank citirt.   Er und das Recht siegten.
Die Geschworenen sprachen dem Kläger 3000 Dollars Schadenersatz zu und
diese Entscheidung dient noch heute als wirksamer Schutz für amerikanische
Matrosen auf allen Meeren.

Es konnte nicht fehlen, daß solche Energie und Berufstüchtigkeit einen an=
gemessenen Lohn fanden.   Nach zehnjähriger Praxis in Lowell eröffnete
Butler ein Zweigbureau seiner Advocatur in Boston.   Mehrere Jahre lang
war er Sommer und Winter jeden Morgen um 7 Uhr auf dem Bahnhof in
Lowell, langte nach 8 Uhr in Boston an, wohnte von 9½ Uhr bis gegen
5 Uhr Nachmittags den Gerichtssitzungen bei, kehrte nach Lowell zurück und
verbrachte, nachdem er seine Mahlzeit genommen, noch den ganzen Abend,
von 7½ bis Mitternacht oder später auf seinem Bureau.   Beim Ausbruch
des Krieges gewährte ihm seine Praxis, nach mäßiger Schätzung, ein Ein=
kommen von 18,000 Dollars, und die Zahl der Prozesse, für welche er enga=
girt war, betrug 500.   Noch jung, mit einer liebenswürdigen und hochacht=
baren Gattin verbunden und mit drei trefflichen Kindern gesegnet, genoß er
in seiner schönen Behausung an dem steilen Ufer des Merrimac das benei=
denswerthe Glück eines durch keinen Unfall getrübten Familienlebens.   Im
Alter von vierzig Jahren wäre er vollständig in der Lage gewesen, sich von
allen Geschäften zurückzuziehen, wenn sein rastloser Berufseifer es ihm ge=
stattet hätte.

Ein Rechtsanwalt, der eine ausgebreitete Praxis hat, besitzt die vorzüg=
lichste Gelegenheit sich Fachkenntnisse der verschiedensten Art anzueignen.
Der vorher erwähnte Skorbutprozeß zum Beispiel machte ihn mit dem gan=
zen Gebiete der Sanitätswissenschaft vertraut.   Ein großer Bankprozeß
weihte ihn in die Mysterien der hohen Finanz ein; ein Brückenprozeß in die

Technik des Brückenbaues u. s. f. Vor einigen Jahren fungirte Butler als einer der Examinatoren zu Westpoint und setzte seine Collegen in nicht geringes Erstaunen durch die Sicherheit, womit er bei den von ihm gestellten Fragen sich in den speziellsten Einzelheiten der Kriegswissenschaft bewegte. Gefragt, woher er diese Kenntnisse besitze, entgegnete er: „O, ich hatte einmal einen Prozeß, der mich nöthigte, diese Dinge zu studiren." Die gleiche Antwort hatte er bei so vielen anderen Gelegenheiten zu geben, daß es endlich unter seinen Freunden zu einem stereotypen Scherz wurde, wenn irgend eine verwickelte Sache vorlag, zu sagen: „Fragt doch einmal Butler, ob der nicht einen Prozeß darüber gehabt hat." Den Zöglingen, die bei jener Gelegenheit ihre Abiturientenprüfung bestanden, imponirte Butler so, daß einer von ihnen (der seitdem gefallene Gen. George G. Strong) fünf Jahre später unter ihm Kriegsdienste suchte. Die Detailkenntnisse Butlers in Bezug auf Rhederei, Bank- und Eisenbahnwesen, Sanitätslehre und Ingenieurwesen sollten ihm und dem Lande später zum größten Vortheile gereichen.

Und nun einige Worte über seine politische Laufbahn.—Trotz seiner unaufhörlichen, anstrengenden Berufsarbeiten war er stets ein eifriger Politiker. Von seinem zwanzigsten Jahre an trat er bei allen Wahlen als Redner in den Vor-Versammlungen auf und nahm seit 1844 an jedem Nationalconvent seiner Partei Theil. Ueber seine politische Stellung waltete niemals ein Zweifel; gleichviel ob richtig oder falsch, klar und unzweideutig war sie immer. Er besitzt im vollsten Maße das, was der Franzose "le courage de son opinion" nennt, wie es am Ende, abgesehen von seinen Charakter-Eigenschaften, natürlich war bei einem Manne, der sich jederzeit in einer politisch ohnmächtigen, aber rührigen, energischen und durch die Gewißheit Nichts verlieren zu können, rücksichtslos gewordenen Minorität befunden hatte. Daß seit einem Vierteljahrhundert die demokratische Partei in Massachusetts zu keiner Zeit auch nur die leiseste Hoffnung auf einen Wahlsieg gehabt hat, ist den meisten Lesern zur Genüge bekannt. Das Aeußerste, was sie erwarten durfte, war, bei einer Spaltung der Majoritätspartei, durch die Vereinigung mit der dissentirenden Fraction derselben vorübergehende Vortheile zu erlangen.

In Bezug auf alle nicht mit der Sclaverei in Zusammenhang stehenden Fragen des Staatslebens vertrat Butler immerdar die reinste und unverfälschteste demokratische Anschauung. In dem Wahlkampfe, welcher zu dem Erlaß des Gesetzes führte, das die Arbeitszeit in den Fabriken auf elf Stunden beschränkte, war er Kandidat für die Staatsgesetzgebung auf dem „Zehnstunden-Programm." Einige Tage vor der Wahl kam eine Deputation von Arbeitern in höchster Aufregung zu ihm mit der Nachricht, daß die Fa-

brikherren durch Anschlagszettel allen Denjenigen, die für Butler und das
Zehnstunden=Gesetz stimmen würden, sofortige Entlassung angedroht hätten.
Butler hörte sie an und erwiderte in ruhigem Tone:

„Kündigt sofort durch Plakate an, daß ich morgen Abend eine Rede an die
Fabrikarbeiter halten werde.“

Der Abend kam und das Versammlungslokal war so gedrängt voll Men=
schen, daß Butler über die Köpfe derselben hinweg nach der Tribüne getragen
werden mußte. Er begann seine Rede unter athemloser Spannung seiner
Zuhörer in einem so ruhigen Tone, wie man ihn gar nicht von ihm gewohnt
war. Er sei kein Revolutionär;—wie könnte er es in einer Stadt sein,
welche alle Erträgnisse seiner mühevollen Berufsthätigkeit umschließe und in
welcher der Werth alles Grundeigenthums durch den ungestörten Erwerb der
hier Anwesenden bedingt sei? Auch könne er nicht glauben, daß die An=
schlagszettel, in welchen die Arbeiter mit Entlassung bedroht würden, wirklich
von den Fabrikherren ausgegangen seien, vielmehr vermuthe er, daß über=
eifrige Liebediener in völliger Mißkennung des Charakters ihrer abwesenden
Herren und der Arbeiter die Nichtswürdigkeit begangen hätten. Die Fa=
brikherren selbst seien zu verständig und rechtlich denkend, oder wenigstens zu
vorsichtig, um einen Schritt zu billigen, der zum völligen Umsturz des
Fundaments unseres öffentlichen Lebens führen müsse, zur Anarchie auffordere
und sie rechtfertige. Wegen weit weniger frech sich gebahrender Thyrannei
habe Massachusetts sich einst von der Herrschaft Englands losgesagt und die
Fabrikherren müßten wissen, daß die Söhne der Väter, die das gethan, jeden
Augenblick bereit seien, ebenso zu handeln. Sollte aber dennoch die Drohung
von i h n e n ausgegangen sein; sollte es dahin kommen, daß freien Männern
ihr Lebensunterhalt entzogen würde, weil sie von ihrem Wahlrechte nach
ihrem Rechts= und Pflichtgefühl Gebrauch gemacht hätten,—dann: W e h e
d e r S t a d t L o w e l l! „Die Stätte, auf der es steht, wird eine leere
Stätte werden. Mit dieser meiner Hand, werde ich mein eigen Haus in
Brand stecken, um durch die That zu zeigen, was geschehen muß. Nur
Weib und Kind würde ich zuvor in Sicherheit bringen; sonst Nichts. Alles,
was ich sonst besitze, würde ich den Flammen weihen!“

Nur Wer jemals Butler reden gehört hat, kann sich eine Vorstellung von
der vernichtenden Wucht machen, womit er solche Worte ausspricht. Die
Intensität der Leidenschaft, deren er fähig ist, ist außerordentlich. So blitz=
artig zündeten seine Worte, daß sich aus tausend Kehlen der Ruf erhob, die
Stadt müsse noch in dieser Nacht niedergebrannt werden und manche der Zu=
hörer sich schon nach den Thüren drängten, um das Wort zur That zu
machen. Allein Butler fiel sofort wieder in den ruhigen Ton zurück, in

welchem er seine Rede begonnen hatte und schloß mit einer feierlichen Auf=
forderung an alle Anwesenden nach Pflicht und Gewissen zu stimmen, ohne
alle Rücksicht auf das, was daraus entstehen möge.

Am andern Morgen waren die Anschlagszettel verschwunden. Die Wahl
ging ohne Störung vorüber und die Zehnstunden=Partei siegte.

In der Staatsgesetzgebung, zu welcher Butler zweimal erwählt ward
(einmal zum Abgeordnetenhause und einmal zum Senate), war er der Leiter
der Opposition gegen das alte Banksystem und verfocht das im Staate New
York geltende, seitdem auch von der Bundesgesetzgebung acceptirte System
(Sicherstellung der Bankzettel durch Hinterlegung zinstragender Werth=
papiere). Auch hatte er den moralischen Muth, auf Entschädigung der
Ursulinerinnen für ihr vor zwanzig Jahren bei dem antipapistischen Krawall
in Boston zerstörten Kloster zu bringen. Es würde ihm gelungen sein, den
desfallsigen Antrag durchzusetzen, wenn nicht zwischen seiner Begründung
desselben und der Abstimmung ein Sonntag gewesen wäre, an welchem die
zelotischen protestantischen Geistlichen von allen Kanzeln herab ihr schweres
Geschütz spielen lassen konnten.—Als Vertreter von Lowell nahm Butler an
den Verhandlungen der zur Umformung der Staatsverfassung von Massa=
chusetts berufenen Versammlung hervorragenden Antheil. Mit diesen we=
nigen Ausnahmen hat er in den Wahlkämpfen von Massachusetts stets als
enfant perdu der Minorität angehört.

Der Grund dafür lag in seinen politischen Anschauungen in Betreff der
nationalen Politik.

Er war das, was man seit zwanzig Jahren mit dem Worte Proslaverei=
Demokrat bezeichnet hat, obschon dieser Ausdruck in seinem eigentlichen
Sinne niemals Anwendung auf ihn fand. Denn nicht nur läßt sich keine
seiner Meinungsäußerungen zu einer Rechtfertigung der Sclaverei stempeln,
sondern es leuchtete auch aus allen seinen Reden augenfällig das Bestreben
hervor, Alles, was wie eine solche Rechtfertigung erscheinen könnte, zu ver=
meiden. Das Aeußerste, was er je zu Gunsten der Sclaverei öffentlich ge=
sagt hat, ist die Erklärung, daß ihre plötzliche Abschaffung die Sclaven=
besitzer bankerott machen und für die Sclaven selbst eine sehr zweideutige
Wohlthat sein würde. Freilich hat er andererseits auch die Sclaverei nie
mit einem Worte verdammt. Ueberall hält er in seinen Reden die Anschau=
ung fest, daß mit der sittlichen und humanen Seite der Sclaverei der Norden
absolut Nichts zu thun habe, sondern lediglich mit ihren staatsrecht=
lichen Beziehungen; daß der Norden die mit der Sclaverei geschlossenen
Compromisse nicht bloß dem Buchstaben, sondern auch dem Geiste nach halten
und ihr daher in den Bundesterritorien den Zutritt gestatten müsse.

Man fragt sich oft, wie es psychologisch möglich gewesen sei, daß Männer, wie Butler, Rufus Choate und andere, die doch nie im entferntesten den Wunsch nach hohen politischen Stellungen hatten, lediglich aus Ueberzeugungstreue lebelang in Ansichten verharren konnten, welche mit den sittlichen Anschauungen des Gemeinwesens, in dem sie lebten, im schreiendsten Widerspruch standen. Waren doch die letzten Endziele der begabtesten Führer des Südens, wenn sich auch die ungebildete Masse darüber täuschen ließ, Männern von dem geistigen Kaliber der Genannten niemals ein Geheimniß. Es war im Jahre 1812, als Calhoun im Gespräche mit dem Commodore Stuart sagte:

„Es ist wahr und ich will es nicht leugnen, daß wir Südländer aristokratische Naturen sind; doch können wir der Demokratie viel zugestehen und thun es. Wir sind durch unsere Interessen genöthigt, uns mit einer Partei zu liiren, deren sonstige Bestrebungen mit unsern Anschauungen oft in grellem Widerspruch stehen. Unsere Verbindung mit dieser Partei in den mittleren und westlichen Staaten giebt uns die Staatsgewalt in die Hände. Wenn wir nicht mehr vermittelst der demokratischen Partei die Nation beherrschen können, werden wir den Bundesverband zerreißen. Denn von einem Nationalconvent zur Revision der Bundesakte haben wir für unsere Interessen Nichts zu hoffen.“

Hier lag, schon seit fünfzig Jahren, das Programm des Südens offen vor. Die fortwährenden Uebergriffe der südlichen Gewalthaber, ihre freche Anmaßung, ihr unablässiges Wiederaufrühren der Agitation über die Sclavenfrage,—alles Das war für Niemanden, der den öffentlichen Begebenheiten folgte, ein Geheimniß. Wie konnten dennoch Männer von scharfem Verstande, denen es nicht darum zu thun war, Vortheile von jenen Gewalthabern zu erlangen, sich so lange Zeit zu Werkzeugen derselben machen?

Die Erklärung liegt in der an Idiosynkrasie streifenden Hingebung an den Begriff der Nationaleinheit. Ursprünglich wahrhaft demokratischen Lehren zugethan, hatten jene Männer die Ansicht gewonnen, daß der Ausbau des öffentlichen Lebens nach den Grundsätzen einer ächten Demokratie nur unter der Voraussetzung des ungestörten nationalen Zusammenhangs der Bundesrepublik möglich sei. In ihrem Streben, diesen Zusammenhang als M. zu jenem Zwecke zu erhalten, erhielt allmählich das Mittel selbst die Wichtigkeit des Zweckes. Im Vergleich zu der Rettung der Voraussetzungen einer demokratischen Entwickelung des Gesammtlebens der Republik, hielt man die berechtigten Ansprüche von vier Millionen schwarzen Leibeigenen auf menschenwürdige Behandlung für einen Gegenstand von sehr untergeordnetem Interesse. Die einzige ernstliche Gefahr für den Bestand der Bundesrepublik glaubte man in der Ventilation der auf die Sclaverei

bezüglichen Fragen zu finden und suchte daher diese auf jede Weise zu unter=
drücken.

Und sodann: Die tonangebenden Demokraten im Norden waren mit den
Führern des Südens persönlich bekannt und wußten, daß dieselben ent=
schlossen seien, um der Sclaverei willen, es auf einen Krieg ankommen zu
lassen. Die Republikaner waren in dieser Beziehung bis zum Bombarde=
ment von Fort Sumter Skeptiker, verlachten die Besorgnisse Buchanans als
das Gewimmer eines leichtgläubigen, schwachsinnigen Greises und verachteten
die Drohungen der südlichen Ultras als hohle Prahlereien. Die Demo=
kraten wußten besser, was sie davon zu halten hatten. Eines Tages, als
Choate sich eben anschickte, eine bundesretterische Rede zu halten, fragte ihn
ein Freund:

„Meinen Sie denn nicht, daß das Publikum nachgerade diese Art von
Reden satt hat?"

„Freilich weiß ich das," entgegnete Choate. „Das Publikum ekelt sich
davor, weil es nicht glauben mag, daß das Land wirklich in Gefahr ist.
Aber wenn es den Süden so kennte, wie ich, würde es noch mehr Angst ha=
ben, als ich selbst."

Männer, wie Choate, sahen den gähnenden Abgrund vor sich und darüber
hinaus Nichts,—Nichts, als das Chaos. Diese Furcht vor Gefahren, deren
Umfang und Ende sich jeder Berechnung entzog, diese Aussicht auf ein vom
Orkane durchwühltes Meer, auf dem nirgends eine rettende Küste zu erspähen
war, veranlaßte so viele hochbegabte Männer von ächt vaterländischer Ge=
sinnung, grundsätzlich ihre Augen gegen die sittliche Seite der Sclavereifrage
zu verschließen und den Sclavenhaltern immer neue und wieder neue Zuge=
ständnisse zu machen. So ward, was ursprünglich ein Streben nach Erhal=
tung gewisser Vorausbedingungen der Volksfreiheit war, zu einer Förderung
der Sclaverei. Die Demokraten waren, trotz ihres engen Umganges mit
den Sclavenhaltern über die realen Verhältnisse des Südens in tiefster Un=
wissenheit, weil sie es bleiben wollten, weil sie sich die Ohren zuhielten,
um nicht den Nothschrei des gemarterten Leibeigenen, nicht die Berufungen
des Abolitionisten an ihr menschliches Gefühl, nicht die Warnungen gereifter
Männer gegen das Umsichgreifen des großen Krebsschadens zu hören.
Denn nur zu gern hält der Mensch die Kenntniß von Dingen, die ihm unlieb
sind, von sich fern.

Noch eins: Wenn der Süden der demokratischen Partei bedurfte, so be=
durfte andererseits jene des Südens. Die eine, wie die andere, waren sich
unentbehrlich, wenn sie auf verfassungsmäßigem Wege in den Besitz der
öffentlichen Gewalt gelangen wollten.

Endlich: Für die Demokraten war die Sclavereifrage eine solche, bei der die politische Bedeutung, das Eigenthum, die ganze bürgerliche Existenz einer Bevölkerungsklasse, in welcher sie vor allen Dingen politische Bundesgenossen sahen, ins Spiel kam. Ihre Gegner gingen an die Erörterung der Frage lediglich als Logiker, als Philanthropen und Sittenprediger; es war für sie eine abstracte Frage, die ihre eigenen Interessen nicht unmittelbar berührte. Für die im Besitz der Staatsgewalt befindlichen Demokraten stellte sich die Frage nicht in so einfacher, harmloser Gestalt dar. Sie würden sich nicht bloß zu fragen gehabt haben, ob etwas in Bezug auf die Sclaverei geschehen solle, sondern w a s. Und wie unendlich viel schwieriger d i e s e Frage ist, als jene, haben die Erfahrungen der letzten drei Jahre sattsam gezeigt.

Daß sich Butler zu jener Zeit der Gefahr in ihrem ganzen Umfange bewußt gewesen sei, ist wohl nicht anzunehmen; daß sie immerhin bedeutenden Einfluß auf seine Anschauungen übte, ist gewiß. Das Hauptmotiv seines Auftretens war ein strenger Sinn für Heilighaltung bestehender Bundespflichten. Dazu mag man noch einen scharf prononcirten, angeerbten Parteigeist und vielleicht einen gewissen eigensinnigen Trotz rechnen, der sich darin gefiel, der Minorität zu dienen. Seine Reden über die Sclavereifrage erscheinen alle aufrichtig und mannhaft gedacht und ihr Raisonnement ist unwiderleglich für alle Diejenigen, welche die Voraussetzung theilen, daß die Sclaverei Rechte besitzen könne, die ihr nicht von der Bundesakte in ausdrücklichen Worten zugestanden sind. Von schnöder Liebedienerei gegen den Süden, von heuchlerischer Zweideutigkeit oder unwürdiger Stimmenhascherei findet sich keine Spur darin.

Als der Schurke Brooks seinen berüchtigten Mordanfall auf Summer verübt hatte, fanden sich in Massachusetts Individuen, welche, den Meuchelmörder noch an Niedertracht übertreffend, ein Zweckessen zu seiner Ehre veranstalteten. Butler, voll heiligen Zorns, verdammte die Schandthat öffentlich in solchen Ausdrücken, wie sie einem Ehrenmanne ziemten und begab sich zu Summer, um ihm persönlich sein Beileid, sowie seinen Abscheu vor der Unthat auszudrücken.

Als John Brown (war er ein edler Wahnsinniger, oder der einzige Vernünftige unter lauter Wahnsinnigen?) jener That gethan hatte, wegen deren in zukünftigen Menschenaltern Pilger nach seiner Grabstätte wahlfahrten werden, hielt Butler zu Lowell eine Rede, worin er die Abolitionisten des Nordens und die Ultras des Südens zu gleichen Theilen für solche Ausschreitungen verantwortlich machte und sie beschuldigte, beide Landestheile einander völlig zu entfremden.

„Es ist," sagte er, „die Aufgabe solcher Versammlungen, wie die gegen=
wärtige, die Vorstellungen zu berichtigen, welche unsere Brüder im Süden
von uns haben, sie zu überzeugen, daß der größte Theil des Nordens mit
Herz und Mund treu und aufrichtig an seinen Bundespflichten hängt. —
Wir demüthigen uns nicht vor dem Süden, betteln nicht um seine Gunst.
Aber wir sollen uns auch nicht verhehlen, daß die Stellung des Südens in
dieser Frage eine andere ist, als die unsrige. Was für uns von so geringer
praktischer Bedeutung ist, daß es nur vorübergehend unsere Aufmerksamkeit
erweckt, das ist für den Süden das ganze Fundament seines gesellschaftlichen
Bestandes, schließt in seinen Augen die Aussicht auf ein allgemeines Blut=
bad und alle Greuel eines Sklavenkrieges ein. Und da der Unterschied in
unserer beiderseitigen Lage ein so großer ist, können wir nicht den ersten
Schritt thun, um den Süden zu beruhigen, ohne fürchten zu müssen, daß
wir uns durch solches freiwilliges Entgegenkommen demüthigen? Ist es
beschämend für uns, daß wir, die wir fünfzehn Millionen freier Menschen
zählen, den sechs Millionen des Südens in aufrichtiger Bundesbrüderlich=
keit die Hand bieten, wenn sie einen Beschwerdegrund haben, oder zu haben
glauben? Gewiß würde man es nicht so auffassen, wenn es sich um zwei
kriegführende Nationen handelte. Da gilt es für großmüthig, wenn der
Stärkere dem Schwachen die Hand zum Frieden reicht.

Lasset uns denn feierlich verkünden, daß von allen guten Gaben der Vor=
sehung zuerst und vor allen Dingen der Bundesverband dieser Republik be=
wahrt werden muß; —daß wir jedem Landestheile alle von der Bundesakte
ihm gewährleisteten Rechte treulich halten wollen; — und daß jeder Landes=
theil diejenigen besonderen Einrichtungen anderer Landestheile, mit denen er
rechtlich nichts zu thun hat, unangefochten lassen soll, gleichviel ob sie ihm
gefallen, oder nicht. Das Recht, unsere inneren Staatseinrichtungen
unserm Belieben und unseren Bedürfnissen anzupassen, ist uns vom
Bunde gewährleistet. Aber nicht uns allein, sondern auch andern Staaten.
Sie in der ungehinderten Ausübung desselben zu schützen, ist unsere Pflicht.

Thun wir das; erfüllen wir unsere Pflichten mit demselben Eifer,
mit dem wir unsre Rechte wahren, so wird der Bundesverband der Repu=
blik unzerstörbar sein. Diese große Republik, diese großartige praktische
Verwirklichung des Begriffes der Selbstregierung, dieses unschätzbare Werk=
zeug für die Entwickelung der gesammten Menschheit zur Freiheit und Ge=
sittung, kann und darf nicht an Meinungsdifferenzen über die vermeintlichen
Rechte und Interessen einiger Neger zu Grunde gehen, wenn nicht die Frei=
heitsentwickelung des Menschengeschlechtes um ein Jahrtausend zurückgewor=
fen werden soll. Wird der Landmann erwarten, daß der Allmächtige dem

luftreinigenden Gewitter Einhalt gebiete, damit der Blitzstrahl nicht seine Kuh tödte?

Die Union ist stark genug, um sich und jeden ihrer Theile gegen Angriffe von außen, wie gegen innere Wirren zu schützen. Sie ist nicht wie eine Familie, denn ihre Mitglieder sollen nie von einandergehen, nie ihr gemeinsames Besitzthum theilen. Sie ist nicht wie eine Geschäfts-Genossenschaft, denn es ist ihrer Dauer kein Ziel gesetzt und es besteht für ihr Aufhören keine rechtliche Form. Sie ist auch keine Eidgenossenschaft, denn es besteht kein Vorbehalt, nach welchem ein Mitglied sich von ihr lossagen kann. Sie ist entweder ein lebendiger Organismus oder das Chaos. Es ist möglich, daß sie in Atome zerfällt, aber es ist nicht möglich, daß sie in lebensfähige Bruchtheile zerspalten wird. Es kann auf ihren Trümmern ein Despotismus entstehen, nicht aber ein Haufe ohnmächtiger, in unablässigen Haber miteinander lebender kleiner Republiken.

Geloben wir uns einander und dem Süden, daß wir uns und ihm treu sein wollen. Versichern wir ihn, daß das die wahre Gesinnung des Nordens ist. Sagen wir ihm auch, daß es nicht Drohungen mit einer Zertrümmerung der Union sind, die uns veranlassen, unsere Pflicht gegen ihn zu erfüllen, sondern Rechtsgefühl und Selbstachtung. Sagen wir ihm, daß wir das Peinliche seiner Lage vollständig würdigen und recht wohl wissen, wie Das, was für uns nur eine unbedeutende abstracte politische Frage, für ihn eine Lebensfrage ist.

Geloben wir uns aber auch, daß wir, wenn immer es nöthig wird, Alle wie Ein Mann ausrücken wollen, um unser geliebtes Vaterland vor Zerstückelung zu retten und jeden Verräther zu vernichten, der solchen Frevel versucht, sei er ein Mitglied der Hartforder Convention, oder ein Südcaroliner, oder ein abolitionistischer Fanatiker."

Dies waren die Gesinnungen Butler's im Februar des ewig denkwürdigen Jahres 1860.

Zweites Capitel.

In der Nationalconvention zu Charleston.

Im Jahre 1860 ward Butler zum Mitgliede der demokratischen National=convention gewählt.

Zwei Dinge standen für ihn fest. Erstens, daß die demokratische Partei des Nordens in ihren Zugeständnissen an den Süden schon so weit gegangen sei, als sie jemals gehen könne; zweitens, daß die Kandidatur des Senator Douglas unmöglich sei.

Die Convention ernannte ein aus je einem Mitgliede für jeden Staat bestehendes Comite, um ein Programm zu entwerfen. Butler vertrat in diesem Comite Massachusetts. Ueber die Verhandlungen desselben lassen wir ihn selbst sprechen:

„Von vornherein war ich mir über Das, was ich zu thun hätte, klar und hielt daran unerschütterlich fest. Es war: die Wiederbekräftigung der im Jahre 1856 in Cincinnati aufgestellten Lehren durchzusetzen. Davon aus=gehend, legte ich dem Comite folgende Resolution vor:

„„Die Convention wolle beschließen: Wir, als Vertreter der demokrati=schen Partei der Union, erklären hierdurch, daß wir dem im Jahre 1856 zu Cincinnati aufgestellten Programme ohne Zusätze und ohne Abänderungen anhangen, da demokratische Prinzipien, auf dieselben Gegenstände angewendet, keine Veränderung erleiden können.““

Nach einer langen und hitzigen Debatte ward dies mit 17 gegen 16 Stimmen abgelehnt. Es war Oregon, welches durch seinen Abfall von den freien Staaten den Ausschlag gegen den Antrag gab. Ein kurzer Zusatz, der in wenigen Worten erklärte, daß der Bund alle seine Bürger, ob einge=borene, oder naturalisirte, in gleicher Weise zu beschützen habe, erregte keinen Widerspruch.

Nun kam der Vorschlag einer Majorität des Comites zur Abstimmung und ward, ebenfalls mit einer Stimme Mehrheit, angenommen. Er zielte thatsächlich auf ein Bundesgesetz zum Schutz der Sklaverei in den Terri-

torien und auf hoher See. Sechszehn freie Staaten stimmten dagegen die fünfzehn Sclavenstaaten nebst Californien und Oregon dafür.

Eine Versöhnung der entgegenstehenden Ansichten zeigte sich als unmöglich; doch glaubte ich zu bemerken, daß der wahre Grund des Zerwürfnisses
nicht in den Prinzipien, sondern in der Rücksicht auf die Persönlichkeit der
Kandidaten lag. Die südlichen Ultras stellten ihre extremen Forderungen
nicht weil ihnen viel an der Sache lag, sondern um zu verhindern, daß ein
ihnen mißliebiger Mann (Douglas) die Kandidatur erhalte, und andrerseits
waren nördliche Abgeordnete Willens, dem Süden Zugeständnisse zu machen,
welche nicht bloß über die Absichten ihrer Constituenten, sondern selbst über
die Forderungen des Südens hinausgingen, um nur ihren Kandidaten durchzusetzen.

Wie richtig dieser Eindruck war, zeigte sich später. Denn als die Majorität und Minorität sich getrennt hatten und die 16 Nordstaaten also durch
Nichts mehr verhindert waren, einfach eine Neubekräftigung des Cincinnatier
Programms aufzustellen, erschien bei ihnen ein aus drei Mitgliedern bestehendes Comite der „Freunde des Herrn Douglas" und unterbreitete ihnen
eine Resolution, die, wie sie sagten, bezwecke, „den südlichen Freunden des
Herrn Douglas zu helfen." Ich wies darauf hin, daß ein von der Convention mit Entwerfung von Beschlüssen beauftragtes Comite nicht ohne sich
zu demüthigen, auf die Weisungen der „Freunde" irgend eines besonderen
Kandidaten hören könne. Allein dieser Einwand ward zurückgewiesen und
die Resolution angenommen, wie folgt:

„„Alle auf das Eigenthumsrecht in Staaten und Territorien bezüglichen
Fragen, die sich aus der Fassung der Bundesakte ergeben, sind juridischer
Natur. Die demokratische Partei verpflichtet sich, alle vom Oberbundes-
Tribunal emanirten und emanirenden Entscheidungen über solche Fragen an-
zuerkennen und treulich auszuführen.""

Diese Resolution ward ganz ausdrücklich auf den Grund hin angenommen,
daß sie den Anhängern des Herrn Douglas im Süden den Wahlkampf erleichtern würde. Es war eine Concession, die der Süden weder begehrt
hatte, noch zu acceptiren bereit war.

Ob ein Bundesgesetz zur Beschützung der Sclaverei in den Territorien
vom Congreß erlassen würde, oder thatsächlich durch das Oberbundesgericht
schien mir ein sehr unwesentlicher Unterschied. Höchstens konnte man sagen,
daß ein vom Congresse erlassenes Gesetz insofern vorzuziehen sei, als es wenigstens klar bestimmt sein würde und erforderlichenfalls widerrufen werden
könne, während eine obergerichtliche Entscheidung unbestimmt, wandelbar und
von vielen Zufälligkeiten abhängig sein würde."

Das Comite erſtattete drei Berichte an die Convention, den der Majorität (17 Stimmen), der Minorität (15 Stimmen), und den des Gen. Butler. Der Majoritätsbericht lautete:

„1. Die nationale Demokratie bekennt ſich zu folgenden Grundlehren in Betreff der Sclaverei: a) Der Congreß hat nicht das Recht, die Sclaverei in den Territorien abzuſchaffen. b) Die Volksvertretung des Territoriums hat nicht das Recht, die Sclaverei in den Territorien abzuſchaffen, oder die Einführung von Sclaven zu verbieten. Sie hat auch nicht das Recht, durch irgend welche Art von Geſetzen das Eigenthumsrecht auf Sclaven zu zerſtören, oder zu verkümmern.•

2. Geſetze von Einzelſtaaten, welche die treue Vollſtreckung des Sclaven= auslieferungsgeſetzes zu verhindern bezwecken, ſind revolutionär und unter= graben die Verfaſſung

3. Es iſt die Pflicht der Bundesregierung, die perſönlichen und Eigen= thumsrechte, ſowohl auf hoher See, wie in den Territorien, oder wohin ſonſt ihre Gerichtsbarkeit ſich erſtreckt, zu beſchützen.

4. Die nationale Demokratie empfiehlt dringend die baldmöglichſte Acqui= ſition der Inſel Cuba.“

Der Minoritätsbericht beantragte unter anderen Zuſätzen zum Cincinnatier Programm die oben mitgetheilte Reſolution der „Freunde des Herrn Douglas,“ ſowie den Majoritätsantrag No. 2 und den auf die Acqui= ſition von Cuba bezüglichen mit einer unbedeutenden Modification.

Gen. Butler legte die oben in ſeiner eigenen Darſtellung angeführten Reſolutionen vor: Einfache Beſtätigung des Cincinnatier Programms und Erklärung zu Gunſten der Beſchützung aller Bürger.

Der erſte Bericht repräſentirte die Kandidatur Breckenridges, der zweite die Douglas, der dritte gar keine Kandidatur, ſondern nur die Stellung der= jenigen Demokraten, welche die Ueberzeugung hatten, daß der Norden dem Süden keine weiteren Zugeſtändniſſe machen könne und dürfe.

Butler begründete ſeinen Bericht in einer ebenſo gewandten, als unter= haltenden Rede.

Er begann mit der Frage, warum die Anweſenden, wenn ſie das Cincin= natier Programm für mangelhaft hielten, es 1856 in ſo begeiſterter Weiſe verfochten hätten. Man ſage, es laſſe zweierlei Auslegungen zu; aber Wer könne ein Programm erſinnen, von dem nicht daſſelbe gelte? Seit 2000 Jahren hätten ſich unzählige Menſchen wegen verſchiedener Auslegungen des Wortes Gottes einander todtgeſchlagen oder verbrannt.—Auf No. 3 der Majoritätsanträge eingehend, ſtellte er ſich, als merke er nicht, daß derſelbe auf eine Wiedereröffnung des Sclavenhandels abziele: „Unſere kritteligen

Widersacher," sagte er, „werden darin sehen, was die Herren vom Süden
natürlich nicht haben hineinlegen wollen, eine Erklärung zu Gunsten der
Wiedereröffnung des Sclavenhandels. Von jeder Rednerbühne und Kanzel
im Norden wird dies so oft und so beharrlich wiederholt werden, bis wir,
eure Freunde—und ohne uns ist der Süden ohnmächtig—gänzlich unter der
Last der Anklage erliegen werden."

In einschneidender Weise kritisirte er den die ganze Streitfrage dem Ober=
bundesgerichte zuweisenden Minoritätsantrag. Er frug die Vertreter des
Nordens, ob sie je die Hand zur Vollstreckung einer oberbundesgerichtlichen
Entscheidung bieten würden, welche die Sclaverei in Massachusetts einführe,
und die des Südens, was sie thun würden, wenn etwa Seward Präsident
würde, durch das Ableben der hochbetagten Mitglieder des Obertribunals
Gelegenheit erhielte, es mit seinen Creaturen zu besetzen und alsbann das
Gericht entschiede, daß ein Eigenthumsrecht auf Menschen nirgendwo bestehen
könne?

Hier unterbrach Reverdy Johnson von Maryland den Redner mit der
Bemerkung, daß sich für den Vertreter eines Staates, welcher nie eine demo=
kratische Majorität gegeben habe, Bescheidenheit gezieme.

Butler war rasch mit einer Antwort bereit: „Verhöhnen Sie mich nur
mit dem guten alten Massachusetts, das seit den Tagen Jeffersons keine
demokratische Majorität gegeben hat. Damals aber stimmte es demokra=
tisch und seiner Stimme verdankt der Süden Louisiana. Ich sehe hier Her=
ren genug, die wir, ohne jene Stimme von Massachusetts, nur als treue
Unterthanen Napoleon des Dritten gekannt haben würden. Also spotte man
nicht über Massachusetts; ich höre das nicht gern. Und gerade von dem
Herrn aus Maryland klingt es ganz besonders unfreundlich, da es so
lebhaft an den Spruch erinnert: Der Kessel schilt den Ofentopf; schwarz
sind sie alle beide." (Gelächter.)

Johnson: So lange Maryland den Gesetzen des Bundes treu ist, wie bis=
her, steht es allen Staaten gleich. Wenn es erst einmal die Verfassung und
verfassungsmäßige Gesetze ansicht, wird es bescheidener auftreten.

. Butler: Exempla sunt odiosa, doch kann ich so viel sagen, daß in Mas=
sachusetts Jedermann an die Wahlurne treten und stimmen kann, für wen er
will, ohne daß man ihm mit Knüppeln den Kopf einschlägt (Großes Geläch=
ter). Ich weiß wohl, daß die demokratische Partei in Maryland Alles, was
sie vermochte, gethan hat, um die Rechte der Bürger zu beschützen. Aber so
lasse man auch der Demokratie von Massachusetts dieselbe Anerkennung wi=
derfahren, daß sie, unverzagt und ohne Hoffnung auf Lohn, immerbar für
das Bundesrecht, wie für die Rechte der Staaten in die Schranken getreten

ist. (Beifall.) Will nicht der Herr von Maryland sich gefälligst daran
erinnern, daß durch die Stimme eines Abgeordneten von seinem Staate das
Repräsentantenhaus einen Republikaner zum Sprecher erhalten hat? (Beifall). Und meine Freunde aus Tennessee — fühlen Sie sich ganz sauber?
Und wie steht Kentucky im Repräsentantenhause? Fünf gegen fünf, so daß
es eine Null ist, wenn die Präsidentenwahl dem Repräsentantenhause zufallen
sollte. Das Gleiche gilt von Nord Carolina, dessen Vertretung vier gegen
vier steht. Auf alle diese Staaten kann die demokratische Partei·nicht mit
Bestimmtheit rechnen und mit eben so viel Recht, als sie für sich in Anspruch
nehmen, kann ich hier sprechen

Das Resultat der Debatte war, daß Butlers Bericht mit unwesentlichen
Abänderungen von der Convention angenommen wurde. (230 gegen
40 Stimmen.)

Doch nun kam die Hauptsache, die Auswahl der Kandidaten.

„Die ganze Debatte über das Programm," sagt Butler in seiner oben
angeführten Erzählung, „bestärkte mich in der Ueberzeugung, daß der Streit
sich um Persönlichkeiten und nicht um Prizipien drehe, denn als
acht von den südlichen Staaten austraten, hatte die Convention noch gar
keine andern Sätze angenommen, als solche, zu denen sich alle dissentirenden
Staaten vor vier Jahren feierlich bekannt hatten. Wo war also ein sach-
liches Motiv für die Spaltung der demokratischen Partei, die gleichbedeutend
mit einer Gefährdung der Union war? Was fürchteten die Vertreter des
Südens? Offenbar nur dies, daß eine Majorität der Convention Herrn
Douglas zum Kandidaten machen würde, der jenem Programm eine dem
Süden mißliebige Bedeutung untergeschoben hatte. Daß dies das wahre
Motiv der Spaltung war, zeigte sich bald deutlich genug an dem Auftreten
von Tennessee, Virginien, Maryland, Nord Carolina und Kentucky. Diese
waren zwar in der Convention geblieben, erklärten aber, daß sie ebenfalls
austreten würden, wenn nicht bestimmt würde, daß zur Erwählung eines
Kandidaten zwei Drittel aller Stimmen erforderlich sein sollten. Mit ihnen
würden Californien und Oregon gegangen sein und damit wäre die Convention aufgelöst gewesen, denn es wäre nur eine Minorität der Staaten und
darunter kein einziger, in welchem die demokratische Partei die Staatsgewalt
hatte, übrig geblieben. Die Annahme der von jenen Staaten gestellten Forderung machte die Kandidatur von Douglas zur Unmöglichkeit. Wenn auch
New York fortwährend seine 35 Stimmen für ihn gab, so hatte es doch für
jenen Antrag gestimmt, der diese Stimmen nutzlos machte, denn daß mindestens ein Drittel der Versammlung unerschütterlich fest gegen Douglas
war, sah Jeder.

Meine eigene Ueberzeugung ist, daß eine volle Majorität gegen ihn war, sich aber nicht zur Geltung bringen konnte, weil die Abstimmung nach Gesammtstimmen stattfand. So waren von den 35 New Yorkern 15 gegen Douglas, aber da sie von den übrigen 20 überstimmt wurden, so zählten alle 35 Stimmen für Douglas. Von Ohio waren 6, von Indiana 5, von Minnesota 2 gegen Douglas, doch alle diese Stimmen zählten nicht. Die südlichen Staaten, die meistens ohne besondere Instructionen waren, gaben größtentheils Virilstimmen, so daß die Minoritäten dieser Staaten Douglas zu Gute kamen.

Die Lage war also diese: Der ganze Süden gegen Douglas, selbst auf die Gefahr einer Zertrümmerung der Partei hin; alle demokratischen freien Staaten gegen ihn; zwei Drittel von Pennsylvanien und beinahe die Hälfte von New York gegen ihn; New Jersey und Connecticut getheilt. Was war da zu thun? Konnte ich als Vertreter eines Staates, von dem auch nicht eine einzige Wahlstimme für den demokratischen Kandidaten zu erwarten war, darauf beharren, den demokratischen Staaten einen Mann aufzudrängen, den sie entschlossen waren, auf alle und jede Gefahr hin zu verwerfen? .... Man muß eben die Dinge nehmen, wie sie sind. Die Kandidatur von Douglas war eine Unmöglichkeit, wenn nicht die Partei zerspalten und damit auf jede Möglichkeit eines Sieges bei der Präsidentenwahl von vornherein verzichtet werden sollte. Das mag man als ein Unglück betrachten, aber jedenfalls war es eine Thatsache, die man nicht ignoriren konnte. Eine Majorität der Convention war gegen Douglas, das stand fest. Außerdem lebte er in bitterer Fehde mit der Regierung, was jedenfalls einem Erfolge der demokratischen Partei, besonders in Pennsylvanien, nicht förderlich sein konnte. Sodann stand ihm fast die ganze demokratische Partei im Bundessenate und eine große Majorität der Demokraten im Repräsentantenhause in unversöhnlicher Feindschaft gegenüber. Gleichviel, auf welcher Seite bei diesem Hader das Recht war, auf keinen Fall konnte er die Erwählung eines Mannes befördern, welcher der Gegenstand so bitterer Anfeindungen war. Alle diese Thatsachen vor Augen und von der Ueberzeugung durchdrungen, daß Douglas nicht als Kandidat aufgestellt werden könne, ohne die ganze Existenz der Partei in Frage zu stellen, konnte ich nicht anders handeln, als ich gehandelt habe. In Gemäßheit der Wünsche meiner Wähler stimmte ich siebenmal für Douglas, obschon ich mir selbst sagte, daß es nutzlos sei, dann aber für jenen Staatsmann, der bei Buena Vista sein Regiment zum Siege geführt hatte, der in erster Reihe sein Gesammtvaterland und erst in zweiter Reihe sein engeres Vaterland liebte, kurz, für Jefferson Davis.—Nach siebenundfünfzig Ballotements hatte sich das Stimmenverhältniß noch nicht wesentlich geän-

dert. Es ward beschlossen, die Convention bis auf den 18. Juni nach Bal=
timore zu verlegen."

In Baltimore verschwand vollends jede Möglichkeit einer Wiedervereini=
gung der Partei. Butler trat in Gemeinschaft mit Denjenigen, welche ent=
schlossen waren, Douglas Erwählung zu verhindern, aus. Die Rumpf=
convention ernannte nun Douglas zu ihrem Präsidentschaftskandidaten und
zum Kandidaten für die Vicepräsidentschaft denselben rabiaten Sezessionisten
und Befürworter des Sclavenhandels Herschell Johnson von Georgia, der
in einer öffentlichen Versammlung zu Philadelphia erklärt hatte: „Es ist am
besten, daß das Kapital die Arbeit als Eigenthum besitze." Die Dissiden=
ten stellten Breckenridge und Lane als Kandidaten auf und Butler trat für
diese mit der ganzen feurigen Energie seines Wesens in die Schranken.

Die Stellung der Parteien während des Wahlkampfes von 1860 war
also folgende:

Das Cincinnatier Programm der demokratischen Partei (1856) hatte
erklärt, daß das Volk eines Territoriums, wenn es einen Staat bilde, zwi=
schen Sclaverei und Freiheit wählen könne. Die Frage, welches der Rechts=
zustand in dem Territorium sei, ehe es sich als Staat constituire, blieb un=
berührt und wurde im Norden, wie im Süden, verschieden beantwortet.
Durch die Kämpfe in Kansas erhielt sie für 1860 hohe Wichtigkeit und ward
zum Scheidungspunkte der verschiedenen Parteien.

Die Republikaner sagten: Im Territorium, so lange es ein solches ist,
kann und darf die Sclaverei nicht bestehen. Auf allem Bundesgebiet ist die
Freiheit der Normalzustand; die Sclaverei besteht nur als Partikulareinrich=
tung in Staaten. Es giebt gar keine Autorität, welche die Sclaverei in
Territorien legal machen kann. Weder der Congreß, noch das Oberbundes=
gericht, noch die Volksvertretung des Territoriums darf es.

Die Douglasiten sagten: Ob die Sclaverei im Territorium als solchem
bestehen darf, oder nicht,—wir wissen es nicht. Die Meinungen darüber
sind verschieden. Welche die richtige sei, entscheide das Oberbundesgericht.

Die Breckenridger sagten: Die Sclaverei besteht rechtlich in einem Ter=
ritorium, sobald nur ein Sclavenhalter sich dort niederläßt. Der Bund
muß ihn in seinem Eigenthumsrechte beschützen. Wenn erst das Volk eines
Territoriums einen Staat organisirt, dann kann es entscheiden, ob es ein
freier, oder ein Sclavenstaat sein soll.

Die Bell und Everett=Partei sagte—gar Nichts.

Von allen vier Parteien waren die Republikaner und die Breckenridger
die einzigen zwei, welche den Muth hatten, eine klare, unzweideutige Antwort
auf die brennende Frage zu geben, die einzigen, für die ein ehrlicher Mann

stimmen konnte. Die andern beiden drückten sich feige um die Frage herum. Die Art und Weise, wie Douglas selbst in verschiedenen Theilen des Landes dem Programme, das er vertrat, die verschiedensten Auslegungen gab, sich wand und drehte und nach Stimmen haschte, war eins der kläglichsten Schauspiele, welches die Parteigeschichte des Landes je dargeboten hat.

Ehe sie Baltimore verließen, verständigten sich die Führer der Breckenridge-Partei über folgende zwei Punkte:

Erstens: Breckenridge und seine Anhänger im Süden gaben den Demokraten des Nordens die allerbestimmteste Versicherung ihrer unwandelbaren Bundestreue und desavouirten ganz besonders aufs energischste die im Süden laut werdenden Drohungen, daß sich im Fall eines Sieges der Republikaner die Sclavenstaaten vom Bunde losreißen würden. Wahrscheinlich hat Breckenridge es damals noch mit diesen Versicherungen aufrichtig gemeint.

Zweitens: Für den wahrscheinlichen Fall, daß die Republikaner siegen würden, erwarteten die Breckenridge-Demokraten, daß die neue Partei, des Regierens ungewohnt, bald unter sich zerfallen, der Nation ein Spott und Ekel werden und so eine Wiederherstellung der demokratischen Herrschaft im Jahre 1864 vorbereiten würde. In der Zwischenzeit würde sich auch Douglas ruinirt haben und so würde 1864 die demokratische Partei, von allen Ketzereien gereinigt und gestärkt durch den unvermeidlichen Bankbruch der Republikaner, mit frischen Kräften die Zügel der Regierung wieder übernehmen.

Nachdem dieses Abkommen getroffen war, trennten sich die Führer, um sich nach stattgehabter Wahl in Washington von neuem zu treffen.

Bei seiner Rückkehr nach Lowell war Butler der unpopulärste Mann in Massachusetts. Man identifizirte ihn mit einer Partei, die von vornherein drohete, den Nationalverband zu zerreißen, falls sie im ehrlichen Wahlkampf unterläge und mit einem Programm, welches in den Augen einer Majorität des Volkes von Massachusetts die verabscheuungswerthesten und ungeheuerlichsten Irrlehren enthielt. Er ward in den Straßen von Lowell insultirt und verhöhnt und die Versammlung, in welcher er einen Rechenschaftsbericht über seine Thätigkeit in der Convention ablegen wollte, ward von einem müthenden Volkshaufen gesprengt. Erst in einer zweiten Versammlung konnte er Gehör erhalten. Er rechtfertigte sein Auftreten mit großer logischer Schärfe. Besonders einschneidend und treffend war seine unbarmherzige Kritik der Doppelzüngigkeit und Zweideutigkeit der Douglas-Partei, die sich schon in der Zusammenstellung der beiden Antipoden Douglas und Johnson auf grelle Weise offenbarte. Er wies nach, wie die Douglas-Partei im Norden die Volksfouveränität in Territorien predige, im Süden die gewaltfame Bundes-Intervention zu Gunften der Sclaverei, im Norden fich als loyalfte aller loyalen Parteien gerire, im Süden offen um die Stimmen der Sezeffioniften buhle, von Ultras, wie Soulé, Forfyth und Gaulding, dem Apoftel der Wiedereinführung des Sclavenhandels, unterftützt werde. Er fprach mit Entrüftung davon, daß eine Rede, worin Gaulding erklärt hatte, daß die wahre Volksfouveränität die Befeitigung aller gegen den Sclavenhandel beftehenden Gefetze erheifche, von der Douglas'fchen Majori= tät der Convention mit Eifer beklatfcht worden fei und rief: „Als ich das hörte, ftand mein Entfchluß feft, nicht länger in einer Convention zu fitzen, wo der von den Gefetzen meines Vaterlandes für Felonie erklärte Sclaven= handel unter dem Applaus der Majorität vertheidigt werden konnte."

Butler war 1860 der Kandidat der Breckenridge-Partei für das Gouver= neursamt von Maffachufetts und erhielt unter einer Gefammtzahl von 170,000 nicht mehr als 6000 Stimmen. Wenige Jahre zuvor hatte er als Kandidat für daffelbe Amt 50,000 erhalten.

Drittes Capitel.

Maffachufetts ift fertig.

Im Dezember 1860 begab fich Butler nach Wafhington, um der im Juni zu Baltimore getroffenen Verabredung gemäß, fich mit den Führern feiner Partei über das weiter einzufchlagende Verfahren zu verftändigen. Süd= Carolina hatte fich vom Bunde losgefagt und drei Commiffäre nach Wa= fhington gefchickt, um mit dem Präfidenten über die Details der Auseinan= derfetzung zu unterhandeln. Die Behaufung diefer Commiffäre, die fich als Gefandte eines fremden Staates betrachteten, diente den Malcontenten als Hauptquartier. Aufregung und Beängftigung herrfchten in allen Kreifen. Als Butler feine füdlichen Freunde befuchte, fand er, daß die meiften von ihnen die Losreißung als ein fait accompli betrachteten. Nur Breckenridge felbft war noch feinen Gelöbniffen treu, voll Bekümmerniß und Entrüftung über das Gefchehende. Er bemühete fich, einen Congreß der Mittelftaaten

zufammenzubringen, der, eine Stellung zwifchen den beiden extremen Par=
teien einnehmend, fie zu gegenfeitigen Conceffionen zwingen follte. Ver=
geblich. Die Virginier, befonders Mafon und Hunter, vereitelten fein Vor=
haben. Verzweifelnd, alles Haltes beraubt, fuchte er da Troft, wo Süd=
länder ihn nur zu häufig zu finden wähnen, im Schnapsglafe.

„Was foll das Alles bedeuten?" fragte Butler bald nach feiner Ankunft in
Wafhington einen alten füdlichen Demokraten:

„Es bedeutet gerade das, was es zu bedeuten fcheint. Die Union ift
todt. Der Verfuch, zwei Völkerfchaften, die nichts mit einander gemein ha=
ben, die fich einander verabfcheuen, glauben zu machen, daß fie eine Nation
feien, ift fehlgefchlagen. Wir werden ein lebenskräftiges, homogenes
Staatswefen errichten und darin wird auch Raum für unfere nördlichen
Freunde fein. Kommen Sie mit uns."

„Haben Sie auch wirklich überlegt, wohin das führen foll? Glauben Sie
wirklich in allem Ernfte, daß es Ihnen je gelingen werde, die Union zu
zerreißen?

„Allerdings."

„Dann find Sie alfo auf einen Bürgerkrieg gerüftet?"

„Ah bah, von Krieg wird keine Rede fein. Der Norden fchlägt fich nicht."

„Und doch."

„Nimmermehr."

„Und ich fage Ihnen, der Norden w i r d fich fchlagen!"

„Er k a n n gar nicht. Wir haben Freunde genug im Norden, um es zu
verhindern."

„Sie haben Freunde im Norden, fo lange Sie dem Bunde treu bleiben;
aber glauben Sie mir aufs Wort, in dem Augenblicke, wo Sie das Land zu
zerreißen fuchen, wird der Norden wie E i n Mann gegen Sie Front ma=
chen. Für Maffachufetts wenigftens kann ich bürgen. Ich ftehe dafür, daß
es gegen bewaffnete Sezeffion augenblicklich zehntaufend Mann ins Feld
ftellen wird."

„Bah, es wird fich hüten. Wenn es zehntaufend Mann fchickt, um die
Union zu retten, wird es zuerft mit zweimal zehntaufend feiner eigenen Bür=
ger zu kämpfen haben."

„Da irren Sie! Wenn wir von Maffachufetts ausrücken, werden wir
nicht e i n e n Verräther zurücklaffen, ausgenommen am Galgen."

„Nun, wir werden ja fehen."

„Ja wohl, Sie w e r d e n fehen. Ich kenne den Norden und befonders
Neu England. Wir find dort jetzt ziemlich ruhig, weil wir nicht glauben,
daß Ihr Herren mit Euren Drohungen Ernft machen werdet. Schon feit

zwanzig Jahren haben wir faft bei jeder Wahl daffelbe Gefchrei gehört und halten es auch jetzt für eitel Dunft. Aber fo gewiß als Ihr den Verfuch macht, die Union zu zertrümmern, fo gewiß wird der Norden Euch bis auf den letzten Mann und bis auf den letzten Dollar bekämpfen. So wahr ein Gott im Himmel ift, Ihr werdet fcheitern. Nur Eins könnt Ihr durch= fetzen: den ganzen Süden ruiniren und die Sclaverei vernichten. Von dem Augenblicke an, wo der erfte Schuß auf die Nationalflagge gefeuert wird, befteht die Sclaverei keine fünf Jahre mehr. — Aber das Land zerreißen? Unmöglich. Gott und die Natur und euer Blut und das unfrige haben uns zu Einer Nation gemacht und die werden wir bleiben."

Und fo fetzte fich der Wortkrieg fort. Auch mit den füdcarolinifchen Com= miffären, die alte Bekannte Butler's waren. Alle Unterredungen reduzirten fich fchließlich auf das Folgende:

Sezeffioniften: Der Norden wird fich nicht fchlagen.

Butler: Er wird.

Sezeffioniften: Wenn er es thut, fo werden die Fabrikarbeiter Hunger leiden und die Regierung ftürzen.

Butler: Wenn der Süden es bis zu einem Kriege treibt, ift's mit der Sclaverei aus.

Sezeffioniften: Am Ende würden Sie felbft gegen uns kämpfen?

Butler: Ganz gewiß werde ich das, mit Gottes Hülfe.

In Zeiten, wie jene war, hat jeder Mann von einigem Verftande feinen befondern Plan, von dem er glaubt, daß er alle Schwierigkeiten ebnen könne. Die Buchanan'fche Regierung ward im Dezember 1860 mit folchen Plänen von allen Seiten überfchüttet. Auch Butler hatte einen. Der Oberbundes= anwalt Black hatte ein Gutachten abgegeben, des Inhalts, daß die Vorgänge in Süd Carolina unter den Begriff des „riot" fielen und daß daher der Bund kein Recht habe, dagegen einzufchreiten. Darauf fagte Butler zu Black: „Sie fagen, daß die Bundesgewalt in Süd Carolina nicht einfchrei= ten darf. Sehr wohl; ich ftimme damit nicht überein, aber laffen wir es einmal gelten. Bleibt dann immer noch der gefetzliche Charakter der Sezef= fion zu beftimmen. Sie ift entweder ein Recht, oder Hochverrath. Wenn das erftere, gut; wenn das letztere, dann ift die Ueberreichung der Sezeffions=Urkunde an den Präfidenten ein Verbrechen. Wohlan denn, laffen Sie die Commiffäre die Urkunde dem Präfidenten überreichen; möge dann der Präfident fie als Staatsgefangene dem Bundesmarfchall in Ge= wahrfam geben und ein Criminalverfahren wegen Hochverraths gegen fie eingeleitet werden. Führen Sie den Prozeß in der würdigften und impo= fanteften Weife, wie feiner Zeit der gegen Burr geführt ward. Werden

sie verurtheilt, — vollstrecken Sie das Urtheil. Werden sie freigesprochen
nun, so ist der nächsten Administration der Weg geebnet. In jedem Falle
wird Zeit gewonnen, — eine kostbare Zeit, während welcher die erhitzten
Köpfe sich abkühlen und zur Besinnung kommen können. Und wenn Sie
mittlerweile die Bundesarmee und Flotte nicht im Hafen von Charleston
verwenden zu dürfen glauben, können Sie jedenfalls hier die Ruhe und
Ordnung damit aufrecht erhalten."

Black war nicht unabgeneigt, auf diesen Vorschlag einzugehen, aber Bu=
chanan schauderte vor dem bloßen Gedanken daran und verwarf ihn, wie sich
von ihm nicht anders erwarten ließ. Butler theilte den Commissären frei=
müthig mit, welchen Rath er gegeben habe.

„Wie? Sie würden uns wohl gar aufhängen?" fragte Orr im Tone
ironischer Geringschätzung.

„O nein," war die ruhige Entgegnung, „außer, wenn Sie schuldig be=
funden würden."

Es kam dann wie ein zündender, elektrischer Funke die Nachricht, daß
Major Anderson seine kleine Besatzung von Fort Moultrie nach Fort Sum=
ter verlegt habe. Der künftige Geschichtschreiber wird vielleicht von diesem
Ereignisse an die Unvermeidlichkeit des Krieges datiren. Durch geschickte
Benutzung desselben gelang es den bis dahin in Schach gehaltenen Sezessio=
nisten von Georgia, diesen großen Staat auf dieselbe Bahn zu drängen, die
Süd=Carolina bereits eingeschlagen. Der Abfall dieses größten und mäch=
tigsten Baumwollstaats bedingte den aller übrigen.

Der Präsident hatte den Commissären die Zusage gegeben, daß, so lange
die Unterhandlungen in Washington währten, keine militärische Bewegung
im Hafen von Charleston stattfinden solle. Sie verlangten auf Grund dessen,
daß Anderson nach Fort Moultrie zurückbeordert werde. Floyd unterstützte
ihr Verlangen und Buchanan stimmte zu. Nun, da sie ihn so willfährig
fanden, gingen sie weiter und forderten die gänzliche Zurückziehung aller
Bundestruppen aus Süd=Carolina. Auch das ward von Floyd befürwortet.
Während Buchanan noch unschlüssig vor dieser neuen Schandthat zögerte,
kamen die kolossalen Gaunereien in Floyds Ministerium an den Tag und es
war mit seinem Einfluß zu Ende. Die Forderung ward im Cabinet ver=
verworfen; Floyd resignirte; Holt trat an seine Stelle; die Regierung trat
fester auf; die Commissäre verließen Washington und auch Butler, vollkom=
men davon überzeugt, daß es nun zum Kriege kommen werde, rüstete sich zur
Abreise.

Zuvor hatte er noch eine letzte, lange Unterredung mit den südlichen Füh=
rern. Drei Stunden lang stellte er ihnen die verhängnißvolle Thorheit

ihres Beginnens vor und warnte sie vor dem Verderben, welches sie auf ihre
Häupter herabzuziehen im Begriffe stünden. Wieder ward er aufgefordert
mit dem Süden gemeinsame Sache zu machen. Aber er ließ sie keinen Au=
genblick darüber in Zweifel, daß er zu seinem Vaterlande halten und Gut und
Blut dafür opfern werde. Erst spät in der Nacht trennten sie sich, um sich
nie mehr zu kennen, außer als Todfeinde.

Am folgenden Morgen begab sich Butler zum Senator Wilson, mit dem er
trotz politischer Gegnerschaft stets in freundschaftlichen persönlichen Beziehun=
gen gestanden hatte, theilte ihm mit, daß die Führer des Südens entschlossen
seien, es bis zum Kriege zu treiben und bat ihn, den Gouverneur von Mas=
sachusetts zu veranlassen, daß er die Staatsmiliz in Kriegsbereitschaft setze.
Die Verwegensten unter den Secessionisten hatten den Plan, sich der Stadt
Washington zu bemächtigen, Lincolns Inauguration zu verhindern und Bre=
ckenridge zum Präsidenten auszurufen. Nur die Ueberzeugung, daß, wenn
sonst Nichts, doch eine solche Ueberrumpelung der Hauptstadt das „feige
Krämerpack des Nordens" zu einem Kriege treiben werde, ließ die besonne=
neren Führer diesen Plan verwerfen; doch zu der Zeit, als Butler Washing=
ton verließ, deutete noch Alles auf die Annahme desselben hin und er selbst
glaubte ganz bestimmt, daß die Rebellion in solcher Form auftreten werde.

Er fand den Norden voll banger Besorgnisse, aber noch immer zweifelnd.
Dem Gouv. Andrews erstattete er genauen Bericht über das in Washington
Gehörte' und Gesehene und rieth ihm, die Miliz in Bereitschaft zu setzen.
Zu dem Ende sollten in aller Stille diejenigen Mitglieder, die entweder au=
ßer Stande oder nicht Willens seien, nach Washington zu marschiren, aus=
treten und ihre Stellen durch tüchtigere oder willigere Leute ausgefüllt wer=
den. Der Gouverneur ging darauf ein; ungefähr die Hälfte der Mitglieder
trat aus und ward durch bessere ersetzt. Viele Compagnieen übten sich wäh=
rend des Winters allabendlich im Gebrauch der Waffen. Gegen die auf
Butlers Rath vom Gouverneur angeordnete Anfertigung von 2000 Com=
mismänteln erhob sich in der Legislatur heftiger Widerstand. Es seien,
sagte ein hoher Staatsbeamte, 20,000 Dollars, die man für die Motten
hinauswerfe und Andere insinuirten, daß Butler nur ein profitables Geschäft
für die Wollenfabrik zu Middlesex machen wolle, von der er viele Aktien be=
saß. Allein die Mäntel wurden gemacht und der letzte davon war kaum
fertig, als bereits die Miliz auf dem Anger in Boston aufmarschirt stand, um
sie auf die Tornister zu schnallen.

Während diese Vorbereitungen stattfanden, versah Butler wieder, wie sonst,
seine Praxis in Boston und Lowell. In die tiefe Verstimmung, mit welcher
ihn das klägliche Schauspiel erfüllte, das damals die Bundesgewalt darbot,

fiel als einziger Lichtſtrahl das mannhafte Wort des Finanzminiſters Dix: „Der Erſte, der die amerikaniſche Flagge herabzureißen ſucht, wird auf der Stelle niedergeſchoſſen.“—„Als ich das las,“ ſchrieb Butler ſpäter an Dix, „jubelte mein Herz vor Freude. · Es war das erſte kühne und männliche Wort zu Gunſten der Union, das von der Buchanan'ſchen Regierung gehört worden war.“

Der 15. April kam heran. Fort Sumter war gefallen. Der Aufruf des Präſidenten erſchien. Am Vormittage erhielt Gov. Andrews auf telegraphiſchem Wege die Aufforderung, zwei Regimenter Miliz nach Waſhington zu ſenden. Um 5 Uhr Nachmittag, als Butler im Gericht war, brachte ihm der Oberſt des 6. Regiments den Befehl des Gouverneurs, ſofort ſein Commando nach Boſton zu beordern. Das Hauptquartier des 6. Regiments war in Lowell und die Compagnieen über einen Umkreis von vierzig Meilen verſtreut. Doch am andern Morgen 11 Uhr ſtand das Regiment vollzählig auf dem Anger in Boſton aufmarſchirt! Nicht weniger pünktlich waren das 3. und 8. Regiment, deren Compagnieen von 9 Uhr Morgens an unter dem Jubel der am Bahnhof verſammelten Menſchenmenge eintrafen. Das 6. Regiment ſollte zuerſt ausrücken, verſtärkt durch die zwei Compagnieen der Hauptleute Sampſon und Dike. Der Letztere wohnte in Stoneham; er empfing den Befehl, ſich mit ſeiner Compagnie dem 6. Regimente anzuſchließen, um 2 Uhr in der Nacht. Sobald er ihn geleſen hatte, ſagte er dem Boten: „Sagen Sie dem Generaladjutanten, daß ich um 11 Uhr mit meiner vollen Compagnie am Staatshauſe ſein werde.“ Und er hielt Wort. Zwei Tage ſpäter, am 19. April, ward dieſer Brave auf dem Marſch durch Baltimore an der Spitze ſeiner Compagnie niedergeſchoſſen.

In der Nacht vom 15. zum 16. hatte Butler in Lowell beim Zuſammenbringen des 6. Regiments geholfen. Am Morgen des 16. fuhr er nach Boſton in Geſellſchaft des Präſidenten der „Bank of Redemption.“ Dieſen beſtimmte er, dem Gouverneur ſofort ein Darlehen von 50,000 Dollars anzubieten.

Im Laufe deſſelben Tages ward die erſte Requiſition verdoppelt; ſtatt zweier Regimenter ſollte eine volle Brigade von vier Regimentern nach Waſhington kommen. Dazu gehörte natürlich ein Brigadegeneral. Der Anciennetät nach war Butler erſt der dritte; die Brigadegenerale Adams und Pierce gingen ihm vor. Aber in Anbetracht, daß auf ſeine Rathſchläge hin die Mobiliſirung der Miliz erfolgt war und daß er das Darlehen von 50,000 Dollars verſchafft hatte, welches zur Deckung der Koſten der Mobilisirung sehr zu Passe kam, ward er vom Gouverneur mit dem Oberbefehl über das Contingent betraut.

Am 17. Morgens 10 Uhr erhielt er die Bestallung. Mit Feuereifer ging er daran, die tausenderlei kleinen Dinge zu besorgen, die nothwendig waren. Das 6. Regiment fuhr am Nachmittag ab; zwei Regimenter wurden per Dampfer nach dem nur von zwei Compagnieen Artillerie vertheidigten Fort Monroe eingeschifft. Spät am Abend fuhr der General nach Lowell, um von seiner Familie Abschied zu nehmen; am andern Morgen kam er mit seinem Bruder, der nach elfjährigem Aufenthalt in Californien auf Besuch bei ihm war, zurück. Als er sich eben unter den Händen seines Barbiers befand, kam ein zum 6. Regiment gehörender Wehrmann zu ihm und bat um Entbindung vom Dienst, denn er habe eine Frau und drei weinende Kinder zu Hause.

„Da kommen Sie bei mir an den Unrechten," sagte Butler, „denn ich bin ganz in derselben Lage." Er ließ den Mann augenblicklich als Deserteur verhaften.

Nach kurzer Inspection des nach Fort Monroe bestimmten Dampfers ging er mit dem 8. Regimente auf die Eisenbahn. In Springfield schloß sich die wackere Compagnie des Hauptmann Henry S. Briggs an. Dann nach New York. Wer, der damals in New York gelebt, kann den Marsch dieses Regiments den Broadway hinab, die Bewirthung im Metropolitan und Astor Hotel, das Gedränge nach der Fähre und die lärmende Bewillkommnung in Jersey City vergessen haben?

Auf dem Bahnhofe in Philadelphia ward man mit schreckenerregenden Gerüchten empfangen. Das 6. Regiment war auf seinem Marsche durch Baltimore vom Pöbel überfallen worden und ein blutiger Straßenkampf hatte stattgefunden. Nur so viel wußte man bestimmt; aber, wie immer in solchen Fällen, schmückte die Fama diese Thatsachen mit den ungeheuerlichsten Uebertreibungen aus. Das letzte, was der Telegraph noch gemeldet hatte, ehe er zerschnitten worden, war, daß die Eisenbahnbrücken in Brand ständen, die Stadt Washington von aller Hülfe abgeschnitten und wehrlos sei. Tausend der abenteuerlichsten Gerüchte schlossen sich hieran. Nichts klang so entsetzlich, daß es nicht Glauben gefunden hätte.

Butler's Instruction war, über Baltimore nach Washington zu gehen. Da das unmöglich geworden, der Tag fast zu Ende und das Regiment erschöpft war, so ließ Butler es im Girard Hause übernachten. Ohnehin war das 7. N. Y. Regiment unterwegs, und er gedachte in Gemeinschaft mit diesem zu thun, was eben zu thun sein würde. Während der Nacht telegraphirte er an den Gouverneur von Massachusetts, hielt Berathungen

mit dem Commandanten der Navy Yard, Dupont, ſo wie mit dem Präſi=
denten der Philadelphia=Baltimore=Eiſenbahn, Felten. Sein Bruder, der
ihn als freiwilliger Adjutant begleitete, lief umher und kaufte Radehacken,
Spaten, Blechzeug, Proviant und alle möglichen Materialien, deren das
Regiment bedürfen würde, wenn es, ohne die Eiſenbahn benutzen zu können,
ſich durch den, wie man glaubte, vollſtändig inſurgirten Staat Maryland
würde durchſchlagen müſſen.

Bald hatte ſich der General über den einzuſchlagenden Weg entſchieden,
ließ noch in der Nacht ſeine Offiziere zu ſich kommen, theilte ihnen mit zu
welchem Entſchluſſe er gelangt und daß er Willens ſei, die volle Verant=
wortlichkeit dafür zu übernehmen. Auf dem Tiſche lagen 13 Revolver.
Einen davon nehmend, forderte er diejenigen, welche mit ihm gehen wollten,
auf, ſeinem Beiſpiele zu folgen. Alle thaten es.

In großer Haſt notirte nun Butler die Grundzüge ſeines Planes, um ſie
nach ſeinem Abmarſche dem Gouverneur von Maſſachuſſetts zuzuſtellen und
ſo, für den Fall, daß er in dem Maelſtrom der Rebellion untergehe, wenig=
ſtens wiſſen zu laſſen, worin ſeine Abſichten beſtanden hätten. Es hieß
darin:

"Mein Plan iſt, mich mit dem 7. N. Y. Regiment unter Oberſt Lefferts
zu vereinigen, ſo daß ich morgen Nachmittag 4 Uhr mit 1,500 Mann in
Annapolis ſein und dort, in der Hauptſtadt von Maryland, Rechenſchaft für
die Ermordung der braven Maſſachuſettſer fordern kann. Wenn ſich Oberſt
Lefferts nicht anſchließen mag, werde ich allein mit dem 8. Regiment gehen
und die Stadt occupiren. Von da kann ich in einem forcirten Marſch von
30 Meilen die Hauptſtadt erreichen. Da ich keine Artillerie habe, ſo habe
ich an Gouverneur Andrews telegraphirt, daß er die Boſtoner leichte Batterie
ſofort einſchiffe, um mir auf dem Marſche nach Waſhington zu helfen.

"12 Uhr Vormittags. Oberſt Lefferts hat ſich geweigert mit mir
zu marſchiren. Ich gehe allein Nachmittag um 3 Uhr. Wenn alles gut
abläuft, wird der Erfolg mich rechtfertigen; wenn nicht, wird die gute Ab=
ſicht den Mißgriff in der Wahl des Mittels entſchuldigen."'

Das 7. N. Y. Regiment war um Sonnenaufgang in Philadelphia
angelangt. General Butler hatte dem Oberſt Lefferts ſeinen Plan vorgelegt
und ihn zur Mitwirkung aufgefordert, allein Lefferts war nicht der Mann
der muthigen Entſchlüſſe. Das Reſultat einer langen, wie es heißt, ſehr
hitzigen Berathung mit ſeinen Offizieren war, daß ſich das 7. Regiment am
Nachmittag auf ein Dampfboot ſetzte, um direct zu Waſſer den Potomac
hinauf, nach Waſhington zu fahren. Das aus der "jeuneſſe dorée"
von New York beſtehende Regiment überließ den braven Maſſachuſettſern

die Ehre und die Gefahr, einen Weg durch Maryland zu brechen. Wie in vielen ähnlichen Fällen war auch hier der kühnste Plan der beste, denn, wie sich nachher zeigen wird, war schließlich das 7. Regiment doch genöthigt, den von Butler bezeichneten Weg einzuschlagen.

Um 11 Uhr am Vormittag des 20. Aprils fuhr das 8. Massachusetts Regiment nach dem 40 Meilen von Philadelphia, 64 von Annapolis entfernten Havre de Grace, wo der Susquehannah sich in die Chesapeake Bay ergießt. Gen. Butler ging durch jeden Waggon, setzte den Leuten den Angriffsplan auseinander und ertheilte die erforderlichen Weisungen für den Fall, daß sich die Rebellen, wie das Gerücht ging, im Besitz des Fähr=Dampfbootes zu Havre de Grace befänden. Nachdem er Alles angeordnet und jedem Compagnieführer seine Instructionen ertheilt hatte, setzte er sich hin und war fast im Augenblicke fest entschlummert.

Es herschte eine ernste und feierliche Stimmung unter diesen bewaffneten Bürgern, welche hier zum erstenmale im Begriff standen, ihr Leben, das für die fernen Lieben so werthvoll war, um der hohen und heiligen Sache des Vaterlandes willen Preis zu geben. Kaum ein Wort ward gesprochen, die meisten starrten schweigend zu den Wagenfenstern hinaus.

Einer, und nur Einer, verzagte. Der General ward aus seinem Schlummer durch den Ruf erweckt: "Ein Mann über Bord!" Der Zug ward gehemmt und man sah einen Wehrmann in athemloser Hast querfeldein rennen, als ob der Böse ihn verfolge. In seiner Angst hatte er sich, vom Wagen herabspringend, einer zehnmal größeren Gefahr ausgesetzt, als die, vor welcher er entfloh. Der General versprach einer Gruppe von Land=leuten, die in der Nähe stand, die üblichen 30 Dollars Belohnung, wenn sie den Deserteur einfingen. Dann ging die Fahrt weiter; von nun an unter Scherzen und Gelächter, denn jener Zwischenfall hatte die düstere Stimmung ganz zerstreut. Der Deserteur ward eingebracht; es war ein Unteroffizier und man degradirte ihn sofort zum Gemeinen.

Eine Meile von Havre de Grace hielt der Zug; das Regiment ward formirt und marschirte, eines Kampfes mit den Insurgenten gewärtig, nach dem Fährboote. Es zählte 13 Offiziere und 711 Mann.

Viertes Capitel.

Annapolis.

Es war ein blinder Lärm gewesen; kein bewaffneter Feind befand sich zu Havre de Grace und das Dampfboot lag ruhig an der Wherfte. Ob die Bemannung desselben loyal sei, oder nicht, ob nicht vielleicht der Capitän es nach Baltimore steuern, oder gar auf den Grund fahren werde, darüber ward unter den Offizieren viel discutirt. Butler war geneigt, ihm zu trauen. Für alle Fälle hatte man ja in dem Regimente Leute genug, welche die Leitung und Steuerung jedes Schiffes übernehmen konnten. In der That, es hat sich wohl nie eine so große Zahl gebildeter, oder in den verschiedensten Zweigen der Technik bewanderter Männer zu einem Regimente zusammengefunden, wie in diesem 8. Massachusetts. In manchen Compagnieen bestand fast die Hälfte der Mitglieder aus Vertretern der Facultätswissenschaften. Major Winthrop trägt nicht allzustark auf, wenn er sagt, daß dem Commando: „Dichter vor!" oder, „Maler, präsentirt's Gewehr!" oder, „Bildhauer, fällt's Bayonett!" mindestens ein Dutzend Mann hätten nachkommen können.

Um 6 Uhr Abends ging es ab. Das Boot war so vollgepackt, wie das Zwischendeck eines Sclavenschiffes. Als es finster ward, streckten sich die Wehrmänner, ihre Flinten in der Hand, aufs Deck, um zu schlafen. Butler ging, doch nicht ganz ohne Unruhe in Betreff der Treue des Capitäns, auf und ab, oft über die Beine der schnarchenden Wehrmänner stolpernd. Mehrere Sachverständige mußten den Compaß im Auge behalten und die Maschinisten beobachten. Es ging Alles gut. Um Mitternacht lag das Boot vor der alten Stadt Annapolis.

Wider alles Erwarten—denn Annapolis stand ja in keiner telegraphischen Verbindung mit dem Norden—fand man die Stadt in lebhafter Bewegung. Raketen schossen empor, Lichter huschten am Ufer hin und her und alle Häuser, die man vom Boot aus sehen konnte, waren erleuchtet. Es war Butlers Absicht gewesen, in aller Stille zu landen, während die Stadt im tiefsten

Schlummer läge und am Morgen die Einwohner mit einer lärmenden Reveille zu erwecken. Als er sah, in welcher Aufregung die Stadt sich befand, ging er vor Anker und verschob die Landung bis zum Tagesanbruch.

Sein Bruder, fast der einzige Mann in Civilkleidung, erbot sich ans Ufer zu fahren, um die Ursache der Aufregung zu ermitteln. Als er in den Nachen trat, reichte er seinen Revolver einem Freunde mit den Worten: „Gegen eine ganze Stadt voll Menschen hilft er mir doch nichts; werde ich aber gefangen, so soll er wenigstens der guten Sache dienen." Fast geräuschlos glitt der Nachen in die Dunkelheit hinaus.

Nicht lange, so hörte man Ruderschläge von einem dem Dampfer sich nähernden Boote. Eine Stimme rief:

„Was für ein Dampfer ist das?"

Keine Antwort.

„Was für ein Dampfer?" wiederholte die Stimme.

Wieder Alles still. Das Boot schien sich entfernen zu wollen.

„Kommt an Bord!" donnerte Gen. Butler.

Nun war das Schweigen auf Seiten des Boots.

„Kommt augenblicklich, oder ich gebe Feuer!"

Jetzt kam das Boot heran. Vier Leute ruderten es und am Steuer saß ein Offizier in der Uniform eines Marinelieutenants. Er stieg an Bord, Gen. Butler führte ihn in die Kajüte und es entspann sich ein seltsames Zwiegespräch:

„Wer sind Sie?" fragte der Lieutenant.

„Das frage ich Sie," erwiderte der General.

Der Offizier gab sich als Lieut. Matthews von der Marineschule zu erkennen. Der Commandant des Postens, Captain Blake, hatte ihn gesendet, um dem Dampfer zu sagen, daß er nicht landen dürfe. Auch vom Gouverneur Hicks hatte er einen Befehl desselben Inhalts. Vom Bundes-Quartiermeister sollte er noch hinzufügen, daß es in Annapolis an allen Transportmitteln fehle.

Gen. Butler war schweigsam. Offenbar traute keiner von beiden dem andern.

Die Sache war die, daß Capitän Blake schon seit zweimal vierundzwanzig Stunden jeden Augenblick einen Angriff der Baltimorer „Plug Uglies," zu Wasser oder zu Lande, erwartet hatte. Er befand sich inmitten einer der Regierung feindlichen Bevölkerung. Das Lehrschiff „Constitution" lag an der Wherfte der Marineschule fest und war nur mit 25 Matrosen und 76 Zöglingen bemannt. Wohl waren die Kanonen geladen, aber gegen eine Uebermacht hätte sich das Schiff doch nicht halten lassen. Schaaren von

Sezessionisten umstanden es jeden Tag und machten sich auf die schwachen
Punkte desselben aufmerksam; die Miliz hielt ihre Exercitien im Angesicht
des Schiffes und Nachts wurden fortwährend Feuersignale am Ufer bemerkt.
Offenbar hatte nur die Furcht, daß die Kanonen der „Constitution" auf die
Stadt gerichtet werden würden, einen Angriff auf das Schiff bis dahin ver=
hindert.   Da indessen der Tiefgang desselben größer war, als die Wassertiefe
auf der Barre, so glaubten es die Sezessionisten jeden Augenblick in ihre
Gewalt bekommen zu können, sobald sie es ernstlich versuchten.   Unter diesen
Umständen hatte Capitän Blake, ein im Dienste seines Vaterlandes ergrauter
Mann und treu wie Gold, nicht anders geglaubt, als daß der Dampfer
Baltimorer Insurgenten gebracht habe, welche das Schiff erobern und die
Marineschule zerstören wollten. • Ja, die Sezessionisten in der Stadt hofften
dasselbe, was Blake fürchtete und schickten sich an, ihren vermeintlichen
Freunden zu helfen.   Capitän Blake hatte die „Constitution" in Bereitschaft
gesetzt, um den Dampfer in den Grund zu bohren, hielt es aber doch für
angemessen, zunächst durch den Lieutenant genau zu ermitteln, wer die mit=
ternächtigen Gäste seien.

General Butler und der Lieutenant suchten beide einander auszuhorchen,
ohne sich selbst zu becouvriren.   Endlich glaubte der General sicher zu sein,
nannte seinen Namen und erklärte seinen Entschluß, über Annapolis nach
Washington zu marschiren.   Der Lieutenant sagte ihm, daß die Schienen
aufgerissen, die Waggons entfernt seien und die ganze Bevölkerung gegen
den Durchmarsch der Truppen protestire.   Butler entgegnete, daß seine
Leute die Schienen, Waggons und die Zustimmung der Bevölkerung ent=
behren könnten.

Er schickte nun seinen Adjutanten Haggerty ans Land, um dem Gouverneur
und der städtischen Behörde seine Absichten mitzutheilen.   Der Gouverneur
und der Mayor zogen sich in ein Cabinet zurück, um mit einander zu con=
feriren.   Als sie fertig waren und zurückkamen, fanden sie den Adjutanten
auf dem Canapée fest eingeschlafen.   Der Gouverneur schrieb an General
Butler folgendes :

„Ich muß Ihnen aufs dringendste rathen, Ihre Leute n i c h t hier zu landen.
Die Aufregung ist sehr groß und es ist gerathen, daß Sie anderswo landen.
Ich habe durch Telegramme dem Kriegsminister Vorstellungen gegen Ihr
Landen gemacht."

Diesem Billet war das folgende vom Quartiermeister Miller bei=
gefügt :

„Da ich vom General Scott mit den Anordnungen zum Transport Ihrer
Regimenter von hier nach Washington beauftragt bin und es unmöglich finde,

hier Waggons zu beschaffen, so rathe ich Ihnen an Bord Ihres Dampfers zu bleiben, bis weitere Weisungen vom Gen. Scott eintreffen können."

Dies war offenbar ein elender Kniff, um Butler an der Ausschiffung zu verhindern, denn Gen. Scott hatte keine Truppen in Annapolis erwartet und dem Quartiermeister k e i n e darauf bezüglichen Befehle ertheilt.

Was war mittlerweile aus dem Bruder des Generals geworden? Auf Gerathewohl in seinem Nachen dahinrudernd, gelangte er an die Wherfte der Marineschule. Eine Schildwache hielt ihn an und führte ihn auf sein Begehren zum Commandanten. Andrew J. Butler, ein großer, stattlicher Mann, hatte nicht die entfernteste Aehnlichkeit mit einem „Plug Ugly" und den ehrwürdigen Graubart Blake konnte wohl Niemand für einen Rebellen halten. Gleichwohl standen sich beide voll des tiefsten Mißtrauens gegenüber. Denn zu jener Zeit war Niemand des Andern sicher. Noch war die Marine nicht von allen Verräthern gesäubert und andererseits hatte in Blake's Vorstellung die Besorgniß vor den Baltimorer Banditen so lange gehaftet, daß sie ihn auch jetzt nicht verlassen wollte. Er empfing den Fremden mit kalter Höflichkeit. Beide suchten sich auszuforschen, erhielten aber nur sehr unbestimmte, oder gar keine Antworten. Beide waren Yankees und jeder entschlossen, daß der andere sich zuerst bloßstellen sollte. Endlich, nachdem man gehörig von allen Seiten auf den Strauch geklopft hatte, verlor Butler die Geduld und sagte:

„Capitän Blake, machen wir der Sache ein Ende. Es sind Yankeetruppen auf jenem Dampfer und wenn ich nicht bald wieder zurückkehre, werden sie zu schießen anfangen."

Dem braven alten Capitän fiel es wie ein Stein vom Herzen. Man verständigte sich nun vollends und nachdem Capitän Blake versprochen, daß er bei Tagesanbruch an Bord kommen wolle, kehrte Butler nach dem Dampfer zurück.

Der General war mit seinen Antworten auf die beiden Billets, welche er erhalten hatte, bald fertig. An den Gouverneur Hicks schrieb er:

„Ihr Geehrtes ꝛc. habe ich erhalten und bedaure sehr, daß Sie mir rathen, nicht zu landen. Ich habe keinen Proviant für eine lange Fahrt. Da die Zerstörung der Eisenbahn durch den Pöbel es mir unmöglich machte, den gewöhnlichen Weg einzuschlagen, habe ich diesen Umweg nehmen müssen. Ew. Excellenz werden ohne Mühe begreifen, daß meine nothgedrungene Fahrt über hier für gute Bürger nicht der geringste Grund zur Aufregung ist. Einem Befehle des Kriegsministeriums würde ich natürlich gehorchen."

An den Capitän Miller:

„Es thut mir leid, daß Sie nicht im Stande sind, mir für meine Truppen

Waggons zu verschaffen; übrigens kann ich sie entbehren. Daß Sie mit Besorgung der Transportmittel für meine Truppen beauftragt seien, davon weiß ich nichts. Wenn es so wäre, hätten Sie jedenfalls auch Weisungen in Betreff unserer Bestimmung. Wir sind an viel längere Fußparticen gewöhnt, als die von Annapolis nach Washington. Ich hätte zwar nichts dagegen, hier zu bleiben, bis Befehle von Gen. Scott eintreffen, aber so lange ich nicht genauere Erklärungen von Ihnen habe, oder größeren Hindernissen als den von Ihnen bezeichneten, begegne, sehe ich keinen triftigen Grund zu einem solchen Aufschub, 2c."

Bei Tagesanbruch kam, wie er versprochen, Capitain Blake an Bord und fühlte sich unter seinen Landsleuten bald heimisch.

„Erlauben Ihnen Ihre Instructionen, mir die „Constitution" flott machen zu helfen?"

„Ich habe gar keine Instructionen. Ich führe Krieg auf eigene Faust. Aber die „Constitution" flott machen? Ei freilich, was könnten wir besseres thun?"

Wie es nun an die Arbeit ging; wie das Dampfboot „Maryland" sich an die „Constitution" legte, die Salemer Zuaven-Compagnie als Besatzung und hundert Marbleheader als Seeleute an Bord gingen; wie sie zogen und zerrten und hoben und schoben und Balast auswarfen und an Kapstans wanden; wie Gruppen von finsterblickenden, dumpfe Flüche murmelnden Sezessionisten darum standen; wie endlich die alte Fregatte aus ihrem Schlammbett gezerrt ward; wie sie sich unter so donnernden Vivatrufen, wie Annapolis sie nie vorher gehört hatte, und unter Freudenthränen des greisen Capitän Blake in Bewegung setzte:—das Alles ist damals von den Zeitungen graphisch geschildert worden und lebt in der Erinnerung aller Zeitgenossen.

Doch außer Gefahr war das Schiff noch nicht. Gen. Butler war aufs bestimmteste versichert worden, daß der Capitän des Dampfboots ein Verräther sei und darauf ausgehe, Boot, wie Fregatte, auf den Grund zu fahren. Zwar bezweifelte er es noch immer und in der That dachte auch der von Angst gepeinigte Mann an nichts weniger, als sich der Rache der schrecklichen „Yankees" auszusetzen. Indessen Vorsicht konnte nicht schaden und so trat der General zu dem Bootführer:

„Capitän, glauben Sie wohl, daß ich thue, was ich sage?"

„Gewiß."

„Gut. Ich höre, daß Sie uns auf den Grund zu fahren im Sinne haben. Ich hoffe, es ist nicht wahr. Aber wenn es wahr ist, so jage ich Ihnen eine Kugel durch den Kopf,—so wahr ein Gott im Himmel lebt!"

Das Entsetzen, welches sich bei diesen Worten in den Mienen des armen

Teufels kund gab, war so ungeheuchelt, daß es den General über die Ab=
sichten desselben vollständig beruhigte.

Alles schien gut zu gehen. Der General war auf seinem Stuhle einge=
nickt. Als er erwachte, saß das Dampfboot auf dem Schlamm fest. Den
Betheuerungen des Capitäns, daß er an dem Unfalle schuldlos sei, Glauben
schenkend, ließ er den Kopf des armen Kerls, der ohnehin schon nicht mehr in
bester Verfassung war, unbelästigt. Die Fregatte war noch flott und ward
bald durch einen Remorqueur in gutes Fahrwasser bugsirt. Das 8. Mas=
sachusetts Regiment hatte dem Lande einen wichtigen Dienst geleistet; aber
da saß es nun fest auf einer Schlammbank. Der Proviant ging zu Ende;
die Wasserfässer waren leer und die Sonne that ihre Schuldigkeit. Es ließ
sich nichts weiter thun, als auf die Fluth zu warten und die Wasserfässer am
Ufer frisch zu füllen. Müde, hungrig und durstig, vom Kohlenrauch ge=
schwärzt und von der Sonne geplagt, waren die Leute doch lustig und munter.
Als es zu dämmern begann, bildeten sich Gruppen, aus denen die ernsten
Weisen von Kirchenliedern erschollen. Denn es war Sonntag und den feiert
der New=Engländer, wo immer er sich befinde.

Gen. Butler benutzte den unfreiwilligen Aufenthalt, um ans Ufer zu fah=
ren. Er traf den Gouverneur und den Mayor, die ihm beide aufs eindring=
lichste von seinem Vorhaben abriethen. Ganz Maryland stehe im Begriff
zu den Waffen zu greifen; die Eisenbahn sei unfahrbar und von bewaffneten
Haufen besetzt; Schreckliches werde geschehen, wenn er nach Washington zu
dringen suche.

„Ich muß landen,“ war die Antwort; „meine Leute sind hungrig.
Selbst wenn ich umkehren wollte, müßte ich zuvor Proviant einnehmen.“

„Niemand in Annapolis wird Ihnen Proviant verkaufen.“

Darauf der General: „Ich denke besser von den Bürgern dieser Stadt.
Aber wenn dem so wäre,—nun, meine Herren, ein Regiment hungriger
Soldaten kennt wohl noch andere Methoden, sich Lebensmittel zu verschaffen,
als die im Frieden üblichen! Nach Washington muß und werde ich
marschiren, gleichviel, ob die Bewohner von Annapolis mir dabei behülflich
oder hinderlich sind.“

Noch immer beharrte der Gouverneur auf seiner Weigerung und schrieb
am folgenden Tage: „Ich protestire gegen eine Maßregel, die ich bei der im
Staate herrschenden Aufregung als eine höchst unbedachte beklagen muß.
In jedem Falle muß ich Sie aufs dringendste ersuchen, Ihre Truppen in
der Stadt Annapolis nicht Halt machen zu lassen.“—Nicht Halt machen
lassen! Siebenhundert und vierundzwanzig halb ausgehungerte Männer,
die einen dreißig Meilen langen Marsch vor sich hatten, sollten durch eine

mit Lebensmitteln angefüllte Stadt ziehen, ohne sich nur umzusehen! Groß=
artig, in der That!

Am Montag früh zeigte sich ein unerwarteter Anblick. Ein Dampfer,
wohlbepackt mit Truppen, deren Waffen in der Morgensonne blitzten, nä=
herte sich von der See aus. Wer konnte das sein? Sie jubelten der vom
Mast der „Constitution“ herabwehenden Bundesflagge zu:—Feinde waren
es also nicht.

Der Dampfer war der „Boston,“ der am Sonnabend Nachmittag mit
dem New Yorker 7. Regimente Philadelphia verlassen hatte. An der Mün=
dung des Potomac hatte man von den Hütern der Leuchtschiffe gehört, daß
die Sezessionisten an den Ufern des Potomac Batterieen errichtet hätten, um
etwa ankommende Truppenschiffe in den Grund zu bohren. Es war ein
Märchen, aber was ward nicht alles in jener tollen Zeit geglaubt? Beson=
ders von einem Manne, wie Oberst Lefferts! Genug, nach der üblichen
„Berathung“ mit seinen Offizieren hatte er sich entschlossen, umzukehren und
,n von Gen. Butler vorgeschlagenen Weg zu versuchen.

Die beiden Regimenter begrüßten sich einander mit donnerndem Bivat=
rufen und es wurden sofort Anstalten getroffen, den Dampfer „Maryland“
flott zu machen. Kohlen und was sonst an entbehrlichen, schweren Gegen=
ständen vorhanden war, wurden über Bord geworfen; der Damper „Boston“
zog mit aller Macht; das ganze Regiment drängte sich auf eine Seite des
Schiffs zusammen, um es auf der andern zu heben; allein nach mehrstündi=
gen Anstrengungen fand sich, daß Alles vergeblich war. So ward denn be=
schlossen, daß der „Boston“ zuerst das 7. Regiment an der Marineschule
ausschiffen und dann das 8. Massachusetts=Regiment nachholen solle.

Um den Forderungen der Höflichkeit zu genügen, sandte jetzt Butler an
den Gouv. Hicks ein schriftliches Gesuch um Erlaubniß, zu landen. Da die
Antwort ausblieb und die Leute vor Durst fast umfielen, schickte er eine zweite
Note an dieselbe Adresse, worin er kurzweg anzeigte, daß er nun landen
werde. Darauf kam dann der bereits oben mitgetheilte Protest des Gouv.
Hicks gegen die Landung, event. gegen jeden etwaigen Aufenthalt der Trup=
pen in der Stadt.

Im Laufe des Nachmittags landeten beide Regimenter an dem zur Ma=
rineschule gehörenden Grundstücke und das 7. Regiment beeilte sich, die
Mundvorräthe, mit welchen es aufs reichlichste versehen war, mit den Mas=
sachusettsern zu theilen. Es fand die vollständigste und herzlichste Verbrü=
derung zwischen den Mannschaften statt und herrschte zwischen ihnen die un=
getrübteste Eintracht.

Leider ließ sich dasselbe nicht von den Befehlshabern sagen.

Von dem Augenblicke an, wo das 7. Regiment gelandet war, befand sich Oberst Lefferts in der sonderbarsten nervösen Aufregung. Alle beunruhigenden Gerüchte fanden bei ihm Glauben. Die Marineschule sollte von Rebellentruppen umringt sein;—man hatte die Miliz in den Straßen von Annapolis aufmarschiren sehen (sie bestand aus zwei Compagnieen!);—eine ungeheure feindliche Streitmacht sollte vor den Thoren der Marineschule stehen, um die beiden Regimenter in Kochstücke zu zerhauen, sobald sie sich hervorwagten. Selbst als ein Berichterstatter der N. Y. Tribune, der unbelästigt die ganze Stadt durchwandert hatte, mit der Versicherung zurückkam, daß nirgendwo ein Feind zu sehen sei, beruhigte das den Oberst Lefferts nicht. Im Gegentheil, er sah darin eine fürchterliche Kriegslist des Feindes, der sich nur versteckt habe, um sich nachher aus sicherem Hinterhalte plötzlich auf das „tapfere Siebente" zu stürzen.

In Anbetracht alles dessen, beschloß er—natürlich „nach einer Berathung mit seinen Offizieren"—die sichern Ringmauern der Marineschule nicht zu verlassen und den General Butler auf seinem Marsche nach Washington nicht zu begleiten. Diesen Entschluß zeigte er dem General Butler schriftlich an, mit dem üblichen Zusatze, daß er sich „in einer so wichtigen Angelegenheit von dem Urtheil seiner Offiziere bestimmen lassen müsse."

Gen. Butler begab sich nach Empfang des Billets sofort selbst zu dem Oberst und suchte ihn umzustimmen. Doch vergebens waren Gründe, Vorstellungen und zuletzt selbst der bittere Spott. Lefferts blieb fest bei seinem Entschlusse, sich nicht in Gefahr zu begeben, damit er nicht darin umkomme. Also, kurz resolvirt, traf Gen. Butler die erforderlichen Anordnungen für das 8. Regiment allein. Er selbst begab sich mit zwei Compagnieen nach dem Bahnhofe und nahm ohne Widerstand von den dortigen Gebäuden Besitz. Beim Maschinenschoppen widersetzte sich ihm ein Aufseher.

„Was ist in diesem Gebäude?" fragte der General.

„Nichts."

„Den Schlüssel her!"

„Habe ihn nicht."

„Wo ist er?"

„Weiß nicht."

„Kameraden, brecht dieses Thor auf."

Ein kräftiger Anlauf—ein Krach—das Thor wich und die Flügel sprangen auseinander.

Eine kleine, rostige und beschädigte Locomotive war das „Nichts" in dem Gebäude.

„Versteht sich einer von euch auf diese Maschine?"

Charles Homans, von der 4. Compagnie, maß die Maschine einen Augenblick mit den Augen und sagte: „Die ist in unserer Fabrik gemacht. Ich denke, ich werde sie in Stand setzen können."

Der General gab ihm einige Mann zur Hülfe und Homans machte sich sofort an die Arbeit. Eine starke Wache auf dem Bahnhofe lassend, recognoscirte der General die Eisenbahn und fand, daß in der That die Schienen aufgerissen und bei Seite geworfen, oder oberflächlich versteckt worden waren. Er kehrte zum Regiment zurück, ließ alle Diejenigen, die sich aufs Schienen= legen verstünden, vortreten und befahl ihnen, sich mit Tagesanbruch ans Werk zu machen.

Das 7. N. Y. Regiment aber hielt am Abend zum Entzücken der Zöglinge der Marineschule eine „glänzende Parade," die einzige Art von militärischer Thätigkeit, welche es kannte. Nur einige Mitglieder des Regiments zogen es vor, an Butler's Vorhaben Theil zu nehmen; darunter Schuyler Hamil=ton, der Enkel des einen und Urenkel des andern der beiden Männer, deren Namen er trug und Theodor Winthrop.

Noch um 3 Uhr am Dienstag früh war Oberst Lefferts entschlossen, in Annapolis zu bleiben, denn um diese Zeit expedirte er einen Boten nach New York, der Verstärkungen und Vorräthe bestellen sollte. Durch diesen Boten ließ er sagen, daß bei Annapolis Junction vier Rebellenregimenter stünden, um die vorbeipassirenden Bundestruppen aufzureiben. Als aber der Morgen anbrach und die helle Sonne die düstere nächtige Stimmung zerstreute, als man sah, daß die Massachusettser auf dem Bahnhofe nicht massakrirt worden seien und daß General Butler nicht daran denke, sein Vorhaben aufzugeben; da endlich besannen sich die Offiziere des 7. Regiments eines bessern und „nach einer Berathung mit ihnen" beschloß der Oberst, sich dem Gen. Butler anzuschließen. Von nun an ging Alles gut; beide Regimenter wirkten in der besten Stimmung miteinander zusammen.

Am Dienstag ging es gar lebhaft zu. Schienen wurden aufgesucht und gelegt. Nach allen Richtungen hin wurden Streifpartieen ausgesandt, fanden aber nirgends einen Feind. Oberstlieutenant Hinks rückte mit zwei Com=pagnien 3½ Meilen an der Eisenbahn vor, ohne dem geringsten Widerstand zu begegnen. Die Wehrmänner schlenderten durch die Stadt und machten die Entdeckung, daß auch die grimmigsten Sezessionisten keine Vorurtheile gegen klingende Münze hatten. Neger gaben auf verstohlene Weise ihre Freude zu erkennen und brachten ganze Körbe voll Kuchen zum Verkauf. Frau Fama war wieder sehr geschäftig; hier sollten Reitertrupps stehen, dort Batterien anrücken und vor allen Dingen die gefürchteten Plug Uglies von

Baltimore. Doch ließen sich die Soldaten durch solche Gerüchte nicht beirren.

Früh am Morgen fragte Gen. Butler beim Betriebsdirector der Eisenbahn schriftlich an, ob die Schienen „zu dem Zwecke aufgerissen worden seien, um die Beförderung der Bundesmiliz nach Washington zu verhindern." Die Antwort ließ nicht lange auf sich warten: „Ja, die Schienen sind zu dem bezeichneten Zwecke aufgerissen worden, da ein Gewalthaufe die Bahn zu zerstören drohte, falls auf ihr Bundestruppen nach Washington befördert würden." Der Betriebsdirector knüpfte daran seinerseits die Frage, auf wessen Autorität Gen. Butler von dem Eigenthum der Eisenbahngesellschaft Besitz genommen habe? Darauf Butler:

„Sie sollen auf Ihre Frage eine ebenso klare Antwort haben, wie ich auf die meinige. Meine Autorität ist der Befehl der Regierung; meine Rechtfertigung die Nothwendigkeit. Etwaige Entschädigung haben Sie von der Regierung zu erwarten."

Plötzlich entstand das Gerücht, daß die Neger in der Nähe von Annapolis im Begriffe stünden, sich gegen ihre Herren zu empören und die so häufig als Schreckgespenst gebrauchten „Gräuel von Sanct Domingo" aufzuführen. Mit Bezug darauf richtete Gen. Butler an Gouv. Hicks den folgenden, damals viel besprochenen Brief:

„In meinem Gestrigen beehrte ich mich, Ihnen mitzutheilen, daß die von mir befehligte Miliz ihre Waffen nur gegen Störer des Landfriedens führe. So eben vernehme ich, daß man in hiesiger Gegend eine Empörung der Sclaven fürchtet. Von dem Wunsche beseelt, Jedermann wissen zu lassen, daß die von mir befehligten Truppen in keiner Weise mit den bestehenden Staatsgesetzen in Conflikt kommen sollen, erkläre ich Ew. Excellenz meine Bereitwilligkeit, aufs energischste zur Unterdrückung eines Aufruhrs gegen die Gesetze des Staates Maryland mitzuwirken. Meine Truppen stehen behufs Aufrechthaltung der Ruhe und Ordnung in hiesiger Gegend zu Ew. Excellenz Befehl."

Dieser Brief welchen Gouv. Hicks sofort veröffentlichte, soll sehr wesentlich dazu beigetragen haben, die Besorgnisse der Bevölkerung zu zerstreuen. Wenigstens kehrten viele Einwohner, die bereits geflohen waren, nach Hause zurück. Aber dem Gouverneur war nichts recht zu machen. Seine nächste Epistel lautete:

„Die Staatsgesetzgebung von Maryland ist von mir auf Freitag den 26. d. M. nach Annapolis berufen. Da ich aus sicherer Quelle erfahre, daß Sie von der Annapolis-Elkridge-Eisenbahn Besitz genommen haben, so halte

ich es für meine Pflicht—von allem anderen abgesehen—schon aus d e m
Grunde dagegen zu protestiren, weil durch diese Besitzergreifung die Mitglieder der Gesetzgebung verhindert werden, hierher zu kommen."

Antwort:

„Es ist ganz richtig, daß ich von der Annapolis-Elkridge-Eisenbahn Besitz
genommen habe. Sie scheinen vergessen zu haben, daß in der Zusammen-
kunft zwischen Ihnen, dem Mayor und mir als einer der Gründe, weshalb
ich meine Truppen nicht ausschiffen solle, der Umstand angeführt ward, daß
meine Truppen doch nicht die Eisenbahn benützen könnten, weil die Compagnie die Schienen habe aufnehmen lassen. Wie es möglich sein soll, daß
die Mitglieder der Gesetzgebung auf derselben Eisenbahn hierher gelangen
sollen, ist mir nicht klar. Ich habe von der Eisenbahn Besitz genommen,
um die Ausführung der Drohungen des Pöbels zu verhüten, der, wie mir
der Betriebsdirector amtlich mittheilt, erklärt hat, die Eisenbahn zerstören
zu wollen, falls meine Truppen sie benutzten. Hätte die S t a a t sregierung
von der Eisenbahn Besitz genommen, so würde ich wahrscheinlich gezögert
haben sie zu benutzen. Allein, wie ich Ihnen in einem früheren Briefe in
Betreff einer andern Auflehnung gegen die Gesetze von Maryland gesagt
habe, ich bin hier, um diese Gesetze aufrecht zu erhalten, wenn Ew. Excellenz
es wünschen und den Landfrieden gegen alle Ruhestörer zu bewahren. Ich
will erhalten und nicht zerstören, und wenn ich mich der Transportmittel
versichere, so geschieht es, um die Stadt verlassen zu können, noch ehe Ihre
Gesetzgebung zusammentritt. Andernfalls würde ich genöthigt sein, Sie
mit meiner Gegenwart auch noch dann zu belästigen, wenn die Gesetzgebung
tagt."

Noch ehe sich am Abend die Mannschaften zur Ruhe begaben, war Alles
zum Aufbruch am anderen Morgen bereit. Die Locomotive war in Stand
gesetzt, auch ein Paar Stellwaggons hatten sich gefunden. Der General
hatte die erforderlichen Instructionen für den Marsch ertheilt und dabei auf
alle Möglichkeiten Bedacht genommen.

Früh am Morgen setzten sich die Truppen in Bewegung. Es war ein
warmer, heiterer Frühlingstag, die Sonne schien hell und freundlich auf die
blinkenden Bayonnette, der Wald hallte wieder von dem fröhlichen Gezwit-
scher der Vögel, die Luft war mit Blumenduft geschwängert. Die von
Charles Homans geführte Locomotive keuchte schnaufend durch das Spalier
der Truppen, die zu beiden Seiten der Bahn vorrückten. Als die Sonne
sich dem Zenith näherte und der frische Morgenwind erstarb, ward es in den
tieferen Bahn-Einschnitten erstickend heiß. Die Schienenleger, an die heiße
Temperatur der Maschinen-Fabriken gewöhnt, arbeiteten rüstig und unver-

droffen mit Brechstange, Eisenschlägel und Schienenzange, aber die zarten New Yorker Muttersöhnchen schwankten mühsam unter der Last ihrer Tor=nister vorwärts und waren endlich sehr froh, sie auf die Stellwagen packen zu können. Bei aller Anstrengung konnten die Regimenter doch nicht mehr als eine Meile in der Stunde zurücklegen, denn je weiter sie kamen, desto vollständiger war die Zerstörung der Bahn. Nicht bloß Schienen mußten gelegt, sondern auch Brücken reparirt werden. Ein warmer Regenschauer, der sich am Nachmittag, von Allen erwünscht, einstellte, kühlte und erfrischte die Luft, doch als endlich die Nacht herniedersank, war man noch immer viele Meilen von der Stelle, wo die Annapolis=Bahn die Baltimore=Washington=Eisenbahn schneidet.

„O Gottschalk!" ruft Theodor Winthrop in seiner Schilderung dieses Marsches, „was für eine poetische Nachtmusik führten wir mit unseren Fer=sen und Zehen auf dem Bahngeleise auf! Es war Vollmond und die Nacht wunderbar lieblich und mild. Die Luft war von dem Regen am Nachmittag abgekühlt; jeder Hauch fächelte uns balsamische Frühlingsdüfte zu. Ver=gessen war der Staub und die Mühsal des Vormittags. Jeder schloß das Gewehr an seine Brust, als wäre es ein Liebchen. Wer gar zu müde, oder auch zu träge war, konnte sich auf einen der zwei Güterwagen setzen, auf denen wir unsere Geschütze fuhren.

„Ein origineller Marsch war's. Wohl nie zuvor ist eine Batterie Hau=bitzen auf Wagen gesehen worden, jeden Augenblick bereit, nach vorn, hinten, oder den Seiten hin Feuer zu geben. Unsere Marschlinie erstreckte sich eine halbe Meile lang an der Bahn. Es war ein herrlicher Anblick, wenn man auf der Höhe eines Bahneinschnittes stand, die Linie aus dem tiefen Wald=schatten in das helle Mondlicht hervorkommen zu sehen, dessen greller Wie=derschein wie Irrwischflammen auf den Bayonnetten tanzte.

„Dann, von Zeit zu Zeit der Ruf „„Halt!"" der von der Fronte zurück, von Compagnie zu Compagnie sich wiederholt. „„Halt! Da fehlt eine Schiene!""

„Von da an nahmen die Unterbrechungen kein Ende. Keine halbe Meile, auf der nicht eine oder einige Schienen fehlten. Bonnell war immer vorn, die Schienen legend, und ich bin stolz darauf, daß er mich als Gehülfen brauchen konnte.

„An einer Stelle, wo die Bahn auf einem hohen Wall über ein stehendes Gewässer führte, war die Schiene verschwunden, vermuthlich ins Wasser ge=worfen. Wir probirten die von dem Seitengeleise am Bahnhof mitge=brachten Schienen, aber sie waren zu kurz. Nun verlängerten wir sie durch ein Stück Planke und rollten unsere Wägen vorsichtig darüber. Das ging.

Aber Homans schüttelte den Kopf. Mit der Locomotive über diese wackelige Vorrichtung? Nein, das ging nicht. Und so mußten wir einstweilen auf seine Gesellschaft verzichten. Am folgenden Tage rief der Massachusettser General nach Freiwilligen, um in dem Pfuhl nach der verlorenen Schiene zu tauchen. Plumps sprang ein kleiner schniger Kerl ins Wasser hinab und packte richtig die Schiene. „„Als ich wieder herauf kam,"" erzählte er mir später, „„langt unser Offizier ein Zwanzigdollarstück aus der Tasche und bietet mirs an. Nichts da, sage ich, ums Geld sind wir nicht hierher gekommen. Nimm's nur, sagt er, und theile Dich mit den andern darein. Nein, nein, sage ich, ums Geld thun wir's nicht. Aber,"" fuhr er fort, „„einen ekligen Schnupfen hatte ich mir geholt und bin noch immer ganz verteuxelt heiser.""

„Weiterhin fanden wir eine ganze Strecke des Geleises aufgerissen, nicht bloß die Schienen, sondern auch die Schwellen. Da mußten dann unsere Ziehseile von den Haubitzenwagen zum Heranschleppen dienen. Nichts durfte uns aufhalten."

Am Nachmittag des folgenden Tages marschirte das 7. Regiment am Weißen Hause vorbei und salutirte den Präsidenten der Ver. Staaten. Es war nicht einem einzigen bewaffneten Feinde begegnet.

Butlers Absicht war gewesen, die Truppen nach Washington zu begleiten, aber mittlerweile war der Dampfer „Baltic" mit frischen Truppen von New York gekommen und hatte dem General sammt seinem improvisirten Stabe alle Hände voll zu thun gegeben. Ehe das erledigt war, kamen weitere Schiffe und am nächsten Tage vom General Scott der Befehl, Annapolis und die Eisenbahn besetzt zu halten und die Beförderung der Truppensendungen zu beaufsichtigen. Noch ehe die Woche zu Ende ging, war ein vierzig Meilen breiter Landstrich (zwanzig Meilen auf jeder Seite der Eisenbahn) zum „Departement Annapolis" gemacht und Gen. Butler, mit den umfassendsten Vollmachten bekleidet, zum obersten Militärbefehlshaber desselben ernannt worden.

Während der nächsten zehn Tage wurden Butlers administrative Tüchtigkeit, Ausdauer und Takt auf die stärkste Probe gestellt. Tausende von Soldaten kamen fast täglich an. Der Hafen war voller Transportschiffe. Jeder Reisende mußte vom General persönlich verhört werden, ehe sein Paß das Visum erhalten konnte. Spione wurden festgenommen. Die Gesetzgebung ward sorgfältig bewacht und aus Butlers Absicht, die ganze Majorität einzustecken, wenn sie einen Secessionsbeschluß fasse, kein Geheimniß gemacht. Ein Mitglied hatte dem General Butler das große Staatssiegel zugesteckt, ohne welches kein Akt der Staatsbehörden Gesetzeskraft erlangen konnte. Bei der völligen Unerfahrenheit der commandirenden Offiziere erforderten alle Einzelheiten der Ausschiffung, der Einrichtung von Lagern, der Verpflegung und des Marsches die persönliche Thätigkeit des Generals. Von Tagesanbruch bis um Mitternacht war er beschäftigt, Ordnung in das chaotische Getriebe zu bringen. Eines Nachts, als die Uhr zwölf schlug, der General nach herkulischen Anstrengungen eben den letzten Applikanten abgefertigt hatte und, vor Müdigkeit fast umfallend, seinem Nachtlager zuwankte, trat ein nervös aussehender Zeitungscorrespondent herein mit der Frage:

„General, wo soll ich heute Nacht schlafen?"

Das war denn doch zu viel.

„Herr," fuhr der müde Oberbefehlshaber des Departement Annapolis den Frager an, „ich habe heute so ziemlich Alles gethan, was jemals in dieser Welt einem Menschen zugemuthet worden ist. Aber, zum Donnerwetter noch einmal, Stubenmädchen will ich denn doch nicht werden."

Sprach's und entwich.

Wir brauchen uns nicht länger in Annapolis aufzuhalten. Die Dienste die Gen. Butler dort leistete, wurden vom Präsidenten, vom Gen. Scott, vom Gouverneur Andrew und dem Lande nach Gebühr gewürdigt. Nur eine seiner Amtshandlungen erweckte Mißbilligung—der Brief an Gouverneur Hicks, worin er sich bereit erklärte, seine Truppen zur Unterdrückung eines Sclavenaufruhrs zu verwenden. Der Gouverneur von Massachusetts tadelte ihn dafür, weil, wie er sagte, „ein Sclavenaufruhr in einem gegen den Bund in Aufruhr befindlichen Staate von unsern Truppen fortan nicht mehr vom politischem, sondern lediglich vom militärischen Gesichtspunkte angesehen werden muß, nämlich als eine Schwächung des Feindes, gegen die nicht w i r ihn zu schützen haben." Butler rechtfertigte sich durch Hinweis auf den Umstand, daß Maryland noch nicht als ein im Aufruhr gegen den Bund befindlicher Staat zu betrachten gewesen sei, verwahrte sich übrigens auch für den Fall, daß dieser Umstand nicht bestände, gegen die Zumuthung, einen Sclavenaufruhr, „der alle Greuel von Sanct Domingo millionenfach vergrößert, mit sich bringen und die namenlosesten Greuel gegen Frauen und Kinder in seinem Gefolge haben würde," als Kriegsmittel anzuwenden. Zu solchen Mitteln könne man, wenn überhaupt, jedenfalls nicht eher schreiten, als bis der Feind die Anwendung völkerrechtswidriger Mittel eingeführt hätte. Ein Anfang dazu sei allerdings schon gemacht worden, indem einer seiner Soldaten durch Strychnin vergiftet und ein anderer meuchlerisch ermordet worden sei.

Jedermann weiß, wie allgemein beim Beginn des Krieges die Erwartung war, daß die Neger sich überall gegen ihre Herren erheben und namenlose

Greuel begehen würden. Die Erwartung entsprang aus völliger Unkennt=
niß des Characters und der Stimmungen des Negers und diese Unkenntniß
war bei Niemandem so groß, wie bei den Hunker=Demokraten. Denn
wenn diese auch mit den Sclavenhaltern einige Bekanntschaft hatten, von
der Sclaverei wußten sie nichts, weil sie nichts wissen wollten. Es
war ihnen bequem, Leute, wie Wendell Phillips, William Garrison, Sumner
und Frau Stowe für überspannte Schwärmer zu halten, deren Schilderungen
der Sclaverei die plumpsten Uebertreibungen seien und nicht den mindesten
Anspruch auf Beachtung hätten. Mit ungeheucheltem Erstaunen entdeckten
Gen. Butler und seine demokratischen Stabsoffiziere, als sie in New Orleans
der Sclaverei Auge in Auge gegenüberstanden, daß die schlimmsten Schil=
derungen derselben, die je dem Publikum vorgelegt worden waren, noch weit
hinter der Wirklichkeit zurückblieben. Da erst erkannten sie und gestanden es
ein, daß die „patriarchalische Einrichtung," welche sie früher vertheidigt
hatten, wirklich die scheußlichste Ausgeburt der Hölle sei, welche jemals die
Menschheit heimgesucht hat.

Gleichwohl hat die Gefahr eines Sclavenaufruhrs nie bestanden. Das
eigentliche Opfer der Sclaverei ist der Weiße, nicht der Schwarze. So
wenig Gutes auch in der Sclaverei sein möge, dies Wenige ist dem Neger
zu Theil geworden. Der Schwarze hat als Sclave schwer gelitten und ist
nur langsam vorgeschritten; der Weiße hat verbrecherisch genossen und ist
schnell entartet. Vier oder fünf Generationen im Zustande der Sclaverei
haben die wilde, animalische Energie der Negerrace gänzlich ausgelöscht und
auch das Christenthum, selbst in der grobsinnlichen Form, wie der Neger es
auffaßt, hat das seinige dazu beigetragen. Wie roh und formlos immer in
der Vorstellung des Negers die Leidensgeschichte des Erlösers sich gestalte,
doch behält sie auch so noch die Kraft, ihn zur Duldung zu ermuntern. Die
Bergpredigt mit ihrer sanften und innigen Entsagungsmoral hat auf die
„geistig armen" und „bekümmerten" Neger nie des tiefsten Eindrucks ver=
fehlt. Es giebt manchen Neger im Süden, der in sittlicher Beziehung hoch
über seinem Herrn steht und von seinen Peinigern, wie Jesus von den Juden
sagt: „Herr, vergieb ihnen, denn sie wissen nicht, was sie thun."

Fünftes Capitel.

Baltimore.

Wenn ein Krieg in einem Lande ausbricht, welches lange Ruhe genossen hat, so sieht sich naturgemäß das Volk zuerst nach den Männern um, welche in früheren Kriegen sich Auszeichnung erworben haben, aber dies grade ist, wie die Geschichte beweist, nur zu oft die Ursache von Unglück. Zwar gab dies Verfahren den Amerikanern Washington, aber er hatte zwanzig Jahre lang, bevor er die Revolutionsarmee übernahm, seine Tage auf der Fuchs= jagd und in der Verwaltung eines bedeutenden Grundeigenthums verbracht, auf welchem er mehrere hundert Menschen zu controliren hatte. Fast sou= verainer Herr seines kleinen Fürstenthums, brachte er die Hälfte des Tages in dem Sattel zu und übte im Kleinen die Pflichten eines Feldherrn. We= der Geist noch Blut blieben bei ihm unthätig, wenn er durch die ausgedehn= ten Felder und Wälder schweifte, überlegend, berechnend, sorgend und an= ordnend. Dennoch ist die Regel richtig, daß jeder Krieg seinen Helden schafft, und die Helden früherer Kriege nicht dem neuen gewachsen sind. Bei dem Beginn der Rebellion war ein Offizier in der Regierungshaupt= stadt, welcher neunundvierzig Jahre lang General in dem Dienste des Lan= des gewesen war. Zwei Generationen waren gewöhnt, ihn als den tüch= tigsten von Americas Soldaten zu betrachten, und er war der höchste im Range, der höchste im Vertrauen des Volkes. Der Nebel der Geschichte war um ihn gezogen und hatte die Thatsachen, auf denen sein Ruf beruhte, verhüllt, aber zugleich vergrößert. Wenn der alte Held, so glaubte man, aus dem Dunkel seiner Zurückgezogenheit mit dem Ruhme seines Namens, im Greisenalter an der Spitze einer Eroberungsarmee an die Thore der feindlichen Hauptstadt donnern würde, dann müßte sich die unbewußte Ehr= furcht in bewußten Enthusiasmus verwandeln, und wer würde dann zwei= feln, daß hier in der That der erste Feldherr des Jahrhunderts sei. Als der Krieg ausbrach und Gerüchte von einem bevorstehenden Angriffe auf die Bundeshauptstadt das Land in Aufregung versetzten, schien deshalb der Name „Winfield Scott" jede Besorgniß zu beseitigen. Gab es vielleicht einen

Augenblick, in welchem Einige befürchteten, der Wahnsinn der Sezession möchte auch ihn ergreifen, so verschwand die Besorgniß schnell, als man ihn seinen Treueid erneuern sah und hörte, wie er in unzweideutiger Sprache den Hurrahrufen ankommender Regimenter antwortete. Da stand er, der Mittelpunkt der Aufmerksamkeit, hervorragend unter den Hervorragenden, als ob er den Wirbelwind entfesseln wollte und den Sturm verbreitete, welcher, wie man glaubte, in dem nächsten Augenblick unwiderstehlich über die Rebellenstaaten hinwegfegen sollte.

Eitle Täuschung!

Scott war fünfundsiebenzig Jahre alt; eine alte Wunde machte ihn theilweise kampfunfähig; ein Unglücksfall hatte ihn noch jüngst schwer mitgenommen; er konnte kein Pferd besteigen; er konnte nicht eine Meile zu Fuß gehen; die Bewegung eines Wagens ermüdete ihn bald; seine ungeheure Gestalt war ihm an und für sich zur Last; er brauchte viel Schlaf; er bewegte sich, dachte und handelte langsam. Seit fünfzig Jahren mit den kleinsten Einzelnheiten einer über ein ungeheures Gebiet zerstreuten Armee bewandert, sollte er jetzt eine große Anzahl von Armeen organisiren und ihre Bewegungen gegen Feinde im Felde dirigiren. Eine Aufgabe, schwerer als sie je Napoleon oder Wellington ausgeführt hatten, fiel einem Manne zu, welcher in seiner Blüthezeit ihr nicht gewachsen gewesen wäre, der nicht das Genie besaß aus locker organisirten Leuten, welche nur ihre Arme und ein freudiges, bereites Herz für ihr Vaterland hatten, geordnete Armeen herzustellen. Lange an die übertriebenen Schmeicheleien gewöhnt, welche ein Volk wohl seinen hervorragenden Bürgern zollt, merkte er selbst seine Unfähigkeit nicht. Lincoln hatte ihn bewundert wie das amerikanische Volk es gethan hatte, Cameron verstand nichts vom Kriegswesen, und die militärischen Hülfsquellen des Landes wurden demüthigst zu den Füßen Scotts gelegt, um damit nach Belieben zu schalten.—

Baltimore war der Brennpunkt des Gespräches. Baltimore, noch getrennt von seinen Eisenbahnverbindungen nach Norden, und noch unter der Controle der Minorität von Sezessionisten. Ein Berichterstatter, welcher sich durch die Stadt einen Weg bahnte, zwei oder drei Tage nachdem der Angriff auf das 6. Regiment von Massachusetts gemacht worden, beschrieb seine Abenteuer so lebhaft, daß man den Eindruck erhalten mußte, Baltimore sei zu den Rebellen übergegangen und wolle dem Durchmarsche der Truppen bis auf den Tod Widerstand leisten.

In den Straßen wogten ungeheure Menschenmassen, erhitzt von eifriger Unterhaltung und aufgeregt von Erörterungen. Baltimorestreet war ein ungeheurer Pöbelhaufen, und das Gewühl schwankte hin und her, ungewiß, wohin es sich in Bewegung setzen solle und anscheinend ohne bestimmtes Ziel. Viele hatten kleine Secessionskokarden an dem Rockkragen, andere waren mit Gewehren, Messern und Pistolen bewaffnet, welche sie nicht wenig zeigten. Um das Telegraphenbureau drängte sich die Menge. Das 7. Regiment von New York sollte kommen. Alle waren einig darüber daß es nie durch die Stadt kommen solle, alle waren einig, daß es den Versuch machen werde, wenn es Befehl dazu erhielte. Keiner zweifelte, daß es Reihen todter Angreifer in den Straßen zurücklassen, in welchen es angegriffen werden werde. Der Polizei-Oberst Kane und seine Genossen verheim- lichten ihre Sympathieen für den Süden nicht. Der Mayor war un- schlüssig und fürchtete die „nördlichen Angreifer." Aber der Norden war entschlossen, den Weg durch Baltimore nach Washington offen zu erhalten, koste es auch den Untergang der rebellischen Stadt; so war der Ruf, der durch den Norden ging. Die Maßregeln Butlers in Annapolis und die Abreise der Leiter des Pöbels zur Rebellenarmee beruhigten die Stadt; aber Scott dachte während der Zeit über einen Plan nach, die Stadt zu erobern. Er wollte 3000 Mann von Washington und eben so viel je von York, Perryville oder Elkton und Annapolis gegen Baltimore schicken. Aber vorher wollte er noch 10,000 Mann nach Washington werfen, denn so viel brauchte er nach Ansicht des Oberst Mansfield zum Schutze der Hauptstadt. „Wann," fragte er die Generale Butler und Patterson an, „können wir von hier aus für den Marsch nach Baltimore fertig sein?"

General Butler ging bald nach Empfang des Briefes nach Washington, um mit dem Oberfeldherrn zu berathen. Er sprach lange mit Scott und war der Meinung, man solle den Wolf so nahe seiner Höhle bekämpfen, wie möglich. In Manassas Junction, nicht auf den Höhen von Arlington, sei die Vertheidigungslinie für Washington; dorthin wollte er mit 2000 Mann marschiren, die Eisenbahn nach dem Süden zerstören und die Stellung be- festigen. Da keine Rebellentruppen dort standen, so hätte es ohne Verlust an Zeit oder Menschen geschehen können. General Scott schlug es ab. „Das war der Fehler des Feldzuges," sagt das Kriegscomite des Congresses, „denn dieser Punkt beherrschte die Eisenbahnverbindung eines ganzen Landes- theiles. Die Truppen, welche uns bei Bull Run schlugen, wurden zum größten Theile im Juni und Juli nach Manassas gebracht. Wäre Manas- sas besetzt worden, so würden wahrscheinlich die Rebellentruppen nicht über den Rappahannock gegangen sein. General Butler wiederholte seinen Vor- schlag, Manassas zu besetzen, mündlich und schriftlich bei einflußreichen Per- sonen. General Scotts Veto aber war entscheidend.

General Scott glaubte, es werde noch einige Zeit nehmen, bevor Truppen genug entbehrt werden könnten, um Baltimore zu besetzen, aber er willigte ein, daß General Butler mit einem oder zwei Regimentern das Relay House, eine Station 9 Meilen von Baltimore, besetze. Vor dem Abmarsche fragte er General Scott nach den Befugnissen eines Generals, welcher ein Departement kommandire. Die Antwort war, daß mit Ausnahme der Einschränkung durch Spezialbefehle und Militärgesetze, seine Gewalt absolut sei; er könne thun, was er für gut halte. Auf diese Antwort hin befragte General Butler einen Ingenieuroffizier im Vertrauen, und dieser fand, daß der Erlaß, welcher das Departement von Annapolis schuf, die Stadt Baltimore darin einschloß.

Samstag Nachmittag, den 4. Mai, erhielten das 8te Regiment von New York, das 6te von Massachusetes und Cookes Batterie die erwünschte Ordre, sich für zwei Uhr Morgens marschfertig zu halten. General Butler hatte dem 6ten Regiment, dem er als noch unbärtiger Jüngling angehört hatte, feierlich versprochen, daß es, wenn man seinen Rath befolgen wolle, eines Tages wieder nach Baltimore marschiren solle. In der Wahl des Regimentes bei dieser Gelegenheit war der Anfang der Ausführung seines Versprechens. Bei Tagesanbruch, Sonntag früh, fuhren dreißig Wagen von dem Bahnhofe in Washington, von welchen zwei Stunden später die Regimenter an dem Relay House stiegen, und zum Recognosciren über die umliegenden Hügel schwärmten.

Man fand keinen Feind; es war keiner nahe Washington und es war keiner dagewesen, aber Jedermann, den man traf, hatte etwas Schreckliches von den Rebellendragonern zu erzählen, welche in der Nähe sich umhertrieben. Kanonen wurden auf den Höhen aufgepflanzt, Lager wurden aufgeschlagen und Kundschafter ausgeschickt. Die Bahnzüge wurden untersucht. General Butler fragte in Washington an, ob er hervorragende Verräther verhaften dürfe. Der General blieb eine Woche im Relay House. Große Schaaren von gutgesinnten Bürgern Baltimores fuhren nach dem Lager hinaus, mit ihnen auch feindlich gesinnte. Butler wurde vorzüglich gut über die Zustände in der Stadt unterrichtet. General Scott billigte seine Handlungen und gab ihm Vollmacht die Rebellenfreunde zu verhaften und Contrebande mit Beschlag zu belegen. Er theilte ihm gleichfalls mit, daß er nicht länger in dem Relay House zu verweilen brauche, als er es für nöthig erachte. Er that es auch nicht.

Vorfälle in dem Lager am Relay House erregten Aufsehen. Ein Mann sagte New Yorker Soldaten, der Pöbel in Baltimore habe Recht daran gethan, die Soldaten von Massachusetts anzugreifen und werde es ihnen noch besser gehen, wenn sie zurückkämen. Zwei Offiziere verhafteten den Mann

auf der Stelle. Am nächsten Morgen dankte ihnen Butler in einem Tages=
befehle und schickte den Mann nach Annapolis in's Gefängniß. Ein Sol=
dat des 6. Regiments von Massachusetts litt von den Folgen eines gegen
ihn gemachten Versuchs, ihn mit Strychnin in Kuchen zu vergiften. In dem
betreffenden Tagesbefehl sagt General Butler über den Vorfall:

„Gedenken die wenigen Feinde unter den loyalen Männern von Mary=
land, in dieser Weise Krieg gegen uns zu führen? Begreifen sie die schreck=
liche Lehre, welche sie uns in der Kriegsführung geben? Haben sie die That=
sachen vor Augen, daß wir mit einem einzigen Worte in jede Haushaltung
einen Mann legen können, welcher mit dieser schrecklichen Waffe ausgerüstet
ist? — Sicherlich, jeder ähnliche Versuch, dessen Verüber irgendwie über=
führt worden sind, wird die schnellste, sicherste und angemessenste Strafe nach
sich ziehen."

Vorfälle wie diese konnten nur die Ansicht der Soldaten verstärken, daß
sie in Feindes Lande seien. Die Wachsamkeit einiger Offiziere war un=
nöthig groß und lästig. In einer regnerischen Nacht wurden alle Truppen
ein Mal durch falschen Alarm aufgeweckt. General Butler ließ dem zu
eifrigen Obersten, welcher die Soldaten geweckt hatte, für seine Heldenthat
eine Stelle im Zollhause anweisen, wo er dem Vaterlande bessere Dienste
leisten konnte.

Am 13. Mai kam General Butler zu der Ueberzeugung, daß seine Gegen=
wart im Relay House nicht mehr nöthig sei. Früh Morgens telegraphirte
er an General Scott, unter anderen Dingen auch, daß Baltimore in dem
Departement von Annapolis liege. Hierauf kam folgende Antwort von
Oberst Schuyler Hamilton, Adjutanten Scott's:.

„General Scott wünscht Ihre Aufmerksamkeit auf gewisse Personen in
Baltimore zu lenken, nämlich auf diejenigen, welche mit den Gewehren
und dem Militärtuche zu thun hatten, welches Sie in dem Relay
House fortgenommen haben, ebenso auf den Bäcker, welcher Brod nach Har=
pers Ferry geliefert hat. Es ist wahrscheinlich, daß Sie bei näherer Unter=
suchung für nöthig halten werden, diese Leute verhaften zu lassen und zu
verhören. Der General bekennt sich zum Empfange Ihres Telegramms und
freut sich, daß Baltimore in Ihrem Departement liegt."

Später an demselben Tage kam eine zweite Depesche von Oberst Ha=
milton:

„General Scott wünscht, Ihnen anzuzeigen, daß er glaubhaft unterrichtet
ist, daß mehrere Tonnen Schießpulver für die gegen die Regierung ungesetz=
licher Weise zusammengerotteten Personen, in einer Kirche in Baltimore,

nahe Calhounstreet zwischen Baltimore= und Fayettestreet liegen. Er lenkt
Ihre Aufmerksamkeit auf diesen Gegenstand."

Es heißt, daß General Scott, welcher viel Schlaf bedurfte und mit einer
Menge von Geschäften überhäuft war, nicht immer sich mit den Details
seines Amtes beschäftigen konnte und namentlich nicht alle Depeschen las,
welche aus seinem Bureau abgeschickt wurden. Oberst Schuyler Hamilton
hatte nicht die Absicht, dem ihm bekannten Brigadegeneral Schwierigkeiten
in den Weg zu legen.

Am 13. Mai Nachmittags um 4 Uhr glaubten die Rebellenspione im
Lager endlich, ihren Auftraggebern in Baltimore etwas Wichtiges vom
Relay House berichten zu können. Zwei Bahnzüge mit Truppen standen
auf dem Geleise, beide mit der Locomotive nach Harpers Ferry zu. Der
eine Zug enthielt 50 Soldaten, der andere 900 Mann mit zwei Geschützen.
Butler erfuhr, daß zwei Rennpferde gesattelt seien, um die Nachricht von
dem Abgange der Truppen nach Baltimore zu bringen.

„Laßt sie gehen!" sagte der General.

Die Züge fuhren langsam nach der Gegend von Harpers Ferry zu; die
Pferde eilten nach Baltimore. Der General wollte ihnen Zeit genug geben.
Niemand auf dem Zuge außer ihm selbst und wenigen seiner Stabsoffiziere
kannte seine wahre Absicht. Zwei Meilen vom Relay House hielten die
Züge an. Der kleinere setzte den Weg fort, denn die 50 Soldaten sollten
den Millionär Roß Winans und seine Dampfkanone unschädlich machen,
welche letztere nach späterer Erfahrung ein nutzloses Spielzeug war. Winans
war ein Erzverräther (im Besitz von 15 Millionen) und hatte für die Pöbel=
masse in Baltimore schon 1000 Piken geschmiedet.

Gegen 6 Uhr Abends stieß die Locomotive des langen Zuges denselben
zurück, bei dem Relay House vorüber, und stieß ihn bis in den Bahnhof von
Baltimore. Ein schweres Gewitter, außerordentlich ausgedehnt und heftig,
hing schwarz wie Mitternacht über der Stadt. Es war fast dunkel, als der
Zug ankam. Noch war kein Tropfen Regen gefallen, aber die Stadt war
in wirbelnde Staubsäulen gehüllt. Zuckende Blitze, hell und unaufhörlich,
Donnerschläge, laut und anhaltend, verkündeten die drohende Sündfluth.
Der Bahnhof war beinahe leer, und fast Niemand wagte sich auf die Straße.
Als die Truppen sich geordnet hatten, war es dunkel, und nur die Blitze er=
leuchteten die Scene wie mit tausend electrischen Lichtern. Der Wechsel
zwischen Dunkelheit und Licht war so verwirrend, daß der General nicht
durch die Stadt hätte marschiren können, hätte er nicht in Robert Hare von
Philadelphia einen treuen Piloten durch die Stadt gefunden, welcher ihn
nach dem Federal Hill führen wollte.

Das Commando erscholl. Die Truppen setzten sich schweigend in Bewegung; voran der General, sein Stab und Robert Hare. Die Verhaltungsbefehle lauteten, Niemand sollte ein überflüssiges Wort sprechen, kein Trommelschlag solle gehört werden, und falle ein Schuß aus einem Hause, so solle Halt gemacht, jeder Bewohner verhaftet und das Haus zerstört werden, daß kein Stein auf dem andern bleibe.

Kaum hatten die Truppen den Bahnhof verlassen, als das Gewitter losbrach. Welch ein Regensturm! Welch unaufhörliches Zucken der Blitze! Welche Donnerschläge! Bald glänzten die Bayonnette im Lichte des Blitzes, bald umhüllte undurchdringliche Dunkelheit die Truppen. Kein Gesicht an einem Fenster, denn der Sturm erstickte die Tritte der Leute, welche endlich den Federal Hill, einen in der Mitte der Stadt sich schroff erhebenden Berg, erreichten. Ein Blitz erleuchtete das Schauspiel, die Truppen wurden auf der Spitze des Berges geordnet, die Kanonen aufgepflanzt und Baltimore gehörte ihnen.

Außer einer oder zwei Hütten, in Friedenszeiten zu einem Bierlokal gehörig, war auf dem Berge kein Obdach. Die Leute mußten im Regen aushalten, welcher noch immer herabströmte. Als der Sturm sich legte, wurden Kundschafter ausgeschickt, welche einen nahen Holzhof fanden; dreißig Klafter Holz wurden herbeigeschafft und bald boten die hoch flackernden Feuer mit den an ihnen sich wärmenden und trocknenden Soldaten ein pittoreskes Bild dar. Butler quartirte sich in der Hütte ein. Bald kam ein Offizier in Aufregung zu ihm.

„General, der Hügel ist unterminirt!"

„Holen Sie eine Laterne und wir beide wollen um den Hügel gehen und nachsehen!"

Sie fanden allerdings tiefe Löcher, aber nur vom Ausgraben von Bausand. Der General sagte:

„Ich glaube nicht, daß wir in die Luft gesprengt werden werden, sollte es aber geschehen, so wird uns das wenigstens trocknen!" Und der General ging triefendnaß in seine Hütte zurück, wo er sofort seine Proclamation entwarf.

Vor acht Uhr Morgens erhielt er eine Zuschrift des Mayors, in welcher derselbe anzeigte, er habe gehört, daß Butler am Bahnhofe angelangt sei und er bäte ihn, um Aufregung zu vermeiden, vorläufig dort zu bleiben. Der Sturm hatte also Butler's Manoeuvre ganz verdeckt. Der Mayor hatte nicht lange auf Antwort zu warten, denn kurze Zeit darauf brachte ein Extrablatt des Clipper die Proclamation Butler's. In derselben zeigte der General an, daß er im Namen der Bundesregierung von der Stadt Besitz

genommen habe, daß kein ruhiger Bürger in Leben oder Eigenthum gekränkt
werden solle, wenn er nicht der Rebellion Vorschub leiste, und in welcher
alle Waffenfabrikanten aufgefordert wurden, sich bei dem General zu melden.
Kriegsmaterial und ähnliche Dinge dürften nicht exportirt werden; die Re=
gierung sei bereit sie zu kaufen.   Versammlungen und Tragen von Sezes=
sionszeichen, Aussteden von Sezessionsfahnen, u. s. w. wurden verboten und
die Offiziere der Miliz ersucht, sich bei dem General zu melden.   Vergehen
der Soldaten gegen Bürger sollten streng geahndet werden.

   Nicht die geringste Ruhestörung fand statt.   Die Wünsche und Ermahnun=
gen des Generals wurden befolgt.   Es gab wohl genug Murren im Stillen
und hier und da verstohlene Ausbrüche des Aergers, aber Nichts, was den
Namen Opposition verdient hätte.   Contrebande wie Pulver, Piken und
Waffen wurde mit Beschlag belegt.   Die Bundesfahne wehte über den Ge=
bäuden der Bundesregierung, die Rebellenfahnen nirgends. Auf dem Hügel
wurde ein förmliches Lager aufgeschlagen.   Am Nachmittage ritt General
Butler mit seinem Stabe langsam durch die Straßen der Stadt nach dem
Gilmore Hause, stieg ab und aß mit den Offizieren zu Mittag, dann stiegen
sie wieder zu Pferde und ritten spazieren, ohne belästigt zu werden, aber
viele halbunterdrückte Bemerkungen auf sich ziehend.   Von diesem Augen=
blicke an gingen die Soldaten zu zweien und dreien frei durch die Stadt,
mitunter erheitert durch einen unterdrückten Vorwurf Seitens der Männer
oder durch eine lächerliche Zurschaustellung von Keckheit Seitens des schönen
Geschlechts.   Oft begegneten ihnen in den Straßen Unionsleute, welche ihnen
die Hände schüttelten und ihnen dankten, daß sie zu ihrer Befreiung gekom=
men seien.

   Es giebt eine Grenze für die Fähigkeit des Menschen Arbeit zu ertragen.
General Butler hatte an jenem Tage eines seiner Tagewerke vollbracht.
Am Abend bis auf das Aeußerste erschöpft (er hatte sich seit 40 Stunden
nicht niedergelegt) und an Kopfschmerzen leidend, wagte er es zu Bett
zu gehen, ließ aber Befehle zurück, ihn sofort zu wecken, wenn etwas
Außergewöhnliches vorfalle.   Einige wichtige Beschlagnahmen erfolgten,
werthvolle Mittheilungen liefen ein, glaubwürdige Gerüchte wurden gehört,
kurz der General wurde fast alle halbe Stunde in der Nacht geweckt.   Er
erhob sich am andern Morgen nicht gestärkt, fieberhaft, fast krank.   Man
kann sich vorstellen, was er fühlte, als er um halb neun Uhr Morgens fol=
gende Depesche des Generallieutenants erhielt, welche vom 14. Mai datirt
war:

   „General! Ihre gewagte Besetzung von Baltimore ist ohne mein Wissen
und natürlich ohne meine Billigung geschehen.   Gott sei gedankt, daß sie

ohne Zusammenstoß ausgeführt worden ist. Es wird auch gemeldet, daß
Sie ein Detachement nach Frederick geschickt haben, aber dies scheint unmög=
lich. Nicht ein Wort über eine dieser Expeditionen habe ich von Ihnen gehört.
Lassen Sie mir Nachricht zukommen."

Diese Botschaft schien General Butler nicht gerade der Dank für einen
Offizier zu sein, welcher mit 900 Mann das gethan hatte was General
Scott mit 12,000 zu thun beabsichtigte. Es war für ihn eine Entmuthi=
gung. Es sah aus wie ein Vorwurf, daß er seine Pflicht zu gut gethan
habe. Der General nahm es sich zu Herzen, denn es stand schlimm mit
den Aussichten des Krieges, wenn ein kühner, gut ausgeführter Handstreich
von einer sofortigen offiziellen „Nase" vom Hauptquartier aus gefolgt
werde. Er begriff nicht, wie Krieg geführt werden könne ohne die Gefahr
hier und da einen blutigen Zusammenstoß zu haben.

Es war aber keine Zeit zum Nachdenken da. Es waren Pflichten zu er=
füllen. Er hatte vor allen Dingen Roß Winans als Gefangenen in Fort
McHenry, seine Dampfkanone und Piken in sicherer Verwahrung und sonst
Beweise des Hochverraths gegen ihn. Er wollte Winans vor ein Kriegs=
gericht stellen und telegraphirte an Cameron, daß dieser nicht einschreiten,
oder wenigstens Winans nicht entlassen möchte, bis Butler nach Washington
komme, und die Größe des Verbrechens des Angeklagten auseinander setzen
könnte. Noch heute glaubt der General, daß die summarische Hinrichtung
eines Verräthers, welcher 15 Millionen besaß, ein von den Zeitumständen
erforderter Beweis von der moralischen Kraft der Regierung gewesen sein
würde. Wenn es ein Verbrechen giebt wie Hochverrath gegen die Vereinig=
ten Staaten, so hatte dieser Mann es begangen, nicht allein in der Rede,
sondern in zahlreichen offenen Handlungen. Seward, wie ich kaum zu er=
wähnen brauche, sah die Sache anders an. Winans wurde entlassen.
Weßhalb ihm seine Piken und Dampfkanone nicht zurückgegeben wurden, ist
nicht klar. Ein paar Monate später fand man es wieder nothwendig ihn
einzusperren. Nichts wollte General Scott beruhigen als die Abberufung
des General Butler von Baltimore und die Entfernung der Truppen von
Federal Hill. Butler wurde abberufen und General Cadwallader befehligte
statt seiner. Die Truppen wurden für den Augenblick entfernt und Butler
kehrte nach Washington zurück.

Daß der Präsident mit Scotts Vorwürfen nicht übereinstimmte, zeigte
sich dadurch, daß er General Butler sofort ein Patent als Generalmajor und
den Befehl in Fort Monroe anbot. Daß der Kriegsminister nicht Scotts
Ansicht war, glaube ich aus einem von ihm aus Petersburg geschriebenen
Briefe annehmen zu können. „Ich habe immer behauptet," schreibt Came=

ron, „daß, wenn man Sie in Baltimore gelassen hätte, die Rebellion von kurzer Dauer gewesen sein würde," eine Bemerkung deren Bedeutung eines Tages dem amerikanischen Volke noch klarer werden dürfte. Ich glaube aus guten Gründen, daß mehr als ein Mitglied des Cabinets glaubte, Butler sei abberufen worden, weil er durch sein Manoeuvre den erhabenen strate-gischen Gedanken, Baltimore durch vier Colonnen von je 3.000 Mann nehmen zu lassen, vereitelt habe. Das Volk aber zeigte auch unzweideu-tiger was es fühlte. Butler wurde in Washington mit einer Serenade überrascht und enthusiastische Hurrahrufe begrüßten ihn, als er eine kurze Rede an die Volksmenge hielt.

Am nächsten Morgen erwartete ihn eine ganz andere Scene im Bureau des Generallieutenants. Je weniger darüber gesagt wird, desto besser. Er hielt die Vorlesung eine halbe Stunde aus, ohne zu antworten. Aber seine Geduld wird erschöpft, wenn er unwürdig behandelt wird. Sie wurde bei dieser Gelegenheit erschöpft. Ich stehe nicht an zu erzählen, daß General Butler, als er sein Zimmer erreichte, in hysterische Anfälle gerieth, welche er einige Minuten lang nicht unterdrücken konnte; so erschüttert war er von dem, was vorgegangen war und von dem, was er aus dem Vorgegangenen auf die Zukunft schließen konnte. Und was noch schlimmer war, er dachte ernst-lich daran, die ihm angebotene Beförderung auszuschlagen, und nach Haus zu gehen, um wieder sein Rechtsgeschäft zu beginnen. Sein Eifer war nicht geschwächt, aber es schien zweifelhaft, ob unter den Umständen ein Mann von Unternehmungsgeist und Energie die Erlaubniß haben werde, irgend etwas von Bedeutung zu thun um die Sache zu fördern.

Sechstes Capitel.

Fort Monroe.

Der Präsident hatte General Butler keine Vorlesung zu halten, sondern im Gegentheil Complimente und Gratulationen zu geben. Er drängte ihn, das Commando in Fort Monroe anzunehmen, und dieselbe Energie bei der

Einnahme von Norfolk zu zeigen, welche er in Annapolis und Baltimore bewiesen hatte. Nach Ueberlegung von einem Tage erklärte der General sich zur Uebernahme des Commandos der Festung und Annahme der ihm angebotenen Beförderung bereit, wenn er die Mittel erhalte, um von Nutzen zu sein. Als Basis für active Operationen war Fort Monroe gut genug, aber Butler gefiel die Festung nicht, wenn sie ein bequemes Grab für einen mißliebigen Milizgeneral sein sollte. Wollte man ihm vier Regimenter von Massachusetts, zwei Feldbatterieen und das sonst nöthige Material zum erfolgreichen Vorrücken geben? Ja, er sollte sie haben, und was er sonst noch zu erfolgreichen Handeln für nöthig hielte. Eine active, energische Campagne war es gerade, was die Regierung von ihm erwartete und ver= langte, und die Regierung wollte es an Nichts fehlen lassen, um eine solche Campagne möglich zu machen. Nachdem dies abgemacht war, übernahm er freudig das Patent und die Expedition.

Butler's Patent datirt vom 16. Mai, zwei Tage nach seinem großartigen Einzuge in Baltimore, so daß er in der That der älteste Generalmajor in der Bundesarmee ist, denn an jenem Tage waren McClellan und Banks noch im Dienste von Eisenbahngesellschaften, Dix war zu Hause und Fre= mont in Privatgeschäften in Europa. Am 20. Mai erhielt Butler Instruc= tionen von Scott, durch welche er zu der kleinen Besatzung der Festung noch neun Regimenter erhielt. Diese sollte er außerhalb der Festung campiren lassen und einexerziren, sodann ungefähr 1500 Mann zum Schutz des Forts verwenden und mit den übrigen Mannschaften (ungefähr 6000 Mann) An= griffsoperationen beginnen, namentlich aber sollte er verhindern, daß der Feind keine Batterieen anlege, aus welchen er Fort Monroe beschießen könne, ferner alle Batterieen in Entfernung eines halben Tagmarsches wegnehmen und endlich die Batterieen auf Craney Island zerstören und versuchen, ob er nicht den Marinebauhof von Gosport (Norfolk) wegnehmen oder wenigstens vollständig zerstören könne. Die Instructionen sind noch mit guten Rath= schlägen über Vorsicht und andere schöne Dinge gespickt.

Am 22. Mai begrüßten die Geschütze der Festung General Butler als Commandanten des Postens, und sobald die Empfangsfeierlichkeiten vorüber waren, ging der General daran, sich umzuschauen, um zu erfahren, was ihm für Arbeit zugefallen sei. Im Laufe des Tages bereicherte er seine Kennt= nisse wesentlich.

Fort Monroe bedeckt einen Boden von 65 Acker, welcher von einer niedri= gen, massiven Steinmauer umgeben ist; große schwarze Kanonen schauen durch die Scharten und über die Mauer, und ein Canal von anderthalb Meilen schlingt sich um den Fuß des Forts. Im Innern sind lange Bar=

racken, Hospitäler, eine kleine Capelle, Bäume und Alleen, Gärten, Parade-
plätze, grüne Wiesen, Wege von Kieselsteinen, und in der Mitte, umgeben
von Bäumen und Gärten, ein solides, großes, schiefergedecktes Gebäude,
das Wohnhaus des Commandanten des Postens. Old Point Comfort,
welches sich an seinem Ende erweitert, so daß es eine Halbinsel bildet, scheint
für die Anlage eines Forts gemacht zu sein und ein solches muß es bleiben,
so lange die Menschen Krieg führen. Wer es in Besitz hat, und es zu benützen versteht, beherrscht Virginien und Nord Carolina, denn es hat eine
beherrschende und zugleich drohende Lage, und kann benützt werden, um die
schiffbaren Flüsse, die Häfen und die Eisenbahnverbindung beider Staaten
mit dem Süden zu controliren. Die sogenannte südliche Conföderation
muß es besitzen oder sich nach dem Golf zurückziehen. Wäre es mit einer Vor-
aussicht der Ereignisse der letzten drei Jahre gebaut worden, so hätte seine
Lage nicht besser zum Nutzen der Ver. Staaten gewählt werden können.
Das Terrain in der Nähe auf dem Festlande ist eben, der Boden fruchtbarer
Lehm, die Wälder dicht und prachtvoll, die Wege elende Fahrstraßen, das
Vieh elend, der Menschenschlag ebenso, die Farmhäuser zerfallen und misera-
bel. Die Gegend ist seit 230 Jahren angebaut, aber nicht mehr bewohnt
als ein vor kaum zehn Jahren vermessenes County in Minnesota.

Das große Fort war eine der Stallthüren, welche man geschlossen hatte,
nachdem das Pferd aus dem Stalle im Jahre 1812 gestohlen worden war.
Es war seit jener Zeit niemals zu Kriegszwecken benutzt worden, und
gewöhnlich von einigen Compagnieen regulärer Soldaten besetzt gewesen,
welche in den ausgedehnten Gründen Parade machten und exerzirten, in den
nahen Flüssen fischten, oder in das benachbarte Dorf herumstreiften. Oberst
Dimmick war der Commandant beim Ausbruche des Krieges, ein treuer und
edelgesinnter Mann, welcher auf jede acht Ellen Wall einen Mann zur Verfügung hatte und mit diesen den Besitz des Forts gesichert hatte. Zwei bis
drei Tausend Freiwillige hatten seit der Zeit den Weg nach der Festung gefunden und campirten auf den Gründen um die Festung.

General Butler entdeckte bald, daß von den vielen zur Vertheidigung des
Platzes nöthigen Dingen er nur eins ausreichend hatte, nämlich Mannschaften. Es war weder ein Pferd, noch ein Wagen vorhanden, welcher der
Garnison gehörte. Die Fässer mit Mundvorrath mußten bis zum Fort,
drei Viertel Meilen von dem Landungsplatze, gerollt werden. Weder Brunnen noch Quellen waren innerhalb der Festung, nur Cisternen mit Regenwasser, welche im vorigen Sommer, als nur 400 Mann in der Festung
lagen, erschöpft waren. Es waren nur 5000 Patronen da, d. h. ungefähr
1½ Patrone für jeden Mann. Das Fort wurde von Truppen überfüllt und

mehr wurden stündlich erwartet, neun Regimenter sollte er in wenigen Tagen haben. Die neuen Ankömmlinge mußten außerhalb des Forts untergebracht werden. Dazu kam, daß der Feind in der Nähe thätig, zahlreich und aufmerksam war, und sich dem Fort gegenüber auf Punkten verschanzte, welche unumgänglich nothwendig für Butler's Absichten waren. Die Garnison war in der That auf der Halbinsel eingeschlossen; ein Rebellenvorposten stand innerhalb einer Meile; von der Hampton Brücke, Angesichts der Festung, wehte eine Rebellenfahne, Rebellentruppen waren in Bereitschaft die Festung von allen Seiten einzuschließen, wie sie es mit Sumter gethan hatten, und das Gerücht vergrößerte, wie gewöhnlich, die Zahlen um das Zehnfache. Oberst Dimmick hatte nur das eigentliche Eigenthum der Regierung beschützen können, nichts mehr.

Zuerst war Wasser nöthig. Konnte man den früher ein Mal begonnenen artesischen Brunnen vollenden? Der Ingenieuroberst De Russy glaubte es. Eine Quelle, eine Meile von der Festung, gab 700 Gallonen täglich und konnte durch eine Röhre mit der Festung in Verbindung gebracht werden Bis dahin brachte man Wasser von Baltimore, die Gallone für zwei Cents. Morgen soll Oberst Phelps mit seinen Vermontern nach Hampton übersetzen und sich umsehen, ob er einen guten Lagerplatz finden kann. Schon hatte der General sein Auge auf das 11 Meilen entfernte Newport News gerichtet, welches südlich gerade auf dem Wege lag, welchen der General bei dem Unternehmen der Offensive einzuschlagen gedachte. Man erfuhr, daß auch der Feind sein Augenmerk darauf gerichtet habe, und General Butler beschloß, es vorher zu nehmen. Am ersten Tage schon ließ der General Vermessungen vornehmen behufs einer Eisenbahn zwischen der Wherfte und der Landung. Die Leute aßen harten Zwieback, er befahl die Einrichtung einer Brodbäckerei.

Am nächsten Tage recognoscirte Oberst Phelps gegen Hampton zu, nicht ohne Widerstand. Beim Anrücken auf die Brücke über den Hampton Bach, sah man, daß die Rebellen sie angezündet hatten. Im Sturmlauf stürzten sich die Leute auf die Brücke, rissen die brennenden Planken ab, löschten das Feuer und marschirten in das Dorf. Der General traf bald ein und ritt sieben Meilen in Feindesland hinein, um mehr zu lernen.

Eins wurde besonders bemerkt. Sämmtliche Neger waren treue, enthusiastische Freunde der Bundessoldaten. Sie waren voll von Jubel und Vergnügen, und Phelps und seine Leute waren nicht faul, ihre Begrüßungen anzuerkennen. Die Neger wußten, daß sie und die Vermonter auf derselben Seite standen.

Oberst Phelps ist eine der hervorragendsten Persönlichkeiten des Krieges.

Groß, unbeholfen, gutmüthig, war der 50jährige Mann die Personification von Ehrlichkeit und Güte. Es war ihm zugefallen, als Offizier der regulären Armee lange Jahre im Süden gestanden zu haben. Seit dreißig Jahren war es für einen Offizier aus New England der Prüfstein für seinen Character, wenn er im Süden in Garnison stand und nicht durch die Sclaverei entsittlicht wurde. Sclaverei muß entweder demoralisiren oder anekeln; ein Mittelding giebt es nicht. Phelps überstand die Prüfungszeit, aber das lange Anschauen eines Uebels, welches zu bessern nicht in seiner Macht stand, hatte in einem gewissen Grade einen wohlthätigen Einfluß auf seine ruhige Ueberlegung. Er schien mitunter an einer firen Idee zu leiden, und es ist wunderbar, daß er bei seinem lebhaften und tiefen Gefühle nicht wahnsinnig wurde. Beim Ausbruch des Krieges war er auf seiner Farm ein für Vermont wohlhabender Mann; jetzt war er an der Spitze eines Regiments in Fort Monroe, ein tapferer edler, bescheidener Mann, voll des Glaubens, daß die Zeit des Endes der Sclaverei gekommen sei. Sonderbares Zusammentreffen! Der Democrat von Massachusetts und der Abolitionist von Vermont gerüstet für dieselbe Sache. Sie wirkten zusammen in Harmonie und Freundschaft.

Phelps wählte einen Platz zwischen Hampton und dem Fort zum Lager. Am fünften Tage nach seiner Uebernahme des Postens hatte Butler eine genügende Abtheilung an dem wichtigen Punkte, welche sich verschanzte und Befestigungen aufwarf. Inzwischen berichtete er ausführlich an General Scott, verlangte Pferde, Fuhrwerke, Munition, Feldartillerie und eine kleine Abtheilung Cavallerie, eben so fünfzig flache Boote, wie sie Scott bei der Landung in Vera Cruz gebraucht habe, und „deren Nützlichkeit historisch geworden sei." Er verlangte die Vollendung des artesischen Brunnens und Errichtung der kurzen Eisenbahn, und rechtfertigte die Besetzung von Newport News.

Am Abende des zweiten Tages ereignete sich der Vorfall, welcher auf ewig den Namen des Generals mit der Geschichte der Abschaffung der Sclaverei in Amerika in Verbindung halten wird. Der Besuch des Obersten Phelps hatte die meisten Einwohner von Hampton so in Schrecken gejagt, daß die meisten von ihnen sich zur Flucht vorbereiteten, und viele die dieselbe Nacht ihre Heimath verließen, um sie nie wieder zu sehen. Während der Verwirrung entkamen drei Neger, fanden den Weg über die Brücken und lieferten sich dem Vorposten der Bundestruppen aus, indem sie erzählten, daß ihr Meister, Oberst Mallory, sie nach Nord Carolina transportiren lassen wolle, um sie dort, fern von Weib und Kind, an den Fortificationen für die Rebellen arbeiten zu lassen. Sie wurden nach der Festung gebracht, und der General wurde am nächsten Morgen benachrichtigt. Er verhörte jeden einzeln und überzeugte sich von der Wahrheit ihrer Angaben. Er brauchte Arbeiter. Er sah ein, daß die Rebellenbatterieen ringsumher das Werk von Sclavenhänden waren, ohne deren Hülfe sie sich nicht so schnell hätten erheben können. Er wünschte die Leute zu behalten. Die Garnison wünschte dasselbe. Wenn sie Mallory's Pferde, oder Spaten, oder Zündhütchen gewesen wären, so würde er sie behalten und ohne Zaudern benützt haben. Warum sollte er dies nicht mit Eigenthum thun, welches werthvoller für die Zwecke der Rebellion war, als irgend anderes?

Er sprach die electrisirenden Worte aus: „Diese Leute sind Kriegs= contrebande!" und er stellte sie an die Arbeit.

„Ein Epigramm," sagt Winthrop, „vernichtete die Sclaverei in den Ver. Staaten." Das Wort zündete, denn es gab dem Lande eine Entschuldigung für das, was zu thun es sich schon lange gesehnt hatte. Um die Zeit, als die drei Neger an der Arbeit bei der neuen Bäckerei beschäftigt waren, erhielt der General einen „J. B. Carey, Major der Virginischen Freiwilligen," unterzeichneten Brief, in welchen er um eine Unterredung ersucht wurde. Der General gestand dieselbe zu. Nachmittags konnte man zwei Gruppen Reiter auf der Hampton Landstraße, eine Meile vom Fort, auf einander zureiten sehen. Die eine bestand aus General Butler nebst zwei Stabsoffizieren, die andere aus Major Carey und zwei oder drei Feinden. Carey und Butler waren alte politische Alliirte, im Einverständniß auf den Conventionen in Charleston und Baltimore, beide feste Democraten. Nach Begrüßung und Vorstellen der Begleiter entspann sich ungefähr folgende Unterhaltung:

Carey: Ich habe Sie um diese Unterredung gebeten, um zu erfahren, nach welchen Grundsätzen Sie den Krieg hier in der Nachbarschaft führen wollen und frage deßhalb, ob Sie solchen Familien Virginischer Bürger, welche sich nach Norden oder Süden in Sicherheit begeben wollen, gestatten werden, durch das Blockadegeschwader zu passiren?

Butler: Die Gegenwart der Familien kriegführender Parteien ist die beste Garantie für das gute Verhalten derselben. Ein Hauptpunkt der Blockade ist der, den Transport von Lebensmitteln nach Virginien zu unterbrechen, so lange der Staat seine feindliche Stellung gegen die Vereinigten Staaten behauptet. Würde man die Zahl der Consumenten verringern, so würde natürlich der Zweck verzögert werden. Außerdem würde das Auslaufen von Schiffen durch das Blockadegeschwader eine Ueberwachung gegen Mißbrauch nöthig machen, welcher unmöglich gestattet werden kann. Ich muß deshalb nothwendigerweise die Erlaubniß verweigern.

Carey: Wollen Sie Familien nach Norden gehen lassen?

Butler: Mit Ausnahme einer jetzt beseitigten Unterbrechung der Reise-
route durch dem Norden ist dieselbe für friedliche Bürger stets offen, und
die Route durch das Innere von Virginien befindet sich unter der Controlle
Ihrer Freunde. Die Entscheidung über die Frage gehört vor die Behörden
in Washington und Reisende können bequem auf der angegebenen Route
nach dem Norden gehen.

Carey: Ich hörte, daß drei Neger des Obersten Mallory entwichen
und innerhalb Ihrer Posten gelangt sind. Ich bin Mallory's Agent und
verwalte sein Eigenthum. Was gedenken Sie mit den Negern zu machen?

Butler: Ich gedenke, sie zu behalten.

Carey: Haben Sie. also die Absicht Ihre Verpflichtungen unter der
Constitution bei Seite zu setzen?

Butler: Ich werde bei der Entscheidung Virginiens stehen bleiben,
wie der Staat sie vorgestern in der Sezessionsurkunde festgestellt hat. Ich
habe keine Verpflichtungen unter der Constitution gegen einen auswärtigen
Staat, wie Virginien es zu sein beansprucht.

Carey: Sie sagen ja aber, wir können nicht sezediren und somit können
Sie auch nicht die Neger behalten.

Butler: Aber Sie sagen, Sie sind sezedirt, also können Sie sie
auch nicht beanspruchen. Ich werde die Neger als Kriegscontrebande behalten. Sie benutzen sie bei Ihren Batterieen und es handelt sich einfach
darum, ob sie für oder gegen die Regierung benützt werden sollen. Trotzdem will ich, obgleich ich großen Mangel an Arbeitskraft habe, dem Oberst
Mallory die Neger wiedergeben und versuchen, sie von ihm zu miethen, wenn
er in das Fort kommt und den Vereinigten Staaten den Treueid leistet.

Carey: Oberst Mallory ist abwesend.

Damit war die Unterhaltung zu Ende und jede der Parteien ritt nach
höflicher Verbeugung nach Hause.

Dies war Freitag den 24. Mai. Am Sonntag darauf kamen noch 8
Neger an und wurden aufgenommen, und Montag früh 47 mehr von jedem
Alter; Männer, Frauen und Kinder, ganze Familien darunter. So
kamen sie täglich in Abtheilungen, bis in den verschiedenen Lagerplätzen 900
Mann Contrebands waren. Ein Beamter unterrichtete, lehrte und nährte
sie und berichtete nach kurzer Zeit, daß sie willig und gut arbeiteten, keiner
Aufmunterung bedürften und wüßten, daß sie so gut zur Freiheit berechtigt
seien wie er selbst. Sie waren ruhig, gelehrig, sorgfältig und fleißig, ihr
Betragen gut, ihre Unterhaltung stets anständig.

Der General stattete an General Scott Bericht ab, namentlich über die
Negerfrage und wies darauf hin, wie die entlaufenen Neger fast alle an

Schanzen für die Rebellen gearbeitet hätten, und das Zurückbehalten eine militärische Nothwendigkeit sei. Der Kriegsminister billigte, was Butler gethan hatte, in einer Depesche vom 30. Mai. Es wurde ihm befohlen, nicht zu erlauben, daß sich irgend einer seiner Untergebenen in die Verhält= nisse des Staates mische, aber zugleich in Staaten, in welchen ein offener Aufstand gegen die Regierung bestehe, keine entlaufenen Sclaven ihren Meistern zurückzugeben, sondern sie zu beschäftigen und Buch zu führen über den Werth der von ihnen verrichteten Arbeit und die Kosten für ihre Erhaltung.

So blieb die Sache zwei Monate lang, nach deren Ablauf Ereignisse die Frage wieder ins Leben riefen. Während der Zeit beobachtete Butler das Benehmen und den Character der Neger und bekam ganz eigenthümliche Ansichten über die patriarchalische Institution. Die Neger ließen sich gern den Namen „Contrebande" gefallen, ohne daß sie recht verstanden, warum „die weißen Leute" sie so nannten.

Viele sonderbare Scenen ereigneten sich in Verbindung mit dieser Flucht nach dem „Freiheitsfort," wie sie es nannten. Nur eine solche Scene finde hier Platz : Major Winthrop war in Fort Monroe angekommen. Er kam gerade zur rechten Zeit, um die Stelle eines Militairsecretairs bei dem Ge= neral einzunehmen, welche Stelle seit zwei Tagen nicht besetzt war und er war selbst ein angenehmes Mitglied der Familie Butler, deren Herzen er schnell gewonnen. Die Scene, welche ich beschreiben will, ereignete sich im Hauptquartier.

Ein ältlicher, ernster, wie ein Kirchenvorsteher aussehender Herr trat ein, an= scheinend von Sorge und Kummer überwältigt. Er wurde als ein in der Nachbarschaft lebender Farmer erkannt, sogenannter Eigenthümer von 30 bis 40 Sclaven und einem verfallenen Hause. Er tritt an den Tisch und giebt seinen Namen und sein Geschäft an, welches darin besteht, daß er den Postencommandanten um die Zurückgabe eines seiner Neger, nur e i n e s, bitten will, und er fing an seine Bitte zu begründen. Er that es aber in einer Art, welche es den Zuhörern unmöglich machte, den Fall von einer ernsten Seite aufzufassen. Er erzählte ungefähr wie folgt:

„Ich habe meine Neger stets gut behandelt. Ich glaubte, sie liebten mich. Am letzten Sonntag gehe ich in die Kirche. Wie ich nach Hause komme, rufe ich Mary, damit sie mir den Rock auszieht und ihn aufhängt. Mary kommt nicht. Ich rufe lauter, bekomme aber keine Antwort. Ich gehe in's andere Zimmer, um Mary zu suchen, aber da ist keine Mary zu finden. Ich gehe in die Küche. Niemand in der Küche. Ich gehe in den Garten. Niemand in dem Garten. Ich gehe nach den Niggerwohnungen. Niemand in den Niggerwohnungen. Alle meine Nigger weggelaufen, während ich im Gotteshause war! Ich gehe also nach dem Hause zurück, da kommt denn James zu mir, der lange Jahre mein Kammerdiener gewesen ist. Also ich sage zu James:

„James, was ist los?"

„James sagt: „Sie sind alle nach dem Fort gegangen."

„Während ich im Gotteshause war, James?"

„James sagt, „Ja wohl, Meister, sie sind alle fort!"

„Ich sage zu James, „Warum bist du den nicht fortgegangen, James?"

„James sagt, „Ich will nie von Ihnen fortlaufen!"

„Gut, James," sage ich, „es ist Niemand da zum Kochen, sieh nach, ob du nicht etwas Kaltes und einen Tropfen Whiskey finden kannst."

„So holt mir James, denn etwas Kaltes und ich esse das mit gutem Appetit. Und wie ich fertig bin, sag' ich zu James: „James, es ist dummes Zeug für uns, hier zu bleiben. Wir wollen zu Deiner Herrin gehen."

„Seine Herrin war davongelaufen; denn sie hatte Furcht vor dem Kriege. Also sag' ich zu James: „Spann' das beste Pferd an den Wagen, thu' das beste Bett in den Wagen und etwas Speck und etwas Mehl und etwas Whiskey und dann wollen wir zu Deiner Herrin gehen."

„Also James thut, wie ich ihm sagte, und los geht's. Das Pferd hatte schwer zu ziehen. Also gehe ich langsam zu Fuß und James führt das Pferd. Wir kamen spät in der Nacht an, also sage ich zu James: „James! Du brauchst den Wagen nicht noch abzuladen. Bring' das Pferd in den Stall und lade den Wagen morgen ab!"

„James sagt: „Ja wohl!"

„Ich fand meine Frau, küßte sie, ging schlafen und schlief gut trotz meiner Sorgen. Am nächsten Morgen wach' ich auf. Fort ist James! Ich komme also her, und das Erste, was ich sehe, ist James, wie er an Ihre Soldaten Kohl verkauft, der auf meinem W gen liegt!"

Bis hierher hatten die Zuhörer an si gehalten. Aber der Ausdruck des Jammers in dieser Erzählung war so tragikomisch, daß weder der General noch sein Stab das Lachen länger halten konnten. Der alte Mann, der nur das Ernste an der Sache sah, richtete noch einen vorwurfsvollen Blick auf die Zuhörer und ging fort, ohne ein Wort weiter zu sagen.

Butler hatte die Umgegend mit dem Auge eines wahren Generals studirt. Seine Depeschen beweisen, daß er, unerfahren im Kriege, dennoch Vortheile und Nachtheile seiner Lage kannte. Vor Allem wollte er sich den Weg über den Jamesfluß nach Richmond bahnen. Er glaubte, dort müsse man den Krieg beginnen. Richmond müsse man von jenem Punkte angreifen, und

Virginien müsse man vom Süden abtrennen, indem man dem Staate die Verbindung der Eisenbahnen abschnitte. Dort könne man auch die Flotte anwenden. Man müsse nicht schreien: „Auf nach Richmond!" sondern dem Feinde Beschäftigung geben fern von der Bundeshauptstadt und nahe genug für den Norden durch seine Herrschaft über das Meer. Hätte man Butlers Plan angenommen, so hätten wir kein Bull Run gehabt und keinen Merrimac, die wahre Ursache des Fehlschlagens des Krieges auf der Halbinsel, die traurigsten Ereignisse, welche je ein Land treffen können.

Die Antwort auf die dringende Depesche Butlers war curios genug. Sie lautete:

„Geehrter Herr! Ihre Briefe vom 1sten und 6ten d. M. sind zu Händen. Der Obergeneral beauftragt mich in Beantwortung derselben zu sagen, daß er Ihren Eifer und Ihre Thätigkeit sehr anerkennt, da Sie den Feind gezwungen haben, seine Lagerplätze und Posten in Ihrer Nachbarschaft zu verstärken und ihn fortwährend in Spannung halten. Der Hauptwerth Ihres Vorrückens nach der Richtung von Suffolk liegt darin, daß es die wichtigste Route nach dem Kriegsbauhafen von Norfolk und den Gegenständen (incl. vieler Schiffe) sein wird, welche unsere Truppen bei früheren Gelegenheiten nicht zerstört haben. Der Besitz von Norfolk an sich ist werthlos, so lange wir die Hamptoner Rhede blokiren, aber die Zerstörung der Eisenbahnen, welche nach der Stadt gehen, dürfte, soweit Sie es für praktisch halten, eine gute Zwangsmaßregel sein. Der Flottencommandant sollte Ihnen bei Anschaffung leichter Boote behülflich sein und der Kriegsminister hat versprochen, Ihnen achtzig Pferde für eine leichte Batterie zu kaufen und zu schicken!"

So lauteten die vollen und d e u t l i ch e n Instruktionen, um welche Butler gebeten hatte. Er wußte nicht, ob der Brief ihn ermuthigen oder entmuthigen sollte. Waren alle die Worte des Obergenerals zweideutig, so waren es seine Schritte nicht. Weder Pferde, noch Batterie, noch Wagen, noch Cavallerie, noch Boote kamen an. Man machte keine Einwürfe gegen die Vorschläge Butlers, aber das Nöthigste für ein Vorrücken von mehr als einem halben Tagemarsch wurde zurückgehalten. Pferde waren so selten, daß die Truppen fortwährend die Wagen mit Vorräthen ziehen mußten. Die Soldaten sangen manchmal bei dieser Arbeit patriotische Lieder, dann blieben sie stehen, riefen aus voller Kehle Hurrah, dann liefen sie wieder vorwärts mit der Eile von Feuerleuten, welche nach einem Feuer laufen. Oberst Butler war nach Washington gegangen und hatte mit Mühe die Erlaubniß erhalten, 150 Pferde in Baltimore zu kaufen. Kaum war es ihm gelungen, das zu thun, als die Regierung ihm 100 Pferde zum Gebrauch in Washington fortnahm. Man hielt nur Washington für wichtig, sonst Nichts. General Butler erhielt Briefe von hervorragenden Leuten, welche sich über die Unfähigkeit der Militärbehörden in Washington beklagten und dem Präsidenten Vorstellungen über Scotts Verfahren machten.—Leider vergebens.

Siebentes Capitel.

Groß Bethel.

Die Unthätigkeit Butlers, welche nothwendiger Weise folgen mußte, machte natürlich den Feind dreister im Vordringen. Er schickte Streifpartieen von Yorktown bis nach Hampton in Sehweite von den Unionstruppen aus, um weiße Männer und Neger zu fangen, von denen die ersteren in das Militär gesteckt, die letzteren bei Schanzarbeiten verwendet wurden. Major Winthrop hatte von einem flüchtigen Neger, Georg Scott, erfahren, daß die Rebellen sich an zwei Punkten zwischen Yorktown und der Festung verschanzt hatten, und von wo sie bei Nacht auf Menschenraub und Plünderung auszogen. Der Neger beschrieb die Lokalitäten genau und Winthrop recognoscirte wiederholt den Weg, welcher dahin führte, unter Führung des Negers. Der Neger machte nur einen Fehler, er glaubte nämlich, daß die Rebellen 2000 Mann zählten, während bei mehreren Zusammentreffen nur 500 Mann in's Gefecht kamen. Winthrop rapportirte an Butler, welcher anbefahl, die beiden Posten aufzuheben. Seine Instructionen beschränkten sein Vorrücken auf einen halben Tagesmarsch, und Groß Bethel, neun Meilen von der Festung, war also auch eingeschlossen. Den ersten, rohen Plan entwarf Winthrop selbst ungefähr wie folgt:

Ein Regiment oder Bataillon sollte von Newport News und ein Regiment (Duryea's) von Camp Hamilton mit Vorhut und Reserve vom Lager ausmarschiren.

Duryea sollte um 10 Uhr Abends zwei Posten vorschieben, einen 1½ Meilen jenseits Hampton auf der Landstraße, jedoch nicht so weit, um den Feind zu alarmiren. Der andere Vorposten sollte halb so weit vorgeschoben werden. Beide Vorposten sollten so viel wie möglich sich hüten, gesehen zu werden, und Niemanden durch die Linien lassen, außer nach Hampton zu.

Um 12 Uhr Nachts sollte Duryeas Regiment mit fünfzehn Patronen für den Mann sich gegen Klein Bethel in Bewegung setzen, und zwar schnell, aber geschlossen. Eine Haubitze, ein Wagen mit Munition und Material zum Wiederbauen der New-Marketbrücke, sollten mitgehen und Duryea die 200 Büchsen, die vorhanden waren, an zuverlässige Leute vertheilen.

Von Newport News sollte der Abmarsch ein wenig später stattfinden, da es näher ist. Eine Rakete sollte Duryeas Abmarsch anzeigen.

Sollte der Feind überrascht werden, so sollte höchstens einmal geschossen und sofort ein Bayonnetangriff gemacht werden.

Da der Angriff wahrscheinlich bei Tagesanbruch stattfinden würde, so sollten die Truppen einen weißen Lappen als Erkennungszeichen um den linken Arm tragen.

Würde Klein Bethel genommen, so sollte auf Groß Bethel marschirt, und der Feind ebenso überrascht werden. Die beiden Bethels sollten verbrannt, oder wenn aus Ziegelsteinen, in die Luft gesprengt werden.

„George Scott,“ heißt es endlich in dem Plane, „soll einen „„Schieß=prügel““ haben.“

So kam denn die erste Idee, die Schwarzen zu bewaffnen, von Theodor Winthrop. George Scott bekam einen „Schießprügel.“

Der Plan wurde angenommen und demgemäß Befehle gegeben. Das Commando der Expedition wurde dem Brigadegeneral E. W. Pierce von Massachusetts gegeben, einem guten und braven Manne ohne jede militärische Erfahrung außer auf Paraden beim Exerzieren. General Butler war, wie früher schon erwähnt, jünger im Commando, war aber vom Gouverneur An=drew trotzdem über Pierce zum Commandeur der ersten Brigade ernannt worden, welche den Staat verließ. Zum Ersatze dafür, daß Pierce die ihm gebührende Stelle ruhig geräumt hatte, gab ihm Butler das Commando. Auf dem Bostoner Paradeplatz würde dies ganz in der Ordnung und sehr achtungswerth gewesen sein. Aber ach! Das Kriegstheater war kein Paradeplatz.—General Butler hat ein gutes Auge, Leute zu finden, wie er sie braucht; dies war das erste und das letzte Mal in seiner militärischen Carrière, daß er Jemandem ein Commando aus einem andern Grunde an=vertraute als aus der innigsten Ueberzeugung, daß er der beste Mann sei. Am Tage vor der Schlacht bei Groß Bethel hatte General Butler den Ver=stand, den Muth, die Ueberlegung, die technischen Kenntnisse eines Generals, aber um ihn zu einem unabhängigen Commando zu befähigen, bedurfte er noch der schweren und bitteren Erfahrung, welche ihn erwartete. Am Tage nach der Schlacht war er ungemein in seiner militärischen Ausbildung vorge=schritten, denn er hatte einen Wink verstanden. Die ganze Misère der Kriegsführung wurde in dem Blitz und Donner, dem Unglück und der Schmach des traurigen Scharmützels enthüllt.

Alles ging gut bis ungefähr zum Tagesanbruch des 10. Juni, als die Truppen sich bei Klein Bethel verbinden sollten; da sah das Regiment des Obersten Bendix über den Kamm eines niedrigen Hügels Truppen kommen, welche in dem vergrößernden Morgennebel wie Cavallerie aussahen. Es war das Townsend'sche Regiment, welches sie sahen. Wohl wissend, daß Butler keine Cavallerie hatte, hielt Oberst Bendix die Truppen für berittene Rebellen. Er gab den unglückseligen Befehl zum Feuern und zehn von Townsend's Leuten fielen, acht todt, zwei verwundet. Das Feuer wurde schlecht erwidert, und das Bendix'sche Regiment litt nicht. Von der jetzt entstehenden Verwirrung, dem schnellen Contremarsch, dem Alarm, welcher für Freund und Feind entstand, wollen wir nicht weiter sprechen. Der Anbruch des Tages enthüllte den Irrthum, und es entstand nun die Frage, ob man vorwärts gehen oder nach der Festung zurückkehren sollte. Eine Ueberrumpelung war jetzt unmöglich, und die in der Nähe wohnhaften Leute hatten die Zahl der Feinde übereinstimmend auf vier bis fünftausend Mann mit starker Artillerie angegeben.

Während der Zeit hatte Duryea schon einen Vorposten bei Klein Bethel aufgehoben. Der Feind mußte deshalb, völlig unterrichtet, bei Groß Bethel concentrirt sein. Major Winthrop und Lieutenant Butler von Butler's Stab riethen dringend zum Vorrücken, und Pierce gab ohne Widerstand seine Zustimmung. Er hatte nach Verstärkungen gesandt, welche bald auf dem Marsche waren. Um halb zehn Uhr war er eine Meile vom Feinde mit zwei Regimentern und vier kleinen Geschützen angekommen, eines davon unter Lieutenant Greble von der regulären Artillerie. Noch zwei Regimenter waren im Anmarsche. Das Terrain war ein längliches Viereck, welches auf drei Seiten von Gehölz umgeben war, während Pierce von der Seite kam, wo kein Gehölz war. Der Feind stand nahe dem obern Ende und hinter einem Streifen Wald verborgen. Die Stellung war in der Fronte sehr wenig gedeckt durch einen zwölf Fuß breiten und drei Fuß tiefen Graben. Die Batterie der Rebellen bestand aus vier Geschützen, von denen das eine durch das Zerbrechen der Schraube unbrauchbar geworden war. Die Schanzen verstärkten die Stellung nicht, denn sie waren keine drei Fuß hoch, und ein Knabe hätte über sie springen, wie er über den Bach hätte gehen können. Dahinter standen 500 Rebellen, welche während des Kampfes durch 600 Mann von Yorktown verstärkt würden, welche ganz erschöpft vom Laufen waren. Das war die Stärke des Feindes, welchen General Pierce für vier bis fünf Tausend Mann stark, in starker Stellung und wohl versehen mit Artillerie hielt.

General Pierce stand also um halb zehn Uhr auf der Landstraße von

Hampton nach Yorktown, eine Meile vom Feinde entfernt, dessen Batterie
den Weg beherrschte. Diese Batterie war so postirt, daß man sich auf 50
Yards ihr hätte nähern können, ohne den Wald zu verlassen. Eben so
hätte man sie ohne erwähnenswerthe Schwierigkeiten rechts oder links um=
gehen können. Da man dies nicht sofort bemerkte, so marschirten Duryea
und Greble auf der Landstraße gerade in das feindliche Feuer hinein, und
bald flogen die feindlichen Kugeln rechts und links über sie hin und fielen
weit nach hinten. Die Truppen riefen Hurrah und marschirten weiter.
Bald aber schossen die Feinde besser, und einige Leute wurden getroffen,
jedoch nicht viele, denn der ganze Verlust Duryea's an jenem Tage betrug
nicht mehr als vier Todte und zwölf Verwundete. Den Leuten schien es in
ihrer Unerfahrenheit, daß die Art von Unterhaltung nicht im Programme
stehen könne. Sie dachten mit einem Male, daß die drei Geschütze des
Feindes mindestens dreißig seien, und daß dies unmöglich der richtige Weg
nach der Batterie sein könne. Sie schlugen sich denn hinterwärts in die
Büsche, und warteten da auf Jemanden, der ihnen sagen sollte, was jetzt zu
thun sei. Greble stellte sich 300 Yards vom Feinde auf, ließ abprotzen und
unterhielt ein anhaltendes und wirksames Feuer anderthalb Stunden lang.
Wirksam sagen wir, denn wenn auch kein Rebell getroffen wurde, so hielt
das Feuer sie doch in den Schanzen und ließ sie merken, daß sie die Ange=
griffenen waren. Nachdem Duryea sich nach dem Walde zurückgezogen
hatte, entstand eine lange Pause in dem Gefecht, und man faßte einen guten
Plan, um in den Rücken der feindlichen Batterie zu gelangen. Townsend
sollte sich stark links halten und nahe dem Walde entlang oder durch den
Wald auf den Weg nach Yorktown hinter die Batterie gelangen und dem
Feinde in den Rücken fallen. Es war ein guter und leichter Plan und sicher
des Erfolges, wenn er nur mit mäßiger Kraft und Entschlossenheit durch=
geführt wurde. Duryea rückte wieder vor, dieses Mal durch das Gehölz.
Er ging bis an den Bach, und da er der Ansicht war, daß derselbe für seine
„Zouaven" unpassirbar sei, zog er sich mit sehr unbedeutenden Verlust zurück;
Oberstlieutenant Warren und ein paar tapfere Leute allein blieben zurück,
um den Leichnam und das Geschütz Greble's fortzubringen, welcher durch den
letzten Schuß getödtet worden war. Während der Zeit machte Oberst
Townsend seinen Weg weit auf der andern Seite des Weges. Er mar=
schirte direct zum Siege; Major Winthrop war unter den Ersten, voll von
Feuer und Zuversicht, und die Leute in guter Stimmung. Noch fünf Mi=
nuten, und er hätte die Straße nach Yorktown erreicht gehabt, von welcher
aus er auf den Feind wie im offenen Felde hätte marschiren können. Da
geschah ein unglückseliges Mißverständniß. In der Eile des Abmarsches

waren zwei Compagnien auf der andern Seite einer Steinumzäunung mar=
schirt, und in der Hast eine kurze Strecke vor der Hauptabtheilung in das
offene Feld gelangt.　Townsend glaubte, als er diese Truppen sah, daß es
eine Abtheilung des Feindes sei, welche ihn in den Flanken angreifen wollte.
Er ließ halten, zog sich zurück und erwartete den angeblichen Feind.　Win=
throp, wie man glaubt, hörte das Commando zum Rückzuge nicht, und
drängte mit einigen Leuten nach vorwärts, und als sie hielten, ging er selbst
weiter bis auf 30 Yard von der feindlichen Batterie.　Mit e i n e m Kame=
raden, dem Soldaten John M. Jones von Vermont, sprang er auf einen
Baumstumpf, um die Stellung des Feindes zu sehen, welche er allein an
jenem Tage deutlich sah.　Eine Kugel durchbohrte ihm das Gehirn.　Er
athmete fast in demselben Augenblicke zum letzten Male.　Sein auf dem
Felde zurückgelassener Leichnam fiel in die Hände der Feinde.　Nach ihrer
Ansicht war er der Einzige von den Unionssoldaten gewesen, welcher „An=
näherung an Muth“ gezeigt hatte, und sie bestatteten ihn deshalb ehrenvoll,
und gaben seine Uhr und sonstige Effecten seinem commandirenden General
zurück.

General Pierce gab unter Zustimmung aller Obersten, außer Duryea, den
Befehl zum Rückzuge und die „Schlacht“ von Groß Bethel war vorüber.
Einige von den Compagnieen zogen sich in guter Ordnung zurück.　Aber es
herrschte noch ein großer Schrecken und Ueberstürzung, obgleich die Verfol=
gung spät anfing und langsam war.　Der edle Captain Winslow und der
tapfere Oberstlieutenant C. K. Warren (jetzt General unter Meade) mit
wenigen braven Männern blieben zurück und zogen, ermüdet wie sie waren,
die Verwundeten in Wagen neun Meilen weit von der Scene des Schlacht=
feldes nach dem nächsten Lager.

Der Verlust der Unionstruppen an Todten und schwer Verwundeten be=
trug fünfundzwanzig.　Die Rebellen hatten einen Todten und drei Verwun=
dete.　Einige Stunden nach dem Gefechte wurde Groß Bethel geräumt.
Wenn General Pierce seine Leute außerhalb Schußweite gezogen, und sie
niedersitzen und ihr Mittagbrod hätte essen lassen, so würden die Feinde wahr=
scheinlich auch retirirt sein, denn er hatte gegen eine große Uebermacht zu
kämpfen und wußte, daß ein Regiment geübter Truppen unter einem Manne,
der sein Geschäft verstünde, sie in 20 Minuten sammt und sonders fangen
konnte.　Unsere Truppen bedurften Commandeure, welche wußten, was sie
zu thun hatten, und vorwärts gehen und es selbst zeigen konnten.

Achtes Capitel.

Folgen des Gefechts bei Groß Bethel.

Der Tag nach dem Gefecht war in Fort Monroe ein trüber. Greble's Vater wollte grade seinen Sohn besuchen und traf zur rechten Zeit ein, um den Leichnam nach seinem Hause zu bringen, betrauert von allen Soldaten. Winthrops Schicksal wußte man noch nicht; er wurde nur unter den „Ver= mißten" aufgeführt. Im Laufe des Morgens erfuhr man, daß er gefallen sei; ja vielleicht sein Leben weggeworfen hatte. Er wurde wie ein Bruder bedauert von denen, die ihn nur sechszehn Tage kannten.

General Butler richtete an die Mutter des begabten Soldaten und Dich= ters einen tiefgefühlten Brief der Trauer und der Anerkennung, in welchem es unter Anderem heißt:

„Als ich auf sein Gesuch, die Expedition begleiten zu dürfen, erwiderte, daß meine Correspondenz sehr groß sei, und ich seiner bedürfen würde, sagte er scherzend: „Ach General, wir werden nacharbeiten und es gut machen, wenn wir zurück kommen. Die Sache geht nicht ohne mich!" Die letzten Worte, welche ich von ihm hörte, bevor er zu Bette ging, waren: „Wenn Et= was vorfällt, habe ich die Adresse meiner Mutter Hrn. Green gegeben!" Seine letzten Gedanken waren bei seiner Mutter, seine letzten Handlungen waren für sein Vaterland und dessen Sache."

General Pierce büßte in edler und vielleicht einzig dastehender Weise für seinen Irrthum bei Groß Bethel. Er war während seiner Dienstzeit von drei Monaten so tiefsinnig, daß er nahe daran war seinen Verstand zu ver= lieren. Dann trat er als Gemeiner in ein für drei Jahre angeworbenes Regiment und diente in dieser ehrenvollen Niedrigkeit eine lange Zeit. End= lich zum Commando eines Regimentes befördert, diente er mit Auszeichnung und wurde in einer Schlacht schwer verwundet.

General Butler wurde von der Presse zum Theil schwer getadelt. Man warf ihm vor, daß er die Truppen nicht mit Mitteln, über den Bach zu setzen, versehen hätte, daß nicht die Dunkelheit benutzt worden wäre, u. s. w.

Das große Unglück bei Groß Bethel bestand darin, daß es eine Zeit lang dem Lande das Verdienst des Mannes verbarg, welcher mehr als die meisten andern im Stande war, ihm seine Dienste zu widmen.   Das Land bedurfte eines Mannes, welcher keine Angst vor Gespenstern hatte, und dessen Energie und Talent die Gespenster davon abhalten konnte, ernste Wahrheit zu wer=den.   Ein solcher Mann war da, aber er wurde nur unvollständig erkannt. Ein vollständiger Erfolg bei Groß Bethel zu dem Ruhm von Baltimore und Annapolis würde Butler eine Stellung vor dem Lande gegeben haben, welche man nicht hätte übersehen können.   Das Fehlschlagen kostete ihm beinahe die Verwerfung seiner Ernennung im Senate.   Er wurde nur durch zwei Stim=men gerettet, und diese verdankte er allein den Anstrengungen desselben Ober=sten Baker, dessen Leben bei Balls Bluff verschleudert wurde.   Baker hatte mit seinem Regimente in Fort Monroe gestanden.—General Butler begriff sofort, was das Schlachtfeld von Groß Bethel zuerst gelehrt hatte, und was später noch auf so vielen anderen Schlachtfeldern gezeigt wurde, daß nämlich das Voluntärsystem in der damaligen Organisation unzureichend im höchsten Grade sei, und daß die Soldaten Offiziere bedürfen, welche in moralischem Muthe und militärischer Bildung den Mannschaften weit überlegen sind. Das Gesellschaftssystem im Süden führt wenigstens zur Wahl von Offizie=ren, zu welchen die Soldaten hinaufsehen.   General Butler aber hatte unter sich Capitäne, Majore und Obristen, welche ihre Wahl hauptsächlich der Fähigkeit verdankten, Leute zu traktiren.   Es waren Trunkenbolde und Diebe darunter, ohne deren zu gedenken, welche aus natürlicher Unfähigkeit und Unwissenheit über ihre Leute nicht den geringsten Grad von moralischem oder militärischem Uebergewicht geltend machen konnten.   Der General sah dies und berichtete unter dem 26. Juni an den Kriegsminister, wie folgt:

„Ich möchte Sie wegen eines Gegenstandes belästigen, welcher von der höchsten Wichtigkeit für die Organisation unserer Freiwilligenregimenter ist. Viele der Freiwilligen haben ihre Compagnieoffiziere gewählt, und dieselben sind in Gemäßheit des Planes, nach welchem die Freiwilligenarmee organisirt ist, sofort, ohne Prüfung von einer zuständigen Behörde, ernannt worden. Man sollte Mittel finden, diese Offiziere auszulesen.   Die Wirksamkeit und Brauchbarkeit der Regimenter hängt davon ab..... Ich glaube, es muß noch ein anderes Mittel geben als ein Kriegsgericht, um diese Offiziere los zu werden.   Unwissenheit und Unfähigkeit sind keine Verbrechen, welche man vor einem Kriegsgericht prüfen lassen kann, während sie ein großes Unglück für einen Offizier sind.   Kann nicht eine Behörde von drei oder fünf Leuten irgendwo errichtet werden, welcher die Frage über Competenz, Fähigkeit und Betragen eines Offiziers zur Entscheidung vorgelegt werden könnte?   Und kann nicht auf Bericht dieser Behörde der betreffende Offizier sofort entlassen werden, ohne daß damit die Schmach einer Entlassung durch das Kriegs= gericht verknüpft ist?"

Der General suchte während der Zeit so viel wie möglich die Disciplin in den Regimentern zu erhöhen. Dies war mitunter fast unmöglich. Ein Mal waren in den New Yorker Regimentern allein achtunddreißig Offiziers= stellen vacant. Die Mannschaften verfielen aus Mangel an Beschäftigung und Aufregung der Trunkenheit. Wenn ein Vorposten anderthalb Meilen vom Fort Monroe geschickt wurde, und bei dem Abmarsche jeder Mann ganz nüchtern war, so kamen doch mitunter sämmtliche Leute betrunken zurück. Trotz aller Nachforschungen konnte man nicht entdecken, woher sie den Brannt= wein bekamen. Zuletzt fand man, daß die Leute ihre Gewehre auffallend grade hielten und bei näherer Untersuchung fand man, daß jeder Gewehrlauf mit Whiskey gefüllt war, und nicht immer hatten die Soldaten dies gethan. Ein Marketender namentlich hatte geradezu eine Schnapskneipe, und aus seinen Büchern fand man, daß jeder Offizier des Regimentes bei ihm von $10 bis $1000 Schulden für Schnaps hatte. Die kurze Zeit, während welcher diese Schulden contrahirt worden waren, bewiesen noch mehr die tiefe Demoralisation. General Butler ging sofort nach Newport News, ließ die Offiziere zusammentreten, sprach mit ihnen offen über die Sache, zeigte ihnen das Buch und wies sie auf die Folgen ihrer Demoralisation hin und redete den Leuten zum Gewissen. Er sagte, er sei durchaus kein Temperenzler, aber in Hinblick auf die Folgen des Genusses von Branntwein, gebe er sein Eh= renwort,—daß er Branntwein außer für Zwecke der Medizin verbannt habe, und er verlange das Ehrenwort der Offiziere, daß sie dasselbe thun wollten. Alle Offiziere, außer einem, welcher bereits seine Entlassung eingereicht hatte, gaben das Ehrenwort. Dem Marketender ließ Butler die Branntweinfässer einschlagen.

Der Provoßmarschall mußte sodann noch andern Branntwein suchen und in= nerhalb einer Stunde waren zwischen 20 bis 30 Faß Branntwein auf dem Boden ausgegossen, während die Soldaten Hurrah schrieen. Besonders die von den Marketendern beschwindelten Leute freuten sich darüber. Die Marke= tender und alle, welche zu der Demoralisation der Truppen beigetragen hatten, wurden sofort in Arrest geschickt.

Ebenso kräftig verfuhr Butler gegen einen Uebelstand, welchen bis jetzt noch kein Commandeur vollständig abstellen hat können, nämlich das Plündern verlassener Häuser. Den Besitz eines Tisches, Stuhles, Teppichs, alten Kessels, oder selbst eines Brettes, erhöht die Bequemlichkeit der Leute so sehr, daß die Versuchung, solche Gegenstände fortzunehmen, mitunter unwider=

stehlich ist. Obgleich, wie sich später erwies, die Truppen von Fort Mon=
roe wenig plünderten, so entstand doch über dieses Wenige großer Lärm. Es
geschah, Seitens des Obersten Phelps, Alles gegen das Plündern, was nur
möglich war, aber er konnte es nicht gänzlich verhindern. Als er eines
Tages zum Mittagbrod kam, fand er einen Porzellannapf mit grünen
Erbsen. Er blieb einen Augenblick stehen, sah das verdächtige Gefäß an,
und seine Stirne furchtete sich bedenklich.

„Den Napf fortnehmen!" rief er mit einer für einen so sanften Mann
sehr kräftigen Betonung.

Der erschrockene farbige Aufwärter sprang hinzu, aber wagte zu fragen,
was er mit den Erbsen thun solle.

„Thue sie in die Waschschüssel, wenn du nichts anderes finden kannst, aber
laß mich den Napf nie wieder sehen!"

Der Napf verschwand und Phelps schickte ihn nach dem Hospitale zum
Gebrauch für die Kranken.

Eins war klar, nämlich daß Truppen, welche auf kurze Zeit angenommen
sind, unzuverlässig sind. Die für drei Monate angeworbenen Leute schnitten,
wie Schulbuben vor ihrer Entlassung, Kerben in Stöcke und schnitten jeden
Tag einen davon weg, als aber die Zeit der Entlassung näher rückte, schnit=
ten sie jeden Mittag die Hälfte ab. Butler glaubte, daß man Freiwillige
nur für die Dauer des Krieges annehmen dürfe, so daß der Weg nach Hause
nur durch den Sieg über den Feind führen sollte.

Neuntes Capitel.

Abberufung von Virginien.

Die Besucher der Festung belästigten den General und seine Gemahlin
nicht wenig. Senatoren, Repräsentanten, Editoren, Offiziere und Privat=
personen waren täglich, mitunter in Zahl von dreißig, an der Tafel des Ge=
nerals. Ein unternehmendes Genie wollte sogar eine Excursion nach der

Festung veranstalten und drohte mit Schiffsladungen von Vergnügungs=
lustigen. Es wurde Befehl gegeben, solche unzeitige Einfälle zu verhindern
und die Landung nur nach offizieller Erlaubniß gestattet.

Der bekannte Times Correspondent Rußel giebt eine unterhaltende
Beschreibung seines Besuches auf der Festung. General Butler begleitete
ihn.

„Der Tag," sagte Rußel, „war sehr heiß, und viele Soldaten lagen im
Schatten von Lauben, welche aus Zweigen von dem benachbarten Tannen=
walde gebildet wurden, aber die meisten standen auf, als sie hörten der
General käme. Eine Schildwache ging am Ende der Straße auf und ab.
Der General rief beim Näherkommen dem Manne zu: „„Halt!"" Der
Mann blieb stehen. „„Ich will Ihnen nur zeigen,"" sagte der General,
„„mit was für Schurken unsere Regierung zu thun hat. Der Mann hier
gehört zu einem Regimente, welches erst neulich neue Uniformen erhalten hat.
Sehen Sie, wovon der Rock gemacht ist!"" Damit steckte der General
seinen Zeigefinger in die Brust des Mannes, und riß die Uniform von oben
bis unten entzwei wie ein Stück Löschpapier. „„Shoddy! Nichts als
Shoddy! Ich wünschte ich hätte die Contractoren hier in den Laufgräben,
und wenn schwere Arbeit sie nicht zu ehrlichen Menschen machen würde, so
würde es wenigstens dazu dienen, ihren Genossen ein Beispiel zu geben.""

„Bei unserer Runde trafen wir Oberst Phelps, welcher früher in der
Bundesarmee gedient und in Mexico mitgekämpft hatte, aber später ausge=
treten war, weil ihm die Art, in welcher Beförderungen geschahen, nicht
gefiel und nur aus Patriotismus das Commando über ein Regiment von
Massachusetts übernommen hatte—einem langen, ruhigen, griesgrämigen,
nüchternen und militärisch aussehenden Mann, welcher John Brown mit
den christlichen Märtyrern auf dieselbe Stufe stellt.....

„Nach dem Mittagessen ritten wir nach dem Dorfe Hampton, welches 6
bis 7 Meilen vom Fort liegt und den Vorposten bildet. Ein starkes Pferd
mit einem ungeheuren mexikanischen Sattel, feinem Leder, Decke und gold=
gestickter Schabrake, wurde für mich vor das Haus gebracht und der General
bestieg ein anderes, welches gleichfalls seiner Kenntniß von Pferden Ehre
machte. Er nahm seinen Aide=de=Camp und ein paar Ordonnanzen mit.
Vor dem Fort lagen flüchtige Neger (Contrebands). Der General war stolz
auf sie und sie schienen Selbstgefühl zu haben, indem sie ihn mit einer sehr
possierlichen Mischung von Angst und Familiarität grüßten, als er weiter
ritt. „„Wie gehts, Massa Butler? Was machen Sie, General?""
riefen sie und machten ungeschickte Bücklinge. „„Denken Sie mal,"" sagte
der General, „„daß jeder dieser Kerle wenigstens $1,000 aus dem Beutel

der Ritter da an der andern Seite vorstellt!"" „„Ekelhafte, faule, dreckige
Bestien,"" sagte ein Stabsoffizier halblaut; „„Ich wollte bei Gott, sie lägen
alle im Chesapeake. Der General behauptet, daß sie ihre Arbeit thun, aber
sie machen mehr Mühe als sie Werth sind!""....

„Ein breiter Bach lag zwischen uns und unserem Ziele und die Brücke
darüber war zerstört worden. Die Arbeiter waren beschäftigt, sie wiederherzustellen, aber es waren noch nicht alle Planken gelegt und man konnte
zwischen den Pfuhlen an den offenen Stellen sehr gut das schwarze Wasser
sehen. Der Offizier meinte es sei nicht gerathen, hinüber zu reiten, aber
der General beachtete ihn nicht, bis sein Pferd fast durch die Planken brach
und nur mit wunderbarer Geschicklichkeit wieder zum Stehen kam, ohne seine
Beine gebrochen zu haben. Wir stiegen also ab und indem wir die Pferde
zurückließen, um auf einem Fährboote übergesetzt zu werden, machten wir
den Rest des Weges nicht ohne Schwierigkeit.....

„Die Läden waren fast sämmtlich geschlossen; in einigen waren die
Thüren geschlossen, aber die Waaren lagen noch in den Schaufenstern.
„„Ich habe das Plündern nicht erlaubt,"" sagte der General, „„und wenn
ich einen Kerl finde, der es versucht, so lasse ich ihn hängen, so wahr ich Butler heiße! Sehen Sie,"" sagte er, indem er in einen Tuchladen trat, wo
die Fächer noch voll Tuch lagen, „„die Leute sollen meine Soldaten nicht
Räuber nennen können!""....

„Als wir zurückkamen, stiegen wir an der Brücke wieder zu Pferde und
besuchten die verschiedenen Lagerplätze. Während der General im vollsten
Carriere ritt, (anscheinend seine Lieblingsweise zu reiten,) stolperte sein Pferd
auf dem staubigen Wege, und bei der Bewegung, sich im Sitz zu erhalten,
zerriß der General die Riemen des Steigbügels und der schwere messingene
Steigbügel fiel auf die Erde; aber, obgleich ein einfacher Abbokat, verlor
Bntler weder seinen Sitz noch seine Kaltblütigkeit, rief der Ordonnanz zu, das
„„Zebstück"" aufzuheben, gab dem Pferde die Sporen und vorwärts ging es
nochmals durch Staub und Hitze, daß ich gar nicht unzufrieden war, als wir
vor einem Garten anhielten, in welchem eine hübsche Villa stand, welche
von Oberst Max Weber, von dem deutschen Turnerregimente, bewohnt
wurde....Wir gingen nach dem Fort zurück und nach dem häufigen Anrufen
und der Wachsamkeit der Schildwachen zu schließen, war ich nicht der Meinung, daß der Feind die Festung so leicht überrumpeln konnte. Später
theilte mir der General, mit Hülfe der Landkarte und mehr militärischem
Scharfsinn, als ich von einem Mitgliede der Juristenfacultät erwartet hätte,
mit, warum er glaubte, Fort Monroe sei die wahre Basis für künftige
Operationen gegen Richmond.".....

Die Schlacht am Bull Run zerstörte die Hoffnungen des Generals, in Fort Monroe von Nutzen sein zu können. An dem Tage jener Schlacht erhielt er zuerst die Mittel, um eine Feldbatterie vorwärts bewegen zu können, und seine Vorbereitungen zu vollenden, um bewaffnete Rebellen von dem Zipfel der Virginischen Halbinsel wegzufegen, von welchem Maryland den größeren Theil bildet. Oberst Baker sollte die Expedition befehligen. Zwei Tage nach dem Rückzuge kam ein Telegramm von General Scott:

„Schicken Sie ohne Verzug innerhalb drei Tagen vier und ein halbes Regiment von Freiwilligen auf längere Dienstzeit, inclusive Baker's anderthalb Regimentern hierher!" Die Truppen wurden abgeschickt und die Expedition unterblieb natürlich.

Die Nachricht von der großen Niederlage verursachte in der Festung einen Grad von Niedergeschlagenheit, welcher fast an Schrecken grenzte, denn man fürchtete, der siegreiche Feind werde die Festung angreifen und zur Uebergabe zwingen. Butler hatte keine Furcht. Eine der ersten aufmunternden Stimmen, welche die Regierung erhielt, war die Butler's. Er schrieb an den Generalpostmeister, die Niederlage werde das Gute haben, zu zeigen, worin die Bundesarmee schwach, und der Feind stark sei, und wie man diese Schwäche heilen könne. „Möge die Regierung nicht den Muth verlieren. Möge sie kein Compromiß machen oder wanken! Mit Gottes Hülfe werden wir zu endlichem sicheren Siege gelangen. Aber wir dürfen den Krieg nicht länger mit Glacéhandschuhen führen! Wir müssen die Rebellen für das ansehen, wozu sie sich gemacht haben, nämlich als Feinde, und ihr Eigenthum aller Art muß, wenn es uns irgendwie von Nutzen sein kann, eben so zu Lande weggenommen werden, wie sie unser Eigenthum auf der See fortnehmen!"

In demselben Briefe empfiehlt er den Obersten Phelps zur Beförderung: „Obgleich einige der regulären Offiziere sagen werden, daß er nicht bei Sinnen ist, so habe ich doch weiter nichts an ihm bemerkt, als einen tiefen, religiösen Enthusiasmus in Bezug auf Sclaverei, und dies macht ihn, meiner Ansicht nach, nicht unfähig, für den Norden zu kämpfen. Ich habe ihn nie gesehen, bevor er hierher kam, und er hat auch andere politische Ansichten als ich; ich habe also keinen andern Grund, ihn zu empfehlen, als daß ich es nach zweimonatlicher Prüfung der Sache zuträglich halte." Bald konnte er Phelps die Generalsepauletten überreichen.

Das Zurückziehen der von Scott verlangten Truppen machte die Räumung von Hampton nothwendig, und es wurde ihm selbst von Cabinetsmitgliedern gerathen, auch Newport News aufzugeben; aber er wollte nicht einen für künftige Operationen so wichtigen Punkt aus Händen lassen.

Bei der Räumung von Hampton flohen die Neger über den Bach nach der Festung, so daß bald diesseits des Baches 900 Neger, darunter 300 kräftige Männer, 30 für leichtere Arbeiten, 175 Weiber, 225 Kinder unter zehn Jahren und 170 zwischen zehn und achtzehn Jahren. Der General bat den Kriegsminister um Instructionen, was er mit diesen Negern anfangen solle. Er schlug vor, die Neger zu confisciren, wie man anderes Eigenthum der Rebellen confisciren würde, wenn es gegen den Bund gebraucht würde.

Der Kriegsminister machte in seiner Antwort sehr zarten Unterschied zwischen Negern, welche in insurgirten Staaten Rebellen, und solchen, welche loyalen Herren entflöhen, gestattete aber die Verwendung der flüchtigen Sclaven zu Arbeiten, jedoch sollte Buch über Namen und Character der Flüchtigen und darüber, ob sie loyalen oder rebellischen Herren entflohen seien, geführt werden. Der Congreß werde nach Herstellung des Friedens wohl Mittel finden, um die loyalen Herren für die von ihren Sclaven geleistete Arbeit zu entschädigen. Der Brief schloß:

„Sie werden keine Einmischung Seitens Ihrer Soldaten in die Angelegenheiten der Dienerschaft ruhiger Bürger in Haus oder Feld gestatten, noch werden Sie solche Diener oder Sclaven aufmuntern, den Dienst ihrer gesetzlichen Herren zu verlassen, noch werden Sie, außer wenn das öffentliche Wohl es verlangt, die freiwillige Rückkehr flüchtiger Sclaven zu ihren Herren verhindern!"

Butler's Brief gefiel am meisten der Partei, welche in krasser Opposition zu derjenigen stand, mit welcher Butler sein Leben lang identifizirt gewesen war. Der Abolitionist Tappan gratulirte ihm schriftlich, und Butler antwortete ihm am 10. August unter Anderem: „Ich habe versucht, meine Pflicht zu thun, und bin meiner besten Ueberzeugung gefolgt; der Erfolg liegt in Gottes Hand. Ich glaube, daß es den Negern nicht nützen würde, wenn sie nach dem Norden geschickt würden. Es giebt genug unbebauten Boden hier, und wir können besser und wohlfeiler hier für sie sorgen, als in dem strengen Winter des Nordens. Sie verdienen das Brod ehrlich, welches die Ver. Staaten ihnen zukommen lassen. (Folgen Vorschläge wegen Bekleidung.) Sie nach Norden zu schicken, wo die Geschäfte darniederliegen, zu einer Zeit, wo keine Feldarbeiten stattfinden, außer etwa dem Einheimsen der Ernte, und die Städte mit einem Zufluß von Leuten zu füllen, während Arbeit nicht verlangt wird, würde unklug sein, während hier in Virginien Land genug uncultivirt ist, Häuser genug leer stehen, und sie an das Leben hier gewöhnt sind. Wenn der Krieg fortdauert, werden sie hier sicher sein, wenn er aufhört, wird die Weisheit und Sorge der Regierung sie hier oder anderswo beschützen!"

Der Süden hatte bemerkenswerther Weise die Dienste wohl begriffen, die General Butler dem Lande erwies. Die Südländer kannten ihren Feind. Sie haben mitunter einigen hervorragenden Bundesgeneralen Complimente gemacht, aber ihn, der zuerst die Regel einführte, die Höflichkeiten anzuwenden, durch welche die Schrecken des Krieges gemildert werden, haben sie stets geschmäht. Sie hatten Recht, denn er hatte sie zuerst als unversöhnliche Feinde erkannt, deren Vernichtung wesentlich für die Wiederherstellung des Landes sei. Wenige Leser haben die Lebensbeschreibung vergessen, welche damals durch die südlichen Blätter lief. Sie lautete folgender Maßen: „Er ist der Sohn eines farbigen Barbiers, welcher im Anfange dieses Jahrhunderts einen Laden in der Poydrasstraße in New Orleans hatte. Der Sohn wanderte aus als er noch jung war, und zwar nach Liberia, wo natürliche Faulheit und ein wenig Talent ihn auf die Juristerei brachten, zu deren Studium er nach Massachusetts ging. Nachdem er hinreichend studirt hatte bekam er einen Hang zur Theologie und begann zu predigen. In diesem Beruf kam er nach New York, wo er die Aufmerksamkeit von Jacob Barker erregte, welcher damals auf dem Zenith seines Ruhmes als Finanzmann stand, und welcher, als er die eigenthümliche Gewandtheit des jungen Mulatten entdeckte, denselben nach dem nördlichen Theile des Staates schickte, um ein Bankgeschäft zu leiten. Dort theilte er seine Zeit zwischen dem Comptoir, dem Gericht, dem Betzimmer und der Druckerei;" u. s. w.

Dies war die Antwort des Südens auf Annapolis und Baltimore.

Der Norden schien Butler's Verdienste langsamer anzuerkennen. Nach der Rückberufung der vier Regimenter befand sich Butler in Fort Monroe in einer falschen Stellung, unfähig zu handeln, und doch von dem Lande gedrängt, zu handeln. Seine unangenehme Stimmung war noch dadurch erhöht, daß er erfuhr, die Rückberufung der Regimenter sei schon vor der Schlacht am Bull Run beschlossen gewesen, und die Soldaten lägen unthätig in Baltimore. Er schrieb an Oberst Baker deshalb: „Sobald ich dachte, ich könnte anfangen, wurden alle meine Truppen mir weggenommen. — Was soll ich unter diesen Umständen thun? Ich darf nicht hier bleiben und mich so behandeln lassen. Sagen Sie mir als wahrer Freund, was ich zu thun mir selbst schuldig bin. Zu resigniren, wenn mein Vaterland meine Dienste verlangt, wäre unpatriotisch. Hier zu bleiben, beschimpft und behindert von jedem Untergebenen, ist unerträglich."

Die Regierung löste seinen Zweifel. Einige Tage nach der Antwort Cameron's wurde Butler des Commandos enthoben und General Wool statt seiner ernannt. Ob die beiden Thatsachen in Verbindung mit einander standen, oder ob man einer einflußreichen Zeitung einen Gefallen thun wollte, ist nicht ermittelt worden.   Die N. Y. Times schrieb über die Absetzung Butler's: „General Wool ist zum Befehlshaber in Fort Monroe ernannt worden.   Das ist vernünftig.   Die Nation war sehr unzufrieden, wenn nicht unwillig darüber, daß einer der geschicktesten und erfahrensten wie tapfersten amerikanischen Generale in ruhiger Zurückgezogenheit in Troy ge= halten wurde, während politische Generale die Armee durch plumpe Fehler in der Führung gegen maskirte Batterieen ungeduldig machten."   In der That war viel Lärm gemacht worden und noch Schlimmeres.   Ein wackerer Oberst, welcher seines Commandos wegen Trunkenheit entsetzt worden war, hatte Briefe veröffentlichen lassen, in welchen Butler der Unloyalität ange= klagt wurde.   Auch konnte das Publikum nicht verstehen, warum Butler unthätig blieb.   Man sah den bedeutendsten Militärposten in den Ver. Staaten anscheinend wohl versehen mit Truppen, doch nichts für den Nutzen des Landes thun.

Am 15. August übergab Butler sehr höflich das Commando des Departe= ments seinem Nachfolger.   Er sagte in seiner Abschiedsordre: „Kein per= sönliches Gefühl des Bedauerns waltet bei der Niederlage des Commandos in mir vor, denn unsere Sache gewinnt dadurch die Dienste eines Veteranen als Befehlshaber, auf dessen Fähigkeit, Erfahrung und Ergebung gegen die Fahne des Vaterlandes das ganze Land das unbedingteste Vertrauen setzt, und unter dessen Leitung und Befehl alle, und Niemand lieber als Euer alter Befehlshaber, zu dienen stolz sein werden."

Butler hatte das Departement zwei Monate und 27 Tage commandirt.

———— • ◆ • ————

Zehntes Capitel

Hatteras.

Der Befehl, welcher General Butler des Commandos von Virginien ent= hob, wies ihm keine andere Beschäftigung an.   Er hatte einfach sein Com= mando an General Wool abzugeben.   Ob er in der Festung bleiben, ob er sich im Hauptquartier melden, ob nach Hause gehen sollte, war ganz unklar gelassen. Was sollte er thun? Wohin sollte er gehen? Die Freunde riethen einstimmig: „Gehen Sie nach Hause!• Die Regierung zeigt Ihnen ganz deutlich, daß sie Sie nicht will. Sie haben das Spiel verloren!" „Nein!" sagte der General, „Was ich auch thun mag, ich kann nicht nach Hause gehen. Das würde das Ende meiner militärischen Carriere sein, und ich habe mich für die Dauer des Krieges anwerben lassen." Endlich bat er den General Wool um Arbeit und General Wool, welcher die Dienste des Generals zu würdigen wußte, gab ihm das Commando über die Volontäre außerhalb der Festung. So verließ er denn das Haus innerhalb der Mau= ern und diente da, wo er zu herrschen gewohnt war.

Eine Woche nachher sollte die Expedition zur Zerstörung der Forts bei Hatteras Inlet absegeln. Der Plan ging allein von dem General aus. Ein in dem Inlet zurückgehaltener Unionsgefangener hatte werthvolle Nach= richten nach der Festung gebracht. Er dachte, daß durch die Einfahrt nach der langen, sandigen Insel, welche an der Küste von Nordcarolina entlang läuft, eine sehr große Anzahl Blockadebrecher Landung fänden. Man beschloß sofort, eine Land und Seeexpedition auszurüsten, um die Forts einzunehmen und zu zerstören, und dann nach Fort Monroe zurückzukehren. Die Vor= bereitungen für die Expedition waren in vollem Gange, als General Butler abgesetzt wurde. Neun hundert Mann sollten die Expedition begleiten, eine kleine Abtheilung für einen Generalmajor. General Butler erbot sich sie zu commandiren, und General Wool nahm das Anerbieten an.

Er ging. Jedermann kennt den Erfolg. Das erste freudige Ereigniß nach einem trüben Sommer. Es schien, als sei der Zauber des Unglücks gebrochen und das Land erhielt wieder Muth, größer als die That ihn be= rechtigt machte. General Butler erhielt seinen Antheil an dem Ruhme, welcher ihn in der für ihn bei Groß Bethel verloren gegangenen Gunst des Publikums wiederherstellte.

Nur zwei Punkte aus dem Benehmen des Generals wollen wir hervor= heben, ehe wir weiter gehen. Der Leser hat nicht vergessen, daß der Rebellenbefehlshaber zuerst die Uebergabe anbot, wenn man der Garnison den Rückzug gestatte. Butler verwarf dieses Anerbieten und verlangte unbedingte Uebergabe. „Die Adelaide," sagt er in seinem Berichte, „war in dem Augenblicke, als der Feind meine Capitulationsvorschläge überlegte, mit einer Ladung Truppen auf den Grund gefahren. Ebenso war die Harriet Lane bei dem Versuche über die Barre zu fahren, gestrandet und beide saßen fest unter den Kanonen des Forts. Durch diesen unglücklichen Zufall waren ein werthvolles Kriegsschiff und ein mit einem Theile meiner

Truppen beladenes Transportſchiff in der Gewalt des Feindes. Ich hatte die härteſten Bedingungen geſtellt. Er konnte ſie abſchlagen und wenn er unſere Lage ſah, den Kampf erneuern. Aber ich war entſchloſſen, nicht ein Jota von der der Regierung zuſtehenden Würde zu vergeben, noch dem die Rebellen commandirenden Offiziere den geringſten offiziellen Titel zu geben. Außerdem lag mein Schleppboot an der Einfahrt und ich konnte wenigſtens den Kampf mit meinen beiden gezogenen Sechspfündern fortſetzen." Es war ein Augenblick voll Angſt, aber die Bedingungen wurden angenommen und der Sieg war vollſtändig. Eine der Kanonen der Minneſota wurde während des Kampfes von „Contrebands" bedient. Die Gefahr war gering, denn die Kugeln fielen zu kurz, aber man ſah und erkannte es offen an, daß kein Geſchütz in der Flotte ſicherer bedient wurde, und daß keine der Leute ruhiger waren im Augenblicke, wo die Gefahr zu drohen ſchien, als dieſe Leute.

Der andere Punkt, welcher einer Aufklärung bedarf, betrifft Butlers ſchnelle Rückkehr von Hatteras, welche einige ſatiriſche Bemerkungen hervorrief. Er hatte Befehl, den Poſten nicht zu halten, ſondern zu zerſtören. Aber als er den Hafen ſah, war er ſo durchdrungen von der Wichtigkeit des Platzes, daß er beſchloß ſofort nach Waſhington zu gehen und ſeine Anſichten auseinander zu ſetzen. Er that dies und die Regierung beſchloß, den Platz zu halten.

Und jetzt war er wieder ohne Commando. Die Regierung wußte nicht was ſie mit ihm anfangen ſollte und er ſelbſt wußte es nicht. Rekrutirungen hatten damals ſehr nachgelaſſen, und die Truppen im Felde hatten alle hinreichend Generalmajore. Weſt Pointer Offiziere waren geſucht, wie dies in Kriegszeiten ſein mußte und der Advokat in Epauletten war höchſtens im Wege.

Elftes Capitel.

General Butler lenkte die Aufmerksamkeit der Regierung jetzt wieder auf seinen Plan, die Rebellen aus Virginien zu vertreiben, welcher durch die plötzliche Zurückberufung des Obristen Baker und seines Regimentes vereitelt worden war. Er erhielt von der Regierung die Erlaubniß, Truppen zu diesem Zwecke in Massachusetts anzuwerben. Das Rekrutiren schien in dem Staate ziemlich langsam zu gehen, obgleich der Staat noch lange nicht sein Contingent gestellt hatte, und man glaubte, daß Butler auf die alten Demokraten einen großen Einfluß üben würde. Nicht als ob die alten Demokraten sich nicht hätten einreihen lassen, aber man glaubte, daß Viele von ihnen, welche noch zauberten, dem Manne folgen würden, welcher sie so oft in dem Wahlkriege angeführt hatte. Als er jedoch nach Hause kam, fand er, daß General Sherman vor ihm auf Rekrutirung da war, und daß Gouverneur Andrew ihm die ersten Regimenter versprochen hatte, welche vollzählig sein würden. Er eilte zurück nach Washington. Er hatte versprochen, eine Rede in Faneuil Hall zu halten, ließ aber einen Entschuldigungsbrief zurück, welcher mit den Worten endigte: „Daß ich für kräftige Fortsetzung des Krieges bin, zeige ich am Besten durch die Thatsache, daß ich abgereist bin!" In Washington wurde das Programm geändert. Er selbst setzte einen Befehl auf, welcher seine Befugnisse auf ganz New England ausdehnte und der Kriegsminister unterzeichnete. Sechs Regimenter sollte er rekrutiren.

Um die Sache doppelt sicher zu machen, bat er den Präsidenten gleichfalls um seine Unterschrift. Der vorsichtige Präsident, stets auf das Pünktlichste die Autorität der Staaten respectirend, holte erst durch den Telegraphen die Zustimmung aller Gouverneure von New England ein und unterzeichnete alsdann.

Es war bei der Rückkehr Butlers nach Massachusetts, als die Streitigkeit zwischen ihm und dem Gouverneur entstand, welche alle Betheiligten so in

Erstaunen setzte. Im Anfange war ich der Ansicht, daß Butler in seinem
stürmischen Verlangen, in das Feld zu rücken, dem Gouverneur gerechten
Grund zur Unzufriedenheit gegeben habe. Aus zahlreichen offiziellen und
unoffiziellen Pamphleten finde ich indessen, daß Gouverneur Andrew sich wohl
für beleidigt halten konnte, daß Butler jedoch keine Beleidigung beabsichtigt
hatte, und daß, in der Eile, wie er war, doch vernünftige Mittel anwendete,
um sich mit dem Gouverneur freundschaftlich zu verständigen. Der Fall be=
weist das alte spanische Sprüchwort, daß wenn zwei ehrliche Männer sich
streiten, Beide Recht haben.

Vielleicht war der Gouverneur schon ein wenig piquirt über die Veröffent=
lichung der Correspondenz Seitens Butler, in welcher das Anerbieten von
Massachusetts, Soldaten dem Gouverneur Hicks zu senden, gemacht wurde, im
Falle eines Sclavenaufstandes. Butler hatte diese Briefe veröffentlicht,
weil der Correspondent der „Tribune" das Publikum davon benachrichtigt
hatte, daß Gouverneur Andrew das Anerbieten gemißbilligt habe. Die
Handlung wurde offen in den Zeitungen discutirt. Eine Frage entstand
über die Quelle der Nachricht des Correspondenten. General Butler sprach
ausdrücklich den Gouverneur frei, aber deutete an, daß vielleicht ein Commis
oder ein Copist sein Amtsgeheimniß verletzt habe. Der Privatsecretär des
Gouverneurs, welcher allein die Papiere des Gouverneurs unter sich hatte,
merkte, daß diese Andeutung auf ihn gehe und fand sich demgemäß ab. Ein
Privatsecretär, nahe wie er dem Ohre seines Chefs steht, muß natürlich gro=
ßen Einfluß über ihn haben. Ein Privatsecretär ist oft der Gouverneur
eines Gouverneurs, der General eines Generals, der Premierminister eines
Premierministers gewesen. Privatsecretäre haben Reiche regiert. Es ist
nicht gut, sich mit einem Privatsecretär auf schlechten Fuß zu stellen, wenn
man die Gunst des Chefs haben will. Man könnte eben so gut die Mai=
tresse eines Königs vernachlässigen, und nachher einen Gefallen von dem Kö=
nige fordern. Ich glaube nicht, daß der ehrenwerthe und patriotische Gou=
verneur von Massachusetts zu sehr von seinem Privatsecretär beeinflußt
wurde; aber er ist ein menschliches Wesen und der Secretär fühlte sich durch
General Butler gekänkt.

Die wahre Ursache der Zwistigkeit war das Chaos, welches im Kriegs=
ministerium in Washington herrschte. Cameron war zuverlässig und fleißig
als Minister, aber es existirte wohl schwerlich ein Mensch, welcher die Arbeit
so schnell gethan haben konnte, welche dem Kriegsminister bei der ungeheuren
Größe der Kriegsoperationen aufgebürdet war. Man sah den Krieg nicht
für eine Sache an, welche das Land Jahre lang beschäftigen würde, sondern
man bereitete sich vor, als ob man zwei oder drei Streifzüge des Feindes

erwartete. Cameront hat was er konnte, aber Vieles blieb noch ungethan, Vieles wurde verkehrt gethan, Vieles mußte Unterbeamten überlassen bleiben. Man hatte keine Zeit zum Ueberlegen, Alles mußte auf der Stelle entschieden werden. Unter solchen Umständen muß Jemand das Gedächtniß eines Butler haben, um nicht sich widersprechende Befehle zu geben. Es ist noch zu bemerken, daß Butler ein Mann ist, welcher Nein sagen kann, und zwar mit einer Schnelligkeit und Kraft, welche nicht mißverstanden werden kann, daß es ihm aber schwer wird, Nein zu sagen; und der Präsident wie der Kriegsminister erfüllten gerne die Wünsche eines Mannes, dessen Talente und Energie sie schätzten.

So lange das unglückselige Zerwürfniß sich noch in das Geleise bringen ließ, bat General Butler um eine Unterredung mit dem Gouverneur, in dem Glauben, daß einige Minuten freimüthiger Unterhaltung den Streit über die zwischen ihnen streitige Jurisdiction beseitigen und Beide zum gemeinsamen Handeln bringen werde. Unglücklicher Weise wies Gouverneur Andrew, zu sehr von Geschäften in Anspruch genommen, die Unterredung ab, und bestimmte keine Zeit, wann er den General empfangen wolle. Die Zunge ist ein schlimmes Glied, aber die Feder ist auch ein böses Instrument, es ist die Zunge frei von der Gegenwart der angeredeten Person. Einer der Briefe des Generals ärgerte den Gouverneur außerordentlich und zwar durch einen Irrthum des Copisten. Der Brief war in der dritten Person geschrieben und der Gouverneur als „Se. Excellenz" bezeichnet, welches Wort vierzehn Mal vorkam. Der Mann, welcher die Abschrift machte, die an den Gouverneur geschickt wurde, machte dummer Weise, so oft die Bezeichnung vorkam, Anführungszeichen davor wie dahinter, gleich als wolle er andeuten, daß der Verfasser des Briefes sie nur mit Widerstreben, und weil es grade Sitte sei, gebraucht habe. Dies sah aus wie ein absichtlicher und berechneter Hohn und diente dazu, die Controverse noch bitterer zu machen. Als endlich der General mit dem Irrthum bekannt gemacht wurde, war er nicht mehr in der Stimmung, eine vollständige Aufklärung zu geben; auch ist es nicht seine Sitte, sich aus einer Verlegenheit zu ziehen, indem er einen Vorwurf auf seine Untergebenen wirft.

Die Zeit heilte den Bruch nicht. Der Gouverneur weigerte sich, den von Butler anempfohlenen Offizieren Patente auszustellen. Viele beleidigende Worte und Thaten geschahen von beiden Seiten, und die Angelegenheit schlüpfte bald aus dem Gouverneursgebäude in die Zeitungen und aus den Zeitungen in Pamphlete. Wir wollen einen Schleier über diese Angelegenheit ziehen. Jeder Streit besteht aus zwei Theilen; Theil Eins umfaßt Alles, was geschieht und gesagt wird, während die Parteien ihr kaltes Blut behalten, Theil Zwei umfaßt Alles, was gesagt und gethan wird, nachdem beide Theile das kalte Blut verloren haben. Der erste Theil mag interessant, ja wichtig sein; der Zweite ist Lärm und Wuth, die nichts bedeuten. Gouverneur Andrew fühlte, daß Butler seinem Vorrechte in die Quere komme. Butler begierig, Arbeit in die Hände zu bekommen, war wüthend über die ihm vom Gouverneur Andrew in den Weg gelegten Hindernisse. Butler, welcher bittere Erfahrungen mit unfähigen Untergebenen gemacht hatte, war begierig, Leute Patente zu sichern, auf welche er sich verlassen konnte. Gouverneur Andrew wollte natürlich nur solchen Offizieren Patente geben, an deren Tüchtigkeit er selbst glauben konnte. Butlers Freunde waren fast sämmtlich alte Demokraten, Gouverneur Andrew war besser befreundet mit Leuten seiner eigenen Partei. Beide waren ehrliche und treue Diener ihres Landes. Lange mögen Beide leben, um ihm zu dienen und zu ehren.

Die 6000 Mann wurden aufgebracht. Aber die Verzögerung in Massachusetts brachte Buttler um seinen Antheil an der Ausführung seines Planes auf der Halbinsel, welcher von General Dix im November gut ausgeführt wurde. So ging denn General Butler nach Washington, um zu erfahren, was er mit den Truppen thun solle, jetzt da er sie hatte.

Monate lang hatte die Regierung sich im Stillen vorbereitet, die südlichen Festungen wieder zu erobern, welche beim Ausbruche des Krieges fortgenommen worden waren, während die letzte Regierung mit dem Verrath in der Hauptstadt sich auf Unterhandlungen einließ. Commodore Porter war fleißig in dem Brooklyner Marinebauhof mit seiner Flotte von Bombenbooten. Die Marine war auch sonst noch verstärkt worden, obgleich der Tag der wirksameren Panzerschiffe noch nicht über der Hamptoner Rhede aufgegangen war. Ein ungeheurer Vorrath von schwerem Belagerungsmaterial war bestellt worden. Aber bis jetzt waren nur Vorbereitungen gemacht worden; die Punkte, an denen man es zuerst versuchen wollte, waren noch nicht ausgesucht; die Hauptaufmerksamkeit der Regierung war auf die Vergrößerung und Organisation der Potomacarmee gerichtet, welche im Bann gehalten wurde durch das Gespenst von zwei Mal hundert tausend Rebellen und endlosen maskirten Batterieen bei Manassas. Die Ankunft Butlers in Washington lenkte die Aufmerksamkeit der Regierung wieder auf entferntere Pläne.

Mobile war der in dem Hauptquartier der Armee wie der Flotte ausersehene Platz und Butler erhielt Befehl, Bericht über den besten Sammelplatz für eine Expedition nach Mobile zu erstatten. Karten, Pläne, Encyclopaedien und Seecapitäne wurden um Rath gefragt. In ein paar Tagen hatte der

General seinen Bericht fertig, welcher Ship-Island als den geeigneten Sammelplatz behufs Operationen gegen irgend einen Punkt an der Golfküste nannte. Schnell ging der General nach Neu-England zurück und schickte ein paar Regimenter unter General Phelps, um dessen Dienste er speziell bat, nach dem Sammelplatze. Dann ging er noch ein Mal nach Washington, wo er fand, daß Mobile den einflußreichen Cabinetsmitgliedern nicht besonders zusagte, welche Texas für einen wichtigeren Gegenstand hielten. General Butler erhielt jetzt Befehl, seine Ansichten über Texas und die beste Art, es wieder zu annexiren, auszusprechen. Unermüdet warf er sich wieder auf Karten und Bücher und hielt nebenbei flüchtige Leute aus Galveston an. Eine treffliche Ausarbeitung über Texas war das schnelle Resultat seiner Arbeiten. Texas war wichtig. Texas sollte wieder annexirt, die Franzosen fern gehalten, die deutschen Baumwollenpflanzer befreit, die Rebellen unterdrückt, die Blockadeschiffe abgelöst werden. Nach Hause ging es wieder, um mehr Truppen abzuschicken. Das Schiff Constitution, welches General Phelps nach Ship-Island gebracht hatte, und zurückgekehrt war, wurde wieder mit Truppen beladen. Zweitausend Mann waren eingeschifft und das Schiff wollte eben abfahren, als ein merkwürdig kurzes Telegramm aus Washington eintraf:

„Nicht absegeln. Ausladen!"

Keine Erklärung folgte, aber Butler wartete nicht lange auf eine solche. Am nächsten Tage war er in Washington, um Aufklärung zu suchen. Die Erklärung war einfach. Mason und Slidell waren in Fort Warren. England hatte Auslieferung verlangt; Krieg mit England war möglich, ja nicht unwahrscheinlich. Wenn es zum Kriege kam, brauchte man die Constitution nicht, um Truppen nach Ship-Island zu bringen, sondern diejenigen zurückzuholen, welche schon dort waren.

Es blieb Butler nichts übrig, als nach Hause zu gehen und zu warten, bis die Frage entschieden sei. Er ging, jedoch nicht bevor er seine Ueberzeugung dahin ausgesprochen hatte, daß Gerechtigkeit und Politik es verlangten, die Rebellencommissäre zurück zu behalten. Er dachte, daß Neu-England allein, so wenig Leute es auch hätte, ihm noch in denselben Winter mit 50,000 nach Canada folgen werde und er die Hauptplätze besetzen könnte, bevor die Aprilsonne die englische Flotte hereingelassen hätte. Er fühlte, daß bei einem solchen Streite America sein würde, was Griechenland war, Xerxes seine Myriaden gegen das Land führte—jeder Mann ein Soldat und jeder Soldat ein Held. Er bezweifelte nicht, daß erst die Grenzstaaten und dann die Golfstaaten den alten Haß wiederfinden, und sich gegen den Erbfeind verbinden würden.

Glücklicher Weise, wie die Meisten von uns denken, erhielten andere Vor=
schläge die Oberhand in Washington und es wurde durch die Auslieferung
der Leute ein Schlag gegen die Rebellen geführt, wirksamer als das Gewinnen
einer großen Schlacht.   Butler hatte gute Offiziere unter sich.   Sein
Stabschef, Major George C. Strong, ein Zögling der Akademie von West
Point, einer jener Cadetten, welche die Art und Weise des Advokaten von
Massachusetts beobachtet hatten und liebten, als er noch Examinator der Aka=
demie war.   Er traf den General in Washington und ließ gern Alles im
Stich, um Butlers Stern zu folgen.   Er war keiner jener bigotten Anbeter
von West Point.

Glücklich war Butler auch in der Wahl seines Oberingeneurs, Lieutenant
Weitzel, welcher in West Point das zweitbeste Examen bestanden hatte und
später bei den Anlagen der Befestigungen unterhalb New Orleans beschäf=
tigt war, so daß er eine vollständige Bekanntschaft mit dem umherliegenden
Lande hatte.

Oberst Andrew Jackson Butler half bei der Ausrüstung der Expedition
mit Geschicklichkeit und Energie, wurde aber von dem Senate zurückgewiesen.
Lieutenant J. B. Kinsman, ein Advokat von Boston, ging auf 6 Wochen
mit, blieb aber bis zuletzt.   Wir werden diesen Offizieren wieder begegnen.
General Butler rüstete die Expedition mit außerordentlicher Schnelligkeit und
Gewissenhaftigkeit aus, weil er es verstand, aus einer großen Menge die
Leute herauszufinden, welche ihm helfen konnten, das Werk zu vollenden.
Dies ist das höchste Talent eines Befehlshabers, welches alle anderen in sich
schließt.   Für ein wenig von diesem Talente hätten die Vereinigten Staaten
vor drei Jahren 1000 Millionen Dollars bezahlen können und würden dabei
noch Geld gespart haben.

Mason und Slidell wurden ausgeliefert.   Die Truppen segelten nach
Fort Monroe.   Butler ging früh im Januar 1862 nach Washington, um
die letzten Arrangements zu machen, da er beabsichtigte sein Commando in
der Hamptoner Rhede zu treffen.   Im Kriegsministerium herrschte Ver=
wirrung, denn es war die Zeit, als Cameron ausschied und Stanton eintrat.
Nichts konnte gethan werden; die Truppen blieben in Fort Monroe, der
General verlor sich in dem Gewimmel in Washington.

Doch treffen wir ihn auf kurze Zeit wieder, als er vor dem Comite über
die Kriegsführung Zeugniß ablegt.   Niemand kann vergessen haben, daß
die große Frage, welche damals das Land bewegte, war, warum McClellan
mit seiner Armee von 400,000 Mann so lange unthätig geblieben sei, die
Blockirung des Potomac gestattet und das günstige Wetter im November
und December hatte vorübergehen lassen, bis der Schmutz und Frost des

Januars kam. Die feste Ansicht in dem Hauptquartiere war, daß die Re=
bellen 240,000 Mann zählten. In diesem Punkte hatte nun General
Butler eine Ansicht, welche von der damals im Schwunge seienden wesentlich
abwich, und diese Ansicht, welche auf Studien und verschiedenen Mittheilun=
gen basirt war, theilte er dem Comite mit und zwar nicht allein die Ansicht,
sondern auch ihre Begründung. Er übergab ein Document über diesen
Punkt, in welchem er seine Ansicht so genau vertheidigte, wie er es vor den
Geschworenen zu thun gewohnt gewesen war. Nach verschiedenen Berech=
nungen über die Zahl der Rebellen in der Schlacht von Bull Run, über die
Transportmittel der Rebellen, u. s. w., kam er schließlich zu dem Resultat,
daß die Armeeen, welche Washington bedrohten, ungefähr 70,000 Mann
stark seien, was sich bis auf 5,000 Mann bestätigte.

Ueber diese Ansicht rümpfte man in den höheren militärischen Kreisen sehr
stark die Nase, das Comite aber war augenscheinlich von ihrer Richtigkeit
überzeugt. Ein Offizier von hohen Rang, welcher oft in das Bureau des
Obergenerals kam, hatte die Freundlichkeit zu sagen, als General Butler
endlich abgereist war, er hoffe, man hätte jetzt ein Loch gefunden, welches
groß genug sei, um den Yankeegeneral darin zu begraben.

Während des Aufenthaltes, welcher durch den Wechsel im Kriegsmini=
sterium entstand, fiel ein fast unglaubliches Ereigniß vor, welches sehr scharf
die Verwirrung characterisirt, die dadurch entsteht, daß man drei Militärbe=
hörden hat, nämlich den Präsidenten, den Kriegsminister und den Ober=
general. Ganz zufällig hörte General Butler eines Tages, daß seine
Truppen zwei Wochen vorher von Fort Monroe nach Port Royal abgeschickt
worden seien. „Wie!" rief er, „hat man mit mir während der ganzen Zeit
gespielt?" Er fand bei näherer Untersuchung, daß wirklich ein solcher Befehl
gegeben worden war. Er verschaffte sich eine Unterredung mit dem Kriegs=
minister, erzählte ihm die ganze Sache und verlangte eine Aufklärung.
Stanton wußte nichts, Cameron wußte nichts, McClellan wußte nichts.
Stanton erklärte sich bereit, den Befehl sofort zu widerrufen, vorausgesetzt,
daß die Truppen noch nicht abgesegelt seien. Der General eilte nach dem
Telegraphenbureau, wo unter einem schnellen Hin= und Herschicken von De=
peschen, man eine noch sonderbarere Thatsache entdeckte. Der Befehl war
in Baltimore einem der Adjutanten des General Dix übergeben worden,
welcher ihn in die Tasche gesteckt, vergessen und zwei Wo=
chen lang bei sich getragen hatte. Aus der Tiefe seiner Taschen
wurde endlich das Geheimniß aufgeklärt. Die Truppen waren noch in der
Festung.

Stanton machte bald seine Kraft in der schnellen Abfertigung des Ge=

schäftes.fühlbar. Butler erhielt volles Gehör und sein Unternehmen wurde
wieder aufgenommen. Eines Tages (ungefähr am 10. Januar) nach einer
langen Berathung zwischen dem General und dem Minister fragte Stanton
plötzlich:

"Warum kann New Orleans nicht genommen werden?"

Die Frage ging dem General durch Mark und Bein.

"Es kann genommen werden!" sagte er.

Dies war das erste Mal, daß New Orleans dem General gegenüber er-
wähnt worden war, aber nicht das erste Mal, daß er daran gedacht hatte.
Der Minister bat den General, ihm einen Plan vorzulegen, und der Gene-
ral machte sich zum dritten Male an Karten und Pläne. Auch General
McClellan wurde wegen der Ausführbarkeit des Unternehmens um seine
Ansicht ersucht. Er berichtete, daß die Einnahme von New Orleans eine
Armee von 50,000 Mann erfordere, und daß dieselbe nicht entbehrt werden
könne. Selbst Texas sollte seiner Ansicht nach vorläufig aufgegeben werden.
Jetzt aber machte General Butler, entzückt von dem Glanze und der Kühn-
heit des neuen Unternehmens, alle seiner Natur entsprechenden Anstrengungen, um die Erlaubniß der Regierung zu erwirken. Er sprach von New
Orleans zu jedem Cabinetsmitgliede. In einer längeren Unterredung mit
dem Präsidenten bewies, drängte, bat und überzeugte er. In der edelsten
Weise wurden seine Bemühungen von dem Unterstaatssekretär im Marine-
ministerium, Fox, einem in Lowell gebornen alten Schulkameraden des Generals, unterstützt. Sein ganzes Herz war auf den Plan gesetzt. Endlich
sagte der Präsident das entscheidende Wort, und der General taumelte fast
aus dem weißen Hause, berauscht von Jubel und Freude. Eine Schwierigkeit war noch vorhanden, und dies war die große Gewalt, welche General
McClellan über die Truppen hatte. In Ship Island waren 2,000 Mann,
in den Schiffen 2,200, in Neu England marschfertig 8,500, zusammen
12,700 Mann. Da der commandirende General Nichts davon hören
wollte, Truppen von Washington fortzuschicken, so wurden drei von den Regimentern in Baltimore der Expedition zugetheilt, und diese waren die einzigen in der Division, welche man einexerzirt nennen konnte. Nicht ein Regiment war vorher im Kampfe gewesen.

Ungefähr am 23. Januar wurde das letzte Hinderniß beseitigt und General Butler ging zum letzten Male nach Hause, um über das Einschiffen des
Restes der Truppen von Neu England zu wachen. Die so lange in Fort
Monroe zurückgehaltenen Truppen wurden schnell auf die Constitution geladen und nach Ship Island geschickt. Andere Transportschiffe wurden in
der Eile gemiethet, andere Regimenter abgeschickt. Einen Monat später

war Butler wieder in Washington, um die letzten Befehle zu empfangen. Das ungeheure Dampfschiff Mississippi, mit dem Reste der Truppen beladen, lag in Hampton und wartete nur auf ihn, um in See zu stechen. Die Kosten, die Truppen aufzubringen und sie abzuschicken, betrugen ungefähr anderthalb Millionen Dollars.

General Butler kam daher dieses Mal nicht ohne Besorgniß nach der Hauptstadt. Das Programm war so oft geändert worden. Aber alle Behörden schienen günstig gestimmt und die letzten Arrangements wurden schnell beendigt. Ein Spion von Profession, welcher sich zu lange in seinem Geschäfte in Virginien aufgehalten hatte, um sich noch in die Linien des Feindes zu wagen, mit der Aussicht, wieder herauszukommen, war auf dem Wege nach New Orleans und hatte versprochen, den General in Ship Island zu treffen mit einem vollen Berichte über den Zustand der Dinge in der Halbmondstadt. Das Departement des Golfes wurde geschaffen und General Butler förmlich in das Commando eingesetzt.

Am 24. Februar war General Butler zum letzten Male in Washington.

„Leben Sie wohl, Herr Präsident. Wir werden New Orleans nehmen oder Sie werden mich nie mehr wiedersehen!"

Stanton sagte: „Der Mann, der New Orleans nimmt, wird Generallieutenant!"

Am 25. Februar um 9 Uhr Abend fuhr das Dampfboot Mississippi aus der Rhede von Hampton mit Butler, seinem Stabe und 1400 Soldaten. Frau Butler, die tapfere und gütige Begleiterin des Generals in allen seinen Campagnen bis dahin, war an seiner Seite. Außer ihm selbst, dem Major Strong und Lieutenant Weitzel wußte Niemand auf dem Schiffe und Niemand auf der Insel, nach welcher sie fuhren, das Ziel der Expedition. Artikel und Karten waren im Herald veröffentlicht worden, um den Feind zur Kenntniß zu bringen, daß New Orleans, wenn überhaupt, nur von Norden angegriffen werden würde. Das Publikum im Norden war ganz im Dunkel, Niemand rieth auf New Orleans.

Zwölftes Capitel.

Ship Island.

Ship Island ist ein langer Streifen des weißesten und feinsten Sandes, welcher in der Sonne glänzt und vor dem Winde fliegt wie Neu England Schnee. Es ist eine der vier Inseln, welche sich zehn bis zwölf Meilen über die Küste des Golfs hinausziehen und den Mississippi Sund bilden. Auf eine dieser Inseln zogen sich die Engländer zurück, nachdem sie von New Orleans zurückgeschlagen wurden und wo sie sich einige Wochen mit Fischen und Theaterspielen unterhielten. Ship Island, 7 Meilen lang und drei Viertel Meilen weit, zwei Quadratmeilen Land enthaltend, die beste der vier Inseln als ein Sammelplatz, liegt 65 Meilen von New Orleans, 95 von der Mündung des Mississippi, 50 Meilen von Mobile und 10 vom nächsten Punkte im Staate Mississippi, von welchem es ein Theil ist. Es liegt so flach zwischen den weißen, spielenden Wellen, daß es, wenn es mit Zelten bedeckt ist, wie ein auf den Wellen schwimmendes Lager aussieht. Land und Wasser sind immerhin drohend nahe. Zahllose Schweinefische, angezogen durch die Ueberreste der Speisen vom Lager, trieben sich an der Küste herum, welche mit einer lebendigen Franze von Möven bedeckt war, welche die Flügel schlugen, untertauchten und schrieen. Wind und Wogen schienen das Land eben so leicht hin und her zu werfen wie das Wasser. In großen Stürmen ändert die Insel ihre Gestalt; große Theile werden abgerissen, andere versenkt, neue Buchten und Einfahrten bilden sich. Beim Landen fühlt der Reisende nicht so sehr, daß er am Lande, als daß er über das Schiff hinaus, in den Boden des Meeres gefallen, wieder ein Mal von der Fluth in die Höhe gehoben, und in Gefahr sei, zu sinken und zu verschwinden. Es ist kein Festland da.

Man bemerkte, daß der erste Anblick der Insel die anlangenden Truppen mit tödtlicher Besorgniß erfüllte. Sie versuchten schwach, sich aufzuheitern, indem sie scherzhafte Vergleiche mit dem Garten von Eden machten. Aber das Aussehen täuschte die Leute. Das elende Land war, wie man fand, voll von Bequemlichkeiten und Vorräthen, welche besonders wichtig für Soldaten sind. Will man frisches Wasser haben, so braucht man nur ein Faß drei Fuß in das Wasser zu lassen und man hat sofort Regenwasser, rein von der Natur durch den Sand filtrirt. Au dem östlichen Ende der Insel haben sich Wälder von Fichten und kräftigen Eichen festgesetzt und bieten Holz genug dar. Austern in ausgezeichneter Qualität kann man haben, wenn man in das Wasser watet, und die Wälder geben Gelegenheit zur Jagd. Das Klima ist in den Wintermonaten auch angenehmer als das von Newport mitten im Sommer. Trotzdem muß man gestehen, daß Ship Island trotz aller dieser Vortheile von den Truppen nie mit günstigen Augen angesehen wurde, und daß sie sich nie von der ersten Enttäuschung erholten.

Vor der Ankunft von Phelps, im Dezember 1861, war die Insel der Schauplatz vieler Vorgänge gewesen. Der Ausbruch des Krieges fand Arbeiter im Dienste der Ver. Staaten, dort ein Fort zur Vertheidigung des Hafens bauend. Sie verließen den Platz bald und die Rebellen landeten sofort, verbrannten die Häuser, beschädigten das Fort, zerstörten die Laterne des Leuchtthurms und zogen sich zurück. Dann erschien das Blokadegeschwader, machte viele Prisen und zerstörte beinahe den Küstenhandel zwischen Mobile und New Orleans. Als aber die Küste einige Tage frei war, landete wieder eine Rebellenmacht, reparirten den Schaden, brachte schwere Belagerungsgeschütze in Position, verstärkte die Werke und Commodore McKean konnte sie mit den Geschützen des alten Massachusetts nicht erreichen. Im September verließen die Rebellen, auf das Gerücht von der Ankunft einer Expedition, wieder die Insel, wurden darin so von dem wachsamen McKean in Eile gebracht, daß sie zwar die Kanonen mitnehmen, aber das Fort unbeschädigt ließen, und der Commodore fing ein Schiff mit behauenem Bauholz für Vertheidigungswerke. Von September bis Dezember hat Commodore McKean mit 170 Matrosen und Marinesoldaten unter Lieutenant McKean Buchanan die Insel besetzt und versucht, die Werke zu verstärken. Fünf oder sechs Prisen waren da, als General Phelps in Sicht kam, darunter zwei seichtgehende Dampfer, unschätzbar bei dem Landen von Truppen.

Während der nächsten drei Monate bot die Insel ein lebhaftes Schauspiel dar. Der große Dampfer Constitution landete seine kleine Armee, fuhr fort und kehrte wieder, die Befestigungen wurden verstärkt und General Phelps exerzirte die Truppen ein.

In etwas ward seine Strenge durch die launige Art gemildert, mit welcher
er Beschwerden erledigte, oder Verweise ertheilte. Eines Tages wurden
zwei Flaschen Schaumwein, der verboten war, an ihn eingeliefert—Werth
drei Dollars—und es entstand die Frage, was damit zu thun sei.

„Ordonnanz," sagte der General, „klopfe die beiden Flaschen aneinander
und sieh, welche davon die härteste ist."

Ein andermal rief er einen Hauptmann seines Regiments vor die Front:

„Herr Hauptmann," sagte er zu ihm, „ich finde, daß Sie auf Alles
genau achten. . . ." hier machte er eine kleine Pause, während welcher der
Hauptmann sich in Positur setzte, den Lobspruch seines Obern in gebührender
Bescheidenheit zu empfangen;—„auf Alles, ausgenommen auf Ihre
Pflicht," schloß der General seinen Satz. Der verblüffte Offizier trat
unter dem lauten Kichern seiner Kameraden zurück.

Die Monate Dezember, Januar und Februar verstrichen in trübselig lang-
weiliger Weise. Die Insel war mit Truppen bedeckt, die Flotte im Hafen
mehrte sich. Ein Versuch, an der Küste des Festlandes Raum für Truppen
zu schaffen, ward durch eine sehr unsanfte Begrüßung aus einer feindlichen
Batterie an der Wharfte von Mississippi City vereitelt. Die trostlose Ein-
tönigkeit wirkte deprimirend auf die Truppen und eine Anzahl Offiziere baten
um ihren Abschied. Ende Februar, als die letzten Transportschiffe eintrafen,
erhielt Phelps die Nachricht, daß er demnächst den General Butler zu erwarten habe, und daß dann die activen Operationen sogleich beginnen sollten.
Allein Tag um Tag verstrich und kein General Butler ließ sich sehen.—Zwei
große Dampfer lagen im Hafen; sie kosteten die Regierung für jeden Tag
3000 Dollars Miethe. Das wurmte den ehrlichen Phelps, der eine solche
Verschleuderung des dem Volke gehörenden Geldes nicht ertragen mochte,
und schließlich schickte er die Schiffe fort. So lagen denn nun die 10,000
Mann auf einer elenden Sanddüne, nahe an einer feindlichen Küste, mit spär-
lichen Proviantvorräthen und gar keinen Transportmitteln, um sich davon zu
machen, oder Lebensmittel herbeizuholen. Immer düsterer ward die Stimmung der Soldaten, als der März verstrich und noch kein flatterndes Wimpel am östlichen Horizont die Ankunft des Befehlshabers verkünden wollte.
Die Angst, daß ihm ein Unglück zugestoßen sei, erreichte den höchsten Grad,
als von Hatteras Inlet ein Fahrzeug mit dem Brigadier Williams ankam,
den der Verabredung gemäß der Mississippi hätte abholen sollen.

In der That waren diese Befürchtungen nicht ohne Grund. Gen. Butler
hatte auf seiner Fahrt nach Ship Island fast so viele Abenteuer zu bestehen,
wie Jason auf seinem Argonautenzug. Es schien, als ob sich mit den Menschen auch die Elemente gegen ihn verschworen hätten und die vielen Hinder-

niffe, Widerwärtigkeiten und Gefahren, welchen er begegnete, hätten jeden
weniger fähigen und hartnäckigen Mann von dem ganzen Unternehmen ab-
schrecken müssen.

Am 25. Februar, Abends 9 Uhr dampfte der Mississippi von der Hamptoner Rhede nach Hatteras zu. Das Wetter war trefflich, die Nacht verging aufs angenehmste, die Sonne ging hell und klar über einer spiegel-
glatten See auf. Aber am Nachmittag, — welch eine Veränderung! Der
Horizont umzog sich mit dichten Wolken und verengerte sich zusehends, ein
Wind erhob sich, der bald zum Sturm anschwoll, und als um 6 Uhr Abends
das Schiff bis auf acht Meilen von Hatteras Inlet gelangt war, mußte die
Idee, dort noch einzulaufen, aufgegeben werden. Das Schiff wendete in
die offene See hinaus; — der Capitän, auf welchen Butler von Anfang an
wenig Vertrauen gehabt ,ließ es hart an einem Riff vorüberfahren, über
welchem sich die Wellen in weißem Gischt brachen. Als es gegen Mitternacht hinkam, ward der Sturm zu einem Orkan. Die geringe Bemannung
reichte nicht mehr aus, das Schiff zu regieren und es mußten Freiwillige von
den Truppen aufgeboten werden, die auch unter den Augen ihres keinen Augenblick zur Ruhe gehenden Generals treffliche Dienste leisteten. Gegen
Morgen ward der Sturm schwächer und hörte gegen Mittag ganz auf.
Mittlerweile aber war das Schiff so weit von Hatteras verschleudert worden,
daß man darauf verzichten mußte, den Gen. Williams abzuholen.

Am andern Morgen um 7 Uhr war das Schiff auf der Höhe des Cape
Fear und dampfte unter günstigem Winde rasch dahin, der General saß mit
seinem Stabe am Frühstückstisch, als sie plötzlich jenes dem Ohre eines See-
fahrers entsetzliche Geräusch hörten, das Aufscharren des Kiels auf eine
Sandbank. Alle sprangen auf und eilten an Deck. Der Himmel war klar,
die Küste nur fünf Meilen entfernt, ein Leuchtthurm in Sicht. Das Schiff
strich auf dem Boden hin, bewegte sich aber noch. Der Cours ward nach
allen Richtungen der Windrose hin verändert, — umsonst. Boote wurden
hinabgelassen, Sondirungen nach allen Richtungen vorgenommen, — kein
Fahrwasser wollte sich zeigen. Der Capitän, der völlig den Kopf verloren
hatte, gab den Befehl den Bug-Anker fallen zu lassen; das Schiff, das noch
drei Segel offen hatte, trieb auf die Ankerschaufel, diese durchbohrte die Wandung und das Wasser strömte mit einer Gewalt, die aller Anstrengungen
der Pumpen spottete, in den Raum. Zum Glück aber nur in eine Abtheilung des Raums, denn das Schiff hatte jene herrliche Einrichtung,
die Benjamin Franklin zuerst den Chinesen abgelernt hat, wasserdichte Quer-
wände.—Eine Stunde nach dem ersten Aufstoß lag der Dampfer hart und

fest auf den Frying Pan Shoals, eine seiner Querabtheilungen bis zur
Wasserlinie gefüllt.

Der Capitän war so sehr aller Besinnung beraubt, daß er noch nicht ein=
mal aus seinen Büchern den Stand der Fluth zu ermitteln vermochte, auf den
Alles ankam, wenn das Schiff noch gerettet werden sollte. So mußte Ge=
neral Butler selbst die Leitung der Rettungsmaßregeln übernehmen. Er
fand aus, daß das Wasser am Sinken sei und die Fluth erst um acht Uhr
Abends den höchsten Punkt erreichen würde. Nothsignale wurden gegeben.
Man sah Reiter am Ufer hin und her galoppiren und mußte fürchten, daß
es Rebellen=Couriere seien, die irgend einem an der Küste lauernden feind=
lichen Schiffe Nachricht von der hülflosen Lage des Dampfers brächten.
Trotz der Größe der Gefahr benahmen sich die Truppen an Bord mit voll=
kommenster Fassung. Wie hätte es auch anders sein können, da sie den gan=
zen Tag die Frau ihres Generals mit ihrer Begleiterin auf dem Quarterdeck
sitzen und in großer Ruhe Wimpel nähen sahen? Sie mußte wohl selbst
nicht, wie sehr dieser Anblick den Zagenden Muth und Fassung einflößte.
Die Gefahr war größer, als die Meisten begriffen; ein einziger starker Wind=
stoß konnte das Schiff zertrümmern; die Leute in Booten an die Küste zu
bringen, würde mehrere Tage erfordert haben,—und dann war es eine feind=
liche Küste! Diejenigen, welche mit der Küste bekannt waren, empfanden
die schwerste Beängstigung, denn die Rhede von Cape Fear ist wegen der
Plötzlichkeit und furchtbaren Gewalt der Stürme bei allen Seefahrern be=
rüchtigt. Einem Manne ward während dieses schreckensvollen Tages das
Haupthaar weiß, ein anderer verlor den Verstand.

Gegen Mittag kam ein Dampfer in Sicht, der sich Anfangs, als ob er
eine feindliche Kriegslist vermuthe, nur langsam näherte. Es war, wie sich
ergab, das von O. S. Glisson befehligte, zum Blokadegeschwader vor Wil=
mington gehörende Kanonenboot Mount Vernon. Es stellte sich dem Gen.
Butler zur Verfügung. Schlepptaue wurden befestigt, drei hundert Mann
vom Mississippi auf den Mount Vernon geschafft, eine Partie Bomben über
Bord geworfen, alle an Bord befindlichen Truppen auf das Hinterdeck beor=
dert, die Maschine mit voller Dampfkraft in Bewegung gesetzt und das
Kanonenboot zog mit aller Macht, aber noch regte sich der Dampfer nicht.
Die Fluth stieg, der Wind erhob sich, die See begann hoch zu gehen, so daß
es schwierig wurde, noch mehr Truppen in Booten nach dem Mount Vernon
zu bringen; das mächtige Schiff begann zu wanken und krachte mit dumpfem
Geräusch auf den harten Grund. Die Sonne ging unter, das Zwielicht
wich der Nacht, der Wind ward stärker. Endlich, nach 7 Uhr Abends, be=
wegte sich zur unaussprechlichen Freude Aller das Schiff einige Fuß vorwärts,

gelangte in tiefes Wasser und war wieder flott. Der Mount Vernon fuhr langsam voraus, um den Weg zu zeigen und der Mississippi folgte mit ängstlicher Vorsicht, denn noch eine ganze Stunde lang hatte er nur 6 Zoll Wasser unter dem Kiel. Erst als um Mitternacht beide Schiff nebeneinander im Cape Fear River vor Anker gingen, trat das vollständige Gefühl der Sicherheit ein.

Am nächsten Morgen, nachdem eine Inspection des Schiffes vorgenommen worden, ward beschlossen, in Begleitung des Mount Vernon nach Port Royal zu fahren, um dort den Dampfer repariren zu lassen. Die Truppen begaben sich wieder an Bord desselben; nur ein Feldprediger nahm seinen Abschied, um sich auf ein Schiff zu begeben, das einen verständigen Capitän und kein Loch im Boden hätte. Am Nachmittag ging es in See; vierundzwanzig Stunden später passirte man das Blokadegeschwader vor Charleston und eines der zu diesem gehörenden Schiffe, der Dampfer Matanzas, löste den Mount Vernon ab. Bei Sonnenuntergang gingen der Mississippi und sein neuer Begleiter bei Hilton Head vor Anker. Es war am 2. März.

Da zu Port Royal keine zum Weitertransport der Truppen tauglichen Fahrzeuge zu haben waren, so blieb nichts übrig, als den Mississippi zu repariren, so weit es eben ohne Trockenwherfte und sonstige Vorrichtungen geschehen konnte. Man führte das Schiff nach Seabrook Landing, 7 Meilen von Hilton Head, die Mannschaften und Vorräthe wurden aufgeladen und unter dem Beirath erfahrener Offiziere vom Blokadegeschwader ein Mittel ums andere versucht, dem Leck beizukommen. Vergebens bemühte man sich, die Abtheilung auszupumpen. Zweimal ward das Leck verstopft und zweimal brach die Fluth wieder herein, in einer Stunde das Werk von zwei Tagen und Nächten zerstörend. Nur der eisernen Beharrlichkeit Butlers und seiner Unerschöpflichkeit im Auffinden neuer Hülfsmittel verdankte man den schließlichen Erfolg, denn lange nachdem alle Uebrigen das Unternehmen aufgegeben hatten, beharrte er dabei und ersann immer neue Auskunftsmittel. Unter unendlichen Schwierigkeiten ward endlich von außen ein Segel um das Leck gezogen und die Pumpen wurden allmählich des Wassers im Raum Herr. Als nach unsäglichen Anstrengungen das Leck endlich blosgelegt war, genügten einige Stunden es so zu verstopfen, daß die Seeoffiziere das Schiff für seetüchtig erklären konnten.

So wurden denn die Truppen wieder eingeschifft und der Mississippi fuhr ab; aber der Capitän, die Warnungen der Flottenoffiziere mißachtend, ließ ihn richtig wieder auf ein Korallenriff laufen, wo er so fest saß, wie vorher auf den Frying Pan Shoals. Nun blieb nichts übrig, als mit dem Capitän

kurzen Prozeß zu machen. Gen. Butler bildete sofort eine Untersuchungs=
commission, die den Capitän für unfähig zur Leitung des Schiffes erklärte
und ihn in Gewahrsam beorderte. Der Segelcapitän Sturgis vom Mount
Vernon trat an seine Stelle. Unter seiner verständigen Leitung ward das
Schiff wieder flott, doch nicht ohne daß zuvor die Truppen wieder gelandet
werden und alle im Hafen liegenden Remorqueures Vorspann hatten leisten
müssen. Am 13. März stach der Mississippi, noch immer in Begleitung des
Matanzas, der einen Theil der Truppen an Bord hatte, in See.

Eine siebentägige, durch keinen neuen Unfall getrübte Fahrt, brachte sie in
Sicht von Ship Island. Ein lang hingestrecktes Zeltlager, das auf der
Meeresfläche zu schwimmen schien! Trübseliger Anblick! Ein heftiger
Sturm wehte, als das Schiff in den Hafen dampfte und die Wellen schienen
sich durch die Zeltgassen zu wälzen; es war unmöglich zu sagen, wo das
Wasser aufhörte und das Land anfing. Zwei Tage währte der Sturm,
während welcher Zeit die Truppen, außer Stande zu landen, mit kläglichen
Mienen auf die Sandinsel schauten. Ein schönes Ziel für eine solche Fahrt!
Selbst Männer, die nicht leicht durch irgend etwas aus der Fassung zu
bringen waren, fühlten sich tief darniedergedrückt. Gen. Butler selbst sagt,
als er gesehen habe was für ein Stück Erde Ship Island sei, als er gehört,
daß Gen. Phelps die Transportschiffe weggeschickt und sich dann alle
Schwierigkeiten vergegenwärtigt habe, auf welche die Beschaffung von Le=
bensmitteln stoßen könne, da sei ihm, zum erstenmale seit dem Beginn des
Krieges, der Muth gesunken und er habe alle Kraft seiner Seele aufwenden
müssen, um wenigstens äußerlich den Schein der Heiterkeit und Zuversicht
zu bewahren. Zum Ueberfluß war er auch noch körperlich geschwächt durch
einen Rückfall in die Krankheit, die er sich einige Jahre vorher bei der räth=
selhaften Vergiftung im National Hotel zu Washington zugezogen hatte.

Am 25. März, einen vollen Monat nach der Abfahrt von der Hamptoner
Rhede, wurden die Truppen gelandet. Da sich kein Haus auf der Insel
befand, so ward aus halbverkohlten Brettern eine 18 Fuß im Gevierte mes=
sende Hütte für die Frau des Generals erbaut. Mobilien dafür lieferte
ein grade zur rechten Zeit gekapertes Fahrzeug. Ein kolossales altfränkisches
Bettgestell füllte die Hälfte der kleinen Hütte aus.

Eine nähere Bekanntschaft mit der Insel war nicht geeignet die Stimmung
der Truppen zu heben. Die Hitze war mörderisch; die Zahl der Sandflie=
gen Legion; das allgemeine Unbehagen unsäglich und zu allem Ueberfluß
fehlte es auch an Gespenstergeschichten nicht. In dem Maße, als die Ueber=
zeugung allgemein wurde, daß New Orleans das Object der Expedition sei,
nahmen die Märchen über die Gefahren, denen man dort begegnen werde,

ungeheure Dimensionen an. Auf hundert Meilen weit sollte der Missississippi mit Batterieen gesäumt sein, Widderschiffe von nie geschener Größe sollten bereit liegen, die Bundesflotte in den Grund zu bohren; eine Armee von 50,000 Mann New Orleans vertheidigen. Bald nach Butlers Ankunft traf die Nachricht von dem Kampfe zwischen dem Monitor und Merrimac ein, aber aus feindlicher Quelle, also furchtbar übertrieben. Würde man nicht auch bei New Orleans solchen Merrimacs begegnen? Und wo hätte man Monitors, um sie unschädlich zu machen? Ferner, wenn Wellingtons Vete= ranen die nur von 4000 Mann Miliz vertheidigte Stadt nicht erobern konn= ten, was durfte man jetzt hoffen, wo alle Vervollkommnungen der modernen Kriegswissenschaft zu ihrer Sicherstellung angewendet waren?

Glücklicher Weise kannten die Männer, welche an der Spitze der vereinig= ten Expedition standen, keine Gespensterfurcht. Gen. Butler riß sich bald aus seiner gedrückten Stimmung und arbeitete sich in die Vorbereitungen zu seinem großen Unternehmen ein. Capitän Farragut—der unsterbliche Farragut, der einige Tage vorher gekommen war und den Befehl über die Flotte übernom= men hatte, hegte, wie alle Seehelden von der alten Schule, die gründlichste Verachtung gegen alle Widder, Sperrketten, Torpedos und wie sonst die neumodischen Schnurrpfeifereien heißen mochten. Er war mit seinen guten alten hölzernen Schiffen zufrieden,—die Eisenpanzerschiffe betrachtete er nur als riesige Kessel, um Seeleute darin zu sieden. Mochten andere Leute auf dem Deckel eines Kochtopfes kämpfen, — er zog sich einen soliden Drei= decker vor. Waren hölzerne Schiffe gut genug für Nelson, Perry, Lawrence und Decatur gewesen, so würden sie es auch für ihn sein. Und sie wa= ren es.

Wenige Stunden, nachdem General Butler seine Truppen gelandet hatte, verständigte er sich mit Capt. Farragut über folgenden Plan, der in allen wesentlichen Stücken glücklich ausgeführt ward.

1. Capt. Porter geht mit seinen 21 Mörserschoonern unterhalb der Forts Jackson und St. Phillip vor Anker und bombardirt sie, bis er sie zum Schwei= gen bringt, oder seine Munition ziemlich erschöpft ist. Während dem bleibt Farraguts Flotte weiter unterhalb in Reserve. Die Armee, so weit sich Transportmittel für sie finden, wartet an der Mündung des Flusses auf das Resultat des Bombardements. Ergeben sich die Forts, so fahren die Trup= pen hinauf und occupiren sie.

2. Bleibt das Bombardement erfolglos, so sucht Farragut mit seiner Flotte an ihnen vorbei zu dringen. Gelingt ihm das, so macht er sich anheischig, die feindliche Flotte hinwegzufegen, den Forts alle Zufuhren abzuschneiden und so weit hinaufzudringen, bis er auf das nächste große Hinderniß stößt.

3. Hat Farragut die Forts paſſirt, ſo fährt Butler mit den Truppen um das Delta herum, landet in den Marſchen hinter dem Fort Phillip und ſucht das auf dieſer Seite ſchlecht vertheidigte Fort mit Sturm zu nehmen. Lieutenant Weitzel, der früher am Bau des Forts beſchäftigt geweſen war, hatte auf ſeinen häufigen Jagdſtreifzügen alle Pfade und Stege durch die Marſchen kennen gelernt und ſeine genaue Ortkenntniß ſollte den Angriff auf einer Seite ermöglichen, wo der Feind nie einen ſolchen erwartet hatte.

4. Sobald die Forts bezwungen ſind, dringen Flotte und Landheer ſofort gegen die Stadt New Orleans vor.

Das war der Plan. Farragut erklärte ſich bereit, ſofort nach der Mündung des Fluſſes zu ſegeln und hoffte binnen einer Woche fertig zu ſein, um nach den Forts hinaufzufahren. In derſelben Zeit wollte Butler 6000 Mann auf Dampfern und von dieſen bugſirten Segelfahrzeugen eingeſchifft haben. Es war für vier Wochen Arbeit, die er in ſieben Tage zuſammenzudrängen unternahm.

Tag und Nacht arbeitete er, die Pflichten des Quartiermeiſters mit denen des Generals vereinigend und gelegentlich wohl noch die des Spediteurs. Hundert Zimmerleute mußten Sturmleitern machen, hundert Mann wurden deſignirt, um die dreißig Boote bemannen zu helfen, die ihren verſchlungenen Pfad durch Schilf und Röhricht, durch Sumpf und Moor und durch Heerden von Alligatoren nach dem Fort Phillip ſuchen ſollten. Die Truppen wurden in drei Brigaden eingetheilt, befehligt von Gen. Phelps, Gen. Williams und Oberſt Shepley vom 12. Maine-Regiment. Ein Kriegsgericht zur Aburtheilung von Disciplinarvergehen ward errichtet, ein ſtrenges Verbot gegen alle berauſchenden Getränke erlaſſen, „denn,“ hieß es darin, „in dem Klima, in dem wir uns befinden, iſt die Branntweinflaſche gefährlicher als eine Muskete. Alle Spirituoſen werden confiscirt und entweder verſchüttet, oder den Hospitälern zugewieſen.“

Am ſechſten Tage waren ſieben Regimenter und zwei Batterieen eingeſchifft und bereit, in See zu ſtechen, ſobald Nachricht von Farragut käme. Doch dieſer war auf unerwartete Hinderniſſe geſtoßen. Heftige Winde und eine ungewöhnlich niedrige Ebbe machten es den größeren Schiffen erſt nach vieltägigen Bemühungen möglich, die Barre zu paſſiren. General Butler mußte ſeine Truppen wieder ausſchiffen. Ganze zwei Wochen vergingen, ehe die Flotte in den Strom gelangt war.

Während dieſer Zeit ereignete ſich ein romantiſcher Zwiſchenfall, der zu allerlei Abenteuern führte. Ein kleines feindliches Fahrzeug, auf dem ſich ein New Orleanſer Arzt, ein rabiater Sezeſſioniſt, mit ſeiner Familie befand, ward von einem Bundeskanonenboote verfolgt, ſchlug um und alle darin befindlichen Personen mußten sich in höchster Eile in die Boote flüchten. Das dreijährige Töchterchen des Arztes der Liebling der Matrosen, befand sich bei diesem im Vordercastell, als das Unglück geschah, und ward mit in das Boot genommen, in welchem die Matrosen sich retteten, während seine Eltern und Wärterin mit dem Capitän und Steuermann in das andere Boot flüch= teten. Die beiden Boote wurden bald von einander getrennt und das, worin das Kind sich befand, von einem Bundesfahrzeuge aufgegriffen. So kam das Kind nach Ship Island, wo es den Soldaten, die einen solchen Anblick lange entbehrt hatten, eine wahrhaft kindische Freude machte. Man brachte es zu Frau Butler, wo es bestens aufgehoben und verpflegt ward. Allein Ship Island war denn doch kein rechter Aufbewahrungsort für ein Kind. Da es seinen Namen wußte und auch, daß es in New Orleans einen Groß= vater habe, so beschloß Gen. Butler, es wenigstens so weit, als er könne, auf den Weg zu seinen Angehörigen zu bringen.

Eine Schaluppe ward bemannt und der Major Strong begab sich darin unter Parlamentärsflagge nach Biloxi. Dort übergab er das Kind einem Friedensrichter und zugleich eine Summe Geldes, um die Kosten der Reise nach New Orleans zu bestreiten. In der Abenddämmerung schickte er sich an zurückzukehren, aber da inzwischen die Ebbe eingetreten war, lief die Schaluppe auf der Barre, wenige hundert Schritt vom Ufer, auf den Grund. Es blieb nichts übrig, als bis zum Eintritt der Fluth zu warten. Bald nach Dunkelwerden näherte sich ein Boot mit vier Männern, von welchen einer sich am Ufer mit dem Major unterhalten hatte. Dieser theilte ihm mit, daß er wahrscheinlich im Laufe der Nacht von einer großen Uebermacht angegriffen werden würde und rieth ihm, sich in diesem Falle zu ergeben. Obschon der Major kaum an eine solche Niedertracht glauben mochte, hielt er es doch für gerathen ein Boot nach dem nächsten Blokadedampfer zu senden, um Hülfe herbeizuholen. Er hatte sieben Mann bei sich. Davon schickte er fünf mit dem Capitän Conant fort, so daß er nur zwei Mann mit acht Mus= keten an Bord behielt. Er verbarrikadirte das Verdeck, brachte die acht Musketen in Position und steckte einen schönen runden Klotz so über das Bollwerk hinaus, daß er eine recht anständige Drehbasse vorstellte. Die beiden Mann beorderte er unter Deck, nachdem er sie angewiesen, was sie thun sollten. Einer von ihnen hatte seine Geige mitgebracht und mußte in der Cajüte aus Leibeskräften Nationallieder und Tänze fiedeln.

Gegen 9 Uhr näherten sich ihm zwei große mit Bewaffneten angefüllte Boote. Stimmen riefen:

„Ergebt euch!"

Major Strong erwiederte: „Ich bin hier unter Parlamentärsflagge, nachdem ich eine Handlung der Menschenliebe für einen eurer Mitbürger erfüllt habe. Wenn ihr das Kriegsrecht so freventlich verletzen wollt, so werde ich euch mit dieser Haubitze" (dem Klotz) „so tief in den Abgrund der Hölle hinabschmettern, daß euch euer Rädelsführer beim großen Appell vergebens suchen wird."

„Hoho! das wird sich finden!" rief die Stimme.

Die Boote entfernten sich etwas und allem Anscheine nach fand eine Berathung statt. Bald näherten sie sich wieder, eins auf jeder Seite.

„Laßt beide Boote auf derselben Seite der Schaluppe," donnerte der Major, „oder ich schieße beide in den Grund."

Die Boote gehorchten und hielten in Rufweite an.

„Untersteht euch nicht näher heranzukommen," rief der Major. „Wenn ihr mir etwas zu sagen habt, schickt einen Einzelnen."

Ein Mann watete bis auf wenige Schritte von der Schaluppe heran.

„Wie viel Mann habt ihr dort?" fragte Strong.

„Vierzig," erwiderte der Rebell; „wie viel ihr?"

„Na, nicht eben viel, aber genug, um das Schiff zu vertheidigen."

Der Major wußte recht wohl, daß wenn er mit einer starken Bemannung prahlte, er nur den Feind in der Ueberzeugung bestärkt haben würde, daß er in der That wehrlos sei.

Während diese Unterredung stattfand, spielten die beiden Mann unter Deck ihre Rolle nach Vorschrift. Sie machten Lärm für ein paar Dutzend, der Geiger spielte seine besten Tänze und stampfte dazu mit den Füßen, um glauben zu machen, daß er eine Menge Zuhörer habe. Major Strong wendete sich nach rückwärts und rief in heftigem Commandoton:

„Ruhig da unten, ihr Leute!"—„Nein, noch nicht an Deck!"—„Alle Mann unter Deck, sage ich!"—"Major Jones, halten Sie doch Ihre Leute da vorn in Ordnung!"—„Köpfe unter die Luken!"—„Laßt das Fiedeln sein, Macdonald, Ihr werdet bald genug zu tanzen haben!"

Der Parlamentär sagte kein Wort weiter, watete nach dem Boote zurück; diese feuerten noch eine Salve nach der Schaluppe und verschwanden dann in der Dunkelheit. Bald kam ein Kanonenboot zur Hülfe herbei.

Die Entrüstung des Generals, dem der Vorfall am andern Morgen gemeldet wurde, war groß und er beschloß, den Wilden in Biloxi eine derbe Lehre zu geben. Gleich am Nachmittag segelten die Kanonenboote Jackson und New London und das Transportboot Lewis, mit zwei Batterieen an Bord, unter dem Befehle des Major Strong nach Biloxi hinüber. Die Einwohner standen am Strande und ein wilder Mississippier hob drohend seine Büchse, sich hoch und theuer vermessend, den ersten Yankee, der das Ufer betreten werde, niederzuschießen. Allein in dem Augenblick, wo Major Strong den Befehl „Vorwärts marsch!" gab, verschwand der wilde Berserker. In wenigen Minuten war Biloxi, sonst ein fashionabler Badeort, jetzt ein trübes, halb verödetes und verfallenes Dorf, in Besitz genommen. Der Major fand in dem ehemaligen Badehotel ein geräumiges Quartier. Zwei Gefangene wurden eingebracht, einer davon der so plötzlich zahm gewordene Berserker, der andere ein vierfüßiger Esel.

„Was soll der Bruder Langohr hier?" fragte der Major.

„Und ist er nicht ein Sezesch Säpoy?" erwiderte der Irländer, der ihn gebracht hatte.

„Laß ihn wieder laufen."

„Mir auch recht," lachte der Irländer; "'s ist auch wahr; wir wollen die Gemeinen laufen lassen, bis wir ihren Obersten kriegen."

Die Truppen übernachteten in dem Dorfe. Kein Einwohner ward belästigt, kein Haus, Hühnerstall oder Garten geplündert. Das jämmerliche, trübselige Aussehen der Leute und die aus allen Fenstern der verödeten Häuser herausschauende Armuth und Bettelhaftigkeit, mußte ohnehin schon jedes etwaige Rachegefühl in Mitleid mit den armen Teufeln verwandeln. Die Gier, mit welcher der Berserker die ihm gereichte Ration verschlang, zeigte am besten, daß an Proviant eben kein Ueberfluß im Orte sein könne. Rabiate Sezessionisten waren indessen die Einwohner doch.

Am andern Morgen fanden sich viele von ihnen beim Major Strong ein und während sie aus ihren politischen Gesinnungen kein Hehl machten, mißbilligten sie das heimtückische Attentat auf die Schaluppe in entschiedenster Weise. Das genügte jedoch nicht. Die Instruction des General Butler war, eine schriftliche Abbitte vom Ortsvorstande zu erlangen. Der Mayor ließ sich nicht sehen, bis man seine Tochter sehr höflich ersuchte, als Unterpfand für das Erscheinen ihres Vaters im Hauptquartier zu verweilen. Da kam er und gab die geforderte schriftliche Erklärung ab, worin er das Attentat als das Werk einer Pöbelrotte bezeichnete, über welche die Behörde keine Macht habe. Als die Sonne unterging, dampfte das kleine Geschwader unter klingendem Spiel westwärts nach Paß Christian, wo ein feindliches Regiment stehen sollte. Um zehn Uhr ging es in der Nähe des Passes vor Anker und die Soldaten begaben sich zur Ruhe.

Kanonendonner erweckte sie, als eben der Tag graute und ehe sie sich den Schlaf aus den Augen hatten reiben können—krach, schmetterte eine zehnzöllige Bombe durch die Dampfröhre und den Schlot des Transportdampfers,—gleich darauf eine zweite, die das Dach des Steuermannshäuschens hinwegfegte. Drei feindliche Kanonenboote hatten sich aus dem Lake Borgne

herangeschlichen und dies war ihr Morgengruß. Ein hitziges Treffen ent=
spann sich. Zum Glück hatte der Lewis zwei treffliche, gezogene Kanonen
an Bord. Diese, im Verein mit den Geschützen der Kanonenboote spielten
eine Stunde lang auf den Feind, ehe es derselbe gerathen fand, sich wieder in
das seichte Gewässer des Lake Borgne zurückzuziehen. Merkwürdigerweise
war auf unserer Seite nur ein Mann verwundet worden, Hauptmann
Conant vom 31. Massachusetts Regiment.

Major Strong landete seine Truppen, nahm den Ort—einen im Som=
mer viel von New Orleans aus besuchten Badeplatz—in Besitz und rückte
rasch nach dem 3 Meilen entfernten Lagerplatz des feindlichen Regiments.
So rasch war dasselbe bei seiner Ankunft geflohen, daß man im Zelte des
Obersten neben einer angefangenen Depesche die Feder, mit welcher sie ge=
schrieben war, noch naß fand. Die Depesche setzte den Gen. Lovell in New
Orleans von dem Erscheinen der „Yankees" in Biloxi und Paß Christian in
Kenntniß und der Oberst hatte eben hinzugefügt, daß es sein Wunsch sei,
den Feind gegen Abend anzugreifen, als er es für angemessen gehalten hatte,
die Feder hinzuwerfen und Fersengeld zu geben. Das Lager wurde zer=
stört, ebenso die im Orte vorgefundenen Militärvorräthe, soweit man sie
nicht mitnehmen konnte und das Geschwader kehrte, ohne weitere Abenteuer
zu erleben, nach Ship Island zurück.

In seinem auf die Expedition bezüglichen Tagesbefehle rühmte General
Butler besonders die strenge Gewissenhaftigkeit, womit die Truppen, trotz=
dem sie Monate lang den größten Entbehrungen ausgesetzt gewesen seien,
der lockenden Versuchung, sich durch Plünderung für jene Entbehrungen zu
entschädigen, widerstanden hätten. „Solches Verfahren," sagte er, „benimmt
dem Kriege seine schlimmsten Schrecknisse und beweist unsern Feinden, wie
sehr sie von ihren ränkevollen Führern über den Charakter unserer Truppen
und die Absichten unserer Regierung getäuscht worden sind. Es giebt ihnen
eine Lehre und ein Beispiel, deren sie sehr bedürfen. Möge euer Verhalten
allen Bundestruppen zum Muster dienen und der Welt zeigen, daß die Sol=
daten der Republik nur für die Landeseinheit, für Verfassung und Gesetz
kämpfen."

Was das Kind betrifft, das die zufällige Veranlassung zu dieser kleinen
Kriegsepisode war, so ward es seinen Eltern zurückgegeben. Sein Vater
hatte es, um dieselbe Zeit als der Major Strong es nach Biloxi brachte,
unter der Parlamentärsflagge in Fort Pickens gesucht. Einige Wochen
später fand er in New Orleans Gelegenheit, dem General Butler für die dem
Kinde erwiesene Güte zu danken.

Am 15. April traf von Farragut die willkommene Nachricht ein, daß er

feine Flotte glücklich über die Barre habe und am folgenden Tage den Strom
hinaufzufahren gedenke. Am 17. war General Butler mit feinen 6000
Mann an der Mündung. Hätte die Flotte noch einige Tage mehr gebraucht,
so würde Butler mittlerweile das ganz unvertheidigte Penfacola genommen
haben.

Dreizehntes Capitel.

Die Eroberung der Forts.

Von den Mündungen des Mississippi bis New Orleans ist eine Entfer=
nung von 105 Meilen. Die beiden Forts liegen an einer Krümmung des
Stromes, 75 Meilen unterhalb der Stadt. Fort Jackson, auf dem west=
lichen Ufer, ist dem aufwärts kommenden Reisenden durch einen Streifen
dichten Waldes verborgen, aber Fort St. Phillip, auf dem Ostufer, liegt
deutlich vor ihm an der obern Seite der Krümmung, nur durch dichtes Röh=
richt vom Flusse getrennt. Dem Auge des Nichtmilitärs erscheinen die
Forts keineswegs sehr furchtbar. Fort Jackson ist nur 25 Fuß hoch und
St. Phillip 19, und da die Gräben und Außenwerke mit dichtem Rasen be=
wachsen sind, so erblickt der vorbeifahrende Reisende nichts als grasbedeckte
Böschungen und eine niedrige rothe Mauer, auf der viele Kanonen stehen.
Allein diese Forts, in der Krümmung eines nur eine halbe Meile breiten
Stromes liegend, dessen Geschwindigkeit vier Meilen in der Stunde ist,
boten für einen stromaufwärts kommenden Feind ein Hinderniß dar, wie es
nicht leicht von irgend einer Flotte überwältigt worden ist. Ein einziges
nur halb fertiges und schwach bemanntes Fort an derselben Stelle hielt 1815
eine englische Flottille neun Tage lang in Schach. Die Engländer beschos=
sen es vergeblich mit denselben dreizehn zölligen Bomben, vermittelst deren
man es 1862 zu erobern gedachte. Erst am achten Tage vermochte der Com=
mandant des Forts ein Geschütz so in Position zu bringen, daß er eine
Bombe unter den Feind warf, aber diese eine Bombe jagte auch das ganze
feindliche Geschwader (fünf Fahrzeuge) von dannen. Nicht weniger als

tausend schwere Bomben hatte es zuvor in das Fort geworfen, ohne seine Defensivstärke zu verringern. Jetzt waren statt des einen zwei nach allen Regeln der Fortificationskunst mit einem Aufwande von 1¼ Million Dollars erbaute Forts da. Fort Jackson, ein Pentagon von enormer Stärke, führte 34 Kanonen, wovon 14 in Kasematten, und hatte außerdem als Vorwerk eine Bastion mit 6 Kanonen. Fort St. Phillip, nicht ganz so stark, aber durch die größere Entfernung geschützt, hatte 40 Kanonen und auf jeder Seite eine Flanken=Bastion von je 4 Kanonen. Zusammen also 128 Geschütze in bombenfesten Bauwerken, die durch breite und tiefe Gräben, Erdwälle, Courtinen, Culverinen, Escarpen, Contre=Escarpen und wie sonst alle die Vorrichtungen heißen, geschützt waren.

Die Besatzung bestand aus 1,500 Mann, befehligt von einem gebornen Pennsylvanier, General J. K. Duncan, der seine militärische Ausbildung in Westpoint erhalten hatte. St. Phillip ward von Oberst Higgins, einem früheren Offizier der Linienarmee, befehligt. Allerdings bestand ein großer Theil der Besatzung aus Nordländern, die man, weil ihre Anhänglichkeit an die Sache der Conföderation nicht über jeden Zweifel erhaben war, zum Garnisonsdienste commandirt hatte. Allein so lange sie von tüchtigen Offizieren befehligt waren, that ihre Gesinnung nichts zur Sache. Mochten sie auch mit ihrer Lage und ihrem erzwungenen Dienst noch so unzufrieden sein, einmal in den Forts, hielten sie wohl oder übel bei ihren Geschützen Stand.

Die einzige schwache Seite der Forts bestand in der Gattung der Kanonen, mit welchen sie armirt waren. Mit Ausnahme von sechs zehnzölligen Columbiaden und zwei gezogenen Hundertpfündern, waren es sämmtlich alte, glattgebohrte Geschütze, wie man sie in den Befestigungswerken um New Orleans gefunden hatte. Lieutenant Weitzel ist der Ueberzeugung, daß, wenn die Forts mit den besten modernen Geschützen armirt gewesen wären, ihre Eroberung unmöglich gewesen sein würde, und die Flotte nicht an ihnen hätte vorüberfahren können. Wozu indessen zu bemerken ist, daß Weitzel bei dem Bau des Forts thätig gewesen war und also unwillkürlich bestrebt sein mag, ihre Uneinnehmbarkeit zu retten.

Uebrigens hatte sich auch der Feind nicht ausschließlich auf die Forts verlassen. Unterhalb des Fort Jackson hatte er auf sieben oder acht entmasteten und mit schwerem Balkenwerk angefüllten Rumpfen von Schoonern, die in einer Linie quer über den Fluß festgeankert waren, eine der schwersten Ankerketten aus dem Marine=Arsenal zu Pensacola ausgespannt. Auf dem östlichen Ufer war eine Erdbatterie errichtet, um etwaige Versuche, die Kette dort abzulösen, zu verhindern. In der Nähe des Forts war eine sinnreiche Vorrichtung angebracht, vermittelst deren die Kette herabgelassen werden

konnte, um die Schiffe des Feindes durchzulassen. Wäre diese Sperrkette
oberhalb des Fort St. Phillip, statt unterhalb des Fort Jackson angebracht
worden, so würde sie schwerlich haben gesprengt werden können, denn ein
Fahrzeug, das dies hätte versuchen wollen, würde durch das concentrirte
Feuer von mehr als hundert Kanonen haben Gassen laufen, während der
ganzen Zeit, daß es mit dem Sprengen beschäftigt gewesen wäre, unter dem
Feuer des Feindes aushalten und schließlich denselben Weg zurückkehren
müssen. Da, wo die Kette war, konnten sich schon eher unter dem Dunkel
der Nacht Boote heranschleichen und, selbst wenn sie vom Feinde entdeckt
würden, hinter den festgeankerten Rumpfen Schutz gegen die Geschosse
finden, womit er sie an ihrer Arbeit zu verhindern suchen würde.

Auch darin hatte der Feind einen Fehler begangen, daß er nicht genug
von dem Ufer-Waldsaume unterhalb des Fort Jackson gelichtet hatte. Es
war gerade nur so viel von dem Walde gefällt, daß die Kanonen des Forts
auf das Fahrwasser des Stromes spielen konnten, aber genug stehen geblieben, daß Capt. Porter die Mörserboote hinter dem Waldsaume, hart
am Westufer, vollkommen außerhalb des Sehkreises des Forts, ankern konnte.
Er brauchte diese nicht zu sehen, denn der Wurf der Mörsergeschosse ließ
sich nach den vorhandenen Messungen ganz genau berechnen, aber der Feind
hatte Kanonen, die er nicht richten konnte, ohne zu visiren. So lange er die
Schooner nicht sehen konnte, war es ein bloßer Zufall, wenn er sie traf.

Außer den Forts und der Sperrkette hatte der Feind eine Flotte von fünfzehn Kanonenbooten, darunter mehrere gepanzerte. Da von diesen keine ver-
läßliche Beschreibung existirt und keines je weit genug vor die Sperrkette
herauskam, um in genauen Augenschein genommen zu werden, so ist man
über ihre Construction und Stärke sehr im Dunkel. Vermuthlich waren
die meisten frühere Passagier-Dampfer, die stärker gemacht und armirt waren. Der oft genannte Widder Manassas ähnelte dem Merrimac im äußern
Ansehen, kam ihm aber bei weitem nicht an Stärke gleich. Ein ächter Merrimac, der unter unsere hölzerne Flotte herabgesaust wäre, würde ihr sehr
verderblich geworden sein, aber die Erbauer des berühmten Widders hatten keine Dampffregatte als Grundlage für ihren Bau und kannten ihr
Machwerk zu gut, um es zwischen Farragut's Dampfer gerathen zu lassen.
Außerdem war da noch ein großes, ungeschlachtes Ding, die Louisiana genannt, aus dem Gehäuse eines Drydock construirt, von vier Dampfmaschinen
getrieben und mit sechszehn schweren Geschützen armirt. Auf dieses wüste
Ungethüm hatte der Feind ganz besondere Hoffnungen gesetzt, doch war es
noch nicht ganz fertig. Brander, meistens aus Flößen und Prahmen bestehend, die mit fettem Kienholz bepackt waren, lagen in Menge bereit, um

eine die Forts angreifende Flotte aus dem Concepte zu bringen. In den Sümpfen, anderthalb Meilen von Fort Jackson waren 200 Scharfschützen postirt, hauptsächlich, um als Kundschafter zu dienen. Da sie in dem hohen Schilf bis auf wenige Schritte an die Bombenschooner gelangen konnten, so hörten sie ohne Zweifel genug von dem, was über die Angriffspläne gesprochen wurde, um die feindlichen Befehlshaber von allen wichtigen Bewegungen in Kenntniß zu setzen.

Die Zuversicht, womit der Feind darauf rechnete, die Forts „gegen die Flotten der ganzen Welt" behaupten zu können, war so vollständig, daß es lange währte, ehe General Duncan glauben mochte, daß die Flotte mehr beabsichtige, als seine Stellung zu recognosciren, oder höchstens die Station des Blokadegeschwaders in den Strom zu verlegen, was allerdings schon ein ganz beachtenswerther Vortheil gewesen sein würde.

Die Bundes-Expedition war die stärkste, die jemals unter der Flagge der Ver. Staaten gesegelt war. Das Landheer bestand, wie wir gesehen haben, aus 15,000 Mann, meistens aus Neu England und von einem Manne befehligt, welchen seine natürlichen Anlagen, wie seine Bildung vollständig zum Leiter eines Unternehmens befähigten, dessen Erfolg wesentlich durch Auffindung sinnreicher und ungewohnter Mittel bedingt war. Die Flotte zählte 48 Fahrzeuge. Davon waren 8 große Dampf-Corvetten, 17 Dampf-Kanonenboote, 2 Segel-Corvetten und 21 Schooner, von welchen jeder mit einem Mörser armirt war, der eine 216 Pfund schwere Bombe drei Meilen weit warf. Die Dampf-Corvetten führten von 9 bis 28 Kanonen, die Kanonenboote 5 bis 6. Die Gesammtzahl der Kanonen und Mörser war 310, darunter viele vom schwersten Kaliber und modernster Construction. Mit Allem, was dazu dienen konnte, die Kriegstüchtigkeit der Flotte zu erhöhen, war sie auf's reichlichste versehen, nur die Arzneivorräthe waren nicht zur rechten Zeit eingetroffen und der Vorrath von Kohlen war durch den langen Aufenthalt an der Barre bedeutend zusammengeschmolzen. Glücklicherweise war General Butler mit Allem so reichlich versehen, daß er diesem Mangel abhelfen konnte.

Die Männer, welche die Flotte befehligten, hatten fast ihre ganze Lebenszeit zur See verbracht. Von den 63 Jahren, die Capitän Farragut gelebt hatte, war er 52 im Flottendienst gewesen. Schon als blutjunger Seekadet zeichnete er sich 1812 wenigstens in einer blutigen Action aus. Obschon vorgerückten Alters hatte er sich sein Herz jung und frisch bewahrt; sein Körper war noch elastisch, seine Bewegungen kräftig und behende, sein Aussehen und seine Haltung die eines Mannes in seinen besten Jahren. „Er that es," sagt General Butler, „dem jüngsten Mann in der Flotte

gleich," flink im Erklettern des Mastkorbes, rasch und gewandt, wenn er ins
Boot sprang, die andauerndsten Strapazen ohne Beschwerde ertragend.
Dabei ein ruhiger, anspruchsloser Mann, der seine Pflicht mit so wenig
Aufsehen, als möglich, erfüllte, einfach in allen seinen Worten und im Ge=
spräche nicht gern über die seinem Berufskreise nächstliegenden Gegenstände
hinausgehend. Vor allen Dingen ein durch und durch ehrenhafter, charakter=
starker, löwenmuthiger Mann, dem jede andere Furcht fremd war, als die,
daß die seiner Obhut anvertraute Flotte durch seine Schuld den vom Volke
auf sie gesetzten Erwartungen nicht vollständig genügen möchte. Die Ueber=
einstimmung zwischen den Befehlshabern der Flotte und des Landheeres war
eine vollkommene und herzliche.

Der Monat, welchen die Flotte an der Mündung hatte zubringen müssen,
war nicht unbenutzt geblieben. Einer der Ingenieure des Richmond verfiel
auf die glückliche Idee, den Kessel= und Maschinenraum seines Schiffes durch
einen improvisirten Panzer zu schützen, bestehend aus Ketten, die vom Kano=
nendeck herab bis unter die Wasserfläche hingen und durch Taue und Bolzen
auf sinnreiche Weise an einander befestigt waren. Dieser Kettenpanzer hatte
die volle Widerstandskraft einer vier Zoll dicken Panzerplatte. Die Kessel
anderer Schiffe wurden durch Umschichtung mit Sandsäcken, Tauwerk und
Balken geschützt. Auf die Mastkörbe der Corvetten stellte man Haubitzen,
die durch Kesseleisen=Platten oder starke Schichten Tauwerk gedeckt wurden.
Auf einigen Schiffen wurden kleine Anker derart an die Raaen befestigt, daß
sie auf die feindlichen Fahrzeuge hinabgeworfen werden konnten, um als En=
terhaken zu dienen. Unter der Takelage hängte man Netze von starken
Tauen auf, um Kanonenkugeln, die sich im Takelwerk verfangen würden,
am Herabfallen auf das Deck zu verhindern. Alle Mörserschooner und
mehrere der Corvetten und Kanonenboote wurden lehmfarbig angestrichen.
Endlich wurden an den Masten der Mörserschooner riesige Baumzweige be=
festigt, so daß es dem Feinde unmöglich werden sollte, sie von dem Wald=
saume, hinter dem sie Stellung nehmen würden, zu unterscheiden. Einige
dieser Fahrzeuge, die in Sicht des Fort St. Phillip aufgestellt werden
sollten, wurden zu dem gleichen Zwecke ganz in Schilf, Binsen und Ried=
gras gehüllt. Nicht eine von allen Vorkehrungen erwies sich als nutzlos.
Ohne den Kettenpanzer würde wahrscheinlich das Flaggenschiff während des
Kampfes verloren gegangen sein.

Mittlerweile mußten die vom Chef des Küstenvermessungs=Bureaus der
Expedition beigegebenen Ingenieure eine genaue Karte aufnehmen, die bei
der Aufstellung der Mörserschooner als Anhaltepunkt dienen sollte. Sie
vollbrachten ihre Aufgabe in fünf Tagen, nicht ohne große Beschwerden und

Gefahren. Oft mußten sie ihre trigonometrischen Meßwerkzeuge auf den
Dächern verfallener Häuser aufstellen, dann wieder in Kähnen unter den
überhängenden Zweigen der Bäume hinfahren und dort mühsam ihre Trian-
gulationen vornehmen. Die Pfosten und Merkzeichen, die sie am Tage
aussetzten, wurden Nachts von den feindlichen Kundschaftern zerstört und sie
mußten schließlich, um das zu verhindern, die Pfosten so in Schilf und Gras
hüllen, daß der Feind sie in der Nacht nicht ausfindig machen konnte. Das
Ergebniß aller dieser Mühen war, daß Capt. Porter in Stand gesetzt wurde,
ohne das Fort zu sehen, seinen Mörserschoonern genau ihre Stelle anzuwei-
sen und die Richtung zu bezeichnen, welche die Mörser erhalten müßten, um
die Forts zu treffen.

Die Stellung des Feindes war zu wiederholten Malen recognoscirt worden. Schon am 28. März war das Kanonenboot Kennebec bis in die Nähe
der Sperrkette hinaufgefahren und hatte das Feuer der feindlichen Batterieen
auf sich gezogen. Am 6. April fuhr Farragut selbst bis in Sicht der Forts
hinauf. Als er in Schußweite gelangte, stieg vom Fort Jackson ein weißer
Rauch auf und ein Projectil aus einem gezogenen Hundertpfünder sauste mit
dem schreckenerregenden kreischenden Geräusch, das diesen Geschossen eigen-
thümlich ist, gerade auf das Schiff heran. Zum Glück fiel es einige hundert
Schritt zu kurz. Ein zweiter Schuß fuhr schon dicht über dem Schiffe hin.
Nun hielt es Farragut für gerathen, den Rückweg anzutreten. Kaum war
er um zwei Schiffslängen zurückgewichen, als eine Vollkugel gerade an der
Stelle ins Wasser fuhr, die das Schiff so eben verlassen hatte. Ein vierter
Schuß war zu kurz, dagegen fuhr beim fünften eine hundertpfündige Bombe
grade zwischen Schlot und Mast hindurch. Die außerordentliche Genauigkeit und Sicherheit des feindlichen Geschützfeuers war nicht geeignet die Besorgnisse vor dem möglichen Ausgange eines directen Angriffs auf das Fort
zu vermindern.

Bei einer dritten Recognoscirung fand man den Feind damit beschäftigt,
die Sperrkette zu repariren, die durch ein plötzliches Steigen des Flusses be-
schädigt worden war.

Am Morgen des 17. April lag die ganze Flotte ungefähr vier Meilen
unterhalb des Fort Jackson vor Anker. Eben als die Sonne aufging, steckten
die Rebellen einen hoch mit Holz beladenen und mit Theer und Terpentin übergossenen Prahmen in Brand und ließen ihn mit der Strömung
herabtreiben. Da ein kräftiger Südwind wehete, so näherte sich das
pyrotechnische Meisterstück nur langsam. Als es endlich doch lodernd und
prasselnd heranglitt, sah man verschiedene Schiffe, die grade auf seiner Bahn
lagen, ihre Anker kappen und sich aus der Nähe machen. Da man glaubte,

daß sich eine Art Höllenmaschine auf dem Brander befinde, so schoß der Mis=
sissippi einige Bomben hinein, doch ohne Erfolg. Ein Boot vom Jroquois
packte bald das Ungethüm mit langen Enterhaken und bugsirte es ans Ufer,
wo es, ohne Schaden angerichtet zu haben, ausbrannte.

Es ward nun ohne Verzug die letzte Hand an die Zurüstungen zum An=
griff gelegt. Die Masten der Mörserboote wurden vollends mit grünen
Zweigen ausgeputzt, so daß sie eher für ein Fest, als für eine Schlacht ge=
rüstet erschienen. Capt. Porter traf Anstalten, um weitere Brander zu em=
pfangen und am Abend ward große Revue über die ganze Flotte, einschließ=
lich der Ruderboote, abgehalten.

Eine Stunde nachher fand sich eine treffliche Gelegenheit, die zur Abwehr
von Brandern getroffenen Anstalten zu erproben. Von den Forts her nä=
herte sich eine unförmliche Säule dicken, schwarzen Qualms, wie von bren=
nendem Harz. Sofort wurden die Signallaternen aufgezogen, deren bunte
Lichter auf dem Laub des Uferwaldes prächtige Effecte hervorbrachten, und
im nächsten Augenblicke schossen hundert Boote nach dem jetzt in grellem
Feuerschein auflodernden Brander. Auch zwei der drei Kanonenboote dampf=
ten kühn auf das gefährliche Ungethüm los. Eines, der Westfield, schloß
seine Dampfventile und sauste mit furchtbarer Gewalt in die feurige Masse
hinein, daß die brennenden Balken und Funken weit umherflogen, dann ergoß
es aus seinen Schläuchen einen mächtigen Wasserstrom auf die brennende
Masse. Nun waren auch die Ruderboote herangekommen und man sah aus
der Ferne in der grell=phantastischen Beleuchtung die Mannschaften mit
Haken, Tauen, Wassereimern einen Kampf mit dem fürchterlichen Feuerschiff
beginnen, der bald genug entschieden war. Noch immer in mächtigen Flam=
men emporflackernd ward es aus dem Bereich der vor Anker liegenden Schiffe
nach dem Ufer geschleppt, wo man es ungestört niederbrennen ließ.

Am 18. April, um Tagesanbruch, nahm jeder der zur Mörserflotte gehö=
renden kleinen Remorqueurs vier Schooner ins Schlepptau und bugsirte sie
langsam den Fluß hinauf. Vierzehn wurden in einer Reihe hintereinander
am westlichen Ufer hinter dem Waldsaume aufgestellt, das vorderste etwa
noch 1¾ Meilen stromabwärts von Fort Jackson, sechs in der Nähe des Ost=
ufers, in Sicht beider Forts, 2¾ Meilen vom Fort St. Phillip. Der Be=
fehl war, das Feuer aus allen zwanzig Mörsern auf Fort Jackson zu con=
centriren, da nach dessen Bezwingung das andere von selbst fallen würde.
Um 9 Uhr eröffnete das Fort die Aktion, doch seine Kugeln fielen um minde=
stens 300 Fuß zu kurz. Das Kanonenboot Owasco, das den Schoonern
vorausgedampft war, antwortete zuerst; doch in wenigen Minuten dröhnte
der furchtbare Donnerschlag eines Mörsers in die Ouvertüre hinein, eine

mächtige schwarze Kugel, 215 Pfund Eisen und Pulver, wirbelte mit dem Getöse von zehntausend Brummkreiseln eine Meile hoch in die Luft und senkte sich dann in majestätischem Bogen in den Morast dicht vor dem Fort, wo sie mit einem dumpfen Schall explodirte. Während der ersten halben Stunde ward nur langsam gefeuert, da Capitän Porter die Wirkung der Schüsse beobachtete und neue Weisungen in Betreff des Neigungswinkels, der Länge des Zünders und der Schwere der Pulverladung ertheilte. Mit so großer Genauigkeit ward die Berechnung gemacht, daß die Veränderungen in der Schwere der Pulverladung unzenweise erfolgten, obschon das ganze Gewicht fast zwanzig Pfund betrug. Um 10 Uhr begann das Bombardement in vollem Ernste.

Der Anblick, der sich nun darbot, war in hohem Grade imposant. Die Takelage der dicht unterhalb der Mörserschooner liegenden Flotte war von oben bis unten voll Zuschauer, die in athemloser Spannung dem Fluge jeder Bombe mit den Blicken folgten und in lautes Jubelgeschrei ausbrachen, wenn ein besonders guter Schuß gethan war. Vier oder fünf Kanonenboote fuhren mitten in den Fluß zwischen die beiden Abtheilungen der Mörserflotille und unterhielten ein kräftiges Feuer auf die nächstgelegenen feindlichen Batterieen. Beide Forts feuerten stetig und gut. Ihre Kugeln spritzten das Wasser wie einen beständigen Regen auf die Mörserboote am westlichen Ufer und den weichen Schlamm bis hoch an die Mastspitzen der am Westufer liegenden. Es ist merkwürdig, wie viele gutgezielte Schüsse nach einem entfernten Ziel gefeuert werden können, ehe einer trifft. Den ganzen Tag fielen die feindlichen Geschosse rings um die Mörserboote und doch wurden nur zwei derselben getroffen, aber nicht ein einziger Mann verwundet. Nur die furchtbare Erschütterung, welche jeder Schuß bewirkte, machte einige Leute krank. Die Kanoniere stellten sich auf die Zehspitzen und machten den Mund auf, um der Wirkung des furchtbaren Schalls zu entgehen. Doch am Ende gewöhnt sich der Mensch an Alles. Mit der Zeit kam es so weit, daß sie auf dem Verdeck schlafen konnten, während in jeder Minute zwei Mörser abgefeuert wurden. Es war gar eine anstrengende Arbeit, die kolossalen Eisenbälle zu handhaben, und wenn die Leute abgelöst wurden, waren sie so müde, daß sie, ohne erst in die Cambüse hinabzugehen, sich gleich auf das Vorderdeck hinstreckten, wo sie den Schlaf des Gerechten schliefen. Der Mensch kann mehr ertragen, als jedes andere lebende Wesen. Als das Feuern schärfer wurde, konnten es sogar die Bienen im Walde nicht mehr aushalten und flohen in dichten Schwärmen über den Fluß. Eine große Menge todter Fische schwamm auf dem Wasser — der Donner der Mörser hatte sie getödtet.

Als das Bombardement anderthalb Stunde gewährt hatte, belebte sich die Scene durch eine neue Erscheinung. Hinter dem Walde noch oberhalbder Forts sah man sieben bis acht Rauchsäulen sich bewegen;—es waren die feindlichen Dampfer. Sie mußten etwas im Schilde führen. Bald genug zeigte sich, was es war. Drei kolossale Brander waren losgelassen worden. Von der raschen Strömung getrieben, nähern sie sich, der untere Theil eine mächtige Feuersgluth, darüber wie ein ungeheurer, bis an die Wolken rei= chender Trichter dichter, granschwarzer Rauch, der selbst die Forts und ihre Umgebung dem Auge völlig entzieht. Näher und näher kommen die plum= pen Zerstörungswerkzeuge, doch flößen sie wenig Angst mehr ein, denn man hat schon gelernt, mit ihnen umzugehen. Die Matrosen der Kriegsschiffe werden aus der Takelage, von der aus sie sich das interessante Schauspiel ansehen, herabbeordert und in kurzer Zeit haben die Ruderboote die Brander im Schlepptau. Ans Ufer bugsirt, brennen sie, wie ihre Vorgänger, harm= los ab.

Die Mittagszeit kam und verstrich; der Reiz der Neuheit verlor sich. Um 4 Uhr brachte Butlers kleiner Avisodampfer die Meldung, daß der Ge= neral mit seinen Truppen an der Mündung, und daß der Merrimac vom Monitor in den Grund gebohrt worden sei.

Eine Stunde später sah man aus dem Fort Jackson Flammen hervorbre= chen und die feindliche Kanonade ließ nach. Bald zeigte es sich, daß die nicht bombenfesten Baulichkeiten im Innern des von den Fortificationen umschlosse= nen Raumes in Brand geschossen waren. Bis zwei Uhr in der Nacht währte die Feuersbrunst und Viele schmeichelten sich schon mit der Hoffnung, daß sie der Besatzung ferneren Widerstand unmöglich machen werde. Darin täuschte man sich sehr, denn am andern Morgen erneuete das Fort Jackson die Beschießung energischer, als je.

In der Nacht hatte Capitän Porter die am Ostufer aufgestellten sechs Schooner, weil sie dort dem feindlichen Feuer zu stark exponirt seien, nach dem Westufer herüberbeordert. Es war das ein Mißgriff, denn von da aus, wo sie waren, hätten sie aller Wahrscheinlichkeit nach das Fort zum Schweigen zu bringen vermocht. Für den Feind war ihr Rückzug ein großer Gewinn.

Gegen Mittag am zweiten Tage des Bombardements, fuhr ein Projektil aus einem gezogenen Geschütze durch einen der Mörserschooner, so daß dieser binnen zwanzig Minuten versank. Verletzt ward Niemand dabei. Die Oneida erhielt am Nachmittag zwei Schüsse, wodurch zwei Laffetten zertrüm= mert und neun Mann verwundet wurden. Auch das Fort litt beträchtlich. Die Explosion einer Bombe in dem Uferdamm hatte dem Wasser einen Weg in das Fort gebahnt und den Boden desselben überschwemmt. Eine andere Bombe fiel in den Speisesaal der Offiziere, als sie beim Mittagessen waren und lag zwischen ihnen und der einzigen Ausgangsthür rauchend am Boden. Sie sprangen hastig in den entlegensten Winkel des Zimmers, kauerten dort in peinlichster Todesangst zusammen und athmeten erst wieder auf, als der Zünder der Bombe erlosch, ohne eine Explosion bewirkt zu haben. Oft, wenn eine Bombe zwanzig Fuß tief in das schlammige Ufer hart an der Mauer fuhr und, dort explodirend, einen Platzregen zähen Morastes über das Parapet schleuderte, schien der ganze Bau in seinen Grundfesten zu beben. Allein die Besatzung gewöhnte sich bald daran, da sie die Erfahrung machte, daß die Sache weit gefährlicher aussah, als sie wirklich war, daß man den Bomben ausweichen konnte und daß das größte Unglück, was sie anrichteten, in der gelegentlichen Demontirung einer Kanone bestand. Wenn das Feuer des Forts zuweilen matter wurde, oder aufhörte, geschah es nur, um der Besatzung Zeit zur Reparatur der übrigens nicht bedeutenden Beschädigungen zu geben.

Gen. Butler kam mit seinem Stabe am Nachmittag an und ward auf dem Flaggenschiff mit großer Herzlichkeit empfangen. Er fand daß der Glaube der Marineoffiziere an die Wirksamkeit des Bombardements bereits sehr erschüttert war. Man kam darin überein, daß das Nothwendigste jetzt vor allen Dingen die Sprengung der Sperrkette sei und zerbrach sich den Kopf über das Wie?

Während der Nacht kam ein Deserteur, ein Kunstreiter von der Truppe des bekannten Dan Rice, durch den armtiefen Ufersumpf herangewadet. Die Pulverblitze von den in größeren Zwischenräumen abgefeuerten Mörser hatten ihm auf seinem gefährlichen Pfade als Leitstern gedient. Er hatte seine Entweichung aus dem Fort während der allgemeinen Verwirrung bewirkt, welche durch die Explosion einer Bombe in der Nähe des Pulvermagazins verursacht worden war.

Am dritten Tage, der gar nichts Bemerkenswerthes darbot, ward bereits die Ueberzeugung allgemein, daß schließlich die Hauptarbeit doch den eigentlichen Kriegsschiffen und nicht der Mörserflotte zufallen werde. Farragut erließ im Laufe des Tages eine Order, worin er erklärte, daß die Operationen beschleunigt werden müßten, da das Bombardement sich bald erschöpfen werde. Seine Meinung stimmte mit der Porters überein, daß die Flotte den Weg an den Forts vorbei forciren müsse, und wenn sie oberhalb derselben angelangt sei, die Landtruppen vom Meere aus durch die Bayous und Marschen an der Quarantäne ausgeschifft werden sollten. Die Capitäne der

verschiedenen Schiffe sollten daher jeden Augenblick des Signals zum Lich=
ten der Anker gewärtig sein und sich in Kampfbereitschaft setzen.

Vor allen Dingen aber mußte die Sperrkette gesprengt werden. Der
Ingenieur Kröhl von New York war mit von ihm erfundenen Petarden an=
gekommen, durch welche er die Schiffsrümpfe, auf denen die Kette ruhte,
in die Luft sprengen sollte. Um zehn Uhr Nachts, in tiefer Finsterniß,
fuhren die Kanonenboote Itasca und Pinola gegen eine ungewöhnlich starke
Strömung und widrigen Wind stromauf. Sobald sie über die Linie der
Mörserschooner hinaus waren, eröffnete Porter ein so heftiges und unab=
läſſiges Feuer auf die Forts, daß im Vergleich damit das vorherige Bom=
bardement wie ein Kinderspiel erschien. Manchmal beschrieben nicht weniger
als acht Mörserbomben zugleich ihre feurigen Bogen durch die Luft. Wäh=
rend des wüsten Höllenlärms näherte sich die Pinola der Sperrkette hart
am Westufer und Kröhl schleuderte seine Petarde auf einen der Rümpfe.
Aber da zu dem Zweck die Maschine einen Augenblick angehalten war, pack=
ten im Nu Wind und Strömung das Kanonenboot und riſſen es mit solchem
Ungestüm stromab, daß der zur Entzündung der Petarde bestimmte elektrische
Leitungsdraht sich mit entsetzlicher Geschwindigkeit von der Rolle abwickelte
und zerriß. Es währte eine volle halbe Stunde, ehe der Steuermann des
Fahrzeugs Herr werden und es wieder stromaufwärts wenden konnte.

Mittlerweile jedoch hatte die Itasca den nächsten Schooner=Rumpf er=
reicht und geentert. Es sprangen sofort eine Anzahl Matrosen hinüber,
befestigten das Kanonenboot an den Rumpf und tasteten dann in der Fin=
sterniß nach der Sperrkette umher. Eine Rakete schoß in die Luft und
erleuchtete die Gegend weit umher—sie waren entdeckt. Beide Forts rich=
teten sofort ihre Kanonen auf sie; doch geschützt von der Finsterniß und dem
Rauche, arbeiteten die tapferen Burschen von der Itasca mit Stahlmeißel
und Hammer rüstig darauf los und nach einer halben Stunde war die Kette
durch. Die Anker des Rumpfes wurden gekappt und im Augenblicke riſſen
Wind und Strömung beide Fahrzeuge nach dem Ostufer hinüber, wo sie in
dem zähen Schlammboden fest fuhren. Eben war die Pinola wieder auf
ihren Posten gelangt. Sie spannte sich sogleich vor die Itasca und nach ein=
stündiger Arbeit gelang es ihr, sie mittelst eines fzölligen Kabels (zwei fünf=
zöllige riſſen, ohne daß die Itasca sich von ihrem Schlammbett bewegt hätte)
loszuziehen.

Der Erfolg war vollständig, denn nachdem der mittlere Rumpf entfernt
war, trieb die Strömung die beiden Enden so weit auseinander, daß sie eine
Oeffnung bildete, breit genug, um mehrere große Schiffe nebeneinander
einzulaſſen.

Nachdem das Jubelgeschrei, womit das kecke Wagestück von der Flotten-mannschaft begrüßt worden, verhallt war, ließ das Bombardement nach und die Forts schwiegen. Um zwei Uhr trieb der Nordwind ein Feuerfloß von ungewöhnlicher Größe herab. Flackernd, brausend, lobernd und dichte Rauchwolken emporsendend, schwamm es an der Mörserflotte vorbei, kam dem Flaggenschiffe bis auf 50 Fuß nahe, so daß die Leute auf dem Verdeck fast versengt wurden, streifte den Scioto und trieb dann auf die weiter ab-wärts gelegene Flottenabtheilung zu. Doch ehe es sie erreichte, ward es geentert und ans Ufer geschleppt.

Der vierte Tag brachte keine Veränderung. Fast 4,000 Bomben waren bereits geworfen worden und noch antworteten die Forts mit anscheinend ungeschwächten Kräften. Es war ein kostspieliges Vergnügen, dieses Bombardement, denn jede Bombe kostete beinahe fünfzig Dollars. In der Nacht wieder pyrotechnische Vorstellung durch einen ohne Mühe unschädlich gemachten Brander.

Am sechsten Tage schwiegen die Forts. Der Feind schien sich für den Hauptkampf, von dessen nahem Bevorstehen er durch Kundschafter unterrichtet war, sammeln zu wollen. Der Commandant des Fort Jackson meldete an diesem Tage an Gen. Lovell in New Orleans: „Gott beschützt uns ersicht-lich. Wir sind frohen Muthes und des Sieges gewiß. Unsere Parapet-Kanonen sind noch in gutem Stande, der Gesundheitszustand der Truppen ist gut. Der Feind hat 25,000 Bomben geworfen, wovon 1,000 innerhalb des Forts niedergefallen sind. Er muß sich bald erschöpfen; wo nicht, können wir es so lange aushalten, wie er."

Nicht 25,000 Bomben, sondern nur 5,000 waren geworfen worden, nicht 1,000, sondern nur 300 davon waren in das Fort gefallen.

Am Abend des 23. war Farragut mit seinen Vorbereitungen für die For-cirung der Flußpassage fertig. Die Mörserboote sollten in ihrer Stellung verbleiben und den Angriff durch das lebhafteste Feuer, dessen sie fähig wären, decken. Die sechs, der Mörserflotte beigegebenen kleinen Dampfer (Harriet Lane, Westfield, Owasco, Clifton, Miami und Jackson) sollten die Wasserbatterieen unterhalb des Fort Jackson angreifen, aber keinen Versuch machen, die Forts zu passiren. Farragut mit den drei größten Schiffen, (Hartford, Richmond und Brooklyn,) sollte auf Fort Jackson vorrücken, Capitän Bailey mit den Dampfern Cayuga, Pensacola, Mississippi, Oneida, Varuna, Katahdin, Kineo und Wissahickon am Ostufer entlang gegen das Fort St. Phillip. Capitän Bell endlich hatte die Weisung, mit seiner aus dem Scioto, Jroquois, Pinola, Winona, Jtasca und Kennebec bestehenden

Flottenabtheilung in der Mitte des Flußes vorzudringen und die oberhalb der Forts gelegene feindliche Flotte anzugreifen.

Die Nacht war still und ruhig; eine ganz schwache Brise vom Süden breitete einen leichten Nebelhauch über den Fluß. Die Flotte lag wie im Schweigen des Todes da; kein Laut erscholl, kein Licht brannte auf den Schiffen.

Um 1 Uhr wurden alle Mann aufgerufen. Die Hängematten wurden verstaut, die Verdecke geklart, von den Maschinenräumen herauf vernahm man das scharfe Zischen des Dampfes. Um 2 Uhr erschien das Signal: „Anker gelichtet!" an der Mastspitze des Flaggenschiffes.

Farraguts Abtheilung war bereits um $2\frac{1}{2}$ Uhr segelfertig, aber die zahlreichere Abtheilung Baileys am Ostufer war etwas langsamer und hatte überdies erst eine Strecke zu fahren, um mit Farragut in gleiche Linie zu kommen. Um halb 4 Uhr, als eben der Mond seine ersten Strahlen schräg durch den leichten Nebeldunst sandte, begannen die Schiffe sich in feierlicher Stille vorwärts zu bewegen. Ihre Geschwindigkeit, der Strömung entgegen, war nicht mehr, als 4 Meilen in der Stunde; die Entfernung, welche sie zurückzulegen hatten, um oberhalb der Forts und gänzlich außerhalb des Bereichs derselben zu gelangen, 5 Meilen.

Die Mörser begannen die Ouverture zu dem großen Drama zu donnern, das nun aufgeführt werden sollte. Die Kanoniere übertrafen alle ihre früheren Anstrengungen. Nie waren weniger als 5 Bomben zugleich in der Luft, manchmal gar elf. Die Flotte rückte, wie verabredet, in drei Linien vor, ein Schiff dicht hinter dem andern. Capt. Bailey erhielt das erste feindliche Feuer. Beide Forts richteten alle ihre Kanonen auf die Cayuga, sobald sie die Oeffnung in der Sperrkette passirt hatte. Die Kugeln flogen dicht, wie Hagel, um das Schiff, aber fast alle zu hoch. Die ganze Division legte drei Viertel Meile unter diesem Kugelregen zurück, ohne einen Schuß zu erwidern; die Feuerblitze vom Fort St. Phillip dienten ihr als Leitstern. Endlich hart vor dem Fort angelangt, schoß die Cayuga im Vorbeifahren ihre Breitseiten (Kartätschen und Shrapnells) hinein. Dicht hinterher folgten die Pensacola, Mississippi, Varuna, u. s. w., jede im Vorbeifahren ihre Salven abfeuernd. Alle kamen mit sehr geringen Beschädigungen durch, ausgenommen die Segelcorvette Portsmouth, der während des Gefechts das Schlepptau riß, so daß sie unlenkbar und von der Strömung zurückgeführt ward.

Die mittlere Division unter Capitän Bell, war nicht ganz so glücklich, wie die rechte. Zwar der Scioto, Iroquois und die Pinola gelangten glücklich durch das Höllenfeuer, aber der Itasca ward der Dampfkessel zerschossen und sie mußte sich hülflos der Strömung überlassen; die Winona schreckte

vor dem Feuer zurück und kehrte um; die Kennebec verwirrte sich in die
Sperrkette und verlor, als sie sich mit Mühe losgemacht hatte, in der ägyp=
tischen Finsterniß der den Fluß bedeckenden Rauchwolken ihre Richtung.
Ohne Schaden erlitten zu haben, kehrte sie nach ihrem Ankerplatz zurück.

Capitän Farragut hatte unterdessen, wie er sich selbst ausdrückte, „ein
hart Stück Arbeit." Die Hartford näherte sich dem Fort Jackson bis auf
fünf Viertel Meile, ehe sie eine Salve empfing; diese war dann aber auch
besser gezielt, als die, womit Bailey begrüßt worden war. Das Schiff
ward an mehreren Stellen getroffen. Farragut erwiderte das Feuer vorerst
nur mit zwei auf dem Vordercastell aufgestellten Geschützen, bis er noch eine
halbe Meile von dem Fort war. Dann gab er dem Feinde Breitseiten von
Kartätschen und Granaten zu kosten, wie er sie sich wohl nicht hatte träumen
lassen. Die Kanoniere der auf dem Parapet stehenden Geschütze wurden
alle genöthigt, sich unter Dach zu flüchten, aber die Kasematten=Geschütze
blieben in voller Action und die Hartford ward ganz gehörig gepfeffert.
Die Richmond folgte ihr. Die Brooklyn, das letzte Schiff der linken Di=
vision, verrannte sich an einem der Schooner=Rumpfe und blieb dadurch
zurück. Sobald sie sich losgemacht hatte, wendete sie sich wieder stromauf=
wärts, bekam es nun aber mit einem garstigen Kunden, dem vielgenannten
Widderschiffe Manassas zu thun. Zum Glück war der Anlauf, den dasselbe
hatte nehmen können, so kurz, daß sein gegen die Steuerbordseite der Brook=
lyn geführte Stoß durch den zum Schutze angebrachten Kettenpanzer ge=
brochen ward. Auf 10 Fuß Entfernung feuerte der Manassas eine Kugel
ab, die fünf Fuß über der Wasserlinie in die Seitenwand der Corvette drang,
aber in den um den Dampfkessel aufgehäuften Sandsäcken stecken blieb.
Von der Strömung ergriffen, glitt der Widder ab und verschwand in der
Dunkelheit. Wenige Minuten darauf ward die Corvette von einem großen
Rebellendampfer angegriffen. Eine Breitseite, auf die Entfernung von 200
Fuß abgefeuert, machte ihm den Garaus und er ging in Flammen auf.
Ihren Weg langsam durch die dichte Finsterniß fortsetzend, fand sich die
Brooklyn auf einmal hart vor dem Fort St. Phillip in einer Wassertiefe
von nur 13 Fuß. Da sie auf einige Augenblicke alle ihre Geschütze in
Action bringen konnte, warf sie einen Regen von Kartätschen in das Fort
und die Matrosen im Mastkorb hatten die Genugthuung, die ganze Besatzung
wie eine Heerde Schafe, unter der der Blitz geschlagen hat, nach den Kase=
matten flüchten zu sehen.

Die meisten Schiffe waren vorbei und Capitän Farragut schickte sich, nach=
dem er Fort Jackson passirt hatte, eben an, auf das andere Fort loszufahren,
als ein neuer Feind erschien—die feindliche Flottille, die oberhalb des Fort

Phillip in Schlachtordnung gelegen hatte. Capitän Bailey, noch immer mit der Cayuga voran, befand sich mitten unter ihr, ehe er es bemerkte. Er sah sich allein. Die Rebellendampfer rannten grade auf ihn los, um ihn in den Grund zu bohren, doch durch gewandten Gebrauch des Steuers gelang es ihm, den Stößen auszuweichen. Seine elfzölligen Vollkugeln ihnen in die Rippen jagend, zwang er drei von ihnen sich ihm zu ergeben, ehe noch die andern Schiffe seiner Division herangekommen waren.

Von der Varuna berichtet Capitän Boggs: „Als ich die Batterie passirt hatte und mich plötzlich inmitten eines ganzen Rudels Rebellendampfer sah, dampfte ich immer gerade aus, beide Breitseiten zugleich auf die mich um=schwärmenden feindlichen Schiffe abfeuernd. Das erste Fahrzeug zur Lin=ken, das eine Breitseite empfing, schien voll von Truppen zu sein. Sein Kessel explodirte und es trieb steuerlos ans Ufer. Auf gleiche Weise wurden drei andere Fahrzeuge, eins davon ein Kanonenboot, in Brand geschossen und flogen später in die Luft..... Nun griff uns der Morgan, ein von dem früheren Flottenoffizier Kennon befehligtes, am Bug gepanzertes Kanonen=boot, an. Die Kugeln desselben fegten unser Deck, vier Mann tödtend und neun verwundend; auch versetzte es der Varuna zwei Stöße, am Hintertheil und am Steuerbord. Es gelang mir, drei achtzöllige Bomben, sowie mehrere Geschosse aus der auf dem Hinterdeck stehenden gezogenen Kanone hinter der Panzerbekleidung in den Rumpf des feindlichen Fahrzeuges zu placiren und es dadurch so zu beschädigen, daß es vom Kampfe abstehen mußte. Noch während ich mit ihm zu thun hatte, stieß auf der rechten Seite ein anderer feindlicher Dampfer, der mit einer Widdervorrichtung unter der Wasserfläche versehen war, gegen uns an. Unsere Kugeln glitten von seinem Bug ab. Er wich zurück, nahm einen neuen Anlauf und versetzte uns einen zweiten Stoß an der nämlichen Stelle, diesmal die Wandung des Schiffes zertrüm=mernd, aber da die Varuna sich rasch vorwärts bewegte, so ward durch den Anprall der Bug des Dampfers herumgeschleudert, so daß ich ihm mit den Kanonen auf der Leeseite fünf achtzöllige Bomben hinter dem Panzer bei=bringen konnte. Das gab ihm den Rest, die Flammen schlugen aus ihm empor und er trieb ans Ufer.—Da ich spürte, daß die Varuna im Sinken war, so ließ ich sie am Ufer auflaufen, warf den Anker aus und zog sie bis an die Bäume heran. Während dem waren unsere Kanonen damit beschäftigt, den Morgan zu zerschießen, der einen schwachen Versuch machte, sich wieder in Bewegung zu setzen. Die Kanonade auf denselben ward unterhalten, bis uns das Wasser über die Laffetten stieg, dann traf ich Anordnung die Ver=wundeten und die Mannschaft zu bergen. Die Oneida hatte unsere Lage bemerkt und kam zur Hülfe herbei, aber ich gab ihr Zeichen, daß ich ihrer nicht bedürfe. Sie wendete sich nun gegen den Morgan, der mittlerweile in Brand gerathen war und sich an sie ergab. Ich habe seitdem erfahren, daß über fünfzig Mann an Bord derselben getödtet und verwundet worden waren und daß der Capitän selbst das Schiff hatte in Brand stecken lassen."

So waren sechs feindliche Fahrzeuge von der Varuna vernichtet worden, ehe sie selbst mit fliegender Flagge versank.

Während sich Capt. Farragut noch mit den Forts herumschlug, flammte plötzlich vor ihm ein kolossaler Brander auf, den der Widder Manassas geradenwegs auf die Hartford losstieß. Während das Flaggenschiff dem gefährlichen Kunden auszuweichen suchte, verfuhr es sich auf eine Untiefe und der Brander legte sich prasselnd und knatternd an seine Seite. Im Nu gerieth auf der Leeseite das Schiff in Brand; aber Dank den vortrefflichen Löschvorrichtungen des Lieut. Thornton wurden die Flammen gelöscht, während sich zugleich das Schiff aus der Untiefe losarbeitete. Das geschah, ohne daß die Kanonade auf die Forts nur einen Augenblick eingestellt worden wäre. „Indem wir unsere Fahrt fortsetzten," sagt Farragut, „trafen wir hie und da noch einen Rebellendampfer, dem wir eine Breitseite zu geben vermochten. Endlich ward das Feuer schwächer, der Rauch verzog sich und wir sahen zu unserm Erstaunen, daß wir oberhalb der Forts waren, und nur noch einige, meist schon brennende, Rebellendampfer vor uns hatten. Indem wir an sie heranfuhren, schossen wir unsere vollen Breitseiten in sie und nöthigten sie dadurch, sich ans Ufer zu flüchten. Der Mississippi und der Widder Manassas fuhren in voller Geschwindigkeit, wie zwei gewappnete Ritter im Turnier, auf einander los, doch als sie kaum noch fünfzig Schritte von einander waren, bog der Widder aus und fuhr auf's Ufer. Der Mississippi feuerte nun eine volle Ladung in ihn und sandte dann Boote ab, um ihn zu borden, aber er war bereits von der Mannschaft verlassen und ganz zerschossen. Nach einer Weile riß die Strömung ihn los und nahm ihn mit sich fort. Es war der letzte von elf Dampfern, die wir zerstörten."

Der Anblick, welcher sich darbot, als das Flaggenschiff in Brand gerieth— dies war der Höhepunkt der Schlacht—läßt sich selbst nicht von der Einbildungskraft erreichen, geschweige denn in Worten schildern. Schon das bloße Getöse war der Art, daß die ältesten Offiziere der Flotte dadurch in Staunen versetzt wurden. Das Gebrüll von 20 Mörsern, 120 Schiffskanonen und eben so viel in den Forts, das Krachen und Schwirren der durch die feindlichen Geschosse abgelösten Splitter, die Explosionen der Dampfkessel und Pulvermagazine, das Geschrei und Gejauchze der Sieger, das Aechzen und Jammern der durch heißen Dampf Verbrühten und der durch Schüsse Verwundeten, das angstvolle Hülferufen der Ertrinkenden: —das Alles zu-

sammengenommen bildete ein höllisches Concert, hinreichend, um auch den
Kaltblütigsten aller Besinnung zu berauben. Dazu nun die Feuerblitze der
Kanonen, die grelle Gluth der Brander, die prasselnden Flammen der in
Brand gerathenen Schiffe! Vergesse man nicht, daß alle diese sinnbetäu=
benden Vorgänge auf einen verhältnißmäßig sehr kleinen Raum zusammen=
gedrängt waren und daß doch, so eng der Raum war, jedes Schiff seine
eigene Schlacht zu kämpfen hatte, ohne etwas von dem Schicksal der andern
zu wissen. „Der Fluß," sagt Farragut, „war so schmal, daß nicht gut mehr
als zwei oder.drei Schiffe zugleich manövriren konnten, aber so kampfeseifrig
waren alle, daß meine einzige Sorge die war, unsere Schiffe könnten sich
unter einander beschießen."

Binnen neunzig Minuten von dem Augenblicke an, wo die Bundesflotte
die Anker gelichtet hatte, waren die Forts passirt und die feindliche Flotte
vernichtet.

Die Cayuga hatte in der Aktion zweiundvierzig Schüsse erhalten, meistens
in Masten und Takelwerk, allein das verhinderte sie nicht, ihre Fahrt fortzu=
setzen. Beim Tagesgrauen gewahrte Capt. Bailey an der Quarantänesta=
tion, fünf Meilen oberhalb der Forts ein Lager am Ufer, aus welchem die
Soldaten in wilder Hast entflohen. Durch einige wohlgezielte Kugeln wur=
den die Flüchtigen zum Stehen gebracht und die Rebellenoffiziere übergaben
die Position. Die Flotte kam herauf, ein Schiff nach dem andern, jedes mit
Jubelrufen begrüßt, mit Jubelrufen antwortend. Die Todten, dreißig an
der Zahl, wurden begraben, für die Verwundeten, (119) Vorsorge getroffen,
die nöthigen Reparaturen vorgenommen, Tauwerk gespließt 2c., denn Capt.
Farragut war entschlossen nach den Batterieen zu suchen, die, den Prahlereien
des Feindes zufolge, beide Stromufer säumen sollten. Capt. Boggs von der
Varuna erbot sich, in einem offenen Boote auf einem in vielfachen Windungen
und Krümmungen um die Forts herumgehenden Bayou zu Gen. Butler hinab=
zufahren, um ihm Bericht über das Geschehene zu erstatten. Zwei Kano=
nenboote erhielten Befehl, bei der Quarantäne zu bleiben, um mit dem be=
absichtigten Angriff der Landtruppen auf das Fort St. Phillip zu cooperiren.
Schon am Vormittag um 11 Uhr—so gering war der Schaden, den sie ge=
litten hatte—konnte die Flotte die Anker lichten, um weiter stromaufwärts
zu fahren.

Gen. Butler war mit seinem Stabe auf dem Avisodampfer Saxon bis auf
Schußweite von den Forts der Flotte gefolgt, hatte diese im Dunkel der
Nacht verschwinden sehen und das furchtbare Getöse des Kampfes gehört.
Aber wer gewonnen, wer verloren habe, war ihm gänzlich verborgen. Be=
sonders unerklärlich erschien der Wiederbeginn der Kanonade, nachdem die

Flotte an den Forts vorbeipassirt zu sein schien. Auch von den Schiffen, welche aus der Aktion zurückgekehrt waren, konnte man über diesen Punkt keine Auskunft erhalten.

Endlich verstummten die Kanonen und die feurigen Massen verschwanden aus dem Gesichtskreise. Es war die Zeit des Sonnenaufgangs, aber die dicken Rauchwolken, die den Strom und das Ufer bedeckten, bewirkten eine mitternächtige Finsterniß. Endlich erhob sich eine Brise, wehete den Rauch hinweg und in wenigen Minuten lag der Strom in dem hellen Sonnenlichte eines heitern Aprilmorgens. Nun sah man die Forts, von denen noch trotzig die Rebellenflagge wehte, aber weit darüber hinaus die mit der Sternenflagge geschmückten Masten der Flotte. Das Wrack des Manassas ward von der Strömung eine kurze Strecke weit herabgeführt und versank, ihm folgte das brennende Wrack eines Rebellendampfers, bald darauf noch zwei andere.

Das sah wie Sieg aus; aber war es einer? Die Forts waren noch un=bezwungen; auch erfuhr man, daß drei der feindlichen Kanonenboote der Zer=störung entgangen waren, darunter der gewaltige armirte Drybock, Louisiana. Freilich war das ein harmloser Popanz, ein unlenksamer und nichts weniger als furchtbarer Rumpelkasten. Allein das wußte man nicht. Man hielt ihn für eine Dampfbatterie, so stark wie sechszehn Merrimacs zusammen und im Stande, die armseligen Mörserboote durch bloßes Anstreifen in den Grund zu fahren.

Um 7 Uhr Morgens sandte Capt. Porter ein Kanonenboot unter Parla=mentärflagge nach den Forts, um sie zur Uebergabe aufzufordern. Die Ant=wort war: „Niemals.“ Das Kanonenboot brachte die Meldung mit, daß vom Fort Jackson die schwersten Geschütze auf die Louisiana geschafft würden, die sich anschicke, unter die Reserveflotte herabzukommen und fürchterliche Musterung zu halten. Sofort schickte Porter die Mörserboote nach der Mündung des Flusses hinab. Der Verlust, welchen sie während des ganzen Bombardements erlitten hatten, bestand nur aus zwei Todten und sechs Verwundeten.

Gen. Butler sah, daß der Zeitpunkt gekommen sei, wo er seinen Theil des Programmes zu erfüllen habe und eilte nach der Mündung hinab zu seinen Truppen. Alle Transportdampfer mußten die Anker lichten. Die Trup=pen, die sie an Bord nehmen konnten, wurden unter den Befehl des General Williams gestellt. Die Segelschiffe mit der Truppenabtheilung des Gen. Phelps an Bord, sollten einstweilen zurückbleiben.

Sable Island, zwölf Meilen hinter dem Fort St. Phillip gelegen, war der Sammelpunkt. Vierundzwanzig Stunden gingen dadurch verloren, daß der Miami, ein früheres Fährdampfboot, auf den Grund fuhr. Capitän Boggs gelangte nach 26stündiger Fahrt in seinem offenen Boote glücklich zu Gen. Butler und brachte ihm eine Depesche des Capt. Farragut, worin dieser ihm meldete, daß er nach New Orleans vordringen werde, die Forts aber seiner (Butlers) Fürsorge überlasse.

Am 26. April ward das 26. Massachusetts-Regiment nebst einigen Compagnieen vom 4. Wisconsin und 21. Indiana-Regiment auf den Miami geschafft. Vorsichtig suchte der kleine Dampfer, der nur 7½ Fuß Tiefgang hatte, einen Weg durch die Untiefen, doch als er noch sechs Meilen vom Fort entfernt war, fuhr er wieder fest. Nun wurden die dreißig Boote bemannt und mit Truppen beladen. Die Bayous ergießen sich dort in einem solchen Gewirr von Gegenströmungen ins Meer, daß die Boote zuweilen beim angestrengtesten Rudern nur zollweise vorrücken konnten. Endlich gelangten sie in Mannels Kanal, wo die mit furchtbarer Gewalt hervordringende Strömung allem weiteren Rudern ein Ende machte. Die Soldaten sprangen ins Wasser, das ihnen bis an die Brust reichte, stemmten ihre Schultern an die Boote und zerrten und stießen sie noch anderthalb Meilen weit bis zu einem fünf Meilen oberhalb des Fort St. Phillip gelegenen Landungsplatze. Auf diese mühsame Weise wurden im Laufe des Tages 200 Mann Truppen vom Miami gelandet.—In der Zwischenzeit hatte Capt. Porter einige seiner Mörserschooner in der Bay hinter dem Fort Jackson aufgestellt und so waren am Morgen des 27. die Forts auf allen Seiten eingeschlossen.

In der Nacht kam die glorreiche Nachricht, daß Farraguts Flotte vor New Orleans liege. Gen. Butler überließ sofort dem Gen. Williams die Aufsicht über die weitere Landung der Truppen—worüber noch mehrere Tage vergehen konnten—und begab sich in Begleitung des Capt. Beggs nach der Stadt hinauf, um sich mit Capt. Farragut zu berathen.

In derselben Nacht desertirten 250 Rebellensoldaten aus Fort Jackson und ergaben sich den Bundespickets. Sie sagten, daß sie so lange gekämpft hätten, als es noch etwas hätte nützen können, aber da sie gesehen, daß die Forts ringsum eingeschlossen seien, hätten sie beschlossen, sich nicht um der bloßen militärischen Ehre wegen opfern zu lassen, hätten sich gegen ihre Offiziere empört, die flußaufwärts gerichteten Kanonen vernagelt und sich davon gemacht. Uebrigens seien die Forts noch in vertheidigungsfähigem Zustande und könnten den Bundestruppen noch viel zu schaffen machen.

Dies geschah indessen nicht. Am andern Morgen capitulirten die Forts. Capitän Porter gewährte den Offizieren und Soldaten freien Abzug auf Ehrenwort und ließ ihnen ihr Privateigenthum. Während die Unterhandlung darüber stattfand, ward die riesige Louisiana von ihren Offizieren in Brand gesteckt und der Strömung überlassen. Sie trieb gerade auf die Bundesflotte los und flog erst in die Luft, als sie derselben so nahe gekommen war, daß wenige Minuten genügt hätten, um sie mitten darunter zu bringen. Es war ein passendes Ausrufungszeichen hinter die der Besatzung gewährten günstigen Bedingungen! Capt. Porter ließ die Offiziere, welche den Schurkenstreich begangen hatten, in strengen Gewahrsam nehmen.

Die Freude und Neugier, mit welcher die Truppen in die Forts einzogen und das Resultat der langen Beschießung in Augenschein nahmen, kann man sich leicht vorstellen. St. Phillip war, einige ganz unbedeutende Schrammen abgerechnet, völlig unbeschädigt. Fort Jackson, das 144 Stunden lang mit elf- und dreizehnzölligen Bomben überschüttet worden war, machte auf das Auge des Laien den Eindruck, als ob es sehr arg gelitten habe. Allein Lieut. Weitzel berichtete nach sorgfältiger Untersuchung am 5. Mai an Gen. Butler: „Das Fort ist heute noch so stark, wie an dem Tage, als die erste Bombe hineingeworfen ward. Die Rebellen hatten dem Mittelgebäude keine bombenfeste Bedachung gegeben, so daß es durch die Bomben in Brand gesteckt und demolirt ward. Außerdem wurden drei Glühöfen (für glühende Kugeln) und drei Cisternen zerstört, an verschiedenen Stellen die Mauer-Brustwehren niedergeworfen, eine Ecke des Magazins auf der Nordseite des Ausfallthores abgeschossen. Auch drangen verschiedene Bomben durch die nicht mit Erdreich bedeckten Flanken-Kasemattenwölbungen, so wie einige—wo ihrer mehr als eine auf denselben Punkt trafen—durch die anderen Kasematten. Endlich waren an manchen Stellen die dreizehnzölligen Bomben durch das die Kasematten bedeckende Erdreich bis auf das Mauerwerk hinabgedrungen und durch ihre Explosion waren Stücke von der inneren Seite der Wölbungen gelockert worden. Aber um einem Sturmangriffe, oder selbst regelmäßigen Approchen Widerstand zu leisten, war das Fort nach dem Bombardement noch vollauf eben so stark, wie jemals."

Wenn der kühne Heldenmuth des Capitän Farragut und der Flotte dem General Butler die Aussicht auf die Generallieutenants Epauletten raubte, so ziemt es sich doch, von der Thatsache Akt zu nehmen, daß nur die rasche und unerwartete Landung seiner Truppen im Rücken des Fort St. Phillip die Meuterei hervorrief, welche die Capitulation bewirkte. Dem, der im blutigen Kampfe siegt, gebührt der Lorbeer, aber ein Manöver, welches große Dinge auch ohne Kampf vollbringt, verdient darum nicht minder Anerkennung.

Vierzehntes Capitel.

Panique in New Orleans

New Orleans hatte sich nicht, wie Charleston, Hals über Kopf in den Strudel der Sezession gestürzt. Die Lehre, daß, wenn Lincoln gewählt würde, die Republik zerstört werden müsse, war im Gegentheil von der Presse, wie von den einflußreichsten Persönlichkeiten in New Orleans mit Entrüstung zurückgewiesen worden. Im Jahre 1856 hatte Millard Fillmore die Stimmenmehrheit in der Stadt erhalten, im Jahre 1860 war Bell der bevorzugte Candidat. Es erhielten: Bell, 5,215; Douglas, 2,996; Breckenridge, 2646 Stimmen; Lincoln keine. Jedem, der nur die geringste Kenntniß der bestehenden Verhältnisse hatte, war es klar, daß diejenigen zwei Staaten, welche den bedeutendsten pekuniären Vortheil von dem Bundesverbande hatten, Massachusetts und Louisiana waren. Die großen Zuckerpflanzer, besonders die Creolen, welche die bestangebauten Gegenden des Staates besaßen, hielten am längsten zu der Union. Sie verstanden wohl, daß der enorme Gewinn, welchen ihnen der hohe Einfuhrzoll auf Rohrzucker gewährte, ihnen durch keine Veränderung der politischen Beziehungen zum Bunde ersetzt werden könne. Den Gewinn liebend, besaßen doch diese Pflanzer wenig von dem Geschäftssinn der Anglo-Amerikaner, waren allem lärmenden Getriebe im Verkehr, wie im Staatsleben abhold. Sie nahmen niemals an dem Parteileben regen Antheil und keine Klasse von Bewohnern des Südens blickte mit so starkem Widerwillen auf die Sezessionsbewegung, wie die Zuckerpflanzer von Louisiana. Zuletzt wurden freilich auch sie von der allgemeinen moralischen Epidemie angesteckt und als die jungen Leute im ersten Aufflammen der Kriegsbegeisterung die Waffen ergriffen, wurden in gewissem Sinne auch ihre persönlichen Neigungen mit dem Schicksale der Rebellion verstrickt. Doch ist nicht ein einziger hervorragender Führer der Rebellenarmee aus den Reihen der Zuckerpflanzer französischer Abkunft hervorgegangen.

Der erste Schuß, der in einem Kriege abgefeuert wird, bestimmt die Hal=
tung Derer, die bis dahin unschlüssig geschwankt haben. Jedermann, der
Sclaven besitzt, oder ohne Gewissensbisse Eigenthümer von Sclaven werden
würde, oder auch nur mit Gleichmuth auf die Thatsache blickt, daß es Scla=
ven giebt, ist Sezessionist, oder auf dem Wege, es zu werden. In diesem
großen Prinzipienkampfe haben die Vereinigten Staaten auf der ganzen weiten
Gotteserde nicht einen aufrichtigen Freund, der nicht wenigstens j e t z t ein
Abolitionist wäre. Alle ihre wirklichen, oder möglichen Feinde sind Solche,
die keinen Abscheu vor der Sclaverei empfinden, ob sie nun Sezessionisten,
Copperheads, oder—Engländer heißen.

So ward denn auch New Orleans von der moralischen Epidemie ergriffen.
War die Majorität, welche sich für die Losreißung erklärte gering, so genügte
sie doch, der Sezessionspartei die öffentliche Gewalt in die Hände zu geben.
Die Unionisten wurden verbannt, jede Kundgebung unionistischer Gesinnung
gewaltsam unterdrückt. Ich weiß nicht, ob die scheußliche Geschichte von der
Lehrerin, die auf Lafayette Square nackt ausgezogen und unter dem Jauch=
zen des Pöbels getheert und gefedert werden sein soll, wahr ist, oder nicht;
Thatsache aber ist, daß Niemand, gleichviel ob Mann oder Weib, in New
Orleans öffentlich nur eine Silbe zu Gunsten der Union sagen konnte, ohne
sein Leben aufs Spiel zu setzen. Nur einige sehr angesehene Bürger, wie
der edle Durant und einige Greise, welche die Flagge nicht verlassen moch=
ten, unter der sie als Jünglinge gestritten hatten, wurden mit einer gewissen
Ostentation geduldet.

Selbst die fremden Consuln, mit Ausnahme des mexikanischen, waren
eingefleischte Sezessionisten. Der preußische Consul Reichard warb ein
Bataillon und führte es nach Virginien, wo er zum Brigadegeneral gemacht
wurde. Als seinen Stellvertreter im Consulat ließ er seinen Compagnon
Kruttschmidt zurück, der die Tochter des Rebellen=Kriegsministers zur Frau
hatte. Die übrigen Consuln, durch Familien= und Geschäftsverbindungen
mit der Sezessionspartei verknüpft, gehörten zu den eifrigsten Anhängern
der Rebellion. Dieser Umstand erscheint wichtig im Hinblick auf die That=
sache, daß zwei Drittel der Geschäftsleute aus Fremdgeborenen bestanden und
ein sehr großer Theil der gesammten Einwohnerschaft von französischer,
spanischer, oder deutscher Abkunft war.

Die doppelte Blokade des Mississippi—im Norden und im Süden—
versetzte dem Handel von New Orleans den Todesstoß. Wie kolossal war
dieser Handel gewesen! An der sieben Meilen langen Uferfronte der Stadt
hatten die Baumwollenschiffe oft in acht bis zehn Reihen hintereinander ge=
legen—einen Mastenwald emporstreckend, dichter, als mancher tropische

Urwald. Dampfboote in unglaublicher Zahl schnoben und brausten ohne Unterlaß auf und ab, während die grelltönenden Glocken und die kreischenden Dampfpfeifen der landenden, oder abfahrenden das Ohr betäubten. So weit das Auge reichte, war der Uferdamm mit Baumwollenballen vollgeschichtet, viele Morgen große Flächen mit riesigen Zuckerfässern bedeckt. Unabsehbare Flotillen von Prahmen, Frachtkähnen, Lichterschiffen, Marktbooten und Flößen reiheten sich an das Gewimmel von Dampf= und Segelschiffen. Ueberall auf dem Damme sah man Schaaren von Negern unter lautem Jauchzen und Johlen Ballen und Fässer wälzen, dazwischen Schwärme von Commis, Matrosen und beturbanten Negerinnen, die Kaffee, Kuchen und Obst feil boten. Es war ein Anblick, wie man ihn in der ganzen Welt nicht ein zweites Mal finden konnte, denn hier konnte man den gesammten Handel und Wandel der Stadt mit einem einzigen Blick überschauen.

Welch eine Veränderung bewirkte die bloße Ankündigung der Blokade! Die Baumwollenschiffe entwichen, die Dampfboote flüchteten sich in entle= gene Bayous, oder fuhren den Strom hinauf, um nie wieder zurückzu= kehren. Die Berge von Ballen und die breiten Flächen von Zuckerfässern verschwanden. Der muntere Gesang der Neger ward nur noch selten gehört. Gras wuchs auf dem leeren Uferdamm. Der Handel der Stadt war todt. Die jungen Männer traten in die Armee; die Schiffsverlader, die Markt= helfer, die fremden Handwerker und Arbeiter wurden mit Gewalt zu Sol= daten gemacht. Auf der Börse wurden Subscriptionslisten zur Ausrüstung von Kaperschiffen ausgelegt. Während der ersten sechs Monate gelang es noch manchen Schiffen, die damals schwache Blokade zu brechen;—kam auch nur eins von dreien glücklich durch, so deckte der Gewinn davon den Verlust der beiden andern. Hollins machte eine erbärmliche kleine Flotte zurecht, um die Blokadeschiffe zu zerstören und man hämmerte mit großem Eifer an Widderschiffen und Panzerbooten. Mittlerweile waren nicht weniger als siebzehnhundert Familien wegen ihres Lebensunterhalts auf die von der Commune vertheilten Almosen angewiesen.

Nun ein Wort über die „Thugs," die seit Jahren in der Bestimmung der Communalangelegenheiten von New Orleans allmächtig waren. Wer das Parteiwesen in der Stadt New York kennt, der wird die Herrschaft, die diese Kehlabschneider=Rotte in New Orleans ausübte, leicht verstehen. In allen großen Städten muß, wie Martin Van Buren schon vor 42 Jahren voraus= sagte, das allgemeine Stimmrecht zu einer Herrschaft des von gewissenlosen Demagogen geleiteten, ruchlosesten und rohesten Pöbels ausarten. Zehn= tausend Schnapssäufer, die niedrigste Hefe des Volks, bilden das Grund= und Betriebskapital des frechen Demagogen; die Tausende von beglacée=

handschuhten „Vornehmen," die unter keinen Umständen dazu zu bringen
sind, von ihrem Stimmrechte Gebrauch zu machen, sind seine indirekten Hel=
fershelfer.   Fünftausend Schnapswirthe hat der Demagoge stets in seiner
Hand.   Rechnet man dazu nun noch jene Tausende von Indifferenten und
Denkfaulen, die sich nur durch einen außerordentlichen Aufwand von Prozes=
sionen, Feuerwerk, Raketen, Leuchtkugeln und Böllerschüssen bestimmen lassen,
an denen man es nicht fehlen läßt, und man begreift vollauf, wie das öffent=
liche Leben der großen Städte durch eine Bevölkerungsklasse bestimmt werden
kann, die bei einer vernünftigen Regulirung des Volkswahlsystems, d. h.,
bei einer Beschränkung des Wahlrechts auf Diejenigen, die lesen können,
gar kein Stimmrecht haben würden.

Wie in New York, so war es in New Orleans; nur noch in viel stärkerem
Grade.   Vielerlei Umstände, welche in New York dazu beitragen, die Scheuß=
lichkeit der Pöbelherrschaft zu mildern und sie wenigstens von Zeit zu Zeit
einmal unschädlich zu machen, bestanden in New Orleans nicht.   Die üblen
Einwirkungen der Sclaverei verliehen dem Rowdythume eine viel stärkere
Intensität, als es sie in den Städten des Nordens hat.   New Orleans war
die Hauptstadt des Baumwollenreichs.   Wie dessen Geldmacht sich dort
prahlerisch spreizte, so strömte auch der ganze Abschaum seiner Bevölkerung
dort zusammen.

Anderswo werden auch Schandthaten begangen, aber wenigstens nennt
man sie dann auch Schandthaten, mißbilligt, oder bestraft sie.   Allein in dem
Baumwollenreiche mißbilligte man das Verbrechen nicht, sondern erklärte es
für Tugend, bestrafte es nicht, sondern pries es.   In Sachen Cain contra
Abel ergriff der Sclavenhalter, ohne einen Augenblick zu zaudern, Partei
für Cain.   Wenn die „Differenz" zwischen beiden Brüdern im Corridor
des St. Charles Hotels stattgefunden hätte, würde die öffentliche Meinung
von New Orleans Cain als einen „ritterlich gesinnten jungen Mann," als
„würdigen Sohn einer unserer ersten Familien" belobt haben.   Es war
ungeschriebenes Gesetz in New Orleans, daß wenn Jemand zu einem Andern
ein beleidigendes Wort sagte, augenblickliche Ermordung die Strafe dafür
war:—genau das Rechtsprinzip, nach dem Cain handelte.   Jedermann in
New Orleans trug die Werkzeuge zur schnellen und sichern Vollstreckung
jenes Gesetzes bei sich.

In den funfziger Jahren, als Dr. McCormick (unter Butlers Verwal=
tung Sanitätsdirector der Stadt) die Direction der Charité hatte, besuchte
ihn ein Freund aus dem Norden.   Am Morgen führte er ihn im Hospitale
umher;—unter den Patienten waren vier, die in der vergangenen Nacht bei
„Differenzen" tödtlich verwundet worden waren.   Als der Arzt und sein

Gast den Saal verließen, begegnete ihnen ein Mann, dem eben in einer Rauferei auf der Straße ein Auge ausgestochen worden war. Kaum hatte ihn McCormick verbunden, als ein Mann mit vier Kugeln in der Brust gebracht wurde.

Außer sich vor Entsetzen fragte der Gast: „Aber lieber Doctor, geht denn das immer so?"

„Na, nicht gerade so stark wie heute. Sechs an einem Tage ist nicht häufig, aber zwei oder drei ist der tägliche Durchschnitt w ä h r e n d d e r S a i s o n."

„Wenn das so ist," entgegnete der Gast, „so danke ich für New Orleans. Ich hatte eine Woche hier bleiben wollen; nun reise ich noch heute wieder ab."

Dann die Duelle. Wenn die Martineau versichert, daß an einem einzigen Sonntag Morgen ihrer funfzehn stattgefunden hätten, so ist das schwerlich übertrieben. Dr. McCormick versichert, daß er an einem Tage mit eigenen Augen vom Fenster der Bundeskaserne aus sechs Duelle angesehen hat.

Aber worüber duellirte man sich denn? fragt der ungläubige Leser. Man höre einen sachverständigen Gewährsmann:

„Junge Männer kommen beim heitern Male zusammen; der Becher kreist mit großer Geschwindigkeit; die Unterhaltung wird zu einem wirren Durcheinander. Einer sagt, daß Lopez ein Patriot und Freiheitsmärtyrer gewesen sei, der andere erklärt, daß er ein Abenteurer und mit Fug und Recht erwürgt worden sei. Einer nennt die Königin von Spanien eine moderne Messalina, der andere eine keusche Vestalin, so rein, wie frischgefallener Schnee. Jener ruft ein Lebehoch auf die hohe Herrin von Spanien; dieser schreit, ein Mensch, das rittlings wie ein Mann durch die Straßen von Madrid sprenge, könne nie Anspruch auf seine Achtung machen. Patsch, hat er eine Ohrfeige. Am andern Morgen bei Sonnenaufgang stehen sich beide unter den Eichen von Gentilly zum tödtlichen Kampfe gerüstet gegenüber. Ist Niemand, der zur Sühne spricht? Niemand. Der Hahn knackt, die Kugel pfeift:—ein wilder Sprung des zum Tode Getroffenen, ein gellender Aufschrei, ein Stöhnen und Röcheln, und Alles ist vorüber.—Was weiter? Ketten und Kerker für den Mörder? Nichts der Art, sondern Preis und Ruhm dem Tapfern, der seinen Gegner erlegt hat."*

Ruhm und Preis erwartet den Mörder, sagt unser Gewährsmann. Zur Erläuterung dessen finde hier die Erzählung eines Ereignisses Platz, dem (1841) Dr. McCormick beiwohnte.

* New Orleans Delta, 3. Juni, 1863.

Zwei Pflanzer, Augustus Alston und Lee Reed, beides hochangesehene Männer, beides Politiker, lebten seit Jahren in offener Fehde mit einander, an der, wie im Mittelalter, alle ärmeren Nachbarn und Vasallen den eifrig- sten Antheil nahmen. Sie half die tödtliche Langeweile vertreiben, an der die jeder geistigen Beschäftigung abholden Südländer fortwährend leiden, diente den Männern statt Zeitung, den Frauen statt Roman. Endlich sandte einer von der Alston'schen Partei Reed eine Herausforderung zu. Der lehnte sie mit Verachtung ab; sein Pistol sollte auf keinen geringeren Mann, als Alston selbst, gerichtet sein. Eine andere Herausforderung;—dieselbe Antwort. Nun forderte Alston selbst den stolzen Feind und diese Forderung ward augenblicklich angenommen. Waffe: Büchsen. Die Duellanten soll- ten zwanzig Schritte entfernt von einander stehen, sich den Rücken zukehren, bei dem Worte „Ein s" sich herumdrehen und bis die Sekundanten bis fünf gezählt hätten, schießen, wann sie wollten.

Reed war ein starker, behäbiger Mann, ein ganz guter Schütze, wenn er in Ruhe und ohne sich vorher auf dem Absatz herumzubrehen, schießen konnte, sonst nicht. Er betrachtete sich als verloren, kaufte sich einen Sarg und ein Sterbekleid und traf alle Anordnungen für sein Begräbniß. Sarg und Sterbekleid ließ er auf die Stätte des Zweikampfes herausbringen. Mit Alston kam seine Frau. „Ich bin gekommen," sagte sie, „um Lee Reed todt- schießen zu sehen."

Die Duellanten traten auf die Mensur. Als bei dem Worte „Eins" Alston sich rasch umdrehte, stieß das Capuchon seines Oberrocks an den Stecher, der Schuß ging los und die Kugel pfiff über Reeds Kopf hinweg, der im halben Anschlag, außer sich vor Erstaunen, da stand. Das Wort „Zwei" brachte ihn wieder zur Besinnung; er schoß; seine Kugel fuhr Alston durchs Herz. Frau Alston stürzte sich auf den Leichnam, fand die Kugel, erhob sich wie eine Furie und schwur mit kreischender Stimme und dramatischen Ge- behrden, daß diese Kugel noch Lee Reed tödten solle.

Welchen Eindruck machte nun dieser tragische Vorgang auf die „öffentliche Meinung" der „ritterlichen" Südländer? Bewunderte sie etwa Reeds heroische Kaltblütigkeit? Stimmte sie das traurige, obwohl gerechte Schick- sal Alstons milder? Nichts von alle dem. Am Nachmittage zogen zehn Mann von der Alston-Partei unter Anführung eines Bruders des Erschosse- nen mit Büchsen, Pistolen und Bowiemessern bewaffnet, vor das Hotel, in welchem Reed die Glückwünsche seiner Freunde entgegennahm und sandten einen Cartellträger hinein mit der Bestellung, daß zehn von der Reed-Partei herauskommen möchten, um mit ihnen die Sache im Freien auszufechten. Die Herausforderung ward abgelehnt. Einige Tage darauf saß Reed an der Table d'hote inmitten der zahlreichen Gäste, unter denen viele Frauen und Kinder waren,—auch Dr. McCormick. Willis Alston trat herein, stellte sich Reed gegenüber auf, zog sein Pistol und schoß ihn durch die Leber. Die Wunde war nicht tödtlich. Nach mehrmonatlichen Leiden war Reed wieder gesund und ging, wie sonst, seinen Geschäften nach. Alston befand sich natürlich auf freiem Fuß. Endlich begegnen sie sich auf der Straße, Alston schießt wieder und diesmal fällt Reed, zum Tode getroffen.

Nun kam die ekelhafte Farce eines Criminalprozesses. Alle im Gerichtssaal Anwesenden, mit Ausnahme des Richters und des Hauptbelastungszeugen McCormick waren bis an die Zähne bewaffnet. Von den Geschworenen hatte jeder neben sich seine geladene Büchse stehen; der Angeklagte hatte zwei kolossale Reiterpistolen im Gürtel. Alle Zuschauer waren bewaffnet, die Reeds, um eine gewaltsame Befreiung des Angeklagten zu verhindern, falls er verurtheilt würde, die Alstons, um ihren Mann zu beschützen, falls er freigesprochen würde. Der Vertheidiger gab zu, daß sein Client den Verstorbenen geschossen habe, behauptete aber, daß dieser Schuß nicht die Ursache des Todes gewesen sei. Dr. McCormick ward als Zeuge vorgerufen. Unter tiefem Schweigen Aller und während ihn der Angeklagte mit funkelnden Augen, wie ein Schakal, anstierte, nahm er seinen Platz ein.

„Glauben Sie, daß der Verstorbene an der ihm vom Angeklagten beigebrachten Wunde gestorben ist?"

„Ich glaube darüber gar nichts," entgegnete der Zeuge, „sondern ich weiß, daß es so ist."

In der folgenden Nacht hielt es der Gefangene für gerathen, aus dem Gefängnisse auszubrechen. Er floh nach Texas, begegnete auf der Landstraße einem alten Feinde und schoß ihn im Sattel todt. Im nächsten Dorfe rühmte er sich seiner That gegen die Freunde und Nachbarn des Ermordeten. Dreißig von diesen ergriffen ihn, banden ihn an einen Baum und erschossen ihn, alle dreißig zu gleicher Zeit feuernd, um die Verantwortlichkeit unter sich zu theilen. So fand das Scheusal ein wohlverdientes Ende.

Doch auch für den ermordeten Reed, so tapfer er war, kann man kein Mitleid empfinden, denn er war ebenfalls ein Bösewicht. Aus seiner früheren Laufbahn weiß man die folgende Duellgeschichte. Er und sein Gegner, jeder mit zwei Revolvern und einem Bowiemesser bewaffnet, standen sechzig Schritte von einander, Rücken gegen Rücken. Auf das gegebene Signal sollten sie sich umdrehen, auf einander losgehen und im Gehen ihre Pistolen auf einander abschießen. Wären alle Kugeln verschossen, dann sollte das Bowiemesser seine Dienste thun. Wie verabredet, so geschah es. Reed schoß seine letzte Kugel ab, doch sein Gegner stand noch. Die Entfernung

war nur noch sechs Fuß. Aus mehreren Wunden blutend, raffte Reed seine
Kraft zusammen, schleuderte mit verzweifelter Anstrengung sein Pistol dem
Gegner ins Gesicht und fällte ihn zu Boden. Vorwärts taumelnd, stürzte
er sich auf ihn, zog sein Messer, tastete mit der linken Hand nach der Herz-
gegend des Feindes, setzte, als er sie gefunden, die Spitze seines Messers
darauf und suchte es dann hineinzudrücken. Er konnte es nicht mehr. Nun
versuchte er, während er das Messer mit der einen Hand hielt, sich mit der
andern aufzurichten, um die ganze Last seines Körpers auf den Messergriff
fallen zu lassen. Dieser scheußliche Anblick war selbst für südliche Sekundanten zu viel. Einer von ihnen packte Reed bei den Beinen und zog ihn
von dem Körper seines Gegners ab. Allein dieser war bereits eine Leiche.
Reed genas von seinen Wunden, um schließlich sein Ende, wie oben geschildert, zu finden.

Wenn wir nun mit dem Freunde des Dr. McCormick fragen: „Aber ging
es denn immer so zu?" so muß uns die Antwort darauf genügen: „Nicht
grade immer so arg;" allein häufig waren Auftritte, wie die eben beschrie-
benen und die Sitten, Anschauungen und Lebensgewohnheiten, aus welchen
sie hervorgingen, waren allgemein. Welcher Art müssen da die Zustände
von New Orleans gewesen sein, wenn man bedenkt, daß die Polizei das wil-
lenlose Werkzeug der von den allmächtigen Thugs eingesetzten städtische Behörde war.

Kehren wir zu dem Morgen des 24. April zurück.

Nie zuvor hatten sich die Bewohner von New Orleans so sicher gefühlt,
als da sie an diesem Morgen in den Zeitungen den kurzen, prahlerischen
Rapport des Gen. Duncan über die 25,000 ohne alle Wirkung geworfenen
Bomben lasen. Nachdem ein sechstägiges Bombardement keinen Eindruck
auf die Forts gemacht hatte, glaubte man sich aller Besorgnisse entschlagen zu
können und Jedermann ging ruhig an seine Geschäfte, als ob gar nichts Außergewöhnliches vorliege.

Um 9½ Uhr erschallt plötzlich die Sturmglocke, deren Schläge ein für allemal als Signal für alle Milizcompagnieen galten, sich in ihren Hauptquar-
tieren einzufinden. In wildester Hast stürzt Alles nach den Aushängetafeln
der Zeitungen, um das Folgende zu lesen:

„Es wird gemeldet, daß es zwei feindlichen Kanonenbooten gelungen ist, die Forts zu passiren."

Das war Alles, was der Telegraph melden konnte, ehe Farragut ihn zer-
schnitt, aber es war genug, um den New Orleansern ein Vorgefühl der bevorstehenden Katastrophe zu geben. Die Truppen eilten nach ihren Sam-
melplätzen; die Stadt war voll der tollsten Gerüchte, die ganze Einwohner-

schaft trieb sich auf den Straßen umher. Die Zeitungen wurden von dichten Menschenhaufen belagert, aber es war da nichts weiter zu erfahren. Nur 2800 Mann Rebellenmilitär befanden sich in der Stadt; ihr Commandeur, Gen. Lovell, war Tags zuvor nach den Forts hinunter geritten. Die Miliz war ziemlich zahlreich; in erster Reihe stand die aus einem französischen, einem englischen und einem spanischen Bataillon bestehende europäische Brigade. Auch ein tüchtiges Regiment freier Farbiger war im Dienst. Doch in Abwesenheit des Generals ließ sich nichts thun, als warten.

Um 2½ Uhr Nachmittags kehrte Gen. Lovell zurück und brachte die Nachricht, daß die ganze Bundesflotte die Forts passirt, die Flotte der Conföderirten zerstört habe und auf dem Wege nach der Stadt sei. Nun begann die Panique. Fast alle Läden wurden geschlossen, aus manchen flohen die Eigenthümer, Alles stehen und liegen lassend. Friedliche Bürger stürzten wie wahnsinnig aus ihren Häusern und liefen ohne Zweck und Ziel in den Straßen umher. Die Trommeln wirbelten den Generalmarsch, von überall her rannten die Soldaten herbei. Barhäuptige Weiber mit Pistolen in den Händen sprangen wie Besessene einher und schrieen: „Steckt die Stadt in Brand!" Offiziere trieben alle Karren und Frachtwagen zusammen, um die Baumwolle aus den Magazinen auf den Uferdamm zu schleppen. Vier Millionen Contanten wurden aus den Bankgewölben nach den Bahnhöfen geschafft und fortgesandt. Die Consulate waren gedrängt voll von Leuten, die ihre werthvollsten Besitzthümer unter den Schutz der fremden Flagge stellten. Der für seine Haut fürchtende Verräther Twiggs entfloh hastig aus der Stadt und andere hervorragende Verräther folgten seinem Beispiel. Den Behörden stand der Verstand still. Sollten die Truppen in der Stadt bleiben und sie zu vertheidigen suchen, oder zu Beauregard nach Corinth gehen? Man entschloß sich zu letzterem, oder wenigstens zunächst dazu, die Truppen aus der Stadt zu entfernen, um diese vor einem Bombardement zu bewahren. Einige tausend Mann Miliz zogen mit den Truppen ab, so daß alle Ausgänge der Stadt durch das Gewimmel der Fuhrwerke und der Soldaten verstopft wurden. Andere Tausende blieben, warfen aber ihre Uniformen ab und tauschten sich dafür Civilkleider, selbst von Negern, ein, um sich nur unbemerkt nach Hause schleichen zu können. Das Negerregiment weigerte sich in corpore, die Stadt zu verlassen.

Um in dieser allgemeinen Wirrsal die Stadt vor einer Schreckensherrschaft der Thugs zu bewahren, stellte der Mayor sie unter den Schutz der europäischen Brigade. Diese unterdrückte die tumultuarischen Auftritte und verhinderte die Brandlegung, die ebenso von wahnwitzigen Megären, wie von beutelustigem Diebsgesindel versucht ward.

So verging der Nachmittag. Nur wer jemals eine große Stadt in der tollen Aufregung einer Panique gesehen hat, vermag sich von dem wilden Durcheinander, dem Schrecken, Entsetzen und der Raserei, die überall herrschten, eine Vorstellung zu machen. Millionen Flüche regneten auf Duncan, auf den Staatsgouverneur, auf Lovell herab. Und welche gräuliche Verwünschungen der „Yankees“! Welch ein wüster Streit zwischen Denen, die New Orleans zu einem zweiten Moskau machen wollten und Denen, die Schonung für die Behausungen von 50,000 Frauen und Kindern begehrten! Welch eine scheußliche Hatz auf die wenigen Unionisten, die so unvorsichtig gewesen waren, ihre Freude merken zu lassen! Welch haarsträubende Drohungen gegen Alle, welche sich unterstehen würden, den Yankees nur ein freundliches Gesicht zu machen! Wehe, dreimal Wehe Dem, der ihnen nur im entferntesten seine Sympathie bezeugen würde! Gebenedeiet seist du, gelbes Fieber, einst die schrecklichste Geißel von New Orleans, jetzt willkommener als der kühle Oktoberwind nach den Verheerungen eines heißen Sommers. Erscheine, du Würgengel und vertilge die Feinde des ritterlichen Südens, auch wenn wir selbst mit ihnen zu Grunde gehen.

Am Abend des Donnerstag begann man die Baumwollevorräthe und die Schiffe in Brand zu stecken: 15,000 Ballen Baumwolle am Quai, zwölf bis fünfzehn Baumwollschiffe, zwölf bis zwanzig Flußdampfer, ein kolossaler, noch nicht ganz fertiger Widderdampfer, die Trockenwherften, ungeheure Haufen Steinkohlen und noch größere Scheitholz, Bauholz, kurz Alles, wovon man glaubte, daß es den Yankees nützen könne, ward in Brand gesteckt und der ganze Himmel war schwarz von Rauch. Die Oxhöfte Zucker und Molasse wurden zu hunderten zerschlagen; an manchen Stellen floß die Melasse in dicken dunklen Strömen den Damm hinab. Tausende von Negern und armen Weißen trugen sich in Schürzen, Eimern und Körben den Zucker nach Hause. Und als ob das Alles noch nicht genug sei, entfloh der haasenherzige Gouverneur auf dem schnellsten Dampfer stromaufwärts, die Panique überall hin verbreitend und Proclamationen erlassend, worin er die Pflanzer aufforderte jeden Ballen Baumwolle zu verbrennen, der sonst den ruchlosen Yankees in die Hände fallen könnte.

„Wenn ihr frei sein wollt,“ rief er ihnen zu, „wenn ihr des Heldenblutes würdig sein wollt, das sich durch geheiligte Generationen bis auf euch fortgepflanzt hat, wenn ihr eure ungetrübten Blicke auf den Ruhmes-Strahlenglanz gerichtet habt, der sich vor euch und euren Kindern ausbreitet und entschlossen seid, für immerdar jede politische Gemeinschaft mit den feilen Horden abzuschütteln, die sich jetzt, wie die Pest, über unser schönes Land verbreiten, —dann, Mitbürger, ist jetzt die rechte Zeit. Ein Feuerbrand, von ent-

schlossener Manneshand in die Plantagen geschleudert,—und das ewige Sie=
gel der Unabhängigkeit des Südens ist in das große Herz der Welt einge=
prägt!"

Dieser pyramidale Blödsinn verfehlte seine Wirkung nicht. Während
der nächsten Tage wurden — so wird offiziell berichtet—250,000 Ballen
Baumwolle verbrannt. Nicht ein Pfund von dieser Baumwolle stand in
Gefahr, confiscirt zu werden; sie wäre nach dem Falle von New Orleans
ihren Eigenthümern sicherer gewesen, als vorher.

Gegen zwölf Uhr kam die Flotte in Sicht. Der sieben Meilen lange
Quai war voll von Menschen, die mit Wuth, Scham und Zorn ohne Maß
auf die heranfahrenden Schiffe stierten. Noch einmal erhob sich das Ge=
schrei: „Steckt die Stadt in Brand!" Aber die europäische Brigade ließ
nicht mit sich spaßen und der Pöbel wagte nicht, ihr zu trotzen.

Die Zeit wird kommen, wo New Orleans wissen wird, daß jene Flotte
nicht Despotismus und Schreckensherrschaft, sondern Befreiung brachte, wo
es den Tag ihrer Ankunft als ein Fest feiern und auf seinen öffentlichen
Plätzen Ehrensäulen für Farragut und Butler errichten wird!

Funfzehntes Capitel.

New Orleans ergiebt sich nicht

Aus dem greulichen Wirrwarr der Nacht vom 23. auf den 24. April
gelangte die Flotte Farraguts auf einen Schauplatz, der ein Bild der heiter=
sten Ruhe darbot. In kurzer Entfernung oberhalb der Quarantaine
erschienen auf beiden Ufern des Stromes die Zuckerplantagen mit ihren
lieblichen Villas, umgeben von blumenumrankten Verandas und stolzen
Bäumen, jede mit ihrem Negerdörfchen. Das Zuckerrohr, schon einen Fuß
hoch, zeigte sich im glänzendsten Saftgrün, dessen prächtiger Glanz noch durch
die dahinter sich erstreckenden Waldschatten erhöht ward. Nur daß von
vielen Häusern weiße Flaggen, oder Tücher ausgehängt waren, hie und da
wohl auch eine alte, zerschlissene Nationalflagge—ein Ueberbleibsel aus guter

alter Zeit—erinnerte daran, daß man sich eigentlich in Feindesland befand. Nur die Neger, die in großer Zahl auf den Feldern arbeiteten, gaben den Schiffen unzweideutige Zeichen des Willkommens. Sie rannten schaaren= weise nach dem Ufer, johlend und jauchzend, warfen ihre verwitterten Hüte in die Luft und machten vor Freude die tollsten Luftsprünge. Auf manchen Plantagen, wo der Aufseher sie in strengerer Zucht hatte, durften sie das freilich nicht, doch wo einer Gelegenheit fand, unbemerkt von dem gefürch= teten „Treiber" den Hut zu schwenken, that er es.

Von den Batterieen, womit der Fluß gesäumt sein sollte, fand sich keine Spur. Um 3 Uhr waren die Schiffe vor Point la Hache, dessen Befesti= gungen „uneinnehmbar" sein sollten. Nicht eine einzige Kanone war da. Wohl aber waren auf einer benachbarten Plantage dreißig Pflüge im Gange und ein paar hundert Neger stürzten unter wildem Jauchzen nach dem Uferdamm. „Vater Abraham, vivat hoch!" schrie einer und die andern stimmten jubelnd ein.

Um 8 Uhr Abends ging die Flotte vor Anker. Zu Wasser war sie noch 18 Meilen von der Stadt, die gerade Entfernung zu Lande betrug nur halb so viel, so daß man die ungeheuren Rauchwolken von der brennenden Baum= wolle deutlich gewahren konnte. Was ist das? fragte man sich. Etwa ein zweites Moskau? Warum nicht? Nichts ist zu verrückt, als daß man es den Rebellen nicht zutrauen sollte.

Bei Chalmette, dem Schauplatze der Schlacht Jacksons, war der Fluß wirklich mit Batterieen „gesäumt," das heißt, es war auf jedem Ufer eine Batterie von 8 oder 10 alten Kanonen. Sobald sie in Sicht kamen, ward das Signal zur Action gegeben. Die vordersten Schiffe waren zwanzig Minuten unter Feuer, ehe sie es erwidern konnten, dann aber jagten einige Kartätschensalven die durch nichts gedeckten feindlichen Kanoniere in die Flucht. Der ganze diesseitige Verlust bestand darin, daß ein Mann durch den Luftdruck von einer vorbeifliegenden Kanonenkugel umgeworfen worden war.

Um Mittag bog die Flotte um die letzte Krümmung und vor ihr lag wie ein Panorama die halbmondförmige Stadt ausgebreitet. Welch ein An= blick! Feuersbrünste am Ufer, so weit das Auge spähen konnte, brennende Schiffe im Strome, der Uferdamm gedrängt voll von Wahnwitzigen, deren gellendes Wuthgeheul und beschimpfende Geberden deutlich genug zeigten, welch ein Empfang die Ankömmlinge erwarte. Ein schwaches Vivat auf die Union, sagt man, sei aus dem Haufen erschollen und mit einer ganzen Salve von Pistolenschüssen beantwortet worden. Als die Flotte vor Anker ging, brach ein wolkenbruchartiges Gewitter los und die mit tropischer Heftigkeit

herniederströmenden Regenfluthen mochten wohl in etwas das heiße Blut
derer, die noch auf dem Damme blieben, abkühlen.

Alle Banken, Magazine und Läden in der Stadt waren geschlossen. Der
Mayor hatte durch eine amtliche Bekanntmachung der europäischen Brigade
unter General Juge die Aufrechthaltung der öffentlichen Ruhe übertragen.
Sie allein war es, welche die Stadt vor Anarchie und allgemeiner Plünde=
rung, vielleicht vor der Zerstörung rettete.. Sie patroullirte Tag und Nacht
durch die Straßen. Dem General Juge gelang es auch, durch Bitten und
Drohungen einige Metzger, Bäcker und Colonialwaarenhändler zum Offen=
halten ihrer Geschäfte zu bestimmen, denn die Furcht vor Hungersnoth ge=
sellte sich noch zu allen andern Schrecknissen. Die Landleute aus der Um=
gegend wagten sich nicht in die Stadt und so blieben die Märkte leer.
Sodann: Wie stand es mit dem „conföderirten" Papiergelde? Würde das
unter der Herrschaft des Bundes noch gelten? „Es ist noch eben so viel
werth, wie je," sagte der Mayor in einer seiner Proclamationen, „und Nie=
mand braucht es zurückzuweisen. Wer aber dennoch Noten der städtischen
Banken vorzieht, kann es für solche bei dem Wohlfahrtsausschuß aus=
wechseln." Eine andere Proclamation gebot Denjenigen, die Zucker vom
Damme genommen hatten, ihn zurückzubringen; eine dritte verhieß, daß bis
zum Montag die Märkte ausreichend mit Lebensmitteln versehen sein sollten;
eine vierte befahl allen Verkäufern von Lebensmitteln, ihre Geschäfte zu
öffnen; eine fünfte forderte die Einwohner auf, ruhig zu sein und die Für=
sorge für ihre Wohlfahrt und Ehre den Behörden zu überlassen.

Um 1 Uhr lag die Flotte vor Anker. Der Regen fiel noch in Strömen,
aber um das Zollamtsgebäude drängte sich gleichwohl eine dichte, wild
erregte Menschenmenge. Vom Flaggenschiffe stieß ein Ruderboot ab, schmuck
und sauber, die Ruderer in ihrer besten Matrosentracht. Capitän Bailey,
nächst Farragut der Höchstcommandirende der Flotte, Lieut. Perkins und der
Segelcapitän Morton saßen in dem Boote. In dem Augenblicke, als es
abstieß, kam ein kolossales Ungethüm, ein für zwanzig Kanonen berechneter
Merrimac in großem Maßstabe, der Arche Noah nicht unähnlich, in Flam=
mengluth gehüllt, den Strom herabgeschwommen. Zu jeder andern Zeit
würde ein solcher Anblick die allgemeine Aufmerksamkeit auf sich gezogen
haben, jetzt aber waren Aller Augen auf das Boot gerichtet, das sich dem
wuthschnaubenden Menschenhaufen am Uferdamm näherte.

Der Empfang, welchen Capt. Bailey fand, war kein solcher, wie ihn
sonst eine eroberte Stadt dem Sieger zu gewähren pflegt. Betäubende
Vivatrufe auf Jeff. Davis und den Süden, kreischende und gellende Pereats
auf Lincoln und seine Flotte waren das Willkommen. Zwei oder drei

Männer, die mit schwacher Stimme die „alte Flagge" begrüßten, wurden im Nu gepackt, zu Boden geschlagen, bei Seite geschleppt. Bailey und Perkins traten ans Ufer und sagten, daß sie den Mayor der Stadt zu sehen wünschten. Einige etwas anständigere Leute erboten sich, sie nach dem Stadthause zu geleiten. Inmitten der sie auf allen Seiten umbrängenden, tobenden, fluchenden, schreienden, brüllenden Menge, in dem noch immer ohne Unterlaß herabströmenden Regen, legten die Offiziere ihren gefahrvollen Weg zurück. „Am Stadthause," so schrieb am andern Morgen das Delta, „bedurfte es des kräftigen Einschreitens mehrerer Bürger, um zu verhindern, daß den kecken Abgesandten einer verabscheuten Dynastie keine Gewalt an= gethan wurde."

Der Mayor Monroe, ein kleiner Mensch von sehr unbedeutendem Aeußern, war der schwierigen Lage, in welcher er sich befand, nicht gewachsen, allein da ihm mehrere der „Stadtväter," wie er die Gemeinderathsmitglieder nannte, so wie der gewandte und verschlagene Soulé zur Seite standen, ge= lang es ihm doch, halbwegs eine Figur zu spielen und sein Amt nicht ganz ohne Würde zu repräsentiren. Während das Geheul der das Stadthaus umbrängenden Menge heraufscholl, wurden Bailey und Perkins dem Mayor vorgestellt und die üblichen conventionellen Höflichkeiten zwischen ihnen ausgetauscht.

„Mich sendet," sagte Bailey, „der Befehlshaber der Bundesflotte, Capt. Farragut, um die Stadt zur Uebergabe aufzufordern. Zugleich fordert er, daß die Flagge der Vereinigten Staaten auf dem Zollamtsgebäude, der Münze, dem Postamt und dem Stadthause aufgezogen werde."

„Ich bin nicht Militärbefehlshaber der Stadt," erwiderte der Mayor, „habe also keine Befugniß, sie zu übergeben und würde es nicht thun, wenn ich sie hätte. Die Stadt hat einen Militärcommandanten, den ich holen lassen will, und der dann Ihre Aufforderung beantworten mag."

Ein Bote wurde an den noch in der Stadt weilenden Gen. Lovell ge= schickt. Mittlerweile unterhielten sich die im Mayors=Zimmer Anwesenden in höflicher Weise. Die Bundesoffiziere sprachen mit großer, doch wohlver= dienter Anerkennung von dem tollkühnen Heldenmuthe, womit die Rebellen= flotte den Bundesschiffen den Weg zu verrennen gesucht hatte und bedauerte die Zerstörung so großer Eigenthumswerthe, zu der doch gar keine Veran= lassung bestanden habe. Darauf antwortete der Mayor in pikirtem Tone, daß das Eigenthum Denen gehört habe, die es zerstört hätten und daß das keinen Andern etwas angehe. „Hm," replizirte Bailey, „mir kommt die Sache so vor, als ob sich Jemand die Nase abbisse, um sein Gesicht zu ärgern."

Vivatgeschrei der Menge verkündigte die Ankunft des General Lovell. Capt. Bailey wiederholte seine Forderung mit dem Hinzufügen, daß Capt. Farragut alles Privateigenthum schützen und sich in keiner Weise an Privat= rechten, namentlich nicht an dem in Negern bestehenden Eigenthum vergreifen werde.

Lovell erwiderte, er werde die Stadt weder übergeben, noch veranlassen, daß sie übergeben werde. Zu Wasser durch die Uebermacht besiegt, werde er zu Lande kämpfen, so lange er nur noch einen Soldaten habe. Uebrigens habe er seine Truppen aus der Stadt gezogen und wenn man eine wehrlose Stadt in Brand schießen wolle, möge man es thun. Gerade um das zu vermeiden, um den tausenden wehrloser Frauen und Kinder die Schrecknisse eines Bombardements zu ersparen, ziehe er sich mit den Truppen zurück. An den städtischen Behörden sei es nun, zu thun, was sie fürs Beste hielten.

Capt. Bailey versicherte, daß kein Gedanke dem Capt. Farragut ferner liege, als der, eine wehrlose Stadt voll Frauen und Kinder zu bombardiren. Im Gegentheil, er hege gar keine feindseligen Absichten in Bezug auf New Orleans und bedaure aufrichtig die stattgehabte Eigenthumszerstörung.

„Die ist auf meinen Befehl erfolgt," unterbrach in Lovell. Er hätte noch hinzufügen können, daß seine Baumwolle die erste war, die angesteckt ward.

Man verständigte sich nun dahin, daß die Bundesoffiziere nach der Flotte zurückkehren, der Mayor die ganze Angelegenheit dem Gemeinderath vor= legen und dem Capt. Farragut über das, was beschlossen werden würde, Bericht erstatten solle. Auf Baileys Verlangen sandte Lovell zwei seiner Offiziere mit, um ihn durch die wüthende Menge sicher zu geleiten. Wäh= rend er selbst und Lovell den Pöbel zur Ruhe und Mäßigung ermahnten, wurden die Flottenoffiziere zur Hinterthür des Stadthauses hinaus in eine dort bereitstehende verschlossene Kutsche geschafft und so schnell, als die Pferde laufen wollten, nach dem Hafen gefahren, wo mittlerweile die Mannschaft des Bootes, die sich von der Pöbelrotte die abscheulichsten Beschimpfungen hatte gefallen lassen müssen, ungeduldig auf ihre Rückkehr geharrt hatte. Wäh= rend sie sich an Bord des Flaggenschiffs begaben, fuhr vom andern Ende der Stadt Gen. Lovell ab, um nie wieder gesehen zu werden.

Farragut ward durch den Bericht Baileys theils ergötzt, theils in Ver= legenheit gesetzt, indessen ließ sich weiter nichts thun, als auf die Antwort des Mayors zu warten. Alle waren aufs höchste ermüdet; auch die New Orleanser hatten sich matt gebrüllt und geheult und so verbrachte man, wider Erwarten, beiderseits eine sehr ruhige Nacht.

Am Sonnabend den 26. April, früh halb 7 Uhr brachte ein Boot den Secretär des Mayors und den Polizeichef an Bord des Flaggenschiffs. Sie meldeten, daß der Gemeinderath sich um 10 Uhr versammeln und die Entschließung desselben dem Capt. Farragut mitgetheilt werden solle. Dieser, unwillig über die neue Verzögerung und voll gerechten Zornes über das am Tage zuvor Geschehene, sandte ein Schreiben an den Mayor, worin er mit Bezug auf diese Vorfälle die Aufforderung zur schleunigen Uebergabe der Stadt wiederholte.

„Ich fordere," hieß es darin, „von Ihnen, daß Sie die Stadt bedingungslos übergeben, daß heute Mittag das Emblem der Bundes-Oberhoheit auf dem Stadthause, der Münze und dem Zollamtsgebäude aufgezogen werde und daß zugleich alle Embleme einer andern Souveränetät von allen öffentlichen Gebäuden verschwinden. Ausdrücklich verlange ich, daß Sie Ihre ganze Amtsgewalt zur Unterdrückung von Ruhestörungen verwenden, die Einwohner auffordern, zu ihrer gewöhnlichen Berufsthätigkeit zurückzukehren und daß Niemand wegen Aeußerung von loyalen Gesinnungen in Bezug auf die Landesregierung an seiner Person oder seinem Eigenthum Belästigung erfahre. Alle, die sich solcher Schandthaten, wie die gestern stattgehabten schuldig machen, wo bewaffnete Männer auf wehrlose Frauen und Kinder schossen, weil sie ihre Freude über das Wiedersehen der alten Flagge kundgegeben hatten, werde ich aufs strengste und exemplarischste bestrafen."

Als der Gemeinderath sich versammelte, erstattete der Mayor Bericht über die Unterredung mit Capt. Bailey und fügte hinzu:

„Meiner Meinung nach steht es mir, als Civilbeamten nicht zu, eine militärische Handlung, wie die Uebergabe der Stadt an einen Feind es ist, zu verrichten. Wir können auf eine desfalsige Aufforderung nur entgegnen, daß wir ohne militärischen Schutz und außer Stande sind, Widerstand zu leisten; daß wir daher die Occupation der Münze, des Zollhauses und Postamtes nicht verhindern können; daß diese Gebäude der Conföderirten Regierung gehören und wir keine Controlle darüber haben; daß es Sache des Feindes ist, sich in Besitz derselben zu setzen; daß wir nur der Gewalt weichen und übrigens unsere Treue der Conföderirten Regierung bewahren. Weiter können wir nicht gehen."

Der Gemeinderath erklärte sich mit diesem Programm vollkommen einverstanden und ermächtigte den Mayor zur Ausführung desselben.

Während die Berathung stattfand, fuhr Farragut nach Carrollton hinauf, wo Batterieen errichtet worden waren, um die Stadt gegen einen Angriff von Norden her zu vertheidigen. Er fand sie verlassen, die Kanonen vernagelt und die Laffetten verbrannt.

Sonntag, den 27. April Morgens, traf die Antwort des Mayors ein, die nebst vielen insolenten und großsprecherischen Phrasen die folgende Er= klärung enthielt: „Ich bin kein Militär und meine Befugniß erstreckt sich nicht über die Verwaltung der Communalangelegenheiten hinaus. Es wäre eine Gewaltanmaßung, wenn ich die Führung einer Armee übernehmen wollte, selbst wenn eine solche da wäre. Wie ich eine wehrlose, von Ihren Kanonen und Mörsern beherrschte Stadt übergeben sollte, verstehe ich nicht. In jedem Falle wäre es eine sehr unnöthige Förmlichkeit. Die Stadt ge= hört Ihnen nach dem Rechte der rohen Gewalt, nicht mit meiner oder der Einwohner Zustimmung. An Ihnen ist es, zu bestimmen, welches Schicksal uns erwartet. Was. das Aufziehen einer Flagge betrifft, welche wir nicht als die unsere anerkennen, so lassen Sie sich sagen, daß Niemand in unserer Mitte lebt, dessen Hand nicht bei dem bloßen Gedanken an eine solche That erlahmt. Und ebenso vermöchte ich in der ganzen Stadt nicht einen Renegaten zu finden, der so verwegen und ruchlos wäre, um mit seiner Hand das Emblem unserer heiligsten Bestrebungen zu profaniren, u. s. w., u. s. w." Kurz, der Mayor sagte: „Kommt und zieht selbst eure Flagge auf, wo ihr wollt, aber muthet es uns nicht zu!" Nicht übel, obschon etwas frech. Allein wer hinter einer Schanze von 50,000 Frauen und Kindern steht, kann wohl ohne Gefahr frech sein.

Der Flottenbefehlshaber lehnte nun jede weitere Unterhandlung mit dem Mayor ab, doch in Betreff des Aufziehens der Flagge nahm er ihm beim Wort. Von der Pensacola, die der Münze gegenüber lag, ward eine Boot= mannschaft ans Ufer gesandt, welche die Bundesflagge auf dem Gebäude aufzog. Der die Mannschaft befehligende Offizier verkündigte den Umste= henden, daß die Pensacola sofort ihre Kanonen spielen lassen würde, wenn irgend Jemand sich unterstehe, die Flagge zu entfernen. Die Haubitzen auf dem großen Mars der Pensacola wurden mit Kartätschen geladen und auf die Flaggenstange gerichtet.

Um 11 Uhr waren die Mannschaften aller Schiffe auf Deck, um, wie es in der Ordre hieß, „dem Allmächtigen für die Gnade zu danken, womit er gestattet habe,.daß die Flotte während der Ereignisse der letzten Tage so geringe Verluste erlitten." Da Regen am Himmel stand, nahm der Bom= bardier der Pensacola die Percussionszünder von den Geschützen. Ein Wächter blieb auf dem großen Mars, um die Vorgänge an der Münze zu beobachten. Der Gottesdienst hatte kaum zwanzig Minuten gewährt, als die Entladung der Haubitzen die andächtigen Versammelten aufschreckte. Aller Augen richteten sich nach dem Dache der Münze. Da gewahrte man vier Kerle, welche die Flagge herabrissen und damit forteilten. Ohne daß ein Befehl gegeben worden wäre, wie durch einen elektrischen Impuls, wurden die Schnuren aller Kanonen auf der Breitseite angerissen, aber die niederklappenden Hämmer bewirkten keine Entladung. Nichts, als die zufällige Entfernung der Percussionszünder rettete die Stadt vor einer furchtbaren Zerstörung und Blutvergießen. Wenn in diesem Augenblicke der Befehl zum Bombardement der Stadt gegeben worden wäre, würde Jedermann auf der Flotte es in der Ordnung gefunden haben.

New Orleans jubelte wie toll über die verwegene That. Der Picayune schrieb am andern Morgen: „Die Namen der Männer, welche sich durch Herabreißung der heimtückisch aufgezogenen Flagge auszeichneten, sind W. B. Mumford, der mitten unter einem Hagel von Kartätschen die Flagge abschnitt, Lieutenant N. Holmes, Unterofffizier Burns und James Reed. Hoher Ruhm gebührt ihnen für ihre patriotische That. New Orleans giebt in dieser Stunde des Mißgeschicks durch die würdevolle Ruhe, die es im Angesicht des Feindes bewahrt, durch die Kundgebung des unerschütterlichen Entschlusses, an der gerechten Sache festzuhalten, für welche es schon so große Opfer gebracht hat, durch das feste Vertrauen, womit es einer Erlösung aus seinen Fesseln entgegensieht, allen anderen Städten des Südens ein leuchtendes Beispiel und beweist sich der stolzen Stellung, die es einnimmt, werth.“

„Würdevolle Ruhe!“ Vortrefflich!

Unter betäubendem Jauchzen des Pöbels zerrten die Vier die erbeutete Flagge durch den Straßenkoth, stiegen dann auf einen Möbelwagen, paradirten mit ihrer Trophäe unter Trommelschlag durch die Straßen der Stadt, zerrissen schließlich die Flagge und vertheilten die Fetzen davon unter den Pöbel.

Capt. Farragut war aufs höchste erbittert, doch auch in Verlegenheit, was er thun solle. Selten wohl hat sich ein Commandeur in so widerspruchsvoller Lage befunden,—von einer Stadt insultirt zu werden, die wehrlos vor den Mündungen seiner Kanonen lag. Einige Stunden später langte zu seiner großen Herzenserleichterung Gen. Butler an. Dieser rieth ihm die Stadt sofort mit einem Bombardement zu bedrohen und die Behörden zur Fortschaffung der Frauen und Kinder aufzufordern. Farragut ging darauf wenigstens theilweise ein. Er schrieb an den Mayor, warnte ihn vor der Gefahr, welcher sich die Stadt durch Auftritte, wie die am Sonntag Vormittag, aussetze und schloß: „An Ihnen ist es, Ihre Stellung zu wählen, ich aber werde mich, wenn ich Ihre Entschließung richtig verstanden habe, verpflichtet fühlen, an Sie die Aufforderung zu richten, innerhalb zweimal vierundzwanzig Stunden alle Frauen und Kinder aus der Stadt

zu entfernen."— Den Behörden beliebte es, dies als eine unbedingte Ankün=
digung des Bombardements aufzufassen und sie stellten es dem Capitän eines
so eben vor der Stadt angelangten französischen Kriegsschiffes so dar. Dieser
maßte sich das Recht an, die folgende Note an Capt. Farragut zu richten:

„Von meiner Regierung beauftragt, das Leben und Eigenthum ihrer
Staatsangehörigen zu schützen, deren in dieser Stadt gegen 30,000 wohnen,
muß ich mit Bedauern hören, daß Sie eine Frist von nur achtundvierzig
Stunden behufs Entfernung der Frauen und Kinder aus der Stadt gestellt
haben. Ich erlaube mir, zu bemerken, daß dies eine geradezu lächerlich kurze
Frist ist und protestire dagegen im Namen meiner Regierung. Wenn Sie
die Stadt bombardiren wollen, thun Sie es, aber ich habe Ihnen zu sagen,
daß Sie für eine solche Barbarei der von mir vertretenen Regierung werden
Rechenschaft geben müssen. Ich verlange in jedem Falle eine Frist von
sechzig Tagen."

Da Gen. Butler sah, daß Dampfer von geringem Tiefgange nicht zu ha=
ben waren und daß man, ohne Truppen zu landen, nichts Definitives unter=
nehmen könne, fuhr er wieder zurück, um vor allen Dingen die Forts zu
erobern. Eben als er abstieß, flüchtete sich der frühere Criminalrichter
(Recorder) von New Orleans, Hr. Summers, an Bord eines der Schiffe,
um sich vor dem Pöbel zu retten, der ihn wegen Kundgebung seiner loyalen
Gesinnungen zu ermorden drohte.

Noch ehe Butler die Forts erreichte, erhielt er die frohe Kunde von ihrer
Uebergabe und hatte schon am 28. das Vergnügen, sie in Begleitung des
Capt. Porter zu inspiziren. Oberst Jones vom 26. Massachusetts=Regiment
erhielt das Commando über die Besatzung und Lieutenant Weitzel machte sich
sofort an die Reparatur der Forts. Alle nicht zur Besatzung gebrauchten
Truppen erhielten die Weisung, so rasch als möglich nach der Stadt herauf=
zukommen.

Die Nachricht von der Capitulation der Forts, die am Montag in New
Orleans eintraf, befreite den Capt. Farragut aus aller Verlegenheit. Nun
konnte er getrost warten, bis die Stadt einigermaßen zur Vernunft kommen
würde. Gen. Duncan hielt an die auf dem Uferdamme versammelte Men=
schenmenge eine Ansprache, worin er „mit Thränen in den Augen" betheuerte,
daß nur die Meuterei eines Theils seiner Truppen ihn zur Capitulation ver=
mocht habe und daß er ohne dieses Unglück Monate lang ausgehalten haben
würde. Auch die Behörden spannten nun etwas gelindere Saiten auf.
Zwar wagten sie nicht, die That Mumfords und seiner Genossen in offizieller
Weise zu desavouiren, wohl aber thaten sie es unter der Hand.

Am 29. landete Capt. Bell mit hundert Seesoldaten, marschirte in die

Stadt, entfernte die conföderirte Flagge von der Münze und dem Zollhause, und pflanzte dafür die Bundesflagge auf. Das Zollhaus verschloß er und nahm die Schlüssel mit an Bord. Diesmal blieben die Flaggen unangetastet, obschon keine Schutzmannschaft zurückgelassen ward.

Die Thätigkeit der europäischen Brigade näherte sich ihrem Ende. Die aus Engländern bestehende Abtheilung derselben beschloß, ihre Waffen und Monturen an Gen. Beauregard zu senden, „als einen bescheidenen Beweis ihrer Zuneigung zu den Conföderirten Staaten." Einige dieser „neutralen" Engländer fanden noch vor Ablauf des Monat Mai Veranlassung, ihre Theilnahme an dieser Demonstration zu bereuen.

Es nahete sich der Stadt ein General, welcher gegen die Rebellion dasselbe empfand, was deren Führer gegen die von ihnen verrathene Regierung empfanden: Haß. Er war entschlossen, sie mit starker Hand niederzuschmettern, nicht sie durch heuchlerisches Gewäsch zu versöhnen. Darin liegt die vollständige Erklärung der Thätigkeit Butlers in New Orleans. Seine Liebe zur Union war eben so intensiv und bedingungslos, wie die des Südcaroliners zur Sache der Rebellion.—Er meinte es gut mit dem Volke von Louisiana und er handelte im wahren Interesse desselben; aber daß der Bund in Louisiana, das er gekauft, beschützt und bereichert hatte, herrschen solle, war sein unwandelbarer Entschluß. Was würden die Sezessionisten gethan haben, wenn New Orleans dem Bunde treu geblieben und erst im zweiten Jahre des Krieges von ihnen erobert worden wäre?! Nun wohl, so ungefähr verfuhr Butler, nur mit der strengsten Gerechtigkeit; überall maßvoll und versöhnlich, aber unerschütterlich streng und fest in Bezug auf einen Punkt, die absolute Suprematie der Ver. Staaten.

Sechzehntes Capitel.

Landung in New Orleans.

Es war eine fröhliche Fahrt, den Fluß herauf, zwischen den grünenden Rohrfeldern hindurch, auf denen die Neger ihre grotesken Freudensprünge machten. Am Abend des 30. April langte der Transportdampfer Mississippi mit seiner frühern Ladung von 1400 Mann, und mit Frau Butler an Bord, vor den Forts an, deren Wallkronen dicht mit blauröckigen Soldaten besetzt waren. Der General begab sich an Bord und um Mitternacht ging es nach der Stadt hinauf. Am Mittag des 1. Mai lag der Mississippi an der Wherfte von New Orleans.

Sofort sammelte sich ein Menschenhaufe, aber er war nicht mehr so tob= süchtig, wie der, welcher fünf Tage vorher den Capt. Bailey mit gellendem Wuthgeschrei empfangen hatte. Es waren auch Frauen darunter, Kinder= mädchen mit kleinen Kindern auf dem Arm, Kuchen= und Obstweiber. An Hohn= und Spottreden fehlte es nicht. Stimmen aus der Menge riefen nach „Picayune Butler" und forderten ihn auf, „sich sehen zu lassen." Der General ließ durch seinen Adjutanten fragen, ob nicht eins der Musikcorps die Melodie des auf ihn gedichteten Spottliedes spielen könne, aus welchem jener Spitzname herrührt. Leider war das nicht der Fall und so blieb nichts übrig, als den Yankee Doodle und das Star spangled banner aufzuspielen. Manche Stimmen riefen: „Du kommst auch nicht wieder nach Hause." „Der gelbe Hans (das gelbe Fieber) wird dich bald beim Schlaffittchen neh= men." „Du da mit den Epauletten, borg mir 'nen Picayune." Und Aehnliches mehr. Dazwischen Flüche und Verwünschungen von der kräftig= sten Art.

Nachdem Butler vom Capt. Farragut über alles Geschehene Bericht er= halten hatte, entschloß er sich, unverzüglich zu landen. Farragut setzte hier= von den Mayor mit dem Bemerken in Kenntniß, daß er nun jeden weitern Verkehr mit den Behörden von New Orleans dem Gen. Butler überlasse.

Um vier Uhr Nachmittags landete eine Compagnie des 31. Mass. Regiments auf der großen zur Verladung von Baumwolle errichteten Platform und drängte langsam mit gefälltem Bayonnette die Menschenmenge zurück, bis Raum genug für die Aufstellung des Regiments geschafft war. Das 31. Mass. Regiment marschirte auf der Levee bis nach De Lordstreet, um dem 4. Wisconsin Platz zu machen. Nachdem die Landung bewerkstelligt war, setzte sich der Zug in Bewegung. Voran als Führer der mit der Oertlichkeit wohlbekannte Adjutant Weigel, dann das Trommlercorps des 31. Mass. Regiments; hierauf Gen. Butler mit seinem Stabe zu Fuß, da die Pferde noch nicht ausgeschifft waren, zu jeder Seite von einer halben Compagnie des 31 Mass. Regiments escortirt. Dann Capt. Everett's Batterie; das 31. Regiment unter Oberst Gooding; das Musikcorps des 4. Wisconsin Regiments; Gen. Williams und Stab; endlich das 4. Wisconsin Regiment. Dieselben Befehle, wie bei dem Einmarsch in Baltimore waren ertheilt worden: „Völlige Ruhe; bloße Schimpfworte und Spottreden bleiben unbeachtet; fällt aus einem Hause ein Schuß, wird Halt gemacht, jeder Bewohner des Hauses verhaftet, das Haus selbst zerstört; fällt ein Schuß aus der Menschenmenge, sucht man den Thäter zu verhaften. Wenn es nicht durch die Nothwehr absolut geboten ist, wird n i c h t auf das Volk geschossen; in keinem Falle ohne ausdrücklichen Befehl."

Um fünf Uhr setzte sich der Zug unter den Klängen des Star spangled banner in Marsch. Die Menschenfluth wogte zu beiden Seiten der Straße auf und ab, besonders an der Stelle des Zuges, wo sich der General befand. „Wo ist der verdammte Schuft?" — „Da geht der schiele Hund!" — „Ha, da sehe ich die Canaille!" Dazwischen Rufe, wie „Bull Run!" „Shiloh!" „Hurrah für Beauregard!" „Scheert euch nach Hause, vermaledeite Yankees!" Solcher Art waren die Willkommsrufe, welche der General und seine Truppen empfingen. Doch ohne davon im Geringsten Notiz zu nehmen, weder rechts noch links blickend, marschirten sie ruhig fürbaß. Butler's Hauptsorge schien zu sein, im richtigen Tritt zu bleiben, wofür er bei seinem gänzlichen Mangel an musikalischem Gehör nie viel Talent gehabt hatte. Von der Levee nach Poydrasstreet, an dem einst so berühmten St. Charles Hotel vorbei, das noch drei Tage vorher fünfhundert Gäste beherbergt hatte, doch jetzt wie ausgestorben da lag; in der St. Charlesstreet nach Canalstreet und dem kolossalen, noch unbedachten Zollhause, an welches die Bundesregierung schon so viele Millionen hinausgeworfen hatte, ging der Marsch.

Die Truppen umstellten das Gebäude, der Artilleriechef Kensel richtete die Kanonen auf die benachbarten Straßen; die Thür ward, da Capt. Bell die Schlüssel mitgenommen hatte, erbrochen und um 6 Uhr war das 31. Regiment im zweiten Stockwerk behaglich einquartirt. Nachdem an allen Punkten, wo es nöthig schien, starke Wachen aufgestellt waren, kehrte der General mit seinem Stabe für die Nacht an Bord des Mississippi zurück. Das 12. Connecticut Regiment bivouakirte auf dem Ufer in der Nähe des Schiffes. Der Abend war warm und heiter und die Stadt so ruhig, wie ein friedliches Dörfchen.

Gen. Butler beendete seine schon auf dem Wege begonnene Proclamation und schickte zwei seiner Stabsoffiziere damit nach der Offizin des „True Delta," um sie auf Zetteln drucken zu lassen. Als sie um 10 Uhr Abends hinkamen, waren der Herausgeber und das Redactionspersonal schon fort. Der Factor der Druckerei weigerte sich, die Bestellung auszuführen. Am andern Morgen um 8 Uhr kamen die Offiziere wieder; fanden den Herausgeber, und wiederholten ihren Auftrag.

„Auf keinen Fall," war die Antwort, „dazu kann sich unsere Offizin nicht hergeben."

Die Offiziere gaben auf höfliche Weise zu verstehen, daß sie dann in der unangenehmen Nothwendigkeit sein würden, die Druckerei in Beschlag zu nehmen. Der Herausgeber protestirte, beschwerte sich darüber, daß man gerade seiner Druckerei eine solche Arbeit zumuthe, wodurch er bei seinen Mitbürgern in Verruf und in den Verdacht, es mit dem Feinde zu halten, gerathen werde und erklärte zum Schluß: „Ich kann mich der Beschlagnahme nicht widersetzen, aber mit meiner Zustimmung soll die Druckerei nie zu diesem Zwecke benutzt werden."

Ohne weiter ein Wort zu sagen, empfahlen sich die Offiziere. Nach zwei Stunden kehrten sie mit einem Trupp Soldaten zurück, die sich vor dem Hause aufstellten. Fünf oder sechs von ihnen traten ein, legten ihre Gewehre ab und griffen zu den Winkelhaken. Bald war die Proclamation gesetzt und eine kleine Anzahl Exemplare davon abgezogen. Der Herausgeber mußte am andern Morgen in der Zeitung selbst gestehen, „daß die Soldaten ihre Arbeit in aller Ruhe thaten, ohne sich irgendwie durch Worte, oder Benehmen lästig zu machen, oder auf irgend eine Weise die regelmäßige Arbeit des Geschäfts zu behindern, geschweige denn die Materialien in Unordnung zu bringen, oder zu beschädigen." So weit gut; aber er erging sich auch noch in folgenden Bemerkungen:

„Da dieser erste Schritt des Bundesgenerals den Entschluß desselben bekundet, uns einer Censur zu unterwerfen, welche mit dem von unserer Zeitung stets bewahrten Charakter des furchtlosesten Patriotismus unverträglich ist, so zeigen wir hierdurch an, daß wir, selbst wenn wir den letzten Bissen

Brod dadurch verlieren sollten, eher das Blatt zu erscheinen aufhören lassen, als nur um eines Haares Breite von dem vollkommenen Freimuthe des Ur= theils abweichen werden, dessen wir uns unter allen Beschwerden und Ge= fahren haben rühmen dürfen, ꝛc."

Gen. Butler verordnete hierauf, daß bis auf weiteres die Publication des True Delta eingestellt werde; allein die Herausgeber fügten sich in das Un= vermeidliche, versprachen, künftig die Bestellungen des Generals auszufüh= ren und erlangten dadurch den Widerruf des Befehls.   In den Spalten der Zeitung selbst erschien indessen die Proclamation doch erst am 6. Mai.   Die übrigen Zeitungen verstanden den Wink und bemühten sich, in ihren Be= sprechungen der Tagesereignisse die von den Umständen gebotene Mäßigung und Zurückhaltung mit frechen oder heimtückischen Hetzereien auf eine Weise zu verschmelzen, die eben so ergötzlich, wie sinnreich war, obschon nicht immer sinnreich genug, wie Butler sie gelegentlich wissen ließ.

Mit Tagesanbruch am 2. Mai ward mit der Ausschiffung der Truppen fortgefahren.   Demings Regiment campirte vor dem Stadthause; andere Regimenter wurden auf verschiedene freie Plätze vertheilt.   Eine Abtheilung landete in dem der Stadt gegenüber liegenden Algiers und bemächtigte sich des dortigen Bahnhofs.   Gen. Phelps fuhr den Fluß hinauf, um oberhalb der Stadt einen zur Errichtung eines Truppenlagers geeigneten Platz auf= zusuchen.   Capitän Everett beschäftigte sich damit, die am Zollhause liegen= den vernagelten Kanonen wieder in brauchbaren Zustand zu versetzen und zu montiren.   Da lagen auch auf einem mächtigen Haufen die acht hundert Glocken, welche auf Beauregards Aufforderung nach New Orleans geschickt worden waren, um in Geschütze verwandelt zu werden.   Sie haben seitdem eine bessere Bestimmung gefunden.   Sie rufen in New England Kinder zur Schule, Fabrikmädchen zur Arbeit, Kirchengänger zum Gottesdienst, denn sie wurden versteigert und nach dem Norden geschickt.

Der Quartiermeister der Expedition fand große Schwierigkeit, Kärrner zum Transport der Zelte und Baggage aufzutreiben.   Kein Kärrner wagte, nicht viele wünschten seine Aufträge anzunehmen.   Er mußte ihnen die Pi= stole auf die Brust setzen, um sie gefügig zu machen.   Alles, was zum Ge= brauch der Truppen requirirt werden mußte, ward entweder mit baarem Gelde, oder mit Bons, die so gut wie Gold waren, bezahlt.   So geschah es —beiläufig bemerkt—nicht bloß bei dieser Gelegenheit, sondern immer.   Das Verhalten der Truppen war tadellos.   Nicht ein einziger Einwohner ward geschädigt, oder insultirt.   Nicht ein einziger fand Grund zu einer Beschwerde. Ein Fremder, der die stille Haltung der Truppen und die lärmende Frechheit der Einwohner gesehen hätte, würde jene eher für Gefangene, als für Er=

oberer gehalten haben. Verkehr zwischen den Truppen und Einwohnern fand fast gar nicht statt. In der That, für einen Einwohner war es lebensgefährlich, selbst mit einem alten Freunde einige Worte auszutauschen, wenn dieser die Bundesuniform trug. Der Major Bell begegnete in der Stadt mehreren alten Bekannten, aber sie starrten ihn entweder an, als ob sie ihn nicht kennten, oder huschten mit einem verstohlenen flüchtigen Gruße scheu an ihm vorüber. Ein anderer Offizier redete einen Bekannten an, doch dieser flüsterte ihm hastig zu: „Um Gotteswillen, sprechen Sie nicht mit mir, wenn Ihnen mein Leben lieb ist."

Zum Hauptquartier Butlers ward das St. Charles Hotel ausersehen, das Gen. Lovell fünf Tage vorher geräumt hatte. Die Offiziere, die dort Quartier bestellen sollten, fanden den Haupteingang verschlossen. Durch den Seiteneingang gelangten sie in jene berühmte Rotunde, wo so manche „Differenzen," „ritterliche" Meuchelmorde und Sclavenversteigerungen stattgefunden hatten. Hier trafen sie einen Sohn des Eigenthümers und setzten ihn von ihrem Auftrage in Kenntniß. Im höflichsten Tone erwiderte er ihnen, daß ihm, wenn er das Hotel dem Gen. Butler überlasse, eine Kugel durch den Kopf gejagt werden würde, noch ehe er bis an die nächste Ecke kommen könne; daß kein Kellner, Koch oder Hausknecht eine Hand für solche Gäste rühren würde; daß überdies keine Lebensmittel auf dem Markte zu haben seien u. s. w. Major Strong entgegnete nicht minder höflich, daß er sich wegen einer „Ueberlassung" des Hotels keine Kopfschmerzen zu machen brauche, denn man würde es einfach in Besitz nehmen. Was den Mangel an Lebensmitteln betreffe, so seien sie alle an Soldatenrationen gewöhnt und würden sich damit behelfen. Wenn Kellner und Köche nicht zu haben seien, so mache das gar nichts aus, denn Yankeesoldaten verstünden sich auf Alles, auch aufs Kochen. Darauf wußte der junge Mann nicht zu repliziren und das Hotel wurde zum Hauptquartier. Im Laufe des Vormittags traf Butler ein und schlug seine Kanzlei im Damensalon auf.

Die Offiziere begaben sich nun nach dem Stadthause zum Mayor, theilten ihm mit, daß der Commandeur des Golf-Departements sein Hauptquartier in der Stadt habe und daß er dort um 2 Uhr Nachmittags den Mayor und Stadtrath erwarte. Der Mayor antwortete, sein Bureau sei im Stadthause und da könne ihn während der Amtszeit Jedermann sprechen, der etwas von ihm wolle. Oberst French erklärte ihm in höflichem, doch festem Tone, daß es Zeit sei, derartigen kleinlichen Nörgeleien ein Ende zu machen, wenn nicht die ohnehin schon peinliche Lage noch unangenehmer werden solle; Gen. Butler hege die wohlwollendsten Gesinnungen gegen die Stadt und den Behörden, es sei aber durchaus nothwendig, zu einer klaren Verständigung über die nunmehrige Lage zu gelangen.   Damit empfahlen sich die Offiziere. Der Mayor fand bei reiflicher Ueberlegung, daß es denn doch besser sei, der Einladung zu entsprechen, als darauf zu warten, daß der General ihn be= suche.   Um zwei Uhr saß er mit seinem Souffleur Soulé und einer namhaf= ten Zahl angesehener Bürger im Salon des St. Charles Hotels dem Gen. Butler gegenüber.

Die Unterredung sollte bald abgebrochen werden.   Die Occupation des Hotels schien die Wuth des Pöbels von neuem angefacht zu haben.   Kopf an Kopf drängte sich eine aufgeregte Menge um das Hotel und in den ansto= ßenden Straßen.   Eine Kanone stand an jeder Ecke des Gebäudes in Posi= tion, ein Regiment Truppen hielt es umringt und der tapfere Gen. W. Wil= liams führte den Befehl.   Allein das ruhige Verhalten, welches die Truppen seit ihrer Landung bewahrt hatten, schien vom Pöbel falsch verstanden worden zu sein, der jeden Augenblick frecher und lärmender wurde.   Der Mayor und seine Begleiter waren erst wenige Minuten beim General, als ein Adjutant hastig eintrat und sagte:

„Gen. Williams befiehlt mir zu sagen, daß er fürchtet, er werde den Pöbel nicht im Zaume halten können."

Gen. Butler erwiderte im freundlichsten Tone: „Meine Empfehlung an Gen. Williams und wenn er findet, daß er den Pöbel nicht im Zaume halten kann, soll er mit Kartätschen darunter schießen."

Voll Bestürzung sprangen der Mayor und seine Freunde auf.   „Um des Himmels willen," rief der Mayor, „thun Sie das nicht, Herr General."

„Warum sollte ich nicht?" entgegnete der General.   „Der Pöbel muß im Zaume gehalten werden.   Ich kann und werde keine Straßenkrawalle dulden."

„Soll ich hinausgehen und das Volk beruhigen?" fragte der Mayor.

„Ganz wie Sie wollen.   Was ich verlange ist nur, daß die Ruhe der Stadt aufrecht erhalten werde."

Der Mayor und Andere hielten Reden an die Menge und da unter diese zugleich Gerüchte über den vom Gen. Butler ertheilten Befehl drangen, so legte sich einstweilen der Sturm.   Aber die Menge blieb, voll tückischen Grolls und verbissener Wuth.

Die Unterredung ward nun wieder aufgenommen.   Der Mayor sprach in dem bombastischen Tone, der den südlichen Rednern eigen ist, von Butlers früherer politischer Stellung und wie er stets die Rechte des Südens so kräf= tig vertheidigt habe.   Der Süden habe stets in ihm seinen besten Freund und Fürsprecher gesehen u. s. w.

„Nur ein Wort,"—unterbrach ihn der General, „damit wir uns über diesen Punkt ein für allemal klar werden. Ich bin immer ein Freund der Rechte des Südens gewesen, aber auch immer ein Feind südlichen Unrechts."

Bald ward das Gespräch wieder durch den Eintritt eines Adjutanten unterbrochen. Lieut. Kinsman war nach der Flotte gesendet worden, um die Telegraphisten herbeizuholen. Auf dem Mississippi hatte ihn der Richter Summers ersucht, ihn mit in die Stadt zu nehmen und gegen den Pöbel zu schützen, der ihn sonst in Stücke zerreißen würde. Lieut. Kinsman hatte dazu gelacht, da er an keine Gefahr glaubte, hatte an der Levee eine Droschke requirirt und sich mit dem Richter eingesetzt, um ihn nach dem St. Charles Hotel mitzunehmen. Die kolossale Figur des Richters, der 6 Fuß 5 Zoll groß und von entsprechendem Embonpoint war, machte ihn dem Pöbel, unter welchem sich viele seiner ehemaligen Kunden aus dem Criminalgerichte befinden mochten, sofort kenntlich. Ein tobender, schreiender und fluchender Volkshaufe sammelte sich um die Droschke, schwoll auf jedem Schritte wie eine Lawine an und brachte zu wiederholten Malen die Kutsche zum Stillstand. Doch der Lieutenant hielt dem Kutscher seine Pistole vor den Kopf, zwang ihn auf die Pferde einzuhauen und so durch die wogende Menge einen Weg zu brechen, bis man endlich bei den das Hotel umstehenden Truppen anlangte.

Der Richter war völlig außer Fassung, wie es am Ende natürlich genug war. Der Pöbel ist die feigste aller wilden Bestien und läßt sich von einem entschlossenen Manne mit Leichtigkeit beherrschen. Die Rotte, welche im Juli 1863 das Gebäude der New Yorker Tribune angriff, ward durch einen einzigen Pistolenschuß in zehn Sekunden auseinander gejagt. Aber andererseits ist auch für den, der nicht daran gewöhnt ist, kein Anblick so grauenhaft und nervenerschütternd, wie der einer solchen wuthschnaubenden Pöbelrotte. Summers fühlte sich selbst in dem Hotel noch nicht sicher. „Schützen Sie mich," rief er, „sie zerreißen mich in Stücke, wenn sie hier hereinkommen!" Und eine Zeitlang schien es, als würde der Pöbel eindringen. Dies war der Grund, weshalb Lieut. Kinsman die Conferenz unterbrach.

Gen. Butler hörte seinen Bericht an. Herr Summers fügte hinzu, daß in dem ganzen St. Charles Hotel kein Platz sei, der ihm volle Sicherheit biete.

„Nun," sagte der General, „da drüben ist das Zollhaus; da würden Sie sicher genug sein. Gehen Sie dahin."

„Aber wie kann ich? Unterwegs würde mich der Pöbel in Stücke reißen."

Der General dachte einen Augenblick nach, dann sprach er in ernstem

Tone: „Wir können diese Frage ebenso gut jetzt, wie ein andermal zum Austrag bringen. Lieut. Kinsman, Sie bringen diesen Mann nach dem Zollhause. Nehmen Sie so viel Mann Bedeckung, als Sie brauchen. Wenn irgend Jemand Sie bedroht, oder belästigt, arretiren Sie ihn. Wird ein Versuch gemacht, ihn zu befreien, lassen Sie schießen."

„Um Gotteswillen, versuchen Sie das Unmögliche nicht," flehte der Richter.

„Ich muß," antwortete der Lieutenant, „der Befehl des Generals läßt mir keine Wahl."

Eine Compagnie Soldaten ward in zwei Linien, vier Fuß von einander, formirt; vorn und hinten füllten je zwei Mann den Zwischenraum aus. Zwischen den beiden Reihen standen Lieut. Kinsman und Herr Summers.

„Vorwärts marsch!" Der Zug setzte sich in Bewegung. Der Pöbel, den verhaßten Richter erkennend, stieß ein hyänenartiges Wuthgeheul aus und toste von allen Seiten wie die vom Sturm gepeitschte Brandung gegen das langsam vorrückende kleine Häufchen an. Doch gerade die größten Schreier hielten sich mehr im Hintergrunde, während die hart an den Bayonnetten befindlichen sich leidlich still verhielten. Als der Zug die Hälfte des Weges zurückgelegt hatte, stieß er auf einen Omnibus, in welchem sich ein Kerl befand, der unter den wahnsinnigsten Gebehrden den Pöbel zur Ermordung des Richters aufforderte.

„Halt! Arretirt mir den Kerl!"

Zwei Soldaten sprangen in das Gefährt, packten den Rasenden, zogen ihn heraus und placirten ihn in das Spalier, wo er seine wüthende Harangue mit ungeschwächter Kraft fortsetzte.

„Still geschwiegen," herrschte ihn der Lieutenant an.

„Ich will nicht," brüllte der Aufwiegler, „meine Zunge gehört mir."

„Sergeant, fällen Sie Ihr Bayonett. Sobald die Canaille nur noch einen Mucks von sich giebt, rennen Sie es ihr durch den Leib."

Nun war der Kerl still.

„Vorwärts marsch!" Von neuem setzte sich die Colonne in Bewegung, aber sehr langsam. Als sie einige Schritte zurückgelegt hatte, bemerkte der Lieutenant einen der Hauptschreier, der sich nahe genug herangewagt hatte, um gepackt werden zu können.

„Halt!—Holt mir den Kerl vort herein!"

Es geschah. Auch dieser Gefangene versuchte sein freches Gebrüll fortzusetzen; ein gefälltes Bayonnett brachte ihn zur Ruhe. Endlich lieferte der Lieutenant den geängstigten Richter und die beiden Arrestanten sicher in das uneinnehmbare Zollhaus, die Citadelle von New Orleans, ab. Die Compagnieen marschirten in derselben Ordnung durch die Menge zurück, die jetzt so still, wie ein Leichenzug war.

Den ganzen Auftritt sahen General Butler und sein Stab, so wie der Mayor und seine Freunde vom Fenster des Hotels mit an. Die Ruhe und Festigkeit, welche der Lieut. Kinsman dabei an den Tag legte und die exemplarische Sicherheit und Kaltblütigkeit, womit die Soldaten sich durch die Menge Bahn brachen, trugen sehr wesentlich dazu bei, den Pöbel von New Orleans zu bändigen. Er zeigte sich nie wieder so frech, wie bei dieser Gelegenheit.

Mit der Conferenz ward es bei solchen Unterbrechungen Nichts und man kam schließlich dahin überein, die Fortsetzung derselben auf den Abend zu verschieben, bis wohin auch Exemplare der Proclamation fertig sein würden.

Als es dunkel zu werden begann, fuhr Butler in einer mit Mühe aufgetriebenen Kutsche, in Begleitung einer einzigen Ordonnanz, nach der Levee (eine Entfernung von drei Viertel Meile) und begab sich zu seiner Frau, die den Tag in großer Unruhe und Angst verbracht hatte, denn man konnte auf den Schiffen gar nichts Zuverlässiges über die Vorgänge in der Stadt erfahren. „Mach' dich fertig und komm mit in die Stadt," sagte der General. Die Koffer wurden gepackt, Frau Butler und ihr Mädchen setzten sich in die Kutsche und fort gings nach dem Hotel, ohne daß Jemand gewagt hätte, den verhaßten „Yankeegeneral" zu belästigen.

Das war eine gar seltsame Theegesellschaft an jenem Abend in dem weitläufigen Saale des St. Charles Hotels, wo sonst Hunderte von Gästen an wohlbesetzten Tafeln geschmaust hatten. An einem Ende der unabsehbaren Tafel, in dem großen Raume fast ganz verschwindend, saß diese Gesellschaft, bestehend aus dem General, seiner Frau und zwei oder drei Offizieren. Die Speisen waren weder sehr ausgewählt, noch reichlich und der einzige Aufwärter fühlte sich entsetzlich unbehaglich, denn was er that, war ein nach New Orleanser Pöbelrecht nur mit dem Tode zu sühnendes Verbrechen. Der General unterhielt die Gesellschaft durch Vorlesung der anonymen Drohbriefe, die er den Tag über erhalten hatte. „Wir werden's dir schon noch zeigen, du infamer schieler Hund," hieß es in einem dieser Briefe. In einem andern: „Wartet nur ein paar Monate, dann wird euch der gelbe Haus die Wege weisen." Ein dritter Brief warnte ihn vor vergifteten Speisen. Während der ersten Wochen erhielt sowohl der General selbst, als seine Frau, eine Menge ähnlicher Briefe, dazwischen gelegentlich auch sehr anerkennende. Das gab ihm zuweilen, wenn er Zeit hatte, Anlaß zu solchen Antworten, wie die folgende:

„Madame, Ihr Geehrtes, enthaltend eine Kritik meines Auftretens in

New Orleans, habe ich erhalten. Es mag von Interesse für Sie sein, zu
hören, daß Andere anders über denselben Gegenstand denken und ich beehre
mich daher, Ihnen einen heute erhaltenen Brief einzulegen, in welchem
meine Verwaltung von einem andern Gesichtspunkte, als der Ihrige, beur-
theilt wird. Ganz ergebenst, 2c."

Doch begeben wir uns nach dem Damensalon des St. Charles Hotels
zurück. In diesem geräumigen und eleganten Saale saßen am Abend nach
Beendigung des höchst frugalen Soupers Gen. Butler und sein Stab im
Halbkreise, alle in feinster Gala-Uniform, ihnen gegenüber der Mayor, der
Gemeinderath und andere Magnaten der Stadt, vor allen Dingen Pierre
Soulé, der verwöhnte Liebling der Creolenbevölkerung, von großem Ein-
flusse auch bei allen andern Klassen. Ein eleganter, anmuthsvoller Mann,
von gewinnendem Benehmen, war er doch selbstständig und ziemlich fest in
seinem Denken und Handeln. Man kann nicht sagen, daß er sich gern und
schnell zur Lossagung von seinem Adoptiv-Vaterlande entschlossen hätte. Er
acceptirte die Losreißung vom Bunde, nachdem sie vollbracht war, half aber
nicht sie herbeizuführen. Mit Gen. Butler war er von früher her bekannt
und ihr Verkehr mit einander war immer sehr freundschaftlich gewesen.
Der feste, mannhafte, bis zur Eckigkeit scharf markirte Ton Butlers bildete
zu der fast weiblichen Grazie und Formenglätte Soulés einen sehr bezeichnenden Contrast.

Gen. Butler eröffnete die Conferenz mit der Bemerkung, daß er die städtischen Behörden zu sich entboten habe, um ihnen die leitenden Grundsätze
mitzutheilen, nach welchen er sein Militärdepartement zu verwalten gedenke
und von ihnen zu erfahren, in wie weit er auf ihre Mitwirkung zählen
dürfe. Jene Grundsätze habe er in einer Proclamation niedergelegt, die er
nunmehr verlesen wolle.

Die Proclamation erinnerte daran, daß die Stadt New Orleans schon
dreimal durch das Geld oder die Waffen der Vereinigten Staaten aus den
Händen einer fremden Regierung, oder aus denen des Aufruhrs erlöst worden, daß sie bis vor Kurzem im Besitz einer bewaffneten Rebellenstreitmacht
gewesen sei und daß in allen diesen Fällen sich die Anwendung des Kriegsrechts als nothwendig für die Erhaltung der Ruhe und Ordnung erwiesen
habe. Selbst während des kurzen Interims zwischen dem Abzuge der Re-
bellenbesatzung und der Ankunft der Bundestruppen habe man die Erhaltung
der Ordnung einer bewaffneten Körperschaft, der europäischen Legion übertragen müssen. Aus solchen Vorgängen ergebe sich für die gegenwärtige
Situation die Angemessenheit der Erklärung des Kriegsrechts von selbst.
Die Proclamation stellte dann die folgenden Anordnungen auf:

1. Alle in Waffen gegen die Ver. Staaten stehende Individuen, die sich noch in der Stadt befinden, müssen sich als Gefangene ergeben, und ihre Waffen abliefern. Die europäische Legion wird aufgefordert, bei der Aufrechthaltung der Ruhe und Ordnung behülflich zu sein und empfängt ihre Befehle vom Bundes-Commandeur.

2. Alle Flaggen, Embleme und Symbole einer andern Souveränetät, als der der Ver. Staaten und der fremden Consulate, sind verboten. Die amerikanische Flagge muß, bei schwerer Strafe, von Jedermann respektirt werden.

3. Wer dem Bunde den Eid der Treue leistet, erhält von dem Militärbefehlshaber Schutz für sein Leben und Eigenthum. Die Verletzung solches Schutzes wird mit dem Tode bestraft. — Alle den Conföderirten Staaten treu und gehorsam verbleibenden Individuen werden als Rebellen und Feinde der Ver. Staaten angesehen und behandelt. Nicht naturalisirte Ausländer, die den Conföderirten Staaten nicht den Eid der Treue geleistet haben, genießen wie bisher Schutz für Leben und Eigenthum. Wer der sogenannten Regierung der Conföderirten Staaten angehangen oder ihr gedient hat, wird, wenn er seine Waffen ausliefert, zu einer friedlichen Beschäftigung zurückkehrt, sich ruhig verhält keinen weitern Verkehr mit den Feinden der Ver. Staaten hegt und ihnen keinen Vorschub leistet, weder an seiner Person noch an seinem Eigenthum belästigt.

4. Alle, die öffentliches Eigenthum unter ihrer Obhut haben, haben ein Inventarium desselben einzureichen. Alle Fabrikanten von Waffen und Munition haben ihre Adressen beim Militär-Commando abzugeben. Alles Eigenthumsrecht wird respektirt, ist jedoch den Gesetzen der Ver. Staaten unterworfen. Allen Einwohnern wird aufgegeben, ihren gewöhnlichen Beschäftigungen nachzugehen. Alle Läden und Vergnügungslokale müssen wie immer offen gehalten und die gottesdienstlichen Versammlungen müssen in allen Kirchen, wie zur Zeit des tiefsten Friedens gehalten werden.

5. Gast- und Schenkwirthe haben sich von der Militärpolizei einen Gewerbschein auszuwirken und werden für die in ihren Lokalen vorkommenden Ruhestörungen verantwortlich gemacht.

6. Die Tödtung eines amerikanischen Soldaten durch Tumultuanten wird als Meuchelmord bestraft. Der Eigenthümer des Hauses, in dem ein solcher Mord vorkommt, wird dafür verantwortlich gemacht und das Haus kann auf Befehl der Militärbehörde zerstört werden. Alle Ruhestörungen und Verbrechen schwerer Art, durch welche der Autorität der Ver. Staaten entgegengetreten wird, werden kriegsrechtlich bestraft. Für andere Vergehen bleiben die bürgerlichen Gerichte competent. Ebenso für alle Civilprozesse.

7. Die Erhebung aller Steuern, ausgenommen der vom Bunde ausgeschriebenen, so wie der Abgaben für Straßenreparatur und Beleuchtung und für Sanitätszwecke, ist suspendirt.

8. Der Umsatz von Schuldverschreibungen der Conföderirten Staaten, Bons, 2c., ist verboten. Der Gebrauch des Conföderirten Papiergeldes wird aus Rücksicht darauf, daß es das einzige vorhandene Tauschmittel ist, und durch Unterdrückung desselben unter den ärmern Klassen große Noth entstehen würde, bis auf weiteren Befehl gestattet, falls sich Leute finden, die unbesonnen genug sind, es anzunehmen.

9. Keine Veröffentlichung von Zeitungen, Flugschriften oder Plakaten, welche Mittheilungen über die militärischen Vorgänge in diesem Departement enthalten, oder auf

irgend eine Weise das Publikum gegen die Ver. Staaten aufzuwiegeln suchen, wird gestattet. Alle auf die militärischen Ereignisse bezüglichen Artikel müssen der Prüfung
eines zu diesem Zwecke ernannten Offiziers unterbreitet werden. Desgleichen unter-
liegen alle telegraphischen Mittheilungen der Aufsicht eines Offiziers.

10. Wenn irgend ein Bundessoldat seine Pflicht so weit vergessen sollte, um sich
eines Vergehens gegen Personen oder Eigenthum schuldig zu machen, so ersucht der
commandirende General, daß man ihm sofort Anzeige davon mache, damit der Schuldige seine Strafe erhalte. Die Munizipalpolizei für Stadt und Umgebung bleibt bis
auf weitern Befehl in Function.

11. Alle Zusammenrottungen auf der Straße sind verboten. Die Löschmannschaften
bleiben in ihrer bisherigen Organisation bestehen.

Schließlich genüge es zu bemerken, daß alle Erfordernisse des Kriegsrechts auf so
lange, als es den Bundesbehörden nöthig erscheint, in Kraft treten. Während diese
Behörden Willens sind, so mild und schonend als möglich zu verfahren, werden sie,
wenn das Verhalten der Bevölkerung sie dazu nöthigen sollte, mit aller erforderlichen
Strenge und Festigkeit zu handeln wissen.

„Der langen Rede kurzer Sinn," sagte Gen. Butler, nachdem er die
Proclamation verlesen, „ist dieser: Ich wünsche die städtische Behörde in
der Ausübung ihrer gewöhnlichen Functionen zu belassen. Ich will mich
nicht in die Abgabenerhebung, die Polizeiverwaltung, die Straßenreinigung
und Beleuchtung, die Sanitätsverwaltung und die Rechtspflege mischen.
Ich will mich auf die Verwaltung der Militärangelegenheiten beschränken
und nur darauf bezügliche Verstöße vor mein Forum ziehen. Meine Aufgabe besteht lediglich darin, die Autorität des Bundes gegen die Widersacher
desselben in Kraft zu setzen."

Soulé antwortete. Die Ruhe der Stadt, sagte er, könne nicht erhalten
werden, so lange die Bundestruppen innerhalb der Stadtgrenzen blieben.
Er müsse daher den General inständigst bitten, die Truppen nach der Umgegend zu verlegen, so daß nicht ihr Anblick ein erregbares und empfindliches
Volk fortwährend aufreize. „Ich kenne die Stimmung der Einwohnerschaft
zu gut," sagte er, „als daß ich nicht fürchten müßte, Ihre Soldaten werden
keinen Augenblick Ruhe haben, wenn sie hier bleiben. Ziehen Sie Ihre
Truppen zurück und lassen Sie die städtischen Behörden unbehindert. Wo
nicht, ist mit Gewißheit vorauszusagen, daß es zu unangenehmen Auftritten
kommen wird."

Empört über diese in ihrer Insolenz wahrhaft großartige Zumuthung
entgegnete Butler: „Daß ich selbst bei dieser Gelegenheit noch Drohungen
zu hören bekommen sollte, darauf war ich wahrlich nicht gefaßt. In politischen Zusammenkünften von den Herren Südländern Drohungen zu hören,
das bin ich von früherher gewohnt, aber lassen Sie sich ein für allemal sagen, daß es damit jetzt vorbei sein muß. New Orleans ist eine eroberte

Stadt; das merken Sie sich. Sind wir etwa auf Ihren Wunsch und mit Ihrer Zustimmung hierhergekommen? Haben Sie uns willkommen gehei=ßen? Würden Sie uns nicht lieber heute, als morgen wieder fortjagen, wenn Sie könnten? New Orleans ist von einer Bundesstreitmacht unter=worfen und ist nach Völkerrecht dem Willen des Eroberers unterthan. Dennoch habe ich mich bereit erklärt, die Communalverwaltung in den ihr zukommenden Functionen zu belassen und darauf untersteht man sich, mir mit einer Drohung zu antworten!"

Hier entschuldigte Soulé seine Aeußerung und versicherte, daß er nur Das, was muthmaßlich geschehen würde, habe constatiren, aber keineswegs drohen wollen.

„Mit Vergnügen," fuhr Butler fort, „werde ich meine Truppen aus der Stadt zurückziehen, sobald mir bewiesen wird, daß die städtische Verwaltung mich gegen jeden Insult und jede Gefahr zu beschützen vermag, falls es mir beliebt, unbewaffnet und ohne Bedeckung durch die Stadt zu reiten. Das niederträchtige Benehmen Ihres verruchten Pöbels und der Umstand, daß auch Gen. Lovell sich genöthigt sah, den Kriegszustand zu erklären, um die fried=lichen Bürger gegen diesen Pöbel schützen zu können, beweist sonnenklar, daß Sie nicht fähig sind, diesen Theil der Bevölkerung im Zaum zu halten. Ich weiß von den hiesigen Verhältnissen mehr, als Sie denken. Ich weiß, daß eine geheime Organisation zu dem speziellen Zwecke besteht, meine Sol=daten einzeln meuchlings zu ermorden. Aber lassen Sie sich sagen: sobald aus einem Hause ein Schuß fällt, wird dieses Haus niemals wieder einem Menschen Obdach bieten und wenn ich den Thäter ermittle, so hat er am längsten gelebt. Ich habe die Macht, die Widerspänstigen zu zähmen und ich werde von dieser Macht solchen Gebrauch machen, daß ich sehr bald durch die ganze Stadt reiten kann, ohne dem geringsten Insulte ausgesetzt zu sein. Wo nicht, so soll die Metropole des Südens von Chalmette bis nach Caroll=ton eine Wüstenei werden."

Auf solche Erklärungen war nicht viel zu sagen. Herr Soulé hielt eine sehr blumenreiche Rede, worin er betheuert, daß keine eben so große Stadt so wenig Pöbel habe, wie New Orleans, und daß der von Lovell verhängte Kriegszustand keineswegs auf die „gefährlichen Klassen," sondern auf die „Verräther" (Unionisten) gemünzt gewesen sei. Da alles Das den General nicht zum Wanken brachte, so erklärte der Mayor, daß er alle Functionen der städtischen Verwaltung einstelle. Hier nahm indessen ein Mitglied des Gemeinderaths das Wort und protestirte dagegen, daß ein so verhängniß=voller Schritt ohne vorherige Zustimmung des Gemeinderaths gefaßt werde. Der Mayor wagte keinen Widerspruch und man kam dahin überein, daß di städtische Behö:de am nächsten Morgen .die Angelegenheit in Berathung nehmen solle.

Am andern Tage wurde die Proclamation verbreitet, d. h. die Zettel, auf welche sie gedruckt war, wurden Jedem gegeben, der sie annehmen wollte. Der Major J. W. Bell ward zum Profoßrichter, der Oberst J. H. French zum Profoßmarschall ernannt. Der Letztere erließ eine besondere Bekanntmachung, worin er die in der Proclamation enthaltenen polizeilichen Vorschriften zur strengsten Nachachtung einschärfte.

Um Mittag statteten die Consuln in Begleitung des Commandeurs der europäischen Legion dem Gen. Butler einen Besuch ab. Er theilte ihnen das bisherige Resultat seines Verkehrs mit den Behörden mit, versprach ihnen, daß von seiner Seite Nichts geschehen solle, um die Beziehungen zu den Vertretern fremder Mächte unfreundlich zu machen und dankte dem Gen. Juge für die Verdienste, welche er sich um die Erhaltung der Ruhe und Ord= nung erworben.

Danach erschien eine Deputation des Gemeinderaths und theilte dem Ge= neral mit, daß seine Vorschläge angenommen seien. Doch bat sie, als um eine Gunst, darum, daß die Truppen aus der unmittelbaren Nähe des Stadthauses zurückgezogen würden, damit es nicht den Anschein habe, als handle die städtische Behörde unter directem militärischem Druck. Diesen Wunsch erfüllte der General.

Er ging noch weiter. Einen bedeutenden Theil seiner Truppen ließ er unter Gen. Phelps ein Lager in Carollton beziehen; eine Brigade fuhr den Fluß hinauf, um Baton Rouge in Besitz zu nehmen, noch andere Truppen= abtheilungen wurden in die vom Feinde verlassenen Schanzen am Pontchar= train=See verlegt, sowie nach Algiers. Nachdem alle diese Dispositionen getroffen waren, verblieben in der Stadt selbst während der ersten Wochen nicht mehr als 250 Mann und diese waren im Zollhause einquartirt. That= sächlich ward also Soulés Begehr doch erfüllt, denn Butler war entschlossen, keine Gelegenheit zur Aussöhnung der öffentlichen Stimmung unbenutzt zu lassen.—Wir werden bald sehen, wie und warum sich die Idee des Generals, neben seiner rein militärischen Verwaltung die städtische Civilverwaltung bestehen zu lassen, als unhaltbar erwies.

Die Urtheile der städtischen Zeitungen über den neuen Zustand der Dinge waren günstiger, als Gen. Butler erwarten konnte. Das „True Delta" räumte Alles ein, was Gen. Butler über die Pöbelherrschaft gesagt hatte: „Sieben Jahre lang," schrieb es, „ist die ganze städtische Verwaltung und Rechtspflege von der verruchtesten, verthiertesten und scheußlichsten Pöbelrotte beherrscht worden, welche die Welt jemals seit den Tagen Catilinas gesehen hat. Durch die geheime Organisation der Knownothings war unsere Stadt zu einer vollständigen Hölle gemacht worden; die Hallen der Justiz waren Tummelplätze des Verbrechens, die Vollstrecker der Gesetze blinde Werkzeuge einer brutalen, bluttriefenden Canaille; auf offener Straße durften privilegirte Meuchelmörder ungestraft Menschenblut vergießen; die Zeugen für die greulichsten Verbrechen wurden aus dem Wege geräumt, oder ihnen durch Drohungen der Mund gestopft; meineidige Spießgesellen der Verbrecher beschwuren Alibis und für alle Fälle waren Cautionen immer in Bereitschaft, um die Scheusale sicher zu stellen. Die Volkswahl war eine elende Komödie. Dolch und Bleiknüppel entschieden, Wer als Gewählter betrachtet werden solle. ... Mit tiefster Beschämung müssen wir gestehen, daß die unserer Stadt in der Proclamation gemachten Vorwürfe nur zu gerecht sind."

Die „Bee" vom 8. Mai schrieb: „Die Bundessoldaten vergreifen sich nicht an Privateigenthum und haben Nichts gethan, was Anlaß zu Ruhestörungen geben könnte. Die Zahl der Prügeleien, Gewaltthaten, Morde rc. hat sich seit ihrer Anwesenheit vermindert. Die Stadt ist so ruhig, wie im tiefsten Frieden."

<hr />

Siebenzehntes Capitel.

Ernährung und Beschäftigung der Armee.

New Orleans war in Gefahr zu verhungern. Es enthielt eine Bevölkerung von ungefähr 150,000 Menschen, für welche in der Stadt höchstens für dreißig Tage Mundvorrath war, und die Preise waren nur für die Reichen zu erschwingen. Ein Faß Mehl konnte nicht für sechzig Dollars gekauft werden, die Märkte waren leer, die Vorrathsräume geschlossen. Der Handel mit Mobile, welcher früher die Seen und den Sund mit Segeln weiß glänzen gemacht hatte, war abgeschnitten. Die Texanischen Viehtreiber hatten aufgehört, Vieh nach der Stadt zu bringen, und keine Dampfboote kamen aus der Gegend am Red River. Die Seegestade waren öde und halb verlassen, weil der Handel mit New Orleans aufgehört hatte und weil die Heuschrecken der Sezession die Vorräthe aufgefressen hatten.

New Orleans war somit eine verhungernde Stadt inmitten eines ver= armten Landes. Die Pflanzer am Flusse waren gewohnt gewesen, Vorräthe nach der Stadt zu bringen, jetzt aber fürchteten sie sich, ihre Schaluppen, Produkte und Sclaven innerhalb der Linien einer Armee zu senden, von der sie zu glauben gelernt hatten, daß sie nur auf Plünderung ausgehe. Eine große Zahl der Männer von New Orleans war mit der conföderirten Armee bei Shiloh, in Virginien und sonstwo, nachdem sie Weiber und Kinder, Mai= tressen und ihre Kinder der öffentlichen Sorge anvertraut hatten. Die städ= tischen Steuern waren mit einer Million im Rückstande, und die Stadt= regierung benutzte, wie bald entdeckt wurde, ihre Energie und Stärke zu einem mehr zusagenden Geschäfte, als es das Ernähren von Armen ist, näm= lich dazu, den Befehlshaber der Unionsarmee aufzuhalten und in Wuth zu bringen. Mit einem Worte, 50,000 menschliche Wesen in New Orleans sahen vor sich die Aussicht, nicht auf Mangel, nicht auf einen langen Kampf gegen das Schicksal, sondern auf Verhungern, und das sofort — morgen oder übermorgen; und Gen. Butler, welcher die Macht und Hülfsquellen der Ver. Staaten in seiner Hand hatte, allein konnte sie retten.

An diese Arbeit begab er sich; sie hatte natürlich den Vorzug vor allen anderen Arbeiten während der letzten Tage. Wenn wir uns auf kurze Zeit auf dieses Thema beschränken, so daß wir in einem Ueberblick Alles zeigen, was Gen. Butler für die Armen von New Orleans that, so möge der Leser geneigtest bedenken, daß der General keineswegs im Stande war, ausschließ= lich seine Aufmerksamkeit dem Gegenstande zu widmen. Auf ihm lagen alle Geschäfte zusammen, Er hatte Alles zu gleicher Zeit zu thun. Die Ge= schäfte in der Stadt waren todt, er suchte sie wieder zu beleben. Vertrauen auf die ehrlichen Absichten der Bundesbehörden existirte nicht; er versuchte, es ins Leben zu rufen. Das Papiergeld war ohne bestimmten Werth, er versuchte, ihm einen solchen zu geben. Die Sezessionisten waren dreist an der Arbeit, er suchte, sie einzuschränken und zu unterdrücken. Die Saison für das gelbe Fieber war vor der Thür, er war entschlossen, es abzuhalten. Die städtischen Behörden waren ungefällig und feindlich; es war seine Auf= gabe, ihre Absichten zu vereiteln. Die Negerfrage machte sich geltend, mäch= tig und wichtig; er hatte in Bezug darauf sofort zu handeln. Die Banken waren in Verwirrung, ihre Geschäfte beanspruchten seine Aufmerksamkeit. Die Consulate waren eben so viele Mittelpunkte feindlicher Operationen, er mußte in ihre Geheimnisse bringen. Seine Armee war bedeutend, sein Operationsfeld ungeheuer; er durfte nicht den Hauptzweck seiner Mission

vernachläffigen. Alle diefe Angelegenheiten beanfpruchten feine fofortige
Aufmerkfamkeit und erhielten fie. Aber wenn auch taufend Dinge zu gleicher
Zeit fich ereignen, fo kann man fie nicht zu gleicher Zeit erzählen. Wir
werden oft die Zeitfolge zu vernachläffigen haben, und einen Gegenftand oder
eine Klaffe bis zu Ende verfolgen.

Am dritten Tage erließ General Butler einen Befehl, in welchem er erlaubte, daß Schiffe von Mobile Mehl nach New Orleans bringen follten,
und die Opeloufas Eifenbahn aufgefordert wurde, Lebensmittel nach der
Stadt zu fchicken. Zur Abhülfe der Noth für den Augenblick gab General
Butler aus feiner Tafche $1000, halb in Geld, halb in Vorräthen von Le-
bensmitteln. Sein Bruder, Oberft A. J. Butler, welcher durch die Nicht-
beftätigung Seitens des Senates, fich plötzlich ohne Befchäftigung in New
Orleans befand, begann, Vieh von Texas zu bringen zum großen Vortheile
der Stadt und mit großem Profit für fich felbft. Da der Geldbeutel des
Quartiermeifters leer war, fo ftellte Gen. Butler alles Geld, welches er auf-
bringen konnte, zu feiner Difpofition. Mundvorrath kam bald an, aber
nicht fo viel wie nöthig war. Am Ende des Monats war Mehl auf vierundzwanzig Dollars gefallen, aber beinahe 1900 Familien wurden täglich
auf öffentliche Unkoften ernährt und taufend außer ihnen hatten mit Mühe
ihre Exiftenz zu friften. Es ftellte fich fofort heraus, daß jeder Paß und
Erlaubnißfchein, welchen der General ausgeftellt hatte, mißbraucht wurde,
um den Sezeffioniften zu helfen. Es fand fich, daß Vorräthe heimlich aus
der Stadt gefchickt worden waren, um General Lovells Truppen zu ernähren.
Man vergewifferte fich, daß Charles Heidfieck, von der Champagner-Firma
Heidfieck, in der Verkleidung eines Kellners auf dem Vorrathsboote von
Mobile angekommen war und Briefe hin und her gebracht hatte, ein Vergehen, welches ihn fehr fchnell nach Fort Jackfon brachte. Die Stadtbehörden
rührten fich nicht, um der Noth Abhülfe zu verfchaffen; nicht ein Dollar
wurde bewilligt, nicht ein Befchluß zur Hülfe wurde gefaßt. Die Stadt
dampfte ferner von den Ausbünftungen des Schmutzes, der fich feit vielen
Wochen aufgehäuft hatte, und deffen Wegfchaffen Taufenden von Hungrigen
Arbeit verfchafft haben würde, aber man ließ ihn liegen, um das gelbe Fieber
herauszufordern.

General Butler erinnerte am 9. Mai den Mayor und die Behörden der
Stadt an den Vertrag, welchen er fünf Tage vorher mit ihnen gemacht hatte.
Er fchrieb an fie : „Ich möchte Ihre Aufmerkfamkeit auf den Gefundheits-
zuftand der Stadt lenken. Nachdem ich durch die Macht Ihrer Mitbürger
und kraft der Erlaubniß der Bundesbehörden, die Stadt New Orleans in
diefer Beziehung zu beauffichtigen unternommen habe, fo muß ich diefe Auf-

gabe getreulich erfüllen. Bloße Beschlüsse und Unthätigkeit dabei, können nichts helfen. Kräftige und energische Maßregeln, vollständig und prompt ausgeführt, sind von der Lage der Dinge ernstlich geboten. Die gegenwärtige Unthätigkeit giebt uns eine Menge hungriger Leute, welche mit Vortheil für die Arbeit verwendet werden könnten. Der zehnte Theil der Arbeit und Mühe, welche unnützer Weise auf unnütze Befestigungen, wie die um die Münze, verwendet worden sind, muß, wenn auf die Straßen und öffentlichen Plätze verwandt, die Stadt in einen die Gesundheit ihrer Einwohner gewährleistenden Zustand bringen. Es ist lächerlich, die Verantwortlichkeit von Ihren Schultern auf die der Straßencommissäre, und von diesen auf den Contractor, und von diesem wieder auf die Untercontractoren wälzen zu wollen, und so durch alle Hände der Faulheit und Pflichtvernachlässigung Seitens der städtischen Behörden. Vor drei Tagen habe ich schon den Mayor auf diesen Geschäftsgang aufmerksam gemacht und doch ist noch Nichts geschehen!"

Der Mayor antwortete keck, daß 300 Mann außer den gewöhnlichen Arbeitern zur Arbeit auf den Straßen angestellt worden seien. Diese Leute konnten selbst durch das Microscop der Bundesbeamten nicht entdeckt werden. Vielleicht hatte man Schritte gethan, um solche Leute anzustellen, aber bis zum 9. Mai war kein Straßenreiniger an der Arbeit. Das Wetter war außerordentlich heiß und die Nothwendigkeit der Luftreinigung offenbar und bringend.

An demselben Tage erließ General Butler einen seiner kräftigen Tagesbefehle, unbedingt veranlaßt dazu durch die dreiste Antwort des Mayors und den Mißbrauch, welcher mit behufs Beschaffung von Lebensmitteln ausgegebenen Pässen getrieben wurde. Es heißt darin, daß die arbeitenden Klassen Noth litten, und daß, um derselben abzuhelfen, der General jeden Rath Seitens der Stadtbehörden angehört habe, daß aber diese Behörden, statt ihren leidenden Mitbürgern zu helfen, Vorräthe an die conföderirten Truppen geschickt hätten. Mit den gemeinsten Subjekten, Spielern und Strolchen hätten sie sich vereinigt, um Zucker und Baumwolle zu zerstören, gegen welche man Lebensmittel hätte eintauschen können. Sie hätten das Papiergeld im Werthe heruntergebracht, welches sie selbst ausgegeben, nachdem sie mit dem Gelde, welches sie den Ver. Staaten und den Bürgern von New Orleans gestohlen hätten, davongelaufen seien. Nach einem sehr drastischen Resumé der Pflichtvernachlässigung Seitens der Stadtbehörden und einer Aufforderung an die Männer von Louisiana, sich nicht zu Sclaven der Anführer der Sezession machen zu lassen, fährt der General fort:

"Der commandirende General hat eine Quantität von Rindfleisch und Zucker fortgenommen, welche für die Rebellen im Felde bestimmt waren. Tausend Faß dieser Vorräthe werden unter die würdigen Armen der Stadt vertheilt werden, welche von den Rebellen darum beraubt worden sind, sollte auch ein Theil der Vorräthe dazu dienen, um die schreiende Noth der Frauen und Kinder Derjenigen zu stillen, welche jetzt im Camp Moore und andern Plätzen sich in Waffen gegen die Ver. Staaten zusammengerottet haben."

Eine andere Hülfsmaßregel wurde angewendet, nachdem die Ankunft von Vorräthen aus New York die Armee von der Gefahr des Mangels befreit hatte. Der Obercommissär wurde autorisirt, an Familien zur Consumtion in kleinen Quantitäten Mehl und ungesalzenes Fleisch zu verkaufen, und zwar das Pfund Mehl für 7½ Cents, das Fleisch für 10 Cents das Pfund.

Da die städtischen Behörden die Straßen noch immer vernachläßigten, so faßte General Butler den Entschluß, die Hülfe für die Armen mit der Reinigung der Stadt zu verbinden. Auf nichts hatte er mehr sein Herz gesetzt, als auf die Vereitelung der Hoffnungen der Rebellen mit Bezug auf das gelbe Fieber. Er verstand die Natur des gelben Fiebers, kannte das Geheimniß seiner Wiederkehr und fühlte sich zu einem erfolgreichen Kampfe mit ihm stark genug. Am 4. Juni entwarf der General seinen Plan in einem Briefe an General Shepley und den Stadtrath. Dieser Plan enthielt folgende Grundzüge:

1. Die Stadt sollte zur Arbeit auf den Straßen und öffentlichen Plätzen mindestens 2000 Arbeiter auf dreißig Arbeitstage anstellen, um die Stadt zu reinigen.

2. Jeder Arbeiter sollte von der Stadt 50 Cents, für bessere Arbeit jedoch mehr für den Tag erhalten, und sollten besonders Familienväter ausgewählt werden. Die Arbeitszeit sollte 10 Stunden betragen.

3. Die Bundesbehörden sollten jedem dieser Arbeiter täglich eine volle Soldatenration, bestehend aus 50 Unzen guter Lebensmittel, geben, welche bei ökonomischer Vertheilung für einen Mann und seine Frau ausreichen könnten.

4. Es sollten Arbeiterlisten über diese Arbeiter angelegt werden.

5. Kein parolirter Soldat oder Mann, welcher bei den Rebellen gedient hätte, sollte beschäftigt werden, ohne den Treueid geleistet zu haben.

General Shepley überschickte den Brief an den Stadtrath, welcher bereitwillig den Plan annahm und einen Beamten anstellte, um den Antheil der Stadt zu überwachen. General Shepley ernannte für die Bundesbehörden den Obersten T. B. Thorpe, welcher Stadtinspector wurde, und welchem die Aufsicht über die 2000 Arbeiter zufiel, da sein von der Stadt ernannter College sich weigerte, den vom General Butler zur unerläßlichen Bedingung gemachten Treueid zu leisten. Er führte einen anhaltenden und erfolgreichen Krieg gegen die Gemeinschäden. Er riß Hütten nieder, füllte Gruben, säuberte die Canäle, reinigte die Straßen, reparirte die Levee und hielt die

Stadt in solchem vorzüglichen Zustande, daß er Lob von seinen bittersten Feinden und seinem Chef erntete.

Oberst Thorpe's Arbeiten waren der Stadt vielfach und für die Dauer von Nutzen. Die Launen des Mississippi bilden fortwährend neues Land innerhalb der Stadtgrenzen. Oberst Thorpe erwarb durch seine Arbeiten an den Anschwemmungen der Stadt für fast eine Million Grundeigenthum. Und dies bringt uns zu den bemerkenswerthesten von allen Umständen, welche General Butler's Hülfe für die Armen begleiteten. Er machte dieselbe nicht allein werthvoll für die Stadt, sondern er richtete sie auch so ein, daß er nicht einen Dollar zu den Ausgaben der Ver. Staaten hinzuzufügen brauchte. Zu einer Zeit, wo 35,000 Personen aus öffentlichen Fonds ernährt wurden, konnte er sich wirklich rühmen, daß der Unterhalt die Ver. Staaten Nichts koste. „Sie sind der wohlfeilste General, den wir haben!" sagte Chase in einem Briefe, in welchem er den Wiederempfang von $25,000 in Gold bestätigte, welche an Butler's Commissär geschickt worden waren.

Das Geheimniß wird durch einen Befehl erklärt, dessen Gedankengang folgender war:

Die Ausgabe für die Armen sei bedeutend größer gewesen, als man erwartet hätte. Diese Ausgaben mußten natürlich von den Leuten getragen werden, welche das Elend über ihre Mitbürger gebracht hätten. Die Arbeiter und Mittelklassen hätten sich loyal bewiesen und seien durch Raufbolde und Mörder an den Wahlurnen eingeschüchtert worden, und eine große Menge hätten den Treueid geleistet. Die Urheber des Unglücks allein sollten die Kosten tragen.

Diese Leute zerfielen in zwei Klassen, nämlich solche Corporationen und Individuen, welche der Rebellion mit ihren Mitteln geholfen hätten, und solche, welche versucht hätten, den Handel der Stadt zu zerstören. Personen der ersten Klasse hätten $1,250,000 zusammengeschossen, welche dem „Comite für öffentliche Sicherheit" übergeben worden seien, um die Stadt gegen die Ver. Staaten zu vertheidigen. Die Subscribenten für diese Summe hätten bewiesen, daß sie im Stande seien, mindestens eben so viel für die Bundesregierung beizutragen, oder wenigstens eine kleinere Steuer zur Unterstützung ihrer elenden und verhungernden Nachbarn. Die zweite Klasse bestände hauptsächlich aus Baumwollenmäklern, welche im Jahre 1861 in einem Circular die Pflanzer gewarnt hatten, ihre Produkte nicht nach der Stadt zu bringen.

Der General fertigte zwei Listen an, auf deren erster die Namen der Leute standen, welche den Rebellen Geld gegeben hatten, dann wie viel sie gegeben hatten und endlich die Summe, welche sie an die Armen geben sollten. Diese letztere betrug den vierten Theil des den Rebellen gegebenen Geldes. Diese Liste enthielt 95 Namen und trug $312,916.25 ein. Die zweite Liste mit 94 Namen der Mäkler brachte $29,000 ein, also beide zu= ammen $341,916.25.

Sobald das Geld einging, ließ der General sofort Seitens der Bundes= behörden 1000 Arbeiter anstellen, welchen er den Preis bezahlen ließ, den sie für die Arbeiten an den Befestigungen erhalten hatten, nämlich $1.50 täg= lich. Die Naturalverpflegung fiel jetzt fort. So wurden die Stadt und die Armen von New Orleans auf Kosten der Rebellenfreunde in ihrer Lage gebessert.

Die Wirkung dieser eben so kühnen wie gerechten Maßregel auf die herr= schenden Klassen von New Orleans kann kaum beschrieben werden. Sie war um so betäubender aus dem Grunde, daß man nach drei Monaten von Butlers Verwaltung wußte, daß seine Befehle unumstößliche Maßregel von unwiderstehlicher Kraft waren. Jedermann, welcher seinen Namen auf einer der beiden Listen sah, wußte vollkommen gut, daß die ihm auferlegte Summe spätestens an dem bestimmten Tage bezahlt werden müsse. Protestiren konnte er, aber zahlen mußte er. Das Geld erst, die Gründe nachher. Das loyale „Delta," welches damals von zwei Offizieren der Butler'schen Armee, Capitän John Clark, früher ein Mitarbeiter vom „Boston Courier," und von Oberstlieutenant E. M. Brown vom 8. Vermonter Regiment redi= girt wurde, schrieb über die Aufregung in den fashionablen Quartieren Fol= gendes:

„Zum ersten Male seit vielen Monaten sind die "Habitués de la grande rue" (Carondelet) aus ihrer Lethargie erwacht. Fette alte Herren, deren Magen durch Schildkrötensuppe erweitert ist, und welche mit Stöcken mit Elfenbeinknöpfen einherstolziren und Nasenkneifer mit goldenem Rande tra= gen, kamen aus ihren schattigen Wohnsitzen in Prytaniastreet, Coliseum Place, und andern Landsitzen des Gartenbezirks, um mit einander auf den wieder einmal belebten Trottoir Leid zu tragen. Schon früh hatten sich Haufen dieser wie Aldermänner aussehenden Noblesse mit weißen Westen und steifen Halskragen in der Nähe der Ecke, wo Oberst Baxter wohnt, zusam= mengefunden, um den Befehl (No. 55) zu besprechen, welcher das Gleichge= wicht mancher Kassenbilanz stören sollte, und die Hände unwillig in die Tiefe der strotzenden Taschen stecken machte, welche so lange unbelästigt von den Fingern ihrer Pracht liebenden Eigenthümer gewesen waren. Es war in= teressant, die betrübten Gesichter dieses Leichengefolges zu sehen. Manche waren um Hunderte, manche um Tausende besteuert worden, aber alle hatten das friedliche Aussehen von wehrlosen Hammeln, welche schweigend zur

Schlachtbank gehen. Sie hatten ihr Geld zwar mit Leichtigkeit verdient, aber daß sie es wieder aufgeben sollten, war, als ob man ihnen einen Zahn auszöge. Einige dieser Leute besitzen eine oder zwei Millionen, einige vielleicht sogar zehn Millionen in Grundbesitz, und andere sind wieder „arme" Leute, welche dabei fünfmal hunderttausend Dollars besitzen. Daß diesen letzteren eine Steuer von je $100 auf die kleinen Ersparnisse gelegt werden sollte, welche sie bei Seite gelegt hatten durch das Steigern der Baumwolle um 2½ Prozent, und ihre Commission von 2½ Prozent, und noch andere Prozente für Mäklergebühren und noch andere Handgriffe, schien sehr hart — wenigstens ihnen."

Das „Delta" versicherte aber ganz fest, daß Wehklagen Nichts helfe, und daß die Herren nicht auf gepolsterten Divans zu liegen, Schildkröten zu essen und Wein zu trinken brauchten, so lange der Hunger in den einst belebten Straßen einherschreite und die Armuth in Lumpen gehen sollte, weil sie nicht das Recht zur Arbeit erhalte.

Es gab nur ein Appellationsgericht in New Orleans, an welches sich ein unglücklicher Sezessionist wenden konnte, nämlich das Consulat des Landes, von welchem der Bürger zu sein beanspruchte. Die Consuln liehen allen Klagen ein williges Ohr und schickten dieselben an ihre Gesandten in Washington, welche dieselben wiederum dem Staatssekretär vorlegten. Der Protest einiger „Neutralen" von New Orleans bestimmte General Butler, seinen Befehl in meisterhafter Weise dem Kriegsminister gegenüber zu rechtfertigen.

Während der letzten Hälfte der Butler'schen Verwaltung wurden fast alle Unterstützungen für die Armee aus den „Neutralen" abgezwungenen Fonds bestritten. Den Waisen der Elisabethkirche gab der General, als die Fonds zu Ende gingen, aus seiner eigenen Tasche $500 und ließ einstweilen auf seine Kosten Lebensmittel aus den Magazinen vertheilen, wie er auch dafür sorgte, daß die conföderirten Banknoten im Besitze des Waisenhauses so theuer, wie möglich, verausgabt wurden. Kurze Zeit darauf wurde eine Commission ernannt, um den Zustand und die Bedürfnisse aller Zufluchtshäuser, Hospitäler und öffentlichen Schulen in der Stadt zu untersuchen und zu berichten, welche Hülfe jeder dieser Anstalten geleistet werden solle. Die Berichte dieser Commission bewiesen, daß allein die Lebensmittel, welche ihnen vom General Butler bewilligt worden, sie in den Stand gesetzt hatten, die Hülflosen, wie Wittwen, Waisen und Kranke weiter zu unterstützen.

General Butler schrieb an die Superiorin des Klosters der barmherzigen Schwestern in Donaldsonville, welches durch das Bombardement des Ortes gelitten hatte, einen Brief, in welchem er die unablässigen Bemühungen der

Schwestern aus tiefstem Herzen anerkannte und die Schwestern aufs Innigste bedauerte. „Niemand," sagt er in dem Briefe, „kann mehr als ich die vielen, aufopfernden Anstrengungen der barmherzigen Schwestern schätzen. Ihnen sind unsere Soldaten täglich für die große Güte verpflichtet. Schwestern der ganzen Menschheit, kennen sie nicht Nation, nicht Verwandte, nicht Krieg noch Frieden. Ihre Alles durchdringende Mildthätigkeit ist wie die grenzenlose Liebe dessen, der für Alle starb, dessen Diener sie sind und dessen reine Lehren ihre Liebe darstellt."

Der Tagesbefehl No. 55, so umfassend er auch war, konnte das Elend der Armen höchstens erleichtern. Das ganze Land war in Noth. Der häufige Durchmarsch von bewaffneten Corps fegte das Land förmlich rein von den mageren Erzeugnissen eines Bodens, welcher von den gewandtesten seiner Landwirthe verlassen war. In der Stadt war das Leben gerade zu ertragen, außerhalb der Linien der Unionsarmee waren die meisten Leute hungrig, halb nackt und ohne Medizin. „Die Lage der Bevölkerung," schrieb Butler an Halleck unter dem 1. September, „ist eine sehr beunruhigende. Nicht allein in der Stadt, sondern auf dem Lande gleichfalls. Pflanzer, welche früher den Sommer in Saratoga verlebten, sind jetzt auf ihren Plantagen ohne Nahrung. Hunderte kommen jede Woche heimlich über den See nach der Stadt und berichten von Hungersnoth an den Seeufern. Ich vertheile auf verschiedene Weise ungefähr für $50,000 Nahrungsmittel monatlich und dennoch wird mehr erfordert. Dies bekommen die weißen Einwohner. Mein Commissariat vertheilt fast die doppelte Anzahl von Rationen, welche für die Truppen gebraucht werden. Dies bekommen die Schwarzen. Sie kommen jetzt zu Hunderten, ja fast Tausenden, täglich an. Viele Pflanzungen am Flusse von hier bis Natchez liegen vollständig verödet. Saaten von Zuckerrohr verfaulen, mit welchen man Zucker für Millionen von Dollars machen könnte."

So waren die Folgen des unglücklichsten und wohlthätigsten aller Kriege. Dies waren einige von den Schwierigkeiten, mit welchen der Befehlshaber des Golfdepartements während der ganzen Zeit seiner Verwaltung zu kämpfen hatte. Mit mehr als Imperatorengewalt bekleidet, verwendete er seine Gewalt zu diesen Zwecken.

Die Regierung billigte den Tagesbefehl No. 55. Im Dezember, als die Fonds zu Ende gingen, wurde die Maßregel wiederholt.

Achtzehntes Capitel.

Der Befehl betreffs der Frauen.

Es ist wichtig für das Volk der Vereinigten Staaten, zu wissen, daß Secession als eine Geisteskrankheit betrachtet, unheilbar ist. Jedermann weiß es, der im Dienste an „den Grenzen der Rebellion" mit den Führern derselben in Berührung gebracht worden ist. General Rosecrans weiß es; General Grant weiß es; General Burnside weiß es; General Butler weiß es. Es ist wahr, daß eine große Zahl von Südländern, welche von der Epidemie ergriffen worden, wiederhergestellt, oder auf dem Wege der Genesung sind. Aber die 150,000 Leute im Süden, welche die besten Ländereien besitzen, welche stets die Politik und das gesellschaftliche Leben controllirt haben und in denen die Krankheit erblich oder angeboren ist und welche sie besitzt und durchdringt wie der Aussatz oder die Skrofeln, oder, lieber, wie Falschheit die Stuarts und Unfähigkeit die Bourbons besessen hat—diese Leute werden, so lange sie Athem in sich haben, Feinde Alles des Guten bleiben, welches durch die Worte „die Vereinigten Staaten" ausgedrückt wird. Sie mögen unschädlich gemacht werden, indem man ihre Macht zerstört, d. h., die Sclaverei abschafft, welche ihre Macht ist, aber sie von ihrem Irrthum zu bekehren, ist unmöglich.

General Butler hatte diese Ueberzeugung von Anfang der Rebellion an gewonnen und seine Erfahrung in New Orleans bestätigte seinen Glauben täglich. Darum war seine Haltung den herrschenden Klassen gegenüber kriegerisch und er versuchte auf jede Weise diese Klasse zu isoliren, um dem Volke zu zeigen, wer es war, der allen diesen unnützen Ruin über das Land gebracht hatte und so die Majorität den Wenigen gegenüber zu stellen. Während er das ganze Gewicht seiner Macht gegen die Oligarchie warf, versuchte er das Volk zu retten und zu versöhnen, welches die Anführer erniedrigen und seiner Rechte berauben wollte.

Der erste Monat seiner Verwaltung wurde durch verschiedene feindliche Handlungen und Aeußerungen gegen den Geist der Sezession charakterisirt, welche lautes Geschrei durch die Sezessionistenkreise in beiden Erdtheilen hervorriefen dessen Echo man noch von Zeit zu Zeit hört.

Zuerst verbot er am 13. Mai, daß, wie es beabsichtigt wurde, der nächste Freitag als Buß und Bettag nach einer Proclamation von Jefferson Davis abgehalten werde. Dies war Generalbefehl No. 27. Der nächste Befehl, No. 28, welcher sich auf das Betragen einiger Frauenzimmer in New Orleans bezog, kann nicht so summarisch abgemacht werden.

Man hätte erwarten können, unter den Frauen im Süden manche Abolitionistinnen der „radikalsten" Art zu finden. Wie der giftige Fluch der Sclaverei hauptsächlich auf die weiße Race fällt, so leiden die Frauen am meisten und schmerzlichsten unter ihren Folgen. Sie verlockt ihren Gatten, macht ihre Brüder und Söhne liederlich, entnervt und erniedrigt ihre Töchter. Es giebt im Süden hier und da Frauen, selbst in den Baumwollenstaaten, welche die Schmerzlichkeit und unbegrenzte Thorheit der Sclaverei tief fühlen. Aber es ist ein Naturgesetz, daß Frauen und Männer einer Gemeinschaft in moralischer Beziehung auf gleicher Stufe stehen. Wenn durch ein Wunder alle Frauen absolut gut und die Männer absolut schlecht geboren würden, so würden in einer Generation die Männer gebessert, die Frauen auf die Durchschnittsmoralität der Männer reduzirt und das moralische Gleichgewicht hergestellt werden. Deshalb finden wir die Frauen im Süden ebenso verderbt durch die Sclaverei wie die Männer und nichts weniger eifrig als diese, bei dem frechen Versuche ihr Land in Stücke zu zerreißen. In der That, sie sind eifriger, denn Frauen sind stets von Natur heftiger und enthusiastischer als Männer. Die Frauen von New Orleans hatten ferner Brüder, Gatten und Geliebte in der conföderirten Armee. Wollte man Frauen tadeln, weil sie mit ganzer Seele der Sache anhingen, für welche ihre Gatten, Söhne und Geliebten kämpften, so würde man die Naturgesetze anklagen. Aber es giebt doch verschiedene Arten, diese Anhänglichkeit auszudrücken.

Als Gen. Butler auf seinem Wege nach New Orleans durch Baltimore kam, sah er, wie die Unionssoldaten sich gegen Damen benahmen, welche Sezessinskokarden trugen. Die Damen öffneten, wenn sie bei den Soldaten vorbeikamen, schnell ihre Mäntel oder Shawls, um das Zeichen des Hochverraths auf ihrer Brust zu zeigen. Die Soldaten antworteten, indem sie die Schöße des Rockes aufhoben und die Rebellenflagge als Einsatz am Hintertheile ihrer Hosen zeigten. Der General hatte sich das gemerkt, und er hatte nachgedacht, ob sich nicht ein anständigeres Mittel finden lasse, um die Sezessionsheldinnen für ihre kindischen Manœuvres zu beschämen.

Die Frauen von New Orleans beschränkten sich nicht blos auf das Tragen von Sezessionskokarden. Sie waren in frecher und höchst ordinärer Weise außerdem lästig. Sie gingen, sobald ein Unionsoffizier sich sehen ließ, von dem Trottoir, gingen um die Offiziere in der Mitte der Straße herum, rümpften höhnisch die Nase und bedienten sich beleidigender Ausdrücke. Wenn sie gewöhnlichen Soldaten begegneten, so hoben sie ihre Kleider in die Höhe, als ob sie sich durch Berührung anstecken würden. Die Sezessions= farben wurden offen an den Hüten getragen. Wenne in Unionsoffizier in einen Wagen einer Straßeneisenbahn stieg, so standen oft die sämmtlichen Damen auf und verließen den Wagen, indem sie Mienen machten, als ob sie sich ekelten; selbst in den Kirchen zeigte sich derselbe Geist, und die Damen verließen die Kirchenstühle, wenn ein Bundesoffizier eintrat. Die Lehrerin= nen in den öffentlichen Schulen ließen ihre Schülerinnen Rebellenlieder sin= gen und gaben ihnen die Anweisung, ihre Verachtung vor den Bundessolda= ten offen zu zeigen. Wenn Damen auf dem Balkon standen und ein Bun= desoffizier vorüberging, so drehten ihm alle Damen den Rücken, während eine in die Stube lief und ein Rebellenlied so laut auf dem Klavier häm= merte, daß man glaubte, sie werde das Instrument zerbrechen. Eine Dame, aus der feinen Gesellschaft, drehte einmal ihre Unterröcke so stark, daß sie in den Rinnstein fiel. Als die Offiziere, welche sie beleidigen wollte, beisprang= en, um ihr zu helfen, wies sie die Hülfe ab und sagte, sie wolle lieber im Rinnstein liegen bleiben, als sich von Yankees helfen lassen. Eine Bestie in Weibergestalt spie sogar zwei ruhig spazierenden Offizieren in das Gesicht.

Diese letzte Gemeinheit bewog Butler, sich um die Weiber zu bekümmern, während er sich nur vorher über die Ausbrüche der Wuth amusirt hatte. Dies geschah, während Butler die Armen der Stadt ernährte, während er Tag und Nacht daran arbeitete, die Geschäfte in der Stadt wieder zu bele= ben, während er das Volk gegen die Betrügereien der großen Capitalisten vertheidigte, während er Ordnung in New Orleans hielt, wie sie früher noch nicht dagewesen war; während er in jeder Weise, in Wort und That bewies, daß er die ihm anvertraute Gewalt von ganzem Herzen zum Besten von New Orleans und Louisiana benutzen wolle.

Die Offiziere wurden zuletzt ärgerlich über die Auftritte. Klagen wurden häufig. Obersten fragten an, was für Verhaltungsbefehle sie ihren Leuten geben sollten. Der General hatte schon lange handeln wollen, jedoch hatte er bei der ungemein delikaten Natur der Sache so lange ausgehalten, wie

möglich. Als jedoch die Nachricht von dem Speien zu ihm gelangte, so be=
schloß er, der Wiederholung von dergleichen Vorfällen vorzubeugen.

Es hat oft der Irrthum stattgefunden, daß der Befehl No. 28 lüderlich
abgefaßt sei, oder wie Hr. Seward sich ausdrückte, „in der Eile der Abfassung
eine Phraseologie sich eingeschlichen habe, welche falsch ausgelegt oder ver=
dreht werden könnte." Es hat nie einen größeren Irrthum gegeben als
diesen. Der Befehl war mit der äußersten Ueberlegung und Sorgfalt nie=
dergeschrieben worden, und man hatte über alle möglichen Folgen genau de=
battirt. Die Aufgabe war, dem frechen Betragen der Frauen ein Ende zu
machen, ohne gezwungen zu sein, zu Verhaftungen zu schreiten. Bis da=
hin war New Orleans durch die bloße Gegenwart und das Zeigen einer
Macht in Ordnung gehalten worden; es war aus Gründen der Humanität
und Politik sehr wünschenswerth, daß dies auch in Zukunft geschehen sollte.
Wenn der Befehl bestimmt hätte, daß ein Frauenzimmer, welches einen Bun=
dessoldaten insultirte, eingesperrt und in Geldbuße genommen werden werde,
so hätten sich die Frauenzimmer danach gedrängt, wie nach einer Auszeich=
nung, und die Ruhe der Stadt wäre gefährdet worden. Das Volk hätte
gewiß für die Frauen den Truppen Widerstand geleistet, da es ganz „volks=
thümlich" war, einen Bundessoldaten zu beleidigen.

Es war die Absicht, seinen Zweck ohne Störung zu erreichen, mit welcher
Gen. Butler den Befehl abfaßte, wie wir ihn finden. Der Befehl war nach
dem Muster eines Befehls gemacht, welchen er in einer alten Londoner Zei=
tung gefunden hatte.

Hauptquartier des Golfdepartements.
New Orleans, 15. Mai, 1862.

General=Befehl No. 28.

Da die Offiziere und Soldaten im Dienste der Ver. Staaten wiederholt Beleidigun=
gen Seitens der Frauenzimmer von New Orleans (welche sich Damen tituliren), zum
Dank für die gewissenhafteste Nichtbeachtung und Höflichkeit von unserer Seite ausgesetzt
gewesen sind, so wird hierdurch angeordnet, daß von jetzt ab jede Frauensperson, welche
in Wort, Geberde oder Bewegung irgend einen Offizier oder Soldaten der Ver. Staa=
ten beleidigt oder ihm ihre Verachtung zeigt, so angesehen und verantwortlich gemacht
werden soll, als ob sie eine schlechte Frauensperson sei, welche ihrem Gewerbe nachgeht.

Auf Befehl von
General=Major Butler.

Geo. C. Strong, Stabschef.

Das heißt, sie sollten nach den Gesetzen der Stadt New Orleans in die
Calaboose über Nacht eingesperrt und am nächsten Morgen um fünf Dollars
bestraft werden.

Als der Befehl geschrieben war und eben dem unwiderruflichen Druck übergeben werden sollte, sagte Major Strong zu dem General:

„Sagen Sie, General, ist es nicht möglich, daß ein oder der andere Soldat den Befehl mißverstehen könnte? Es würde ein großer Skandal sein, wenn nur ein einziger Mann nicht richtig darnach handeln würde!"

„Dann werden wir," antwortete der General, „einen Fall haben, in welchem der Angriff von unserer Seite geschehen ist, und ich will dafür Sorge tragen, daß der nicht wiederholt wird. Bis jetzt sind wir immer der angegriffene Theil gewesen. Hier sind wir als Sieger in einer besiegten Stadt; wir haben jedes Recht geachtet, jedes Mittel zur Versöhnung versucht; jedes vernünftige Verlangen erfüllt, und dennoch können wir nicht auf die Straße gehen, ohne von halbausgewachsenen Mädchen insultirt und angespieen zu werden. Ich habe keine Furcht für die Soldaten, aber wenn Jemand durchaus den Angreifer spielen soll, so lassen Sie es lieber uns sein."

General Butler wußte so gut wie wir, daß wenn er seinen Soldaten streng befohlen hätte, jedes Mädchen, welches sie beleidigte, zu schänden, sie nicht gehorcht haben würden. Würde ein Schurke es gethan haben, so würde ihn die öffentliche Meinung des ganzen Regiments zerschmettert haben.

Der Befehl wurde publizirt. Sein Erfolg war augenblicklich und vollkommen. Nicht etwa, daß die Frauenzimmer mit der ihrem Geschlechte eigenen Gewandtheit nicht fortfuhren, ihren Widerwillen gegen die Truppen zu zeigen. Noch tönten die Rebellenlieder auf dem Piano, die Kleider wurden vorsichtig fortgezogen, die Balkone zeigten noch immer die Rücken der Damen. Verließen sie den Eisenbahnwagen auch nicht, wenn ein Bundesoffizier eintrat, so rückten sie doch nicht zusammen, um ihm Platz zu machen. Es wurde Mode, zu thun, als ob man Uebelkeit spürte, und das „Delta" bemerkte sehr richtig, daß die Damen sich wohl erinnern sollten, daß die so schwachen Magen ohne die Anwesenheit der Bundestruppen gar Nichts zu verdauen gehabt haben würden. Aber die unanständigen Demonstrationen hörten auf. Die beleidigenden Worte wurden nicht mehr gehört, und die angeblichen Aeußerungen von Ekel waren so gering, daß die Soldaten sie leicht ertragen konnten.

Es ist unnöthig zu sagen, daß nicht ein einziger Fall vorkam, in welchem der Befehl von den Truppen mißverstanden wurde. Ueberhaupt verstanden ihn in der ganzen Welt nur Lästerer der heiligen Sache, für welche die Ver. Staaten kämpften, falsch. Der Befehl beschränkte nicht allein die Frauen nicht, sondern er beschützte sie vor jeder Gefahr einer Belästigung, welcher sie ausgesetzt gewesen wären; und so vollkommen war der Erfolg des Befehles No. 28, daß nicht eine einzige Verhaftung auf Grund desselben stattfand.

General Butler brauchte nicht lange Zeit, um zu entdecken, daß der Befehl Vorwand zu einem ungeheuren Geschrei gegen seine Verwaltung geben
würde. Die Puppe, welche in New Orleans Mayor war, erhob zuerst ihr
Stimmchen dagegen, welches zu wichtigen Folgen leitete.

Es war dem General und seinen Offizieren klar geworden, daß man mit
den städtischen Behörden von New Orleans nicht zusammen arbeiten könne.
Der Mayor und der Stadtrath hatten den Vertrag mit dem General in
jedem Punkte verletzt. Sie hatten versprochen, die Straßen zu reinigen,
hatten es aber nicht gethan. Sie hatten sich verpflichtet, 250 Grundbesitzer
aus der Stadt zur Aufrechthaltung der Ruhe in der Stadt zusammenzu-
bringen, so daß General Butler ohne Gefahr seine Truppen zurückziehen
könnte. Die 250 Mann erwiesen sich als sogenannte „Thugs," Kerle,
welche um das Stadthaus herumlungerten. Die europäische Legion sollte
im Dienste erhalten werden; der Mayor löste sie auf. Vorräthe waren aus
der Stadt nach Lovell's Lager geschickt worden. Conföderirtes Papiergeld,
welches um 30 Prozent gesunken war, wurde von den städtischen Behörden
zum Vollwerthe eingelöst. Die Behörden wiederholten fortwährend, daß
New Orleans nicht erobert sei, sondern nur niedergehalten durch rohe Gewalt, eine Behauptung, welche dem getäuschten Volke sehr lieblich klang.

An dem Tage, an welchem der Befehl No. 28 erschien, erhielt General
Butler einen Brief des Mayors, in welchem derselbe gegen den Befehl protestirte, sagte, daß er jetzt die Einwohner nicht länger controlliren könne, daß
die Soldaten den Befehl auslegten, wie sie Lust hätten und den Weibern
und Kindern der Bürger die scheußlichsten Insulte zufügen könnten. Er
habe nicht gewußt, daß Butler Krieg gegen Frauen und Kinder führe und
könne nicht mehr für die Ruhe der Stadt einstehen. Butlers Verfahren sei
gegen die Civilisation und das Christenthum, u. s. w.

Schnell und laconisch antwortete General Butler Folgendes:

New Orleans, 16. Mai, 1862.

John T. Monroe, bisher Mayor von New Orleans, wird hierdurch aller Verantwortlichkeit für die Ruhe der Stadt enthoben und von allen Amtsbefugnissen suspendirt,
sowie bis auf weiteres nach Fort Jackson überwiesen.

B. F. Butler, Generalmajor.

Man gestattete dem Mayor jedoch eine Unterredung mit dem General.
Er protestirte gegen den Verhaftsbefehl. Der General erwiderte, daß wenn
er nicht mehr „die erwachten Leidenschaften der Bürger von New Orleans"
controliren könne, es sehr an der Zeit sei, nicht nur ihn zu suspendiren,
sondern an einen sichern Ort wie Fort Jackson zu schicken. Der Brief des

Mayors sei eine Beleidigung gewesen, welche sich kein Bundesoffizier in einer eroberten Stadt gefallen lassen dürfe.   Der Mayor antwortete klein-laut, daß er keine Beleidigung beabsichtigt, sondern nur die Ehre der tugend-haften Damen von New Orleans habe vertheidigen wollen.

Da der Mayor vernünftig und artig wurde, so setzte ihm der General den Befehl lang und höflich auseinander.   Der Mayor erklärte sich hierauf voll-ständig zufrieden und bat um die Erlaubniß, den Brief zurückziehen zu dürfen.   Der General schrieb unter den Brief des Mayors Folgendes: ·

An General Butler:—Da die obige Mittheilung mit einem thatsächlichen Irr-thume abgesendet worden und in ungebührender Sprache abgefaßt ist, so wünsche ich mich deßhalb zu entschuldigen und sie zurückzunehmen.

Dies unterzeichnete der Mayor und der General entließ ihn des Arrestes. An denselben Abende aber erhielt General Butler folgenden Brief:

An Generalmajor Butler: Mein Herr! Da ich Sie in Bezug auf Ihren Generalbefehl No. 28 mißverstanden habe, so wünsche ich den Zusatz, welchen ich zu dem an Sie gerichteten Briefe gemacht, zurückzunehmen. Geben Sie gefälligst den Brief meinem Secretär, Herrn Duncan, welcher Ihnen diesen Brief überbringen wird.   Ihr gehorsamer Diener,

J. T. Monroe.

New Orleans, 16. Mai, 1862.

General Butler antwortete sofort, wie folgt:

New Orleans, 16. Mai, 1862.

Mein Herr! Es kann weder, noch hat ein Mißverständniß bezüglich meines Ge-neralbefehls No. 28 obgewaltet.

Keine Dame wird sich vor einem fremden Herrn, oder überhaupt um einen Fremden in einer Weise bekümmern, welche die Aufmerksamkeit auf sich ziehen kann.   Ordinäre Frauenzimmer thun es.

Deshalb wird jedes Frauenzimmer, Herrin oder Dienerin, fein oder gewöhnlich, welches durch Zeichen, Blick oder Wort, Insulte gegen meine Offiziere und Soldaten begeht, oder Verachtung zeigt, so daß sie die öffentliche Aufmerksamkeit auf sich lenkt, angesehen werden, als handle sie ihrem Gewerbe als ordinäres Frauenzimmer gemäß und wird darnach behandelt werden.   Dies ist Ihnen sehr deutlich in meinem Bureau · auseinander gesetzt worden.

Ich werde ebenso wenig ein Wort von dem Befehle zurücknehmen, wie ich es bis jetzt gethan habe ; derselbe war sehr genau überlegt.   Wenn ihm Gehorsam geleistet wird, so wird er die wahren und anständigen Damen vor jeder Beleidigung schützen, welche möglich wäre.   Die andern werden sich in Acht nehmen.

Sie können diesen Brief publiziren. wenn Sie Ihren Brief und Ihre Abbitte pub-liziren.   Ergebenst

Benj. F. Butler, Generalmajor.

Hierauf erwiderte der Mayor durch eine Abschrift des ersten Briefes. General Butler forderte ihn noch ein Mal vor sich. Er kam in Begleitung seines Secretärs Duncan. In der Anwesenheit des Generals verlor er wieder seinen Muth und sagte, er hätte nicht den Brief geschickt, wenn er hätte veröffentlichen dürfen, daß der General ihm erklärt habe, der Befehl beziehe sich nicht auf alle Frauen von New Orleans. Ueberaus geduldig schrieb General Butler unter ein Exemplar des Befehls:

Sie können sagen, daß dieser Befehl sich auf solche Frauenzimmer bezieht, welche Verachtung vor meinen Soldaten gezeigt, oder sie durch Worte, Mienen oder Bewegungen in ihrer Gegenwart beleidigt haben.

B. F. Butler.

Duncan verlangte, daß der General das Wort „allein" hinter Frauenzimmer einschalte. Der General genehmigte auch dies und der Mayor und sein Secretär zogen sich zurück.

Aber noch nicht genug. Am nächsten Morgen (Sonntag) kamen der Mayor und eine Menge Freunde in die Privatwohnung des Generals. Er sagte, er sei gekommen, um seine Entschuldigung zurückzunehmen. Butler erklärte ihm, er mache am Sonntag keine Geschäfte ab, aber wenn der Mayor am nächsten Tage in demselben Stuhle widerrufen wolle, so solle er so viele Freunde mitbringen, wie er Lust habe.

In der Zwischenzeit wurde berichtet, daß eine Verschwörung unter den Rebellengefangenen in New Orleans existire, zu General Lovell zu entfliehen. Die Verschwörer nannten sich die Monroe Garde, nach dem Mayor, welcher sie wahrscheinlich wesentlich unterstützt hatte. Der General beschloß, mit dem Mayor bei dem nächsten Besuche kurzen Prozeß zu machen. Am nächsten Morgen kam der Mayor in das Hauptquartier, begleitet von dem Polizeichef, seinem Secretär und mehreren Freunden, zusammen 7 bis 8 Personen. General Butler wartete nicht auf den Angriff, sondern setzte die Sachlage offen und klar auseinander, die Verletzungen der Uebereinkunft vom 4. Mai seitens der Stadtbehörden, erzählte, daß die Verschwörung unter den Gefangenen ausgebrochen sei und sechs deshalb zum Tode verurtheilt seien und erklärte, daß der Conflict unter den Behörden aufhören müsse. Er wolle nicht länger mit den „Wetterfahnen" zu thun haben. Endlich brachte er die Sache zu einem einzigen und sehr einfachem Punkte. Er legte jedem der Anwesenden eine Frage vor, die ihn bei seinem Verfahren bestimmen sollte. Er sagte:

„Richter Kennedy, billigen Sie den Brief des Mayors in seinem Wesen und seiner Wirkung?"

Kennedy: Ich sehe keine beleidigenden Ausdrücke in dem Briefe. Die Auslegung des Befehls in dem Briefe ist die Auslegung, welche er ganz allgemein in der Stadt erfährt. Wäre ich der Mayor gewesen, so würde ich eine Abänderung, oder Ankündigung von der Veränderung der Auslegung Ihrerseits verlangt haben.

Butler: Halten Sie den Brief nicht für beleidigend? Unterstützen Sie den Mayor? Geben Sie ihm Recht für die Wiederholung des Briefes?

Kennedy. Ich kann nicht antworten. Ich will weder Ja noch Nein sagen, einfach weil ich keine Stellung nehmen will. Ich würde in keiner Mittheilung an Sie beleidigende Sprache gebrauchen.

Die Frage wurde den andern Herren vorgelegt. Sie antworteten:

Der Polizeichef: Ich unterstütze den Mayor.

Polizeilieutenant: Ich habe mir den Brief noch nicht überlegt. Ich habe ihn nie vorher gelesen, u. s. w.

Duncan gab zu, daß er „bei Abfassung des Briefes behülflich gewesen sei."

General Butler befahl hierauf sofort, den Mayor, Richter Kennedy, den Polizeichef und Duncan nach Fort Jackson zu bringen. Die andern wurden entlassen. Der Mayor wollte schließlich noch wissen, ob seine Abbitte als widerrufen angesehen werden würde. General Butler versicherte ihn, daß, sobald der Brief und die Abbitte veröffentlicht werden würden, der Widerruf der Abbitte ausdrücklich bemerkt werden solle.

Der Mayor wurde nach Fort Pickens gebracht; es stand ihm jedoch frei, den Treueid zu leisten, und nach Hause zurückzukehren. Endlich erklärte sich der Mayor bereit und General Butler erlaubte der Gattin des Mayors, in Begleitung eines Offiziers den Mayor aus Fort Pickens abzuholen. Zufällig übergab der Offizier dem Mayor eine Zeitung, in welcher berichtet wurde, daß Frankreich die Conföderation anerkannt habe. Der würdige Mayor änderte sofort seinen Sinn, weigerte sich, den Eid zu leisten und ließ seine getreue Frau Gemahlin allein abreisen.

Nach der Absetzung des Mayors wurde die Executivgewalt der Stadtbehörden sofort suspendirt und dem Militärcommandeur General F. B. Shepley von Maine übergeben. Dies war aber jedenfalls in kurzer Zeit geschehen, denn General Butler war entschlossen, Niemanden zu einem Amt wählen zu lassen, welcher nicht den Treueid geleistet hätte.

General Shepley ging energisch an das Werk. Oberst French erließ eine Aufforderung für 500 Polizisten. Die Umwälzung in der Stadtverwaltnng ging ohne Störung vor sich. Gen. Shepley verbot Gebete für die Rebellen und Alles, was damit zusammenhing, in den Kirchen. Dieser Befehl wurde jedoch nur halb ausgeführt, denn sobald die Stelle kam, an welcher sonst für Jeff. Davis gebetet wurde, sagte der Prediger jetzt: „Wir wollen nun einige Augenblicke still beten!"

Nach der Aufhebung der Stadtverwaltung schien es dem General gefährlich, den einflußreichen Anstifter und Leiter des Hochverraths, Pierre Soulé, in der Stadt zu lassen. Er hatte den vorlauten Brief des Mayors an Capitän Farragut abfassen helfen. Er hatte das Verbrennen von Baumwolle gebilligt, ja vielleicht veranlaßt. Um New Orleans für die Sezession todt zu machen, mußte ein so einflußreicher Nährer des Hasses gegen die Union fortgeschafft werden. Capitän Conant verhaftete Soulé, gab ihm lange Zeit, seine Privatangelegenheiten zu ordnen, und er wurde nach Fort Warren im Hafen von Boston geschickt. General Butler ersuchte einige Zeit darauf, den Gefangenen gegen Ehrenwort, daß er New Orleans nicht mehr betreten werde, laufen zu lassen, was auch geschah.

Aus allen Theilen der rebellischen Staaten kamen Wehklagen über den Befehl gegen die Frauen. Ein Aufruf war immer wahnsinniger als der andere. In dem einen riefen „die Töchter von New Orleans": „Wäre es nicht besser für New Orleans gewesen, in Trümmern zu liegen und uns begraben zu haben, als daß wir so unerhörten Leiden uns unterwerfen sollen? Ist das Leben ein so kostbares Geschenk, daß zu seiner Erhaltung kein Opfer zu groß sein sollte? O nein! o nein! Laßt uns lieber mit Euch sterben, Väter! Lieber taucht Eure Schwerter in unsere Brust wie Virginius und sagt: Dies ist Alles, was wir unsern Töchtern geben können!" Ein verrücktes Frauenzimmer in Savannah bot $40,000 für Butler's Kopf.

Unsere englischen Freunde hatten die Freundlichkeit, den Befehl so auszulegen wie die Rebellen. Lord Palmerston sagte im Parlamente:

„Ich stehe nicht an, zu erklären, daß Niemand die Proclamation, auf welche unsere Aufmerksamkeit gelenkt worden ist, ohne das Gefühl des tiefsten Unwillens lesen kann, (Bravo! von beiden Seiten des Hauses) einer Proclamation, welche ich ohne Bedenken als infam bezeichne. (Wiederholtes Bravo!) Ein Engländer muß erröthen, wenn er bedenkt, daß solch eine Handlung von Jemanden begangen worden ist, der der angelsächsischen Race angehört. (Bravo!) U. s. w.

Solche und andere lächerliche und blödsinnige Reden und Gedichte (wie z. B. im „Punch") sollten Beamte ermuthigen, welche unter neuen und schwierigen Verhältnissen handeln sollten. Butler konnte eben so wenig wie irgend ein Mensch, gleichgültig gegen diese Angriffe sein. Er nahm öffentlich keine Notiz von ihnen, aber, was er fühlte, sehen wir aus einem Briefe an einen Freund, welchem wir folgende Stellen entnehmen:

„Ich bin eben so eifersüchtig auf die gute Meinung, welche meine Freunde von mir haben, wie gleichgültig gegen die Verläumdungen Seitens meiner Feinde....

„Wie sahen die Dinge aus, als ich den Befehl wegen der Frauen erließ?

„Wir waren 2500 Mann in einer Stadt, welche sieben Meilen lang und zwei bis vier Meilen tief ist, unter 150,000 Einwohnern, die alle feindlich, bitter, trotzig und wild waren. Wir standen im wahrsten Sinne des Wortes auf einem Pulvermagazin und es bedurfte nur eines Funkens, um es zu entzünden. Der Teufel hatte die Frauenzimmer besessen, in jeder Weise Ruhestörungen zu verursachen. Jedes Schimpfwort, jede beleidigende Geberde wurde von diesen mit Hermelin behangenen und von Spitzen strotzenden Geschöpfen in Crinolinen gemacht, die sich Damen nannten, und zwar von den Fenstern der Häuser wie in den Straßen, sobald meine Soldaten vorüber gingen. Wie lange, glauben Sie, hätte ein Mensch von Fleisch und Blut dies ertragen können, ohne sich abzufinden? Das würde aber Skandal und Aufruhr in den Straßen verursacht haben, ich hätte mit Artillerie dazwischen fahren müssen, und es wäre nachher ein fürchterlicher Lärm geschlagen worden, daß ich die schönen Damen niedergemetzelt hätte. Ich hatte Leute verhaften lassen, weil sie für Beauregard Hurrah geschrien hatten. Konnte ich die Frauen verhaften lassen? Ich konnte nur einen Befehl erlassen, in welchem an sich schon eine Strafe lag. Nach langem Suchen fand ich endlich Folgendes: Frauenzimmer, welche meine Soldaten insultiren, sollen wie ordinäre Frauenzimmer betrachtet und behandelt werden, welche ihrem Gewerbe nachgehen!"

„Wie behandeln Sie ein gemeines Frauenzimmer, welche auf der Straße ihrem Gewerbe nachgeht? Sie gehen bei ihr vorüber, ohne sie zu beachten. Sie kann Sie nicht beleidigen. Als verständiger Mann können und werden Sie keine Notiz von ihr nehmen. Wenn sie spricht, können ihre Worte Sie nicht beleidigen. Nur wenn sie Sie anhaltend und positiv belästigt, rufen Sie einen Polizisten und übergeben sie ihm.

„Aber einige Redakteure im Norden glauben, wenn Jemand so ein Frauenzimmer trifft, so bleibe er stehen, unterhalte sich mit ihr, spreche Zweideutigkeiten mit ihr, und so haben sie meinen Befehl nach ihrem Betragen ausgelegt.

„Wahrhaftig, dieses Otterngezücht von New Orleans selbst wurde sofort durch diesen Befehl anständig, und keine hat mehr einen meiner Soldaten beleidigt, wie auch natürlich nicht eine einzige von meinen Soldaten insultirt worden ist....

„Ich kann nur sagen, daß ich unter gleichen Umständen den gleichen Befehl wieder erlassen würde."

Den Frauen gegenüber, welche Rebellengesinnungen hegten, aber sich anständig zu betragen wußten, waren General Butler und seine Offiziere so
höflich wie möglich. Eine Frau Slocomb und ihre Schwiegertochter Frau
Urquhart baten um einen Paß nach ihrem Landsitze, erklärten aber offen und
höflich, daß sie den Treueid nicht leisten könnten. Alle ihre Freunde und
Verwandten kämpften für den Süden, und die eine von ihnen habe einen
Sohn, die andere einen Bruder im Kriege verloren und sie wären unerschütterlich auf der Seite des Südens. General Butler sagte, er wolle eine
Ausnahme machen, wenn sie während ihrer Abwesenheit ihr Haus zum Ge-
brauche für die Ver. Staaten hergeben wollten, da er gerade ein geräumiges
Haus zum Hauptquartier gebrauchte. Frau Slocomb zauderte. Mit thrä-
nenden Augen erklärte sie, Alles, was in dem Hause sei, sei ihr durch tausend
Erinnerungen theuer und jetzt theurer als je, sie könne es nicht aufgeben.

Der General antwortete, es mache ihm aufrichtige Freude, Damen zu
sehen, welche, obgleich Feinde der Ver. Staaten, dennoch so offen und ehrlich
sprächen und er glaube, daß, wenn die Stadt von lauter solchen Frauen vertheidigt worden wäre, die Einnahme bedeutend schwieriger gewesen sein
würde. Er versicherte, daß das Haus nicht ohne die Erlaubniß der Damen
genommen oder nur ein Stein angerührt werden solle, außer wenn das gelbe
Fieber wüthen sollte, in welchem Falle er jedes Haus als Hospital nehmen
werde. Als er den Damen zwei Tage später den Paß überschickte, schrieb er
unter Anderm: „Dies soll die einzige Ausnahme von der Regel sein, daß
Diejenigen, welche Schutz beanspruchen, auch entsprechende Verpflichtungen
übernehmen müssen. Ich habe eine alte Mutter zu Hause, welche vielleicht
auch die Unverletzlichkeit ihres Herdes und Daches von der Anwesenheit
eines Fremden beanspruchen möchte. Um ihrer willen sollen Sie den Paß
haben. Wie ich die Ehre hatte, Ihnen persönlich zu sagen, Sie können die
Stadt verlassen ohne Furcht, daß Ihr Haus durch irgend eine Militärbehörde belästigt werden, sondern unter den Gesetzen der Ver. Staaten sicher
sein wird. In der Hoffnung, daß die unerbittliche Logik der Ereignisse Sie
von Ihrem Unrecht gegen Ihr Vaterland überzeugen wird, wenn alles Andere umsonst gewesen ist, bin ich u. s. w."

Frau Slocomb dankte in einem Briefe, an dessen Schlusse es heißt: „Da
ich weiß, daß wir keinen Anspruch auf eine Ausnahme hatten, so erfüllt Ihre
edelmüthige Handlung unser Herz mit um so größerem Danke. Während
wir inbrünstig für die Sache beten werden, die wir so sehr lieben, werden
wir nie die Liberalität eines Mannes vergessen, dessen Macht uns schmerzlich

daran erinnert, daß unsere Feinde großmüthiger sind als unsere Bürger
tapfer."

Noch ein Beispiel. Die Frau des Rebellengenerals Beauregard und
ihre Mutter wohnten in Slidell's Haus, welches sequestrirt war. Lieut.
Kinsman ging hin, um es in Besitz zu nehmen, wußte aber nicht, wer darin
wohnte. Die Damen empfingen ihn höflich und würdevoll. Er berichtete
an den General, welcher befahl, die Damen ungestört dort wohnen zu lassen,
was auch geschah.

Neunzehntes Capitel.

Mumford's Hinrichtung.

Das Verbrechen, für welches Mumford starb, ist schon erzählt worden.
Wenn er bei dem Herunterreißen der Fahne auf dem Dache der Münze von
den Haubitzen der Pensacola erschossen worden wäre, so hätte sicherlich Nie-
mand Etwas gegen die Vertheidiger der Bundesfahne sagen können. Sein
Verbrechen war zweifach; er insultirte die Fahne seines Landes, und ferner
brachte er das Leben seiner Mitbürger in Gefahr, indem er das Feuer der
Flotte auf sich zog. Er hatte sein Leben an die Ver. Staaten und an die
Stadt New Orleans verwirkt. Sein Leben war überhaupt nicht viel werth.
Er war ein Spieler von Profession, ein hübscher Mensch, groß, mit langem
schwarzen Bart und 42 Jahre alt.

Nach der Besetzung der Stadt trieb er sich noch in den Straßen herum,
war dreist und trotzig und ein Held der Volksmasse. Er wurde selbst vor
dem St. Charles Hotel gesehen, wie er sich mit seiner Heldenthat groß
machte und sagte, die Bundesbehörden würden nicht wagen, ihn zu belästigen. Er sagte dies ein Mal zu oft, denn er wurde verhaftet, vor ein Kriegsgericht gestellt, zum Tode verurtheilt und General Butler bestätigte das Urtheil und befahl, wie folgt, die Hinrichtung:

Spezialbefehl Nr. 10.

New Orleans, 5. Juni, 1862.

William B. Mumford, Bürger von New Orleans, ist von dem Kriegsgerichte des Hochverraths und einer öffentlichen Kundgebung desselben schuldig befunden worden, indem er die Fahne der Ver. Staaten von einem den Ver. Staaten gehörigen Gebäude herabriß, um Böswillige zu fernerem Widerstande gegen die Ver. Staaten aufzureizen, nachdem diese Fahne von Commodore Farragut von der Bundesmarine aufgepflanzt worden war.

Es wird deshalb hierdurch angeordnet, daß er in Gemäßheit des Urtheils des besagten Kriegsgerichtes am Samstag, den 7. d. M., zwischen 8 und 12 Uhr Vormittags unter Aufsicht des Profoßmarschalls des Bezirks von New Orleans, hingerichtet werde, und dazu soll dieser Befehl für ihn Autorität sein.

Während seines Verhörs und nach seiner Verurtheilung zeigte er weder Furcht noch Zerknirschung ; er erwartete offenbar eine Umwandlung seines Urtheils, da er nicht glaubte, daß General Butler es wagen werde, dasselbe auszuführen. Seine Freunde, die Thugs und die Spieler trotzten offen dem General und beschlossen nach offener Berathung, nicht um Mumford's Begnadigung zu bitten, und sie machten unter einander ab, daß sie Butler ermorden wollten, wenn Mumford gehängt würde. Dies wurde dem General durch die Geheimpolizei berichtet und ganz offen in der Stadt besprochen. Man glaubte ganz sicher, daß nach Art der Offiziere, welche mit Platzpatronen feuern lassen, Butler ihn bis zum Galgen führen lassen und dort begnadigen werde.

Während so die Freunde Mumford's eine Mauer zwischen ihm und seiner Begnadigung aufführten, wurde die Sache noch verwickelter durch die Verurtheilung der sechs Gefangenen, welche nach dem Rebellenlager aufbrechen wollten. Auch ihr Urtheil wurde von dem General bestätigt. So waren sieben Leute unter dem Todesurtheil und das Leben dieser sieben Leute hing von dem Worte eines Menschen ab. General Butler ist nicht ein Mann von sehr stark ausgebildeten „philanthropischen" oder weichlichen Grundsätzen. Ebensowenig vergißt er, daß es ein großes Unrecht gegen die menschliche Gesellschaft ist, Leute zu begnadigen, welche mit Recht zum Tode verurtheilt sind. Trotzdem ist sein Herz so milde wie irgend eines, welches warm für seine Mitmenschen schlägt und das Leben der sieben Männer lag ihm schwer auf dem Herzen.

In Bezug auf Mumford war er sich ganz klar. Er konnte das erschütternde Schauspiel ertragen, die Frau des Verurtheilten und ihre drei Kinder vor ihm auf den Knieen liegen zu sehen, um das Leben ihres Gatten und Vaters von ihm auszubitten, und er blieb unerschüttert dadurch. Viel leich=

ter wurde es ihm, das Schimpfen und Drohen einer Rotte gesetzloser Spieler und Raufbolde zu ertragen. „Mumford muß sterben!" Das war der
überlegte und unwiderrufliche Beschluß seines besten Urtheils. Auch war
es nicht so leicht, ihn zur Umwandlung des Urtheils gegen die sechs parolir-
ten Gefangenen zu bewegen. Er glaubte fest, daß die Unionsarmee seit
Anfang des Krieges nicht 100,000 Mann durch Desertion verloren haben
würden, wenn man von vornherein jeden Deserteur streng mit dem Tode
bestraft hätte. Er hatte einen Abscheu vor allen halben Maßregeln, welche
das Land Leiden und Blut gekostet hatten. So blieb er zwischen seinem
strengen Pflichtgefühl und seiner Erwägung mildernder Umstände bei dem
Verbrechen der sechs Deserteure lange unentschlossen, hatte unruhige Tage
und Nächte und konnte weder essen noch schlafen.

Man bestürmte ihn außerordentlich, wie es stets mit Leuten geschieht,
deren Wort ein Leben retten kann. Seine eigenen Offiziere lagen ihm wegen Begnadigung in den Ohren. Unionsleute in der Stadt flehten ihn an.
Und Nachts, wenn die Welt ihm ferne lag, wiederholte eine Stimme noch
die Gründe. Die sechs Gefangenen waren arm, simpel und unwissend.
Einer von ihnen hatte vor Gericht auf die Frage, ob er wisse, daß er parolirt
sei, geantwortet:

„Paroliren ist blos für Offiziere und Gentlemen. Wir sind keine Gentlemen!"

Ein bezeichnendes Wort für die Stellung, in welcher sich die armen Weißen im Süden den Reichen gegenüber fühlten. Auch die bedeutendsten
Unionsleute von New Orleans, J. A. Rozier und T. J. Durant wurden in
den bringendsten Briefen zu Gunsten der Verurtheilten vorstellig.

General Butler antwortete ihnen nach einleitenden Worten: „Ueber die
Gerechtigkeit, welche den Tod dieser Leute fordert, habe ich keine Bedenken.
Die einzige Frage ist, ob das schreckliche Beispiel der Bestrafung dieser irre-
geleiteten Männer nicht eine Gnade für Leute sein würde, die Aehnliches
versuchen wollen. Ueber diesen Punkt müssen Sie, die in guten und schlechten Zeiten bei der Union gestanden und so manches Leben von Unionsleuten
in der Stunde der Gefahr gerettet haben, die entscheidende Stimme haben!
Sie verlangen das Leben dieser Leute! Sie sollen es haben. Sie sagen,
daß Milde der Regierung für die Sache, welche uns am Herzen liegt, am
Besten sei. Sei es denn so! Sie müssen dies besser verstehen, als ich. Ich
will Nichts thun, als den Männern von Louisiana zeigen, welches Gut sie
weggeworfen haben, als sie sich verleiten ließen, ihre Hand gegen die Constitution und die Gesetze der Ver. Staaten zu erheben."

Die Leute wurden begnadigt und nach Ship Island geschickt, so lange, als dem Präsidenten gefallen möge. Dies geschah am 4. Juni. Mumford sollte am 7. sterben.

Das Schaffott war vor der Münze, nahe der Scene des Verbrechens, errichtet. Bis zum letzten Augenblick wurde der General um Begnadigung gebeten. Der ehrwürdige alte Dr. Mercer, ein treuer Freund von Henry Clay, kam eine Stunde vor der Hinrichtung zu Butler.

„Geben Sie mir das Leben dieses Menschen," sagte er, und Thränen rollten über seine gefurchten Wangen. „Es kostet Sie nur einen Feder=strich!"

„Ja wohl!" antwortete der General. „Aber ein Federstrich von mir könnte auch New Orleans niederbrennen. Ich denke, Beides würde gleich unrecht sein."

In der That, die Begnadigung der sechs Leute hatte Mumfords Begna=digung unmöglich gemacht. Die Begnadigung war von dem Volke in New Orleans als eine Handlung der Schwäche und Feigheit angesehen; wurde Mumford gehängt, so war der Pöbel unterdrückt. Wurde Mumford ge=schont, so konnte man das Volk zuletzt nur noch mit Kartätschen und Shrap=nells zur Ordnung bringen.

Mumford ertrug sein Schicksal mit der Gleichgültigkeit, mit welcher schlechte Menschen in der Regel sterben. Er sagte, er habe die That, für welche er bestraft werde, in der Aufregung begangen und er glaube nicht, daß die Strafe gerecht sei. Er beschwor alle Zuhörer, ihren Nebenmenschen Ge=rechtigkeit widerfahren zu lassen; ihre Kinder ordentlich zu erziehen, dann würden sie dem Tode furchtlos ins Auge schauen können. Er sei bereit zu sterben, und da er niemals Jemandem Unrecht zugefügt habe, so hoffe er, Verzeihung zu erlangen.

Eine große Menschenmenge sah der Hinrichtung zu. Die unruhigen Geister von New Orleans merkten sich die Sache wohl. Die Verwaltung erfüllte mit einem Male Jedermann mit dem Bewußtsein, daß sie New Or=leans ohne Gewaltscenen beherrschen könne. Jeder Soldat fühlte sich siche=rer und die Unionsleute sahen zum ersten Male, daß sie die Stärkeren waren. Ruhe herrschte in Warschau.

Der Name Mumford wurde sofort im Süden der Zahl der Märtyrer für die Freiheit hinzugefügt. Der flüchtige Gouverneur von Louisiana ließ aus seinem sichern Zufluchtsort auf der andern Seite des Flusses eine Proclama=tion los, in welcher er in halb demosthenischer, halb verrückter Sprache Mumfords Tod besprach.

„Mögen die Flußufer," sagte er darin, „von bewaffneten Patrioten wim=meln, um dem verhaßten Eindringling zu zeigen, daß die Büchse allein ihn

auf seinen Wegen nach Beute und Zerstörung begrüßen wird.   Wo er im=
mer das verhaßte Zeichen der Tyrannei erheben mag, reißt es herab und
zerreißt es in Fetzen.   Der edle Heroismus des Patrioten Mumford hat
seinen Namen oben an auf die Liste unserer Märtyrer gestellt.“   Es folgten
dann noch Verbote mit dem Feinde zu handeln u. s. w.

Zwanzigstes Capitel.

General Butler und die auswärtigen Consuln.

„Was man auch über die Geschäfte in New Orleans sagen mag,“ be=
merkte das Delta humoristisch.   „Eins ist sicher, nämlich, daß „Consuls“
(Consols) niedriger stehen.

Consuln waren in den ersten Wochen nach der Besetzung der Stadt in der
That sehr gestiegen.   Ihre Stellung in New Orleans war eine außer=
ordentlich wichtige während der Rebellion gewesen, denn hauptsächlich durch
die fremden Capitalisten der Stadt war die Conföderation mit Waffen und
Kriegsmunition versehen worden, und die Consuln hatten sich ein Vergnügen
daraus gemacht, ihnen Hülfe und Beistand bei diesem einträglichen Geschäfte
zu leisten.   Sie vergaßen, daß sie nur Consuln waren.   Sie vergaßen die
Ver. Staaten.   Sie correspondirten mitunter direkt mit den Cabinetsmini=
stern ihres eigenen Landes, wurden von den Rebellen flattirt und fetirt, und
erwarteten ganz sicher den Erfolg der Sezession.   Da sie ferner Mächte
vertraten, denen am Erfolge der Rebellion gelegen war, so nahmen sie den
Ton von Gesandten an, machten den Behörden, welche, wie sie glaubten, zu=
letzt in New Orleans regieren würden, den Hof und verachteten oder haßten
diejenige Macht, bei welcher sie accreditirt waren.

Diese Leute machten dem General mehr zu schaffen als irgend eine andere
Klasse in New Orleans.   Sie opponirten ihm bei jeder Maßregel, welche
nur im Entferntesten einen fremden Unterthan betreffen konnte.   Die Cor=

respondenz zwischen ihnen und dem Staatssecretär würde zwei bis drei so
starke Bände wie diesen einen füllen.

Ein Zusammenstoß zwischen General Butler und den fremden Consuln
mußte nothwendiger Weise Differenzen zwischen ihm und Seward nach sich
ziehen. Beide Männer sind vollständige Antipoden. Seward hat zu wenig,
Butler mindestens genug Kriegslust. Seward ist durch seine geistige Be-
schaffenheit und dreißigjährige Gewohnheiten ein Mensch, der gern Alles bei-
legen möchte und vor den etwaigen Folgen Furcht hat, ein temporisirender
Character, welcher gern Aufklärungen giebt und gern Alle befriedigen möchte.
Butler dagegen findet Wohlgefallen an einem offenen Disput, geht grade auf
das Ding los, wendet nur ganz unzweideutige Sprache an, und nimmt die
Verantwortlichkeit eben so leicht auf sich, wie sein Frühstück zu sich. Seward hatte solche Furcht vor dem Kriege, daß er bereit war, Concessionen zu
machen, welche den Krieg auf die nächste Generation geschoben hätte. Butler hob den Fehdehandschuh mit einem Gefühle auf, welches fast ein Froh-
locken war, und sah den Krieg als sein und des Landes Geschäft an, und
verlangte keine Ruhe, bis der Streit absolut und für immer abgemacht sei.
Seward sah die südliche Oligarchie als eine Menge verirrter südlicher Mitbürger an, welche man zurückgewinnen könne. Butler hielt sie für Verräther, welche durchaus nicht bekehrt, und nur unschädlich gemacht werden könnten, wenn man sie machtlos mache. Seward glaubte als Chef des Departements für auswärtige Angelegenheiten, er müsse Alles dem Mittelpunkt
seiner Politik, mit den auswärtigen Mächten in Frieden zu leben, unterord-
nen. Butler, welcher stets der Rebellion als Erster entgegentrat, fand keinen Gefallen an dem leisen Auftreten in Sewards Empfangszimmer. Butler
war der Heenan, der auf Sayer loshaut und an Nichts denkt, als wie er ihm
schulgerechte Hiebe geben kann. Seward war der Sekundant Heenans,
welcher ihm den Sieg wünscht, aber doch denkt, der Sayers sei ein zu guter
Kerl, um solche Prügel zu bekommen.

Natürlich fand denn Hr. Seward auch, wenn die fremden Gesandten ihre
Klagen bei dem Staatsdepartement anbrachten, mit dem ersten Blick, daß
Butler Unrecht hatte. Ebenso war es mit Reverdy Johnson, welchen Sew-
ward nach New Orleans schickte, um die Angelegenheit mit den Consuln zu
untersuchen. Im Jahre 1860 sagte er in der Charlestoner Convention, daß
unter allen erdenklichen Umständen, Maryland sein Recht als südlicher Staat
anerkennen und mit dem Süden stimmen werde. Damals sprach er frei von
der Leber weg. Wenn er 1862 Sezession für einen Fehler und ein Verbrechen hielt, so war er in allen andern Punkten doch mit seinen südlichen
Brüdern einig. In New Orleans hielt er nur mit Sezessionisten Gesellschaft,

welche fühlten und sich auch äußerten, er sei ihr Freund.   Selbst wenn er
nur die ehrlichsten Absichten gehabt hätte, so konnte er dennoch nicht den
Richter zwischen General Butler und den Rebellen spielen.

Jeder Mensch weiß, was für ein gewaltiger Unterschied zwischen einem
Falle ist, wie er in den Prozeßakten dargestellt wird, und wie er sich wirklich
verhält.   Wir wollen z. B. annehmen, daß ein Kaufmann es für rathsam
hält, sein Eigenthum einem Freunde zu „übermachen."   Das Document
sagt, daß er keinen Pfennig besitzt, während er in der That eine Viertelmil=
lion im Vermögen hat.   Jedermann im Gericht kann das wissen und troß=
dem ist die Urkunde nicht anzutasten.   General Butler hätte nun einen Com=
missair gewünscht, welcher die verborgenen Thatsachen herauszufinden gesucht,
und sich nicht bloß mit den Papieren begnügt hätte.   Aber Seward wollte
den fremden Mächten nicht allein jeden Grund, sondern jeden Vorwand zur
Klage nehmen.

Es ist unmöglich, alle Streitigkeiten mit den fremden Consuln zu erwäh=
nen.   Die wichtigsten waren die folgenden:

Die britische Garde.

Die britische Garde bestand aus fünfzig bis sechzig Engländern, alten
Einwohnern von New Orleans, viele davon reiche Leute mit großen Ge=
schäften.   Als sie nach der Auflösung der Fremdenlegion spät Abends nach
ihrer Waffenhalle zurückkehrten, beschlossen sie, ihre Waffen und Equipirung
an General Beauregard zu schicken.   Als Butler dies hörte, ließ er den
Hauptmann der Garde, Capitän Burrows holen, welcher die Sache einge=
stand.   Der General befahl ihm hierauf, seiner Compagnie zu befehlen,
binnen vierundzwanzig Stunden die Stadt zu verlassen und erklärte, er werde
Jeden, der den Befehl nicht befolge, in Fort Jackson einsperren lassen.   Der
Bruch der Neutralität war offenbar.   Der Hauptmann konnte nur erwidern,
daß nicht alle Mitglieder zugegen gewesen seien, und es unrecht sein werde,
die Unschuldigen wie die Schuldigen zu bestrafen.   Der General gab ihm
Recht und befahl, daß die Abwesenden am nächsten Tage in voller Uniform
vor ihm erscheinen, die Uebrigen aber dem Befehle gehorchen sollten.

Der stellvertretende britische Consul, Hr. George Coppell, beeilte sich, sich
ins Mittel zu legen.   Er konnte nicht bestreiten, daß die Handlung seiner
Landsleute eine Uebertretung des Gesetzes war, aber er sagte, sie hätten sie
ohne das geringste Bewußtsein eines Unrechtes begangen.   Er sprach des
Langen und Breiten darüber, wie unbequem es den Herren sein würde, die
Stadt zu verlassen, in welcher sie große Geschäfte hätten.   In der That

würde es einigen der Herren gar nicht möglich sein abzureisen, und wenn der General darauf bestünde, so werde es die Pflicht des Consuls sein, gegen den nur mündlich gegebenen Befehl von zweifelhafter „Rechtsgültigkeit freundlichst zu protestiren, da die Erzwingung desselben die Rechte britischer Unterthanen in New Orleans verletzen würde."

Der General antwortete dadurch, daß er die Thatsachen mit der Genauigkeit eines Advokaten wieder aufzählte. Er sagte: „Die Menschen haben es für wichtig gehalten, daß Beauregard sechzig Uniformen und Büchsen mehr habe. Ich halte es für eben so wichtig, daß er so gewissenlose sechzig Leute haben soll, die er in die Uniformen stecken kann. Der Befehl muß wörtlich ausgeführt werden. Ich bin jetzt so weit gegangen, daß ich hier geborenen offenen Feinden der Regierung den Aufenthalt hier gestatte, aber ungesetzliche und verrätherische auswärtige Feinde dürfen dies nicht. Mir sind alle Neutralen und Fremden angenehm, welche sich von den Wirren fern gehalten haben, und ich werde sie und ihr Eigenthum beschützen. Sie werden es aber selbst einsehen, daß es ihr Interesse ist, die Unwürdigen unter ihnen beseitigt zu sehen, denn es ist sonst Gefahr da, daß der Verdacht auf Alle falle. Alle oben angeführten Sachen können sehr leicht bewiesen werden, ja sie werden durch Ihre ausweichende Entschuldigung in der an mich gerichteten Zuschrift stillschweigend zugegeben..... Ist es möglich, daß solche Leute, die alt genug sind, um Soldaten zu sein, nicht wissen, daß es unrecht war, die Feinde der Ver. Staaten mit Waffen zu versorgen? Wenn dem wirklich so ist, so müssen sie so lange von New Orleans fortbleiben, bis sie so viel Völkerrecht gelernt haben; oder wollen Sie etwa behaupten, weil Sie ihre Neigungen kennen, und es schon spät war, als sie abstimmten, daß sie nicht mehr zurechnungsfähig waren? Aber es ist noch ein anderer Grund da, um diese Leute nicht unter britischen Schutz zu nehmen. Die Compagnie erhielt ihre Stiftungsurkunde, ihr Patent, oder irgend so eine Autorisation von dem Rebellengouverneur von Louisiana, und Einer von ihnen, den ich in Arrest habe, begleitete ihn sogar nach seinem Lager. Außerdem höre und glaube ich, daß die Majorität von ihnen die Absicht erklärt hat, Bürger der Vereinigten und der sogenannten Conföderirten Staaten zu werden, und den Treueid zu diesem Zwecke geleistet hat."

Der Befehl wurde ausgeführt. Jedes Mitglied der Compagnie verließ die Stadt außer dem Capitän und einem Mitgliede. Diese beiden wurden nach Fort Jackson geschickt. Coppell berichtete den Fall an Lord Lyons, welcher ihn Hrn. Seward vorlegte. Seward gab die Ungesetzlichkeit des Verfahrens der Compagnie zu, aber empfahl den Capitän Burrows und seinen Freund der Milde des commandirenden Generals und sie wurden dann auch nach einigen Wochen in Freiheit gesetzt.

General Butler verlangte übrigens von Hrn. Coppell, das Exequatur zu sehen, auf Grund dessen er sich „stellvertretender Consul von Großbritannien" nenne. In dem Briefe heißt es: „Ich habe keine offizielle Nachricht davon, daß Sie stellvertretender Consul sind, und verzeihen Sie mir, wenn ich sage, daß Ihre Handlungsweise in dieser Eigenschaft, so weit sie zu meiner Kenntniß gekommen ist, nicht derart gewesen ist, um mich zu der Annahme zu bringen, daß Sie rechtmäßiger Weise die große britische Nation vertreten."

Zufällig konnte Coppell nicht die erforderlichen Documente aufweisen. Da er fortfuhr, sich in General Butler's Befehle zu mischen und zwar wie der Gesandte einer nicht befreundeten Macht, so weigerte sich General Butler, ihn weiter noch anzuerkennen und er blieb ohne offiziellen Character, bis er die nöthigen Documente von Washington besorgen konnte.

Carl Heidsieck's Fall.

Dieser Mensch war, wie sich ergab, der Chef des großen französischen Champagnerhauses Heidsieck & Co. Er war Franzose und in Frankreich ansässig, war aber nach dem Süden gekommen, um nach seinen schlechten Schuldnern zu sehen und hatte einige Zeit in Mobile gewohnt. Er schrieb sich auf der Passagierliste des Dampfers Dick Keys und des Natchez, welche mit General Butler's Erlaubniß Vorräthe nach New Orleans brachten, als Kellner ein, fuhr in dieser Verkleidung fünf Mal hin und her und brachte eine große Anzahl Briefe von und nach Mobile, von denen einige wegen „hochverrätherischen Inhalts" von Butler nach Washington geschickt wurden. Als Heidsieck nach Fort Jackson transportirt werden sollte, schrieb er an seinen Consul um Hülfe, weil er unter Parlamentärflagge hin= und hergereist sei. Nach mehreren Monaten wurde er auf Befehl von Washington aus entlassen und forderte in einer längern Eingabe an die Regierung Entschädigung für seine Einsperrung. Diese unverschämte Forderung Seitens eines Mannes, welcher durch die Milde der Regierung mit genauer Noth dem Tode als Spion entgangen war, brachte den General dazu, den Fall genau auseinanderzusetzen. Er erklärt in der Auseinandersetzung, daß er Heidsieck als Spion würde haben hängen lassen, wenn die Regierung in Washington ihm nicht in die Quere gekommen wäre. Heidsieck hatte bei seiner Verhaftung ein großes leinenes Briefcouvert, fest mit Bindfaden umwickelt und mit Briefen von dem französischen, schweizerischen, spanischen,

preußischen und belgischen Consul an Privatpersonen. Eine Menge franzö=
sischer Einwohner von New Orleans lagen den General an, Heidsieck aus
Gnade zu entlassen, wenn er nach Europa reisen und dort während des Krie=
ges bleiben wolle. Der General verstand sich endlich dazu, aber Heidsieck
weigerte sich, sein Ehrenwort zu geben, wahrscheinlich weil der französische
Consul zwei Tage darauf selbst „wegen Butler" nach Washington ging.
Heidsieck entschuldigte sich damit, daß der französische Consul, Graf Mejan,
von seinem Verfahren gewußt habe, aber Mejan's Benehmen selbst war
mehr als verdächtig; er hatte eine halbe Million Dollars in Metallgeld in
Verwahrung, welche die Bank von New Orleans der conföderirten Regie=
rung geliehen hatte, um Uniformen zu kaufen, und hatte eine Commission
dafür bezahlt erhalten. Mejan wurde sehr angemessener Weise von seiner
Regierung abberufen. Heidsieck wurde durchaus nicht beschränkt, sondern
durfte in seinem Gefängnisse Alles haben außer geistigen Getränken. Er
sagte in seiner Denkschrift, er hätte nicht an seine Frau nach Rheims schrei=
ben können, weil der mit Revision der Briefe beauftragte Offizier, welcher
übrigens ein vollständiger Gentleman gewesen sei, zu jung gewesen sei, um
mit den zarten Mittheilungen eines Ehemannes vertraut gemacht zu werden.
Später gab Heidsieck auf Befehl des commandirenden Generals in Wash=
ington sein Ehrenwort, die conföderirten Staaten nicht zu besuchen und
wurde entlassen. Butler würde ihn haben hängen lassen.

Beschlagnahme von $800,000 in Silber.

Einige Tage nach der Landung berichtete ein Neger dem Lieutenant Kins=
man, daß eine ungeheure Menge Fässer mit Silber nach dem Laden eines
französischen Weinhändlers, Conturié, gebracht und in einem Gewölbe ge=
lagert worden sei. Zum Beweise dafür hatte der Neger in eine Bibel einige
Hieroglyphen gemalt, durch welche er sich an die Thatsache erinnern wollte,
um sie dem Bundesgeneral mitzutheilen, welcher landen würde. Fernere
Untersuchungen bestätigten die Angabe des Negers, und Butler schickte Ca=
pitän Shipley vom 30. Regiment von Massachusetts mit sechs oder acht
Soldaten nach dem Geschäftslokal von Conturié, welcher, wie sich zeigte,
Consul der Niederlande war. Am 10. Mai, Nachmittags um 2 Uhr, kam
Capitän Shipley nach dem Consulat. Es war, wie sich ergab, ein Ver=
sicherungsbureau, obgleich die Consulatsfahne über der Thür wehte. Herr
Conturié war anwesend und Capitän Shipley sagte ihm mit ausgesuchter
Höflichkeit, weshalb er gekommen sei, und daß er Befehl habe, weder Per=

sonen noch Eigenthum aus dem Hause entfernen zu lassen. Conturié rief
mit unnützer Heftigkeit und einem etwas theatralischen Pathos:

„Ich bin der niederländische Consul. Dies ist mein Consulatsbureau.
Ich protestire gegen solche Verletzung desselben!"

Er erklärte feierlich und wiederholt, daß der Theil des Hauses, den er
innehabe, nur Eigenthum enthalte, welches den Niederlanden oder ihm persönlich gehöre. Er weigerte sich ganz entschieden, das Gewölbe des Consulats untersuchen zu lassen. Nach einiger weiterer Unterhaltung mit Capitän Shipley schrieb er einen Brief an den französischen Generalconsul,
Grafen Mejan, welchen er an diesen Herrn zu schicken wünschte, um mit ihm
sich zu berathen. Capitän Shipley versprach den Brief zu besorgen, wenn
der General es gestatte. Er ging nach dem Hauptquartier, während Conturié Gefangener in seinem eigenen Bureau blieb.

Der General entschied, daß der Brief nicht an den französischen Consul
geschickt werden solle, da diesen die Sache gar nichts angehe. Capitän
Shipley kam zurück und brachte dem Consul die Nachricht. Zugleich verlangte er von ihm die Schlüssel zum Gewölbe. Der Consul verweigerte sie.

„Dann werde ich die Thüre erbrechen lassen!" sagte der Capitän.

„Thun Sie, was Ihnen beliebt!" sagte Conturié unter neuem Proteste
gegen die Verletzung der Flagge und seines Bureaus.

Da Capitän Shipley keine Mittel hatte, das Gewölbe aufbrechen zu
lassen, so mußte er wieder nach dem Hauptquartier zurückgehen. Als er
ging, sagte Conturié zu ihm:

„Wenn ich recht verstehe, so ist mein Consulatsbureau mit Beschlag belegt und ich selbst bin auf Befehl des General Butler Ihr Arrestant?"

„Ja wohl!" antwortete Capitän Shipley.

Als General Butler den Bericht Shipley's hörte schickte er den Lieutenant-
Kinsman vom Stabe mit ihm, einen Offizier, welcher vorzüglich gut dazu
geeignet war, den Schlüssel von dem widerspenstigen Consul zu erhalten,
einen Mann, der eben so höflich wie energisch war. Lieutenant Kinsman
sagte sehr höflich zum Consul:

„Ich möchte gern Ihr Gewölbe sehen!"

Der Consul antwortete: „Es enthält nur mein Privateigenthum und das
des Consulats.

„Ich sage Ihnen, ich will Ihr Gewölbe sehen. Geben Sie mir den
Schlüssel."

„Ich werde es nicht thun."

„Gut! Die Soldaten werden jetzt das Bureau untersuchen und die
Thür des Gewölbes sprengen."

Jetzt stand Conturié auf und sagte: „Ich Amadeus Conturié, Consul der Niederlande, protestire gegen jede Besetzung oder Haussuchung in meinem Bureau. Ich thue dies im Namen meiner Regierung. Das Schild meines Consulats ist über meiner Thür und meine Fahne schwebt über mir. Ich weiche nur der Gewalt!"

Die Haussuchung begann. Conturié sagte, es würde nichts helfen, das Bureau zu durchsuchen, denn er habe den Schlüssel auf seinem Leibe.

Lieutenant Kinsman sagte hierauf zu den Soldaten: „Untersucht den Menschen."

Capitän Shipley und Lieutenant Whitcomb näherten sich „dem Menschen," um ihn zu untersuchen.

„Untersucht den Kerl ordentlich!" sagte Kinsman. „Zieht ihn aus. Nehmt seinen Rock und seine Strümpfe ab. Untersucht seine Stiefelsohlen."

„Sie nennen mich Kerl?" rief Conturié. „Das Wort gebraucht man keinem anständigen Menschen, am wenigsten einem auswärtigen Consul gegenüber, welcher in offizieller Eigenschaft handelt. Ich wünsche, daß Sie sich daran erinnern, daß Sie das Wort gebraucht haben!"

„Gewiß! Ich habe Sie Kerl genannt, und es ist mir ganz gleichgültig, ob Sie der Consul von Jerusalem sind, ich werde Ihr Gewölbe untersuchen."

Einer der Offiziere nahm einen Schlüssel aus Conturié's Rocktasche, welcher, wie sich ergab, nicht der richtige war. Conturié machte eine Bewegung, welche es klar machte, daß der Schlüssel in seiner Hosentasche war. Dies bestätigte sich. Man fand den Schlüssel. Das Gewölbe wurde geöffnet und man fand anderthalb Klafter hoch Fäßchen mit Silbergeld, signirt „Hope & Co." Es waren im Ganzen 160 Fässer, jedes mit 5000 mexikanischen Dollars. Andere Gegenstände, darunter Stempel und Platten für Banknoten und Gravireisen für die Citizens Bank von New Orleans wurden gleichfalls entdeckt. Später fand man auch noch Platten zur Anfertigung von conföderirtem Gelde und Papier, auf welchem sie gewöhnlich gedruckt werden. Dies waren die Gegenstände, welche der wahrheitsliebende Conturié als dem Consulat und ihm selbst gehörig bezeichnet hatte.

Der Consul wurde gegen Abend in Freiheit gesetzt. Am nächsten Tage wurde das Silber in drei Wagen nach der Münze geschafft und die Soldaten aus dem Bureau zurückgezogen. Die Platten für das Rebellengeld wurden nach Washington geschickt, wo sie sich noch jetzt befinden. Die andern Gegenstände wurden zur Verfügung der Regierung bereit gehalten.

Conturié fertigte sofort eine Erzählung der Vorgänge an, in welcher er seine so oft wiederholte Behauptung verschwieg, daß das Gewölbe nur ihm und dem Consulat gehörige Gegenstände enthalte, und sich bitter über Kinsman's kräftige Sprache und noch kräftigere Maßregeln beklagte. Dieses Schriftstück schickte er an General Butler, welcher Folgendes antwortete:

„Ihre Mittheilung vom 10. d. M. ist mir zu Händen gekommen. Die Natur der Gegenstände, welche unter der Fahne Ihres Consulats versteckt waren, das baare Geld, die Stempel und Platten der Citizens Bank von New Orleans, — alle diese Dinge, welche Sie als Privateigenthum erklär= ten, welche Entschuldigung, wie sie selbst zugeben, grundlos ist, beweisen, daß Sie die Behandlung, welche Sie erhalten haben, verdient haben, wenn sie auch ein wenig schroff war. Nachdem Sie Ihre Fahne zu schlech= ten Zwecken prostituirt hatten, konnten Sie keinen Respekt vor ihr mehr verlangen."

Am 12. Mai unterzeichneten sämmtliche Consuln in New Orleans (19 an Zahl) außer dem mexikanischen einen Protest gegen das „ungerechte Ver= fahren" und die „Einsperrung auf mehrere Stunden," welcher die geheiligte Person des Herrn Conturié unterworfen war.

General Butler antwortete:

„Ich bin im Besitze des Protestes, welchen Sie gegen das Benehmen meiner Offiziere dem Consul der Niederlande gegenüber einzulegen für gut befunden haben und theile Ihnen mit, daß ich das Benehmen billige und unterstütze. Es thut mir leid, daß Sie, meine Herren, ohne die Sache zu untersuchen, für gut befunden haben, in der Angelegenheit Schritte zu thun. Die Thatsache kann und wird nachgewiesen werden, wenn die Zeit kommt, daß die Fahne der Niederlande benutzt wurde, um das Eigenthum einer Ge= sellschaft zu bedecken und zu verleugnen, welches dadurch den Gesetzen der Ver. Staaten entzogen wurde. Die Behauptung, daß der Consul nur Eigenthum der Herren Hope & Co., welche Bürger der Niederlande sind, unter sich hatte, ist unwahr. Er hatte anderes Eigenthum unter sich, wel= ches gesetzlich weder sein noch Hope & Co.'s Eigenthum sein konnte. Ich habe mehr als genügende Beweise dafür in meiner Hand. Niemand kann mehr als ich Achtung vor der Fahne einer auswärtigen Macht haben, eben so wie für die Autorität eines Consuls, wenn ich auch viele Ansprüche, die gemacht werden, nicht anerkenne, aber ich wünsche hiermit ausdrücklich zu erklären, daß, um geachtet zu werden, der Consul, sein Bureau und die Be= nützung seiner Fahne sämmtlich achtbar sein müssen."

Conturié's nächster Schritt war natürlich, den Fall dem Gesandten der Niederlande in Washington, Hrn. van Limburg, vorzulegen, welcher wieder= um die Sache mit Conturié's Uebertreibungen Hrn. Seward vortrug. Hr. van Limburg ist ein achtbarer und sehr gebildeter Mann. Es ist erfreulich zu sehen, mit welcher Bereitwilligkeit er die Gelegenheit ergriff, lange und

tiefe Depeschen zu schreiben, wie sie ein Gesandter der Niederlande in Wash=
ington selten zu schreiben Gelegenheit gehabt hat. Die umfassenden Depe=
schen, welche der besagte Herr im Jahre 1862 an Hrn. Seward richtete, be=
finden sich im Anhange zu der Präsidentenbotschaft und gehen von Seite
625 bis 652. Da sind sie mit allen wörtlich übersetzten lateinischen Cita=
ten. "Justitia, regnorum fundamentum," (Gerechtigkeit ist die Grund=
lage der Staaten.)

Herr Seward sagte in Beantwortung der ersten Depesche des Herrn van
Limburg, er glaube, daß der Consul unrecht gehandelt habe, jedoch nicht so
unrecht, um das rohe Benehmen des Lieutenant Kinsman zu rechtfertigen.
„Es ist unbestreitbar," sagte der Secretär, „daß die Person des Consuls
unnöthiger und roher Weise untersucht wurde, daß gewisse Papiere, welche
unbestreitbar Privateigenthum des Consuls waren, mit Beschlag belegt und
fortgebracht wurden und daß sie noch im Besitze der Vereinigten Staaten
sind, und daß ihm nicht allein das Privilegium einer Berathung mit einem
befreundeten Collegen nicht gestattet, sondern daß er auch in unhöflicher und
respectwidriger Art und Weise angeredet wurde. In dieser Beziehung
maßten sich die Militärbeamten Rechte an, welche ausschließlich dem De=
partement des Staates zukommen, wie es der Präsident angeordnet hat.
Ihr Betragen war eine Verletzung des Völkerrechts und der Höflichkeit,
welche von uns einer befreundeten auswärtigen Macht zukommt. Die Re=
gierung mißbilligt dieses Verfahren und gleichfalls die Sanction, welche
General Butler ausgesprochen hat, und drückt ihr Bedauern aus, daß dies
hierdurch gerügte, schlechte Betragen vorgekommen ist."

Dies ist ein curioser Satz. Es scheint somit, als ob der Staatssecretär
auf Befehl des Präsidenten allein das Recht habe, seine Hand in die Tasche
eines Consuls zu stecken und einen Schlüssel daraus zu nehmen. Lieutenant
Kinsman fragte, als er ein Mal nach Washington kam, Herrn Seward was
er hätte thun sollen, nachdem der Consul die Auslieferung des Schlüssels
verweigert hatte. Der Secretär antwortete Nichts. Es war sicherlich eine
schwierige Frage.

Herr Seward zeigte ferner dem Herrn van Limburg an, daß der Präsi=
dent einen Militärgouverneur von Louisiana in der Person des General
Shepley ernannt hätte, welcher instruirt worden sei, allen Rechten der Con=
suln fremder Mächte die schuldige Achtung zu bezeigen und daß ein Com=
missär sofort nach New Orleans gehen werde, um Beweis zu erhalten über
das baare Geld, die Obligationen und sonstigen Gegenstände, um über sie
nach dem Völkerrechte und der Gerechtigkeit zu disponiren. Herr van Lim=
burg wurde aufgefordert, Jemanden zu nennen, welcher bei der Untersuchung

zugegen sein könne. Die Regierung sollte sich verpflichten, das Geld und die Obligationen dem Consul, oder den Herren Hope & Co. auszuliefern, wenn sich erwiesen habe, wem sie gehörten. Conturié sollte sofort in seine Consularrechte wieder eingesetzt werden und fortfahren, als Consul zu fungiren. „Sollten die Thatsachen," schloß Seward, „eine Vorstellung bei Ihnen wegen Ueberschreitung der Amtsbefugnisse durch Conturié nöthig machen, so hofft die Landesregierung, daß diese Vorstellung die gerechte Berücksichtigung Seitens einer Regierung erhalten wird, mit welcher die Vereinigten Staaten so lange in Freundschaft gelebt haben."

Herr van Limburg schlug es ab, die Untersuchung zu controliren. Er sagte, die Vereinigten Staaten allein hätten das Recht, das Betragen ihrer Beamten zu untersuchen. Wollte er sich an der Untersuchung betheiligen, so würde er damit stillschweigend zugeben, daß General Butler möglicher Weise Recht haben könne. Außerdem sei auf die Fässer und Kisten kein Siegel gelegt worden und diese enthielten die Beweismittel für die Unschuld des Consuls. „Es ist General Butlers Sache zu beweisen, was er behauptet. Ei incumbit probatio qui dicit, non qui negat, (die Beweisführung fällt demjenigen zu, welcher eine Behauptung aufstellt, nicht dem, welcher sie bestreitet,) sagen die Pandekten. Es ist weder meine Sache, noch die unseres Consuls, zu beweisen, daß er unschuldig ist. Von vornherein ist die Uebergabe des Geldes von Seiten der Citizens Bank an den Agenten des Hauses Hope & Co. zum Zwecke der Uebersendung an jenes Haus, oder zur Verwahrung auf dem niederländischen Consulat vollständig gesetzlich. Ich kann nicht ohne die Befehle meiner Regierung oder meines Königs an einer Untersuchung theilnehmen, welche das beweisen würde, woran ich nicht zweifeln kann, nämlich die ehrliche Absicht des Agenten des Hauses Hope & Co., denn es ist moralisch unmöglich, daß ein so achtungswerthes Haus sich dazu hergeben sollte, Intriguen gegen die Vereinigten Staaten verüben zu helfen. Quilibet praesumitur justus donec probetur contrarium, (Jedermann wird für ehrlich gehalten, bis das Gegentheil bewiesen wird,) sagt die alte Regel." War Conturié während dessen Consul oder nicht? Herr Seward hatte den Gesandten unterrichtet, daß Conturié sofort seine Functionen wieder aufnehmen könne, bevor noch die Untersuchung begonnen habe.. Der Gesandte verlangte, daß Conturié eingeladen werden solle, dies zu thun. Herr Seward antwortete: „Ich habe keine Einwendung dagegen zu machen, dem Consul anzeigen zu lassen, daß der Präsident erwartet, daß er seine Geschäfte als Consul wieder aufnehmen und in Thätigkeit bleiben werde, bis die Nothwendigkeit für ihn eintritt, sie niederzulegen." Der Gesandte erwiderte: „Ich bedauere, daß ich nicht im Stande bin, diese Form zu accep=

tiren, ohne dieselbe der Regierung meines Königs vorzulegen." Der Ge=
sandte setzte seinen Willen vollständig durch, denn Seward schrieb bald darauf
an ihn, daß zu gleicher Zeit mit der Ernennung Johnsons zum Commissär,
General Butler seiner Functionen als Militärgouverneur von New Orleans
enthoben worden und General Shepley zum Militärgouverneur ernannt
worden sei, und daß die Militärbehörde zugleich angewiesen worden sei,
Herrn Conturié einzuladen, seine Functionen wieder aufzunehmen."

Es ist wahr, daß die Ernennung eines Militärgouverneurs nur eine Fic=
tion war, welche nicht im Geringsten die Stellung, oder die Befugnisse
General Butlers beeinträchtigte. In den Augen der Welt jedoch war er
degradirt und getadelt und dies auf die einseitigen, durch nichts unterstützten
und übertriebenen Angaben des Consuls einer fremden Macht, dessen Be=
tragen Herr Seward selbst getadelt hatte. Das Publikum wurde nicht wie
Butler durch ein Mitglied des Cabinets benachrichtigt, daß General Shepley
ausgesucht worden sei, weil er dem General der angenehmste Mann für das
Amt sei und General Butler selbst ihn gern zum Gouverneur der Stadt ge=
macht habe.

Den Leuten, welche der Ansicht sind, daß es die erste Pflicht einer Regie=
rung ist, ihre Beamten aufrecht zu erhalten, wird die Art und Weise, in
welcher Butler aufrecht erhalten wurde, gerade nicht sehr empfehlenswerth
erscheinen. Ob Butlers Verfahren richtig war oder nicht, darüber konnte es
zwei Ansichten geben, und Reverdy Johnson wurde nach New Orleans ge=
schickt, um zu untersuchen, welche von diesen beiden Ansichten die richtige sei.
Es konnte jedoch nur eine Ansicht über das Betragen des niederländischen
Consuls sein, welcher den Schutz seiner Fahne auf Eigenthum ausgedehnt
hatte, welches dazu bestimmt war, den Credit der Feinde des Landes zu si=
chern, für welches er accreditirt war. Es ist unbegreiflich, was in der
Stellung des holländischen Gesandten oder der Macht, welche er repräsen=
tirte, war, daß man mit unnöthiger Eile jeden Punkt sofort zugab, welchen
er zu fordern für gut befand.

Der Commissär, welcher nach New Orleans geschickt war, kam dort gegen
Anfang Juni an und war am 10. Juni bereit, seine Arbeiten zu beginnen.
General Butler empfing Johnson mit aller Artigkeit, bot ihm eine Wohnung
im Hauptquartier an und that Alles, um die Untersuchung zu erleichtern.
Johnson war ebenso höflich, aber lehnte das Anerbieten der Wohnung ab.
Er brauchte 6 Wochen, um die Differenzen zwischen Butler und dem Consul
zu untersuchen. Es ergab sich, daß am 24. Februar die Citizen Bank ur=
plötzlich die Idee bekommen hatte, den größeren Theil ihres Geldes loszu=
werden und der Präsident war beauftragt worden, ein Spezialdepositum von

$800,000 in mexicanischen Dollars, bei Hope & Co. in Amsterdam, durch
Edmund J. Forstall, ihren Agenten, zu machen, um die Zinsen auf die
Staatsobligationen, welche fällig wurden, zu bezahlen.   Im Falle die Blokade in New Orleans noch nicht aufgehoben sei, wenn die Zinsen fällig würden und die Verschiffung des Geldes an sich nicht möglich werde, so sollte
Forstall Arrangements mit Hope & Co. treffen, so daß sie Vorschüsse leisten
und die Zinsen bezahlen sollten, bis die Verschiffung möglich werde.   Wenn
die Baarzahlungen der Bank wieder aufgenommen würden, so sollte der Rest
des Geldes der Bank wieder zurückgegeben werden.   Die Papiere zeigten
ferner, daß der Agent von Hope & Co. es für gut gehalten hatte, am 12.
April hundert und sechzig Fässer, welche je $5,000 enthielten und an Hope
& Co. addressirt waren, zurückzuziehen und unter den Schutz des Consuls
der Niederlande, Amadeus Conturié, zu stellen, von welchem er Empfangs-
bescheinigung hatte.

Es ergab sich ferner, daß zwei Tage nach der Entfernung der großen
Summe die Bank 716,196 Dollars in Metallgeld an die französischen Bankiers Dupasseur & Co. verkauft hatte, für welches Geld sie Wechsel auf Paris und Havre erhielt.   Dieses Geld lag im französischen Consulat und war
gleichfalls von General Butler mit Beschlag belegt worden.

Die Sache war, wie die Papiere sie erscheinen ließen, einfach genug und
Johnson entschied zu Gunsten der Consuln und gab das Geld zurück.   Diese
Entscheidung sagte zwar Hrn. Seward zu, aber kann nicht einmal die Neugierde eines unparteiischen Lesers befriedigen.   Es war sicherlich Verdacht
genug vorhanden, und der General mußte wohl seine Aufmerksamkeit auf
eine so große Transaction in der Hauptstadt des Rebellenreiches und zu einer
Zeit richten, in welcher der rechtmäßige Handel fast ganz aufgehört hatte.—
Es ergiebt sich aus einem Briefe Forstalls an Hope & Co., daß der Agent
von Hope & Co. keine so große Angst wegen der Zinsenzahlung hatte und
sehr stark rieth, das Geld anderweitig zu verwenden, und es nur mit Widerstreben annahm.   Es ergab sich auch, daß das Gewölbe, welches der niederländische Consul als zu seinem Bureau bezeichnete, nur gemiethet von ihm
war, um das Geld zu verbergen.   Außerdem war die Uebertragung des
Geldes in den Büchern nur eine Fiction.

Der Editor des „True Delta“ sagt, das Geld sei deshalb an Hope & Co.
geschickt worden, weil die Bank es für wichtiger gehalten habe, einen mächtigen Freund in Europa zu haben, als ihre Creditoren zu Hause zu sichern.
War dies der Fall, so hätte das Geld wieder in die Keller der Bank gebracht
werden müssen, statt dem Agenten von Hope & Co. übergeben zu werden.
Die Bank ist übrigens später aufgelöst worden.   Ebenso wie über das Geld

von Hope & Co. entschied Johnson über das bei dem französischen Consul
gefundene. Er sagte in seiner Entscheidung, daß durch Zeugenbeweis fest=
gestellt sei, daß das Geschäft in vollständig redlicher Absicht gemacht wurde.
Es war eine Geschäftssache, auf welche sich Jedermann mit vollstem Rechte
einlassen konnte. Daß die Bank zu einer Zeit das Geld besaß, sei nicht be=
stritten worden. Die Ver. Staaten hätten nur Recht auf das Geld, wenn
es der Confiscation unterliege, und dazu sei nicht der Schein eines Grundes
vorhanden. Wenn es heiße, das Geld hätte zum Vortheile der Rebellen in
Europa deponirt werden sollen, so sei diese Behauptung nicht nur nicht erwie=
sen, sondern die Zeugenaussagen widersprächen dieser Behauptung geradezu.

Absetzung des französischen Consuls.

Im September 1862 schrieb der Gesandte in Brüssel, Hr. Sandford,
nach Hause, daß die Rebellen in Europa in meister Verlegenheit seien durch
das Ausbleiben einer bedeutenden Summe baaren Geldes von New Orleans.
Wechsel waren prolongirt worden und die Lage der Rebellen schien in Still=
stand gekommen zu sein. „Es ist," hieß es in dem Briefe, „die Versicherung
gegeben worden, daß das Geld in Händen des französischen Consuls ist, und
bald empfangen werden wird." Abschrift dieses interressanten Briefes wurde
Gen. Butler mitgetheilt mit der Anweisung, die Sache zu untersuchen. But=
ler hat eine Vorliebe für Untersuchungen und erfüllte seine Aufgabe mit Ge=
schicklichkeit, Talent, Energie und selten erreichtem Erfolge. Sein Bericht
über die Angelegenheit war so unwiderstehlich beweisend, daß die französische
Regierung sich verpflichtet fühlte, einen zu eifrigen und bis zur Unklugheit
treuen Beamten abzuberufen. Die Sache war die folgende gewesen:

Die Firma E. Gautherin & Co. bestehend aus Edward Gautherin und
Alfred und Jules Lemore, hat außer ihrem Hause in New Orleans auch
eins in Havre, welches L. A. Lemore & Co. heißt, und in welchem die bei=
den Lemores gleichfalls Theilhaber sind. Gautherin & Co. kauften anfäng=
lich Taback für Rechnung der französischen Regierung, später schifften sie
Baumwolle nach Europa. Sie waren angeblich die Agenten des Baron
Villers, Lieferanten des Tuches für die französische Armee.

Gautherin & Co. hatten nachweislich übernommen, der Rebellenregierung
eine große Quantität von Tuch für die Armee zu liefern. Der Contract
war am 29. Juli 1861 abgeschlossen und am 1. April wurde das Tuch unter
Aufsicht des ältesten Theilhabers der Firma E Gautherin & Co. über Ha=
vana nach Matamoras geschickt. Das Tuch wurde nach Brownsville durch=
geschmuggelt und dem Capitän Shankey, Quartiermeister und Agenten der

Rebellenregierung übergeben. An dem 24. April, demselben Tage, an welchem die Flotte bei den Forts vorbeifuhr, ersuchte J. B. D. De Bow, der
Agent zur Negozirung von Anleihen auf Bodenprodukte, die „Bank von New
Orleans" um eine Anleihe von $405,000 in Metallgeld ohne Zinsen.
Dieses Anerbieten wurde von der Bank angenommen, unter der Bedingung,
daß Payne, Huntington & Co., deren jüngster Theilhaber Präsident der
Bank war, sich verpflichteten, zu dem Betrage Baumwolle auf Pflanzungen
in Louisiana und Mississippi zu liefern. Daß dies Geschäft in betrügeri-
scher Absicht gemacht war, ergab sich aus einer Notiz des stellvertretenden
Präsidenten, Davis. Die Transaction hatte nur den Zweck, das Baargeld
aus der Bank zu schaffen. Das Geld wurde dem französischen Consul gegeben, welcher vollständig von der Absicht bei der Transaction unterrichtet
war, damit er es für die Bank von New Orleans verwahre. Zugleich ver-
kaufte die Bank noch $400,000 für Wechsel auf England, und auch dieses
Geld wurde dem französischen Consul übergeben. Beide Summen betrugen
zusammen $800,000 und waren das Metallcapital der Bank. Dies wurde
durch die Aussage des einzigen Directors der Bank, welcher nicht davon gelaufen war, Howell, bestätigt.

Als Butler nach New Orleans kam, versicherte er der Bank seines Schutzes,
wenn sie das Geld wieder zurücknehmen wolle. Der Verkauf gegen Wechsel
auf England wurde annullirt und der französische Consul schickte das Geld
zurück.

Wegen der $400,000 wurde der Consul ängstlich und suchte seinen Em-
pfangsschein, welchen er der Bank von New Orleans gegeben hatte, zurück-
zubekommen und gab einen neuen Schein, welcher auf Gautherin & Co.
direkt lautete. Jetzt belegte Butler alles Geld, welches der französische
Consul hatte, mit Sequester, bis die Sache untersucht werden könnte. Als
Reverdy Johnson kam, brachte er bei dem Staatsdepartement, ohne irgend
etwas zu wissen, wie die Sache stand, ohne Untersuchung und selbst ohne
Butler darnach zu fragen, es dahin, daß Butler Befehl erhielt, den französischen Consul seines Wortes zu entbinden, daß er kein Geld ausliefern
würde, ohne den General davon zu benachrichtigen.

Während der Zeit hatten Gautherin & Co. ihren Contract der Rebellenregierung gegenüber erfüllt und kamen zu der Bank, um das bei dem französischen Consul deponirte Geld abzuholen. Die Waaren waren von Gautherin & Co. erst am 22. Juni in Brownsville abgeliefert worden, aber
gegen Ende Juli gab die Bank ihren Empfangsschein auf, welcher zerrissen
wurde und nahm einen neuen Schein, welcher von Gautherin & Co. ausgestellt und vom 16. April datirt war, damit der Consul aus dem Spiele blei-

ben könnte. Dies wurde von dem Cassier der Bank, einem Hrn. Belly, be=
schworen. Das Geld wurde mit dem spanischen Kriegsdampfer Blasco de
Garay nach Havana gesendet und von dort nach New York verschifft. Alles
dies geschah mit Wissen und Willen des französischen Consuls. Es waren
Waaren für die Rebellen in Havana angekommen, welche nur gegen baare
Bezahlung ausgeliefert werden sollten. Der französische Consul schaffte mit
Hülfe des spanischen Kriegsschiffes das Geld nach Havana und die Rebellen
erhielten die Waaren.

Vor dem Beginne der Untersuchung ging General Butler, der nicht wußte,
wie weit der Consul implizirt war, zu ihm, zeigte ihm den Brief von dem
Obergeneral, in welchem Butler angewiesen wurde, sich auf freundschaftlichen
Fuß mit dem Consul zu stellen und zeigte ihm auch den Brief von Sandford
und fragte den Consul, ob Geld bei ihm zu einem Zwecke wie der angege=
bene deponirt sei. Der Consul erklärte auf das Entschiedenste, er wisse
nichts von einer solchen Transaction. Er wisse wohl, daß in New Orleans
ein französisches Haus Gautherin & Co. existire, es sei aber bei ihm kein
Geld von der Firma deponirt worden. Der General ließ die beiden Le=
mores verhaften und fand in ihren Büchern zwei Contos, welche die Sach=
lage klar zeigten, ferner daß der Sekretär des Consuls, ein gewisser Kossuth,
$528.92 als Bezahlung dafür erhalten hatte, daß er das Geld innerhalb
des Consulats behielt, und daß die Frau Mejan ein Geschenk für die gute
Ausführung der Sache erhalten hatte und daß ein Advokat engagirt war,
die Angelegenheit mit dem Consul abzumachen. Die Kosten bei der Sache
hatten $19,939.40 betragen. Mejan und seine Frau hatten natürlich den
größten Theil des Geldes erhalten.

Fortnahme von 3205 Oxhoft Zucker.

Dieser Zucker wurde mit Beschlag belegt, weil er dazu bestimmt war, den
Credit der Rebellen in Europa aufrecht zu erhalten und der scheinbare Eigen=
thümer nur ein Agent einer Gesellschaft von europäischen Kaufleuten war,
welche sich zu dem Zwecke gebildet hatte. Drei Consuln machten Einwürfe
gegen die Wegnahme, weil der Zucker zu rein geschäftlichen Zwecken bestimmt
gewesen sei. General Butler antwortete den Consuln, daß Covas, bei wel=
chem der Zucker gefunden wurde, der Agent einer Gesellschaft griechischer
Kaufleute sei, welche in New Orleans, Havana und London wohnten und
einen Separatfond gebildet hätten. Covas hatte mit diesem Fond confö=
derirtes Papiergeld gekauft und mit diesem wiederum Baumwolle und Zucker,

wovon der mit Beschlag belegte ein Theil war. Die Bücher von Covas
bewiesen selbst, daß das „Geschäft" in dieser Weise gemacht worden war,
und es wurde gar nicht bestritten, daß der Zucker für den auswärtigen Markt
bestimmt war. Wenn man baares Geld für conföderirte Noten gekauft
und das Geld nach Europa geschickt haben würde, um den Rebellen damit
Waffen und Munition zu kaufen, so würde dies sicherlich eine Verletzung der
Neutralität und Bruch der Blokade gewesen sein, eben so wie eine Verletzung
der Proclamationen der Königin von England und des Kaisers von Frank=
reich. „Was," fragte Butler in seiner Antwort an die Consuln, „unter=
scheidet die beiden Fälle von einander, außer daß das Ziehen auf England
sicherer und bequemer zur Umgehung des Gesetzes ist, als das Senden des
Geldes selbst? Es wird behauptet werden, daß die Unterstützung der Re=
bellen nicht der Beweggrund war. Nun wohl, zugestanden, um nicht darüber
zu disputiren! Es geschah aus Gewinnsucht, wie unzweifelhaft alle Ver=
letzungen der Neutralität Seitens Fremder in dem gegenwärtigen Kriege,
ein Grund, der nicht solche Handlungen eines Fremden entschuldigt, welche
für einen Unterthanen Hochverrath sein würden."

„Meine Proclamation vom 1. Mai versicherte alle Personen und Gegen=
stände meines Schutzes, welche Schutz verdienten. Es war keine Amnestie
für Mörder, Diebe und noch schlimmere Verbrecher, auch nicht ein Schutz=
mittel, um das Eigenthum der Unterstützer der Rebellen, ob fremd oder ein=
geboren zu beschützen, welche ich hier finden würde. Wenn eine große An=
zahl von Unterthanen fremder Regierungen damit beschäftigt sind, den Re=
bellen direkt oder indirekt zu helfen und jetzt sich unter der strengen Aufsicht
der Bundesbehörden finden, so mögen sie sich damit trösten, daß sie auch
etwas Bitteres zu dem Süßen erhalten. Ja selbst wenn ehrliche und ruhige
fremde Bürger unter Verdacht gehalten und ihre ehrlichen Geschäfte bearg=
wohnt werden, so müssen sie bei reiflicher Ueberlegung nur ihre zu räuberi=
schen und gierigen Mitbürger tadeln, welche durch ihre Hülfe für die Rebel=
len Mißtrauen und Verdacht über Alle gebracht haben. In dem Wunsche,
Sie, meine Herren, mit aller schuldigen Achtung zu behandeln, habe ich
einige der Gründe angegeben, welche mein Verfahren bestimmt haben. Es
ist aber in Ihrem Briefe eine Phrase, welche ich nicht verstehe, und welche
ich nicht ohne Bemerkung vorüber gehen lassen kann. Sie sagen nämlich,
Sie seien geneigt, „alle früheren Vorfälle zu vergessen."

„Was für „Vorfälle" haben Sie oder irgend Einer von Ihnen zu „ver=
gessen," wenn es Ihnen beliebt? Welches Recht haben Sie, Etwas zu
vergessen? Welche Befugnisse haben Sie nach dem Völkerrecht oder dem
Rechte unseres Landes, welche Sie berechtigen, dem Vertreter der Bundes=

regierung gegenüber in einer halboffiziellen Mittheilung eine solche Sprache zu führen?"

„Handelsagenten einer ganz untergeordneten Klasse, wie Consuln, haben keine Befugniß, geschehene Dinge zu übergehen oder zu verzeihen, wenn diese Dinge von der Regierung ausgehen, unter deren Schutz es ihnen gestattet ist, zu wohnen, so lange sie sich ordentlich betragen. Wenn ich gegen Hrn. Tovas Unrecht begangen habe, so haben Sie kein Recht, die Strafe zu er= lassen oder zu verzeihen, oder ihn abzuhalten, daß er sein Recht erhalte. Wenn er Unrecht gegen die Ver. Staaten begangen hat, so haben Sie noch weniger Recht, ihn vor Strafe zu schützen."

„Ich nehme mir die Freiheit, als eine mögliche Erklärung anzunehmen, daß durch Ihren langen Verkehr mit einer Rebellen=Conföderation, welche Sie angefleht hat, den Regierungen, deren Unterthanen Sie sind, Vorstellungen zu machen, durch welche Ihre Souveräne bewogen werden könnten, den hochverrätherischen Absichten der Rebellen zu helfen, Sie mit dem Gebrauch der angemessenen Sprache unbekannt worden sind, in welcher Sie die Ansprüche Ihrer Mitbürger geltend machen müssen, und zwar einer großen und starken Regierung gegenüber, welche zu eben so viel Achtung be= rechtigt ist, wie Ihre eigene.

„Um jedem Mißverständniß vorzubeugen und damit Sie in Zukunft wissen mögen, wie ich die Stellung der hiesigen fremden Unterthanen betrachte, erlauben Sie mir, Ihnen zu erklären, daß ich der Ansicht bin, daß ein frem= der Unterthan nicht ein einziges Recht mehr hat als ein amerikanischer Bürger, sondern mindestens eins weniger, nämlich das, durch Discussion, Abstimmung, u. s. w., sich in die Regierungsangelegenheiten zu mischen."

Die Angelegenheit wurde Reverdy Johnson zur Begutachtung übergeben. Er entschied zu Gunsten des Reclamanten und der Zucker wurde in Folge dessen zurückgegeben. Für ihn schien das Geschäft ganz kaufmännisch. „Es ist," sagte er, „nicht ein Funken von Beweis vorhanden, daß der Zucker jemals einer solchen Gesellschaft gehört hat, wenn eine solche überhaupt je= mals existirte. Die Beschlagnahme ist überdies aus einem Mißverständniß geschehen. In diesem Falle, wie in denen mit den $800,000 und $716,196 ist Butlers Betragen durch den patriotischen Eifer zu entschuldigen, welcher ihn beherrscht, durch die Umstände, welche ihn zu einer Zeit umgaben, die wohl geeignet war, Verdacht zu erregen und durch den Wunsch, in dem ganzen Umfang seiner angeblichen Gewalt Alle diejenigen zu bestrafen, welche dazu beigetragen hatten, oder beitrugen, der Rebellion zu helfen, der ungerecht= fertigsten und gottlosesten, welche schlechte oder wahnsinnige Menschen je begannen."

Als General Butler den Zucker zurückgab, gratulirte er den Eigenthümern sehr höflich, daß bei dem plötzlichen Steigen des Zuckers seit Oeffnung des Hafens sie ein bedeutendes Geschäft durch die Zurückbehaltung gemacht hätten.

Der Fall von Kennedy & Co.

Jagd nach Dampfbooten war in den ersten Wochen der Besetzung der Stadt eine Lieblingsbeschäftigung der Bundessoldaten. Die Rebellen hatten eine große Anzahl Dampfboote verbrannt, aber viele wurden in den Bayous und Sümpfen versteckt, wo, wie sie glaubten, die nicht bekannten Yankees nicht hingelangen konnten. Die Leute hatten mitunter spaßhafte Abenteuer auf der Jagd nach diesem kostbaren Wild. An Bord des einen gefangenen Dampfers, Fox, fand man einen Postsack, welcher Briefe enthielt, durch welche mehrere Einwohner von New Orleans in Unannehmlichkeiten kamen, darunter auch die Baumwollenhändler Kennedy & Co.

Sie waren Kaufleute, welche in New Orleans ihr Geschäft hatten und Bürger der Vereinigten Staaten. Sie schifften Baumwolle von einem Bayou aus ein, von welchem Dampfer die Blokade nach Havana zu brechen gewohnt waren und zwar nicht allein in offener Mißachtung der Proclamation des Präsidenten, sondern auch unter einem Contracte mit der Rebellenregierung, einen gewissen Prozenttheil der abgeschickten Ladungen in Waffen und Munition für die Rebellen zurück zu erstatten.

Ohne solchen Contract ließ die Rebellenregierung keine Baumwolle aus New Orleans, und daß dieser Contract bestand, wurde gar nicht bestritten.

Die Baumwolle wurde in Havana verkauft und der Preis in einem Wechsel auf Ordre der Londoner Agenten von Kennedy & Co. umgewandelt und zwar wurden Prima und Secunda nach London geschickt und eine dritte Abschrift wurde auf dem „Fox" gefunden. Während der Zeit hatten Kennedy & Co. keinen Gebrauch von der Amnestieproclamation Butlers gemacht, sondern waren Rebellen und Feinde nach Maßgabe der Bestimmungen der Proclamation geblieben.

Der General schickte nunmehr zu Kennedy & Co. und forderte den Betrag des Wechsels von ihnen, welchen er in Händen hatte. Dieser Betrag wurde bezahlt und Butler nahm ihn als Strafe für die ungesetzliche Handlung.

General Butler legte diesen Fall selbst Johnson vor, welcher gegen die Beschlagnahme entschied, weil:

1. Der Wechsel nicht fortgenommen worden sei, als der Dampfer wirklich versucht habe, die Blokade zu brechen.

2. Weil Kennedy & Co. nicht persönlich bei einer Handlung entdeckt worden seien, welche sie einer Confiskation aussetzte.

3. Daß durch die Aufhebung der Blokade durch Proclamation des Präsidenten bevor der Beschlagnahme des Wechsels jede Strafe wegfalle.

Gen. Butler unterwarf sich der Entscheidung und bezahlte das Geld ($8,641) zurück, aber er konnte sich nicht enthalten, das Urtheil Johnsons zu kritisiren. Er schrieb einen längeren Brief an Johnson selbst, in welchem er ihm das Absurde seiner Entscheidung vorhielt und sagte: „Die Strafe wird zurückgezahlt werden, weil es so von einer Oberbehörde entschieden worden ist, aber die schuldige Partei soll und wird ihrer Strafe nicht entgehen.

„Diese Art, Rebellen zu behandeln, würde nicht allein sie mit Rosenwasser, sondern mit verdünntem Rosenwasser begießen heißen."

Johnson antwortete in einem ausgedehnten und sehr gut geschriebenen Document, welches dem General übergeben wurde drei Stunden bevor der Verfasser nach dem Norden abfuhr. Er konnte daher nicht darauf antworten. Die Antwort Johnsons führte an, daß es nicht erwiesen sei, daß Kennedy & Co. einen Theil des Reinertrags für Waffen und Munition für die Rebellen hatten verwenden wollen. Dieser Punkt konnte, bei dem Umstande, daß Baumwolle unter keiner andern Bedingung exportirt werden durfte, nur dazu dienen, zu beweisen, daß Kennedy & Co. gegen beide Regierungen treulos gewesen seien und zwei Prozesse wegen Hochverraths statt eines verdient hätten.

Die englischen und spanischen Kriegsschiffe in New Orleans.

Die Offiziere und Matrosen der fremden Kriegsschiffe, welche New Orleans im Sommer und Herbst 1862 besuchten, gaben sich alle Mühe offen zu zeigen, daß sie mit der Secessionslehre und den unloyalen Bürgern im Einverständnisse seien. New Orleans war ein guter Ort, um begreifen zu lernen, daß in dem jetzigen Kriege den Vereinigten Staaten die ganze Niedrigkeit und ein großer Theil der Unwissenheit des Menschengeschlechts gegenüberstehen.

Das britische Kriegsschiff Rinaldo war im Anfang Juli in dem Hafen. Der Humor der Offiziere und Bemannung dieses Schiffes erhellt am Besten aus dem Bericht des Polizeilieutenants James Duane, welcher sagt:

„Da ich am Donnerstag Abend hörte, daß ein großer Haufen unordentlicher Menschen auf der Levee gegenüber dem Rinaldo sich befände, und daß auf dem Schiffe selbst Leute die "Bonnie Blue Flag" sängen und schrieen:

„Nieder mit den Sternen und Streifen!" und daß die Menge mit Hurrahs für Jeff. Davis, die südliche Conföderation, u. s. w., antwortete, so daß ich einen Aufruhr befürchtete, so nahm ich meine ganze Polizeiabtheilung und führte dieselbe nach der Levee, wo ich ungefähr um 8 Uhr Abends ankam und nahe an 2,000 Personen, darunter Frauen und Kinder fand. Von dem Schiffe her hörte ich deutlich das Singen der "Bonnie Blue Flag," sowie Rufe für Jeff. Davis, „Nieder mit den Sternen und Streifen!" und „Zieht die Fahne mit den einen Stern auf!" Die Antwort seitens des Volkshaufens war nicht allgemein, sondern geschah nur von Einzelnen, und sobald Jemand antwortete, arretirte ich ihn.

„Wie mir meine Polizisten und Bewohner jener Gegend erzählten, hatten dieselben Scenen am Mittwoch vorher stattgefunden und dazu hatte noch an jenem Tage eine Rebellenflagge kurze Zeit vom Rinaldo geweht, und daß kleinere Rebellenflaggen an den Booten aufgezogen wurden, welche Besucher von und nach dem Rinaldo brachten. Am Samstag wurden dieselben Demonstrationen wiederholt, mit Ausnahme des Aufziehens der Rebellenflaggen. Endlich sah an demselben Abend einer meiner Polizisten zwischen 8 und 9 Uhr einen Offizier des Rinaldo in Begleitung eines Mannes, welcher angab, zu dem Schiffe zu gehören und eines großen Farbigen. Der Offizier war in Uniform, betrunken und sang die "Bonnie Blue Flag." Mein Polizist ging auf ihn zu und sagte, er solle das Lied nicht singen. Der britische Offizier sagte, er werde singen, wozu er verflucht Lust habe. Sie gingen dann die Levee hinab, stiegen in das Boot des Schiffes und sobald sie außerhalb des Bereichs des Polizisten waren, rief der Offizier: „Gott verdamme die Hurensöhne von Yankees; ein Engländer haut zehn solche Kerle zusammen." Dann sangen sie zusammen wieder die "Bonnie Blue Flag."

General Butler erfuhr, daß der Capitän des Rinaldo seinen Sezessionsfreunden versprochen habe, am Morgen des 4. Juli die Rebellenfahne aufzuziehen. Der General theilte einem Mitgliede seines Stabes mit, daß sobald das Aufziehen der Flagge stattfinde, er mit Kanonen auf das Schiff feuern lassen werde, denn eine solche Handlung würde mehr als eine Beleidigung der Ver. Staaten sein und das Schiff zu einem Rebellenschiffe machen, auf welches geschossen werden müsse, sobald es in den Bereich eines Bundesgeschützes komme. Der Bericht war unrichtig gewesen.

Noch schnöder war das Benehmen des spanischen Kriegsdampfers. Wie wir sahen, hatte der französische Consul die $405,000 in einem spanischen Kriegsschiffe versandt. Andere spanische Kriegsschiffe brachten Passagiere, Geld, Platten und Papiere weg, welche der Confiscation unterlagen. „Das Verdeck des Blasco de Garay," schreibt Butler im October, „war im wahrsten Sinne gedrängt voll von Passagieren, welche mit so wenig Discretion ausgesucht waren, daß meine Geheimpolizisten einen Mann als Passagier an Bord fanden, welcher grade nach der Verübung eines brutalen Mordes fliehen wollte und noch die Beute seines Opfers bei sich hatte." Der General beanspruchte, abfahrende Kriegsschiffe untersuchen zu dürfen, und natürlich lief sofort ein Nieß Klagen und Proteste Seitens der spanischen Beamten ein.

Die Quarantaine-Angelegenheit

Es ist nicht allgemein bekannt, daß in schlimmen Jahren die Sterblichkeit durch das gelbe Fieber in New Orleans die von irgend einer andern Epidemie übertrifft, welche jemals in einer civilisirten Commune geherrscht hat. Sie ist größer als die durch Cholera, wie durch die Blattern vor der Impfung, oder durch die alte Pest.

Im Jahre 1853 fing die Krankheit am 1. August mit 106 Todesfällen an und stieg, bis am 7ten die Zahl aller Todesfälle 1526 war, worunter 1288 Todesfälle durch das gelbe Fieber. Dies hielt man für das Maximum. So etwas war in der Geschichte früherer Epidemieen nicht dagewesen, und Niemand glaubte, daß es übertroffen werden könne. Aber die nächste Woche zerstörte diese Einbildung, denn von 1575 Todesfällen hatten 1346 durch das gelbe Fieber stattgefunden. Am 22. August starben im Ganzen 283 Leute, worunter 239 am gelben Fieber. Dies war das Maximum, und von da an fing die Krankheit an abzunehmen. Im August waren unter beinahe 7000 Todten 5122 Personen am gelben Fieber gestorben. Die Krankheit nahm langsam ab, bis sie am 6. September von 95 Todten 65 Opfer wegraffte. Im Ganzen waren seit dem 28. Mai 7189 Leute am gelben Fieber gestorben, während im Ganzen 9941 Personen gestorben waren. 344 Todesfälle sind nicht bescheinigt, und wenn man dreiviertel derselben dem gelben Fieber zuschreibt, so steigert sich die Zahl der Todesfälle durch diese Krankheit auf 7439.

Dazu kam, daß Hunderte von Leuten begraben wurden, ohne daß eine Liste über sie geführt wurde; Hunderte waren außerhalb der Stadt gestorben, während sie versuchten, der Krankheit zu entfliehen. Jeder Dampfer, welcher den Fluß hinauffuhr, lieferte seinen Antheil zu den Hekatomben von Opfern der Pestilenz. Wenn man die runde Summe der Todesfälle während drei Monaten auf 8000 annimmt, so hat man 10 Prozent der Bevölkerung von New Orleans.

Da aber nur die Leute, welche nicht an das Klima gewöhnt sind, dem Fie-

ber ausgesetzt sind, so muß man die alten Einwohner der Stadt ausnehmen,
welche mit den Sclaven und seinen Farbigen mindestens zwei Drittheile der
Bevölkerung ausmachen.   Dies würde die Zahl der dem gelben Fieber aus=
gesetzten Leute auf weniger als 30,000 reduziren, und von dieser Zahl starb
mehr als der vierte Theil in drei Monaten.   Es giebt kaum eine Parallele
zu dieser Sterblichkeit.   Die große Pest im Jahre 1665 tödtete einen Men=
schen unter vierzehn.   Die Krankheit in New Orleans tödtete die zehnte
Person der Bevölkerung und den vierten Theil der Leute, welche der Krank=
heit überhaupt unterworfen waren.

Das sind fürchterliche Zahlen.   Aber das Jahr 1853 war auch ein aus=
nahmsweise schlimmes.   New Orleans ist oft Jahre hindurch frei vom gel=
ben Fieber gewesen.   Die Besuche der Krankheit waren häufig genug, um
die Zahl der Bewohner während des Sommers sehr zu reduziren.   Die
Stadt hatte aber niemals das Fieber vorher unter Umständen vermieden, wie
sie im Jahre 1862 herrschten, niemals, wenn das Fieber in den benachbarten
Häfen von Havana und Nassau herrschte, niemals, wenn die Stadt voll mit
Personen war, welche nicht acclimatisirt waren.   Die Rebellen hatten also
Recht, wenn sie annahmen, daß der Sommer des Jahres 1862 von denselben
Schauerscenen und Verheerungen begleitet sein werde, wie der von 1853.

Keine Sprache kann die Schrecken eines solchen Besuchs übertreiben.
„Leichenbegängnisse," sagt ein Journalist in der Beschreibung der Krankheit
im Jahre 1853, „drängten sich auf allen Straßen.   Man sah keine Wagen,
außer denen der Aerzte und Wagen, welche von oder nach den Kirchhöfen
fuhren, oder einsame Leichenwagen, welche nach den Kirchhöfen eilten.   Das
Gesumme des Handels war verstummt.   Die Levee war verlassen.   Die
Straßen, gewöhnt mit Mode und Schönheit zu glänzen, waren still.   Die
Gräber, die Todtenhäuser, waren die einzigen Plätze, wo Leben herrschte,
wo die Menge sich versammelte, wo das unaufhörliche Gewühl der Wagen,
das Stampfen der Füße, das Gemurmel von Stimmen, und alle Anzeichen
eines thätigen und lebhaften Verkehrs gefunden werden konnten.

„Um die ganze Wuth und Fürchterlichkeit der Krankheit kennen zu lernen,
muß man in die überfüllten Wohnungen der arbeitenden Klassen gehen, in
die elenden Hütten, welche die Stadt entstellen, wo die armen Einwanderer
im Schmutz zusammenhocken, wo ein halbes Dutzend Leute in einem Zimmer
zusammenschläft, ohne Ventilation, und mit seinem Zutritt auf die ekelhaften,
feuchten Höfe, welche niemals aufgefüllt werden sind und durch jeden Regen
in große gräuliche Moräste verwandelt werden, passende Plätze für Frösche
und Quellen der giftigen Krankheit.   Hier findet man Scenen des Unglücks,
Elendes und Todes, welche das Gedächtniß auf ewig verfolgen.   Hier sieht

man den Todten und den Sterbenden, den Kranken und den Genesenden in demselben Bette. Hier sieht man den Säugling Tod saugen aus der gelben Brust seiner todten Mutter. Hier sterben Vater, Mutter und Kind Arm in Arm. Hier werden ganze Familien in wenigen Stunden dahingerafft, so daß weder Leute zum Trauern, noch zum Besorgen des Begräbnisses übrig bleiben. Fürchterliche Gerüche zogen oft die Nachbarn zu solchen Schauer= scenen. Die Leichen proclamirten so ihre Existenz und zogen die Beachtung auf sich, welche ihnen gebührte. Welche fürchterliche Krankheit! Schrecklich in ihrem heimtückischen Charakter, in ihrer Bösartigkeit, in der Schlangen= art, mit welcher sie ihr Opfer allmälig umstrickt, und ihn durch ihre Ränke fesselt, und ihn dann dem Tode überliefert. Nicht wie die Pest, mit ihren rothen Flecken, ihrem tollmachenden Fieber, ihrem Wahnsinn und ihrer Er= starrung, nicht wie die Cholera, mit heftigen Krämpfen und schwächenden Schmerzen ist der Vomito vorhanden, er nimmt die Verkleidung einer ganz gewöhnlichen Krankheit an, einer Erkältung mit leisem Frösteln, Kopfschmer= zen, ein wenig Fieber und nach kurzer Zeit Rückenschmerzen. Sicherlich, denkt man, das hat nichts zu sagen. Man will sich wegen solcher Kleinigkeit nicht hinlegen; der arme Arbeiter kann es nicht thun. Statt zu Bett zu gehen, nach einem Doktor zu schicken, ein Senfbad zu nehmen und Mittel gegen die Erkältung anzuwenden, bleibt er bei der Arbeit, bis es zu spät ist. Er hat die Krisis der Krankheit erreicht, bevor er ihr Vorhandensein bemerkt. So fällt er zum Opfer. Das Fieber steigt schnell und das Gift durchzieht sein ganzes System. Er wirft sich auf dem Bette hin und her und ras't im Todesschmerze. So dauert es sechsunddreißig Stunden. Das Fieber läßt nach, es geht allmälig fort, Freude und Hoffnung beginnen wieder sich ein= zustellen. Er hat es überstanden. „Bin ich wohler, Doktor?" fragt er... „Sie bessern sich; Sie müssen aber ruhig bleiben!"—Er bessert sich! Woher weiß der gelehrte Arzt es? Kann er in den Magen sehen und den bräun= lichen Schleim bemerken, welcher sich dort sammelt und die Auflösung an= zeigt, welche vor sich geht? Das Fieber kehrt wieder, jedoch ist der Pa= roxismus dieses Mal kürzer. Der Patient ist wieder ruhig, aber nicht so hoffnungsvoll wie früher. Er ist schwach, matt, blutlos, aber er hat kein Fieber; sein Puls ist ruhig und kräftig, seine Haut ist feucht. „Er wird besser werden!" sagt der oberflächliche Beobachter. Der Arzt schüttelt be= denklich den Kopf. Nach kurzer Zeit sieht man Blutflecken auf den Lippen des Kranken. Das Blut kommt aus dem Gaumen; ein schlimmes Zeichen, aber solche Fälle kommen vor. Bald bekommt er den Schlucken. Das ist schlimmer als das Bluten, dann folgt das Ausbrechen einer schwarzbraunen Flüssigkeit in großer Menge, und dies ist in 999 Fällen unter Tausend ein

Zeichen, daß die Arbeit des Arztes zu Ende ist, und der Todtengräber zu be-
ginnen hat. In einigen Stunden wird der Sarg seinen Bewohner und die
Mutter Erde ihren Tribut erhalten." Dieses Bild ist nicht übertrieben.
Die Krankheit ist ein solches Uebel, daß General Butler selbst es von der
Stadt abhalten wollte, welche er zu regieren und zu beschützen hatte. Sein
Erfolg war ganz außerordentlich. Das gelbe Fieber wüthete in Havana, in
Nassau und andern benachbarten Häfen, allein New Orleans blieb verschont.
Zwanzig Tausend nicht an das Klima gewöhnte Personen waren in Louisiana,
aber nicht eine einzige davon bekam das Fieber. Im Gegentheil, die Sol-
daten blieben frei von allen Krankheiten, welche gefährlich hätten sein können.
Dr. McCormick kam spät in der Jahreszeit, als man die Gefahr beinahe
schon vorüber geglaubt hatte, und meldete, daß ein Fall von gelbem Fieber
der schlimmsten Art nach der Stadt importirt sei. So war es. Die
Strenge der Quarantaine war ein einziges Mal nachgelassen worden, und
dies war das Resultat. Die Sache wurde so geheim wie möglich gehalten.
Das Haus, in welchem der Kranke lag, wurde von allen Bewohnern gesäubert, außer einem an das Klima gewöhnten Wärter. Das Häusergevierte,
in welchem das Haus stand, wurde mit Soldaten umgeben. Kein lebendes
Geschöpf durfte hinein oder hinaus. In fünf Tagen starb der Mann.
Jeder Gegenstand im Hause wurde verbrannt oder vergraben. Der Wärter
wurde in die Quarantaine geschickt. Das Haus, das Häusergevierte, die
Straßen wurden gereinigt, geräuchert und geweißt. Jede Maßregel, welche
die Geschicklichkeit der Aerzte rathen oder die Autorität des Generals erzwin-
gen konnte, wurde angewandt. Niemand wurde angesteckt. Dieser eine
Fall, welcher aus Nassau importirt wurde, war Alles, was man im Jahre
1862 in New Orleans vom gelben Fieber wußte.

Es ist ungemein wichtig für Louisiana, daß die von General Butler zur
Erhaltung der Gesundheit der Stadt angewandten Maßregeln bekannt werden. Man weiß, daß er sich mit sanitätischen Studien beschäftigte, bevor
er Soldat wurde. Er fand durch Bücher aus, daß das gelbe Fieber in Gegenden, wo es im Winter friert, nicht erzeugt wird. Er schloß also, daß
das gelbe Fieber nicht in den Ver. Staaten erzeugt, sondern aus den Tropen
mitgebracht werde. Die Golfstaaten erzeugen zwar die giftige Luft, welche
das Mittel ist, durch welches die Krankheit am meisten verbreitet wird, aber
das tödtliche Gift, welches sich in dem gelben Fieber zeigt, wird von andern
Ländern gebracht. Butler verließ sich daher hauptsächlich auf die Quarantäne und diese setzte er mit so rücksichtsloser Unparteilichkeit durch, daß das
Staatsdepartement mit Klagen, Protesten und Reclamationen überschwemmt
wurde und das Publikum fortwährend Klagen über Corruption und Begün-

stigung zu hören bekam. Aber er ließ seine Faust nicht von der Gurgel des Mississippi los. „Meine Befehle an die Sanitätsoffiziere," schrieb er, „sind deutlich und bestimmt die, alle Schiffe, welche aus Häfen kommen, die angesteckt sind, unter eine Quarantäne zu stellen, welche die Gesundheit der Stadt sichert. Ob das nun eine Quarantäne von einem Tage oder hundert Tagen erfordert, es wird jedenfalls geschehen. Es wird geschehen, und wenn es nöthig sein sollte, das Schiff in Stücke zu nehmen, so lange die Ver. Staaten die physische Kraft haben, es zu thun. Ich habe meinem sehr erfahrnen Quarantänearzt die Frage wegen der Länge der Zeit und der noth= wendigen Maßregeln vorgelegt. Ich habe nie seine Anordnungen durch Befehle gekreuzt. Wenn er denkt, zehn Tage reichen in einem Falle hin, gut; will er vierzig Tage in einem andern Falle, auch gut; will er hundert in einem dritten, so soll er sie haben." Und so geschah es.

Die Consuln lernten übrigens mit der Zeit verstehen, daß es wirklich eine Macht in der Welt gab, welche die Ver. Staaten hieß. Sie änderten ihre Ansicht über den Mann, der diese Macht in New Orleans repräsentirte, gleichfalls und während der letzten Hälfte der Verwaltung Butler's war sein Verkehr mit ihnen sehr freundlich und angenehm.

Ein und zwanzigstes Capitel.

Versuche zur Herstellung der alten Ordnung.

Die Geschäfte in New Orleans zu beleben und das stagnirende Leben wieder in den alten Canälen fließen zu lassen, war die erste Aufgabe, welche Butler sich gestellt hatte, nachdem er Ruhe in der Stadt gestiftet, und die Ernährung besorgt hatte. Zuerst war es nöthig, die Detailgeschäfte zu öffnen, indem man eine Strafe von $100 für jeden Tag, festsetzte, an wel= chen sie geschlossen wären. Die Arbeiter wollten nicht für die Ver. Staaten arbeiten. Einige Reparaturen an den kleineren Dampfern, welche Vorrath für die Truppen brachten, konnten nur durch Androhung mit Fort Jackson erlangt werden. Ein dicker Contractor wurde bei Wasser und Brod so lange eingesperrt, bis er einwilligte, eine Arbeit von dringender Wichtigkeit zu übernehmen. Die Kutscher der Droschken und der Frachtwagen mußten gebeten oder gepreßt werden. Dieser Zustand aber hörte bald auf. Er entsprang zur Hälfte aus Affectation, zur Hälfte aus Angst und die Leute wollten nur so weit gezwungen sein, als sie sich vor ihren Kameraden ent= schuldigen wollten. Das gewöhnliche Geschäft ging bald wieder so wie frü= her. Die Eisenbahnen wurden so weit wie Unionslinien reichten, wieder in Betrieb gesetzt.

„Wird es sich bezahlen, die Bahn zu betreiben?" fragte der General in der Regel.

„Ja!"

„Dann vorwärts!"

So handelten und fuhren die Leute und brachten ihre Zeit hin wie unter der Herrschaft von Mayor Monroe, General Lovell und Pierre Soulé. Ueberall herrschte vollständige Ruhe. Der General ging und ritt mit einer einzigen Ordonanz Tag und Nacht durch die Stadt. Ein Kind hätte eine Börse von Carollton bis Chalmette offen in der Hand tragen können, ohne belästigt zu werden.

Der Handel der Stadt konnte nicht vor der Oeffnung des Hafens wieder belebt werden. In einer der ersten Depeschen rieth Butler zu dieser Maß= regel wie auch zu einer vollständigen Amneſtie für alle früheren politiſchen Verbrechen. Die Pflanzer jedoch waren mißtrauisch und fürchteten sich, ihren Zucker in den Bereich der Bundesbehörden zu bringen.

Der General erließ hierauf folgenden Befehl:

New Orleans, 4. Mai, 1862.

Der commandirende General des Departements ist in Kenntniß gesetzt worden, daß rebelliſche, verlogene und verzweifelte Menschen den ehrlichen Pflanzern und dem guten Volke von Louisiana vorgeredet haben und noch vorreden, daß die Regierung der Ver. Staaten mit ihrer Armee hierher gekommen sei, um ihre Baumwolle= und Zuckerernte zu confisciren und zu zerstören. Es wird deshalb bekannt gemacht, daß alle Sendun= gen Baumwolle und Zucker das sichere Geleite der Ver. Staaten erhalten sollen, und daß Boote, welche solche Waare bringen, das Recht haben sollen, sicher zurückzukehren, wenn sie aus den feindlichen Linien kommen, wenn es ihre Eigenthümer verlangen, vorausgesetzt, daß sie keinen Passagier außer dem Eigenthümer oder der nöthigen Be= mannung des Bootes mitbringen und nichts als Vorräthe, von welchen so viel wie möglich, zum Besten der Armen der Stadt, hierher zu bringen, diese Boote ersucht werden.

In der Voraussetzung, daß der Hafen bald dem Handel nach dem Norden geöffnet werden werde, und um die Besitzer von Produkten zu versichern, daß New Orleans ein sicherer Platz sei, beschloß der General, sofort mit dem Ankaufe und dem Exportiren von Zucker auf Rechnung der Regierung zu beginnen. Sein Erfolg war, was Kaufleute ein „brillantes Geschäft" nennen. Er hatte an der Levee eine große Flotte Transportschiffe liegen, welche er contractlich in Ballast zurückschicken mußte. Es giebt kein Ballast in New Orleans und der nächste ist der feine Sand von Ship Island, welches fünf Tage für Segelschiffe und 30 Stunden für Dampfer entfernt ist. Es lag genug Zucker an der Levee, um die Schiffe sämmtlich zu befrachten, was eine ungeheure Ersparniß für die Regierung sein müßte, den großen Verdienst gar nicht zu rechnen, welcher sich aus dem Verkaufe des Zuckers im Norden ergeben müßte. Er beschloß, Zucker genug für den Zweck zu kaufen.

Um die Weisheit der Maßregel zu zeigen, nehme man den Fall mit dem Dampfer Mississippi, welcher für $1500 täglich gemiethet war. Er brauchte 250 Tonnen Ballast. Um nach Ship Island kleine Boote nach Sand zu schicken, um ihn nach dem Dampfer zu bringen, brauchte man mindestens zehn Tage, um den Sand auszuladen brauchte man noch vier Tage. So würde es der Regierung $21,000 gekostet haben, das Schiff mit Sand zu füllen, ganz abgesehen von den Kosten für das Herbeischaffen des Sandes und dem Aufenthalt im Falle eines Sturmes bei Ship Island. Wenn nun der General einen Kaufmann bewegen konnte, 400 Oxhoft Zucker als Ballast auf den Mississippi zu senden, welche in zwei Tagen eingeladen und in zwei Tagen wieder ausgeladen werden konnten, so verlor die Regierung nur vier Tage, sparte also $15,000 durch den Unterschied, selbst wenn sie nicht einen Cent für Fracht erhielt. Wenn er aber einen Agenten oder Schiffsmakler engagirte und ihm sagte, er könne Alles, was er für Fracht für den Oxhoft über $5.00 erhalte, behalten, wenn er den Ballast besorge und sehe, daß er eingeladen werde, so müßte die Regierung für die 400 Fässer $2000 erhalten, also im Ganzen $17,000 ersparen.

Es war schwer, das Geschäft anzufangen, weil kein Geld da war. Die Regierung hatte kein Geld in New Orleans und der General hatte auch keines. Durch Verpfändung seines gesammten Eigenthums erhielt er von dem bekannten Bankier Jacob Barker $100,000 in Gold geliehen und ging sofort an den Einkauf. Kaufleute erhielten gleichfalls die Erlaubniß, Zucker als Ballast fortzuschicken gegen eine geringe Frachtvergütung. Die Angelegenheit wurde trefflich durch den Bruder des Generals, einem gewandten Geschäftsmann, arrangirt, welcher eine Commission für seine Mühe erhielt.

Das Geschäft glückte vorzüglich. Die Schiffe erhielten Zucker als Ballast. Die Regierung nahm den mit des Generals eigenem Gelde gekauften Zucker und zahlte ihm die Auslagen zurück; der ganze Gewinn bei dem Geschäfte fiel den Ver. Staaten zu. Der ganze Vortheil, welchen Butler hatte, war zuerst eine Menge Arbeit und später eben so viel Verläumbung. Die Eigenthümer einiger der Transportschiffe hatten die Idee, daß die Fracht oder wenigstens ein Theil derselben an sie bezahlt werden solle. General Butler opponirte diesem Ansinnen und der Streit nahm mehrere Monate in Anspruch. Die Schiffscapitäne haben noch immer die Idee, daß der General in irgend einer geheimnißvollen Weise eine ungeheure Summe verdiente. Der Finanzminister weiß es besser, und wenn Niemand anders, so war er jedenfalls mit dem Geschäfte überaus zufrieden.

Da wir gerade von den auf Butler wegen seiner Verwaltung in New Orleans so eifrig gehäuften Verläumbungen gesprochen haben, so wollen wir gleich hier das Wenige sagen, was über dieses erbauliche Thema noch zu sagen bleibt.

Zuerst noch eine kleine Operation, welche gegen ihn benützt worden ist. Ich meine nämlich eine kleine Quantität Baumwolle, welche von Ship Island Seitens des Generals nach Hause geschickt wurde und zufällig früher dort ankam, als die Zeitungen erschienen, welche die Sache auseinander setzten.

„Diese Baumwolle," schrieb Butler an den Generalquartiermeister, „wurde von der Flotte auf einem kleinen Schooner mit Beschlag belegt, welchen ich nicht ohne Gefahr auf das offene Meer schicken konnte. Ich benützte ihn als Leichter und nahm ihn der Flotte fort. Was sollte mit der Baumwolle geschehen? Ein Transportschiff ging leer nach Hause, es kostete also den Vereinigten Staaten nichts, sie transportiren zu lassen. An wen sollte ich sie schicken? An meinen Quartiermeister in Boston? Der mußte schon auf dem Wege hierher sein. Durch den Aufschub der Expedition fand ich fast alle Leute und Arbeiter des Quartiermeisters in einem an Meuterei grenzenden Zustande, weil sie keinen Lohn erhalten hatten und ihre Arbeit war unentbehrlich. Es war nicht ein Cent Geld auf der Insel, welcher der Regierung gehörte. Ich hatte gerade fünfundsiebzig Dollars. Der Marketender hatte Geld, welches er mir gegen meinen persönlichen Wechsel auf meinen Bankier borgen wollte. Ich borgte auf meinen Wechsel $4,000, gerade so viel als die Baumwolle werth war; mit dem Gelde aber bezahlte ich die Arbeiter, so daß ihre Frauen und Kinder nicht zu verhungern brauchten. Um meinen Wechsel bezahlt zu sehen, schickte ich die Baumwolle an meinen Agenten in Boston, mit dem Auftrage, sie bestmöglichst zu verkaufen,

meinen Wechsel zu bezahlen und den etwaigen Ueberschuß zu meiner Verfügung zu halten, so daß ich nach geschehener Abrechnung mit der Regierung
abrechnen könnte. Was geschah aber? Die Regierung ließ die Baumwolle ohne ein Wort der Aufklärung mit Beschlag belegen, behielt sie, bis
sie 10 Prozent gefallen war, ließ meinen Wechsel protestiren und er mußte
von dem Gelde bezahlt werden, welches ich meinen Kindern zum Unterhalt
zurückgelassen hatte."

Spätere Erklärungen genügten der Regierung, und das Geld wurde zu-
rückbezahlt.

Diese beiden Geschäfte waren die einzigen von kaufmännischem Character,
welche General Butler in New Orleans machte und mit ihnen hat der Leser
die ganze Basis vor sich, auf welcher von Rebellen und ihren Alliirten das
ungeheure Gebäude der Verläumdung aufgeführt wurde. Beide Geschäfte
waren einzig und allein dazu bestimmt, die Arbeit zu erleichtern, unerwartete
Hindernisse zu entfernen und Maßregeln im Voraus zu ergreifen, welche
die Regierung hätte befehlen müssen, wenn sie dem Schauplatze nahe
gewesen.

Aber er hatte einen Bruder, welcher während der Verwaltung des Generals ein Vermögen machte. Als der Hafen im Juli geöffnet wurde, standen
die Dinge so, daß kein Geschäftsmann mit Capital oder Credit es vermeiden
konnte, mit unerhörter Geschwindigkeit Geld zu verdienen. Terpentin für
$3 das Faß lag in Masse in New Orleans, in New York war es zu $38
begehrt. Zucker kostete in New Orleans drei Cents das Pfund, in New
York sechs. Mehl kostete in New York $6 das Faß, in New Orleans $24.
Schnittwaaren kosteten in New York nicht viel mehr als vor dem Kriege, in
New Orleans war jeder Artikel selten und theuer. Der Wechselcours gab
außerdem einen Profit von 15 Prozent zwischen den beiden Häfen. In solchen Zeiten sind diejenigen Leute die nützlichsten, welche von unwissenden und
neidischen Leuten Spekulanten geschimpft werden. Gerade diese Leute stellen
das Gleichgewicht im Geschäfte her, sie erhöhen den Werth der Waaren in
dem einen Hafen und drücken ihn in dem andern herunter; sie gaben New York
den Zucker und Terpentin, welcher in New Orleans überflüssig war und
verschafften New Orleans die zur Gesundheit und Bequemlichkeit nöthigen
Gegenstände. Der Bruder des Generals war einer der Glücklichen, welche
gerade im kritischen Augenblick in New Orleans Geschäfte machten. Ein
alter Geschäftsmann mit einer Erfahrung von 30 Jahren, Vermögen und
noch mehr Credit, stürzte er sich in das Geschäft mit allen ihm zu Gebote
stehenden Mitteln und Credit. Sein Gewinn war groß, nicht so groß wie
der anderer Leute, aber hinreichend, um ihn zufrieden zu stellen. Er hatte

weder, noch bedurfte er andern Vorſchub, als den, welchen die andern Kaufleute gleichfalls hatten. Die Ausnahmezuſtände waren ihm genügend. Ein
Kaufmann mit nur der Hälfte des Capitals hätte nicht umhin können, ſein
Capital mit außerordentlicher Schnelligkeit zu vergrößern. Später kamen
dann die Confiscationen von Rebelleneigenthum und häufige Auctionen
werthvoller Gegenſtände. An dieſen hatte er einen guten Antheil, im Ver-
hältniſſe zu ſeinen Mitteln und Fähigkeiten, nicht mehr und nicht weniger.
Es iſt unmöglich, eine Negative zu beweiſen. Jedermann kann eine Anklage auf Corruption erheben, aber Niemand kann beweiſen, daß ſie falſch iſt.
Ich kann deshalb nur ſagen, daß ich ein Jahr lang alle Papiere, welche ſich
auf Butler und ſeine Verwaltung in New Orleans beziehen, genau durchge-
ſehen habe, daß ich durch häufiges Durchleſen der Papiere ſo vertraut mit
denſelben geworden bin, wie ein Advokat mit den Papieren ſeines größten
Prozeſſes. Ich habe mit Herren von fleckenloſen Namen und Rufe geſpro-
chen, welche täglich um ihn waren; ich habe aufmerkſam Jedermann zuge-
hört, welcher gegen Butler etwas zu erzählen hatte, habe alle Zeitungsartikel
gegen ihn geleſen und habe mit der größten Mühe verſucht, auch nur einen
Fall zu finden, welcher einigermaßen Grund zu einer Unterſuchung geben
könnte und das Reſultat aller dieſer Unterhaltungen und Nachforſchungen
war, daß ich die allergrößte und feſteſte Ueberzeugung habe, daß die Verwaltung Butlers ebenſo ehrlich wie gewandt war. Ueberall in den Depeſchen
finde ich Wahrheit und Aufrichtigkeit, keine Verheimlichung, keine Entſtellung,
Nichts, was geeignet wäre, einen von der Wahrheit abweichenden Eindruck
hervorzurufen. Ich finde, daß die Leute ihn im Verhältniß zu ſeiner Loyalität und Wahrheitsliebe liebten. Ich finde, daß ſeine Feinde, hier wie dort,
Feinde ihres Landes und der Menſchenrechte ſind. Der ganze Beweis, beſonders der durch ſeine Feinde gelieferte läuft darauf hinaus, daß er ein
weiſer, humaner und ehrlicher Verwalter einer gänzlich verderbten Generation von Menſchen war.

Es gab Corruption in New Orleans, wie ein notoriſches Individuum be-
weiſt, welches ſich eines ſchönen Tages zu einundzwanzig Jahren Zuchthaus-
ſtrafe mit harter Arbeit wegen Unterſchlagung von Regierungseigenthum
verurtheilt fand. Die Gewalt wurde in New Orleans gemißbraucht, wie
das ſtets geſchieht. Aber ſie wurde nicht mit Wiſſen oder Willen des commandirenden Generals gemißbraucht, und die Miſſethäter wurden durch ihn
nicht vor der gerechten Strafe für ihre Verbrechen oder Fehler beſchützt.
Seine Herrſchaft in New Orleans war ſehr gerecht und weiſe. Es war der
ſtarke Conflict zwiſchen zwei entgegengeſetzten Civiliſationen, beide nicht vollendet, die eine untheilbar. Es war das plötzliche Wiederkehren von Recht

und Gerechtigkeit in einer Gemeinde, welche fast die Tradition daran ver=
loren hatte. Es war der Probirstein für die Aufgeblasenheit, Anmaßung,
Schlechtigkeit und Verlogenheit, welche durch Sclaverei erzeugt werden, ge=
genüber dem gesunden Sinne und dem gesunden Rechte des Yankee. Na=
türlich mußte ein solcher Conflict großen Lärm verursachen. Irgend Jemand
mußte einen Stoß bekommen. Jedes Geschöpf, welches gestoßen wird,
schreit in den ihm natürlichen Lauten. Der natürliche Laut eines eigentli=
chen Sezessionisten, welcher im Kampfe mit Gerechtigkeit und gesunder Ver=
nunft verletzt wird und zu gleicher Zeit seines Bowiemessers und Revolvers
beraubt ist, besteht in Schimpfen auf den Mann, dessen Gerechtigkeit und
Vernunft den Sieg davongetragen. Lügenhaftigkeit ist das Element, in
welchem diese unglücklichen Leute leben, weben und existiren.

Jeder Ehrenmann, welcher unter Gen. Butler in New Orleans diente
und Gelegenheit hatte, sein Benehmen zu beobachten, wird gewiß das Urtheil
des Oberst S. H. Stafford vom 1. Reg. der Louisiana Nationalgarde un=
terschreiben, mit welchem er eine der vielen Verläumdungen gegen den General
zurückwies. Er war Hülfsprofoßmarschall von New Orleans; stand aber
in direktem Verkehr mit Butler:—„In allem meinem Verkehr mit General
Butler," schreibt er, „welcher in meiner Stellung fast ausschließlich vertrau=
licher Natur war, habe ich niemals etwas gesehen, was nicht ehrlich, aufrich=
tig und treu gewesen wäre, und wenn er unehrlich gewesen wäre, so hätte ich
sicherlich es sehen müssen. Ich bin stolz, unter ihm gedient zu haben, und
wünsche von Herzen, er wäre noch jetzt mein Commandeur. Ich glaube, daß
Jeder, der unter ihm gedient hat, und nicht ebenso fühlt wie ich, in seinem
Gefühle und seiner Ansicht durch irgend Etwas beeinflußt wird, was er selbst
als gerechte Strafe erlitten haben mag."

Aber um auf unser Thema zurückzukommen. In einer Beziehung beson=
ders wurden Butlers Bemühungen in Bezug auf den Handel von New Or=
leans vereitelt. Er konnte keine ansehnliche Quantität von Baumwolle be=
kommen, obgleich er sich außerordentlich darum bemühte. Die Hälfte der
Pflanzer hatten die Baumwolle verbrannt, und diese Leute wollten ihren
Nachbaren nicht erlauben die Früchte ihrer größeren Klugheit zu ernten.
Ein wenig Baumwolle erhielt man von Mobile, indem man für jeden Ballen
Baumwolle einen Sack Salz gab, und auch von Texas wurde durch spezielle
Verträge ein wenig gebracht, man kann aber nicht behaupten, daß der Be=
darf der Welt durch die Eroberung von New Orleans sehr befriedigt worden
wäre. Im Ganzen wurden vielleicht zwei bis drei Tausend Ballen geliefert.

Das Courantgeld von New Orleans war in einem bedauernswerth chao=
tischem Zustande. Omnibusbillets, Eisenbahnbillets, Privatpapiergeld und

conföderirtes Geld, welches ſiebenzig Prozent gefallen war, waren die Haupt=
verkehrsmittel.   Das Geld war aus den Gewölben der Bank nach einem
Platze innerhalb der Rebellenlinie entfernt worden, außer demjenigen, wel=
ches in den Conſulaten verwahrt ward.   In Verfolg der Bitten Soulés und
der offenbaren Nothwendigkeit, hatte Gen. Butler die augenblickliche Circu=
lation des conföderirten Papiergeldes erlaubt, aber da man wußte, daß dieſe
Erlaubniß nur für den Augenblick gegeben war, ſo hatte ſie keinen ſehr be=
deutenden Einfluß auf den höheren Werth des Geldes.   Die Banken waren
reich geworden dadurch, daß ſie conföderirtes Geld mit einem Disconto ge=
kauft und zum Nennwerth wieder ausgegeben hatten.   Als andere Geſchäfte
keinen Vortheil brachten, gaben Bankactien noch immer große Dividenden.
Bis zum September 1861 hatten ſich die Banken von einer thätlichen Un=
terſtützung der Conföderation fern gehalten und nur geſetzliche Geſchäfte ge=
trieben.   Dann aber gab eine Drohung der Rebellenregierung gegen einige
der Banken dieſen einen ſchon längſt geſuchten Vorwand, den anſtändigen
Weg zu verlaſſen, und die übrigen mußten dem böſen Beiſpiele folgen. Von
dem Augenblicke an wurden die Geſchäfte in New Orleans in conföderirtem
Gelde gemacht, und man ſah faſt gar keine Banknoten.   Die Folgen der
ſchnellen Entwerthung der conföderirten Noten kann man ſich leicht vorſtellen.
Als das Verſprechen der Stadt, ſie einzulöſen, auch nicht erfüllt wurde, blie=
ben ſie faſt das einzige Circulationsmittel in den Händen der Bewohner der
Stadt.

Dieſer Zuſtand mußte die ſofortige Aufmerkſamkeit des commandirenden
Generals auf ſich ziehen.   Eine Reihe kühner, origineller und meiſterhafter
Maßregeln, durch welche Gen. Butler in wenigen Wochen der Stadt New
Orleans ein eben ſo gutes und bequemes Courantgeld gab, wie New York
es hatte, verdient beſonders die Aufmerkſamkeit des Leſers.

Eine Thatſache in der Finanzlage der Stadt half dem General bei ſeinen
Operationen.   Faſt alle Banken, mit Ausnahme von dreien, waren zah=
lungsfähig und ſtark.   Es iſt wahr, daß ihr Metallvorrath verſchwunden
war, aber man hielt ihn nicht für verloren.   Wenn man annahm, daß das
baare Geld in Sicherheit war, ſo mußten die Banken im Stande ſein, ihre
Circulation wieder aufzunehmen und der Stadt ein gutes Courantgeld zu
liefern.   Es bedurfte der genauen Kenntniß des Generals von Bankgeſchäf=
ten und aller ſeiner Willenskraft, um die Banken zu ihrer Pflicht zu bringen,
aber nach einem Kampfe gegen das unvermeidliche Schickſal ergaben ſie ſich
ſämmtlich.

Die Banken hatten natürlich Beſorgniß wegen der Sicherheit ihres Me=
tallgeldes.   Nach einer Conferenz mit dem General wegen des Gegenſtandes,

baten ihn zwei hervorragende, mit den Banken in Verbindung stehende Herren um einen bedeutenden Gefallen. „Wir haben von Ihnen gehört," schrieben sie am 13. Mai, „daß Sie die Erklärung, welche Sie in Ihrer ersten Proclamation gemacht haben, wiederholen, nämlich, daß alles Privateigenthum respectirt werden solle. Sie haben hinzugefügt, daß wenn das baare Geld der Banken wieder in die Gewölbe zurückgebracht werde, Sie nicht allein nicht einschreiten würden, sondern daß Sie auch ein sicheres Geleit geben würden und alle Ihre Macht persönlich anwenden würden, wie auch die Truppen unter Ihrem Commando, um dies Eigenthum zu beschützen, sowie, daß die Frage wegen der richtigen Zeit der Wiederaufnahme der Bezahlungen ganz allein dem Urtheile der Direction der Banken selbst überlassen bleiben solle, mit der Verabredung Ihrer und unsererseits, daß das Geld in ehrlicher Absicht zum Schutze der Inhaber Banknoten und der Depositoren verwahrt werden solle. Die Banken versprachen auf das Gewissenhafteste zu handeln und ihr Versprechen auf das Scrupulöseste zu halten, nämlich, so bald wie möglich ein gutes Courantgeld herzustellen und ihr regelmäßiges Geschäft wieder aufzunehmen, sobald es durch den Handel erfordert werde. Sie wissen, daß ein großer Theil des Metallgeldes der Banken außerhalb Ihrer Controle ist, und wir können nur durch unsere eifrigsten Bemühungen versprechen, es wieder zu erhalten. Sollte uns dies nicht gelingen, so werden wir Sie sofort davon in Kenntniß setzen. Inzwischen bitten wir Sie, uns gefälligst die Erlaubniß zu geben, das Metallgeld unter einem sichern Geleit bis nach New Orleans, innerhalb Ihrer Linien zu bringen."

Der General gab sofort brieflich die Erlaubniß und fügte noch Folgendes hinzu:

„Da bei dem gegenwärtigen unruhigen Stande der Dinge, baares Geld, wenn es ausbezahlt würde, sofort bei Seite geschafft werden würde, so überlasse ich die Zeit der Einlösung der Banknoten ganz und gar dem Urtheile der Banken auf Grund der Staatsgesetze und der Ehrlichkeit. In der That muß ehrliches Verfahren auf beiden Seiten alle übrigen Verhandlungen überflüssig machen.

„Um jedes Mißverständniß zu vermeiden, bemerke ich, daß ich keineswegs verspreche, daß die Banken nicht ebenso gut wie Privatpersonen alles Eigenthum zurückgeben sollen, welches sie von den Vereinigten Staaten erhalten hatten. Ich bin hier, um jedes einzige Stück Eigenthum der Vereinigten Staaten, was für Namen und Art es haben möge, in Beschlag zu nehmen.

.... Da aber alle Ansprüche der Vereinigten Staaten gegen die Banken sehr leicht gegen das persönliche und Grundeigenthum derselben geltend ge-

macht werden können, ſo will ich dieſe Anſprüche hier nicht weiter erwähnen
u. ſ. w."

Das ſichere Geleit war nicht nöthig. Der Finanzminiſter der Rebellen
verweigerte die Rückgabe des Geldes. „Das Metallgeld der Banken von
New Orleans," ſchrieb er am 6. Juli, „iſt von der Regierung mit Beſchlag
belegt worden, um nicht in die Hände des Feindes zu fallen. Es iſt an
einem ſichern Orte, unter Aufſicht der Regierung niedergelegt worden, und
wir werden nicht weiter in die Rechte der Banken eingreifen, als daß wir es
ſicher bewahren werden. Die Banken können auf Grund dieſes Depoſitums
ihre Geſchäfte in den Conföderirten Staaten ebenſo gut betreiben, als ob es
in ihren Kellern läge."

Die Banken verſuchten alsdann die Erlaubniß beider Regierungen zu er=
halten, um das Geld nach Europa zu ſchicken, ſo lange der Krieg dauere, und
Butler war dafür, wenn eine europäiſche R e g i e r u n g es verwalten wolle.
Der Plan wurde jedoch nicht gebilligt und der General beſchloß, die Banken
auf Grund des abweſenden Geldes Geſchäfte treiben zu laſſen. Hätte er
dies nicht gethan, ſo wäre ſein ganzer Finanzplan zu Grunde gegangen.

Die erſte Finanzmaßregel war, daß am 16. Mai, drei Wochen nach der
Einnahme der Stadt, a l l e r V e r k e h r in conföderirtem Gelde, ſowie
Käufe oder Verkäufe für ſolches Geld, vom 27. Mai ab verboten wurden.
Die Banken durften ſchon vom 16. Mai, ebenſo wenig wie die Stadt New
Orleans ſelbſt, ihre Banknoten gegen conföderirte Noten umtauſchen.

Groß war die Aufregung in den Bankkreiſen an dem Tage an welchem
der Befehl publizirt wurde. Am nächſten Tage ſtanden eine Menge An=
zeigen von Bankhäuſern in den Zeitungen, wodurch die Deponenten von
conföderirtem Gelde aufgefordert wurden, daſſelbe bis zum 25. Mai unfehl=
bar zurückzuziehen.

Die Banken hatten alſo die Abſicht, die ganze Maſſe des conföderirten
Geldes auf das verarmte Volk zu werfen. Sie hatten ſelbſt das Geld ein=
geführt, ſie hatten ſich daran bereichert, hatten es al pari angenommen und
jetzt, da es faſt ganz werthlos war, wollten ſie dem ganzen Verluſt der Ent=
werthung entgehen. Jedermann außerhalb der Banken war in Beſtürzung.
Die Leute wußten nicht, was ſie thun ſollten. Wenn ſie ihre Depoſiten
zurückgezogen hätten, ſo würden ſie nur einen Fetzen werthloſen Papieres
bekommen haben. Thaten ſie es nicht, ſo mußten ſie das Geld auf ihre
eigene Gefahr in den Banken laſſen. Was die Leute noch mehr erbitterte,
war der Umſtand, daß die reichen und großen Corporationen, welche innerlich
von dem endlichen Triumph der Rebellion überzeugt waren, wohl das kon=

föderirte Papiergeld behalten konnten, während der kleine Kaufmann durch die plötzliche Entwerthung des Papiergeldes ruinirt werden mußte.

Die Wuth des Generals war entfacht. Er, der „Feind," war Tag und Nacht bemüht, die Bevölkerung von New Orleans vom Verhungern zu retten und das Geschäft in der Stadt wieder zu beleben. Sie, die Mitbürger dieser Leute, dachten nur daran, ihren zusammengescharrten Reichthum zu retten.

Am nächsten Tage erließ er seinen berühmten Generalbefehl No. 30:

New Orleans, 19. Mai, 1862.

Es ist dem commandirenden General mitgetheilt worden, daß großes Elend, Mangel, Leiden, Hunger, ja Verhungern durch das Verfahren der Banken und Geldwechsler über das Volk von New Orleans gebracht worden ist.

Er ist gedrängt worden, Maßregeln zu ergreifen, soweit es angeht, um den Bürgern zu helfen, damit der Verlust wenigstens zum Theil auf diejenigen falle, welche ihn verursacht haben und tragen müssen.

Der General sieht mit Bedauern, daß die Banken und Bankiers ohne Grund und gegen die Gesetze des Staates und der Vereinigten Staaten, am 1. September vorigen Jahres ihre Baarzahlungen eingestellt haben. Hierauf führten sie die conföderirten Noten als Courantgeld ein, welches sie für ihre eigenen Banknoten mit einem Disconto kauften, sie als Depositen annahmen und für ihre Disconten ausgaben, und die Wechsel und Schuldscheine ihrer Deponenten, mitunter gegen den Willen der Letzteren, in solchem Gelde einkassirten und dadurch denselben Credit und eine ausgedehnte Circulation gaben, so daß dies Geld bald in die Hände der Mittelklassen, der Armen und Vertrauensvollen gerieth, anstatt des durch die Constitution und die Gesetze des Staates vorgeschriebenen und ohne irgend ein Aequivalent von Werth.

Die Banken und Bankiers suchen jetzt die Wiederherstellung der Bundesautorität hier zu benutzen, um die Entwerthung und den Verlust des werthlosen Stoffes, den sie selbst geschaffen und gepriesen haben, auf ihre Creditoren, Depositoren und Inhabern von Banknoten zu werfen.

Sie weigern sich diese Noten zu empfangen, während sie dieselben selbst auszahlen.

Sie zwingen ihre Depositoren, sie zu nehmen.

Sie verändern ihre contractlichen Verpflichtungen, indem sie ihre Banknoten mit den Worten stempeln: „Einzulösen in conföderirten Noten."

Sie haben die Ersparnisse des Arbeiters und den Zehrpfennig der Wittwen in diesem Gelde angelegt.

Sie haben ihr baares Geld fortgeschickt oder versteckt, damit das Volk nichts als diese von ihnen jetzt entwertheten Noten haben solle, um Brod damit zu kaufen,

Alles andere Eigenthum ist beinahe werthlos geworden durch das Unglück, welches der unbillige Krieg, welcher durch die Kanonen der Rebellen begonnen wurde, über das Land gebracht hat. Durch das System kluger Financiers von dem allgemeinen Ruin gerettet, werden Bankactien allein jetzt mit großen Prozenten verkauft und die Actionäre erhalten große Dividenden.

Um, so weit es geht, den allgemeinen Verlust gleichmäßig zu vertheilen, um ihn wenigstens theilweise dahin fallen zu lassen, wo er liegen muß, und um die Bevölkerung der Stadt und Umgegend in den Stand zu setzen, ein Courantgeld zu haben, welches wenigstens eine Aehnlichkeit mit dem durch die Weisheit der Constitution für alle Bürger der Vereinigten Staaten vorgeschrieben hat,

Wird befohlen:

1. Die Banken sollen fernerhin ihren Depositoren und Creditoren nicht mehr conföderirtes Geld auszahlen, sondern alle Depositen sollen in Banknoten, Bundespapiergeld, Gold oder Silber bezahlt werden.

2. Ebenso sollen alle Privatbankiers, welche Depositen annehmen, dieselben in städtischen Banknoten, Bundespapiergeld, Gold oder Silber bezahlen.

3. Die Sparbanken können außer diesem Gelde auch noch ihre eigenen Banknoten in Appoints von wenigstens einem Dollar und im Gesammtbetrage von höchstens einem Drittheil aller ihrer Depositen bezahlen, und für die Einlösung dieser Banknoten sind die Activa solcher Sparbanken verhaftet.

4. Incorporirte Banken werden trotz etwaiger anderer Bestimmungen in ihren Stiftungsurkunden autorisirt, Banknoten in Appoints von nicht weniger als einem Dollar und nicht mehr als fünf Dollars auszugeben und dafür bis zum 27. Mai conföderirtes Geld anzunehmen.

5. Alle Personen, welche Werthpapiere oder kleine Noten ausgegeben haben, müssen dieselben bei Vorzeigung in einer von den in Artikel 1 genannten Geldsorten einlösen, bei Strafe der Vermögensfisconcation zum Zwecke der Einlösung.

6. Privatbankiers können Noten in Appoints von $1 bis $10 im Betrage des dritten Theils des Baarvorraths ausgeben, welchen sie als Reservecapital einem dazu ernannten Commissär zeigen.

So war den Banken das Spiel verdorben. Der Eindruck, den dieser Befehl auf das Volk machte, kam, wie ein Sezessionist zu einem Stabsoffizier des Generals sagte, einer Verstärkung von 20,000 Mann Bundestruppen gleich. Unionsleute behaupten, daß Nichts als die fortwährenden ungünstigen Nachrichten von Gen. McClellan auf der Halbinsel, die anständigen Kaufleute abhielt, eine offene Kundgebung des Unionsgefühls zu machen. Aber so lange solche Nachrichten kamen, konnte man nicht umhin zu glauben, daß die Truppen nur kurze Zeit in der Stadt bleiben würden, und Jedermann fürchtete sich, Etwas zu thun, wodurch er die Rache der zurückkehrenden Conföderirten auf sich laden könnte.

Alle Banken unterwarfen sich, außer der Bank von Louisiana, welche eine Versammlung der Directoren abhielt, und den General einlud, ihre Bücher, Abrechnungen u. s. w. untersuchen zu lassen, und anzeigten, daß von dem Capital die Directoren nur den zehnten Theil eigneten. Die Directoren hatten ausdrücklich beschlossen, General Butler zu ersuchen, ihre Bücher untersuchen zu lassen und bis dahin ihre Geschäfte zu suspendiren, da sie keine eigenen Banknoten und nur sehr wenig Metallgeld besitze. Der General lehnte dies ab und antwortete unter Anderem: „Ihre Zuschrift sagt, daß die Directoren nur den zehnten Theil des Capitals der Bank eignen. Ohne also die Eigenthümer der andern neun Zehntel, oder beinahe drei Millionen Dollars, hat dieser zehnte Theil den ungeheuern Reichthum von seinem ge= setzlichen Depositorium genommen und hat ihn auf Reisen über das Land zusammen mit flüchtigen Brandstiftern unter die Masse einer disorganisirten, zurückweichenden und hungernden Armee geschickt, von wo das Geld wahr= scheinlich niemals zurückkehren wird.....

„Die Directoren der Bank*haben alle meinen Generalbefehl No. 30 ge= sehen und haben in Folge dessen als Corporation gehandelt. Dies zeigt Ihr Brief.

„Sie werden sich nun berathen, ob Sie bei persönlicher Gefahr nach den Bestimmungen des Befehls handeln wollen oder nicht; und mir innerhalb sechs Stunden von dem Resultate Anzeige machen."

Bald kam die Nachricht, daß die Directoren den Befehl befolgen würden, da ihnen keine Wahl gelassen sei.—

Die Bank war aber noch widerspenstig. Ein Herr Durand hatte confö= derirte Noten zu der Zeit in der Bank deponirt, als sie noch Geld waren; er verlangte die Rückgabe in Etwas, was damals Geld war, z. B. Noten der Bank. Die Bank refusirte, um die Sache gerichtlich entscheiden zu lassen, und Hr. Durand wurde bei dem Profoßrichter, Major Bell, klagbar, welcher zu seinen Gunsten entschied. Die Bank appellirte an den General, welcher die Entscheidung bestätigte.

Conföderirtes Geld verschwand bald aus der Circulation; Banknoten und Bundespapiergeld nahmen ihren Platz ein. Einige Wochen darauf wurde das kleine Courantgeld durch kleinere Noten ersetzt, welche von General Shepley und den städtischen Behörden ausgegeben wurden. So war das Courantgeld der Stadt wieder vollkommen hergestellt.

Butler verlangte von den Banken eine monatliche Rechnungsablegung. Zwei, welche rettungslos bankerott waren, ließ er schließen und ihre Geschäfte abwickeln. Eine andere, welche schwach war, ließ er kräftigen. Später wurde seine Stellung zu den Bankbeamten angenehmer als Anfangs. Sie wunderten sich, daß ein Generalmajor in ihren Geschäften so zu Hause war, als ob er sein Leben in einem Bankhause verbracht hätte.

Eine Anekdote zeigt, wie der Befehl des Generals ebenso die Rechte der Feinde wie der Freunde schützte.

Unter den gefangenen Rebellen befand sich auch Einer, welchen wir Capt. Johnson nennen wollen. Er hatte, bevor er in den Krieg ging, bei der Bank of Commerce $300 deponirt. Als er auf Ehrenwort nach der Stadt zu= rückkehrte, fragte er bei der Bank wegen des Geldes nach. Nach langem Flunkern wurde eingeräumt, daß er die Summe deponirt habe.

„Gut!" ſagte er.   „Ich wünſche ſie zu haben."

Darauf wurde ihm bedeutet, daß er das Geld in conföderirtem Papiergeld deponirt habe.

„Sehr wahr," ſagte er, „aber damals war das Geld im Umlauf und hatte Werth!"

„O, ich gebe es Ihnen in dem Gelde zurück, in welchem Sie es deponirt haben!"

„Aber jetzt iſt das Geld werthlos!"

Der Bankier blieb feſt, und der Capitän ging fort. Am nächſten Tage kam er wieder und erneuerte ſeine Forderung. Es wurde ihm geantwortet, er müſſe conföderirtes Geld nehmen.

„Gut! Geben Sie her!"

„Aber was wollen Sie mit conföderirtem Gelde machen? Es iſt werth= los, und Sie können es nicht ausgeben!"

„Das habe ich Ihnen geſtern auch geſagt, aber da Sie mir nichts Anderes geben wollen, ſo nehme ich lieber conföderirtes Geld!"

„Gut, gut, gut! Aber was wollen Sie damit machen?"

„O!" ſagte Johnſon, „Ich will damit zu General Butler gehen und ſehen, ob ich nicht Gold dafür bekommen kann!"

Der Bankier zählte $300 in Bundespapiergeld, gab ſie dem Capitän und dieſer entfernte ſich.—

Eine andere wichtige Maßregel war die, daß Jedermann, welcher irgend ein Eigenthum der Conföderirten Staaten in Beſitz oder Verwahrung hätte, es bei Strafe der Confiscation ſeines Vermögens innerhalb drei Tagen ab= liefern ſolle. Dies war nämlich gegen die Banken gerichtet, an welche die Rebellen noch Anforderungen hatten. Der Befehl wurde prompt befolgt.

Einige Tage ſpäter hatte General Butler die Genugthuung, an Herrn Chaſe die Summe von $245,760 als den Betrag der von den Banken aus= gelieferten Depoſiten der Conföderirten Regierung ſenden zu können. „Es iſt," bemerkte er dazu, „wenigſtens der Anfang zu einem Entſchädigungsfond für Diejenigen, deren Eigenthum von den Rebellen confiscirt worden iſt."

Am 9. Juli erſchien folgende Ordre:

„Alle Dividenden, Zinſen, Coupons, Antheilſcheine und Zinſeszinſen, die irgend eine mit Corporationsrechten verſehene oder Actiengeſellſchaft einem Bürger der Ver. Staa= ten ſchuldet, ſowie alle ſonſtigen Guthaben von Bürgern der Ver. Staaten an Privat= perſonen oder Geſellſchaften in dieſem Departement, welche bisher auf Grund vorgeb= licher Sequeſtrationsbefehle oder irgend welcher ſonſtiger Anordnungen der ſogenannten Conföderirten Staaten, oder des Staats Louiſiana ſeit dem Erlaß der Losreißungsakte, den Berechtigten vorenthalten worden ſind, müſſen denſelben oder ihren Bevollmächtigten ungeſäumt ausbezahlt werden."

Diese Ordre verhalf vielen Bürgern der nördlichen Staaten wieder zum Zinsgenuß von Capitalien, die sie längst als verloren aufgegeben hatten. Auch kaufmännische Buchschulden wurden in den Fällen, wo die Schuldner ihre Habe noch nicht ganz durchgebracht hatten, eingetrieben. Die Auskunftsmittel, durch welche die Bankerotteure sich der Zahlungspflicht zu entziehen suchten, waren oft sehr sinnreich, hatten indessen nur in seltenen Fällen Erfolg. Meistens endete der Versuch mit einer kurzen, kräftigen Ordre des Generals: „Zahlen, ohne Widerreden, oder Ausverkaufen!" Einem Manne, der dem Gen. Anderson (von Fort Sumter her als Major Anderson bekannt) $20,000 schuldete, ward sein Eigenthum zur Deckung dieser Schuld mit Beschlag belegt.

Während der ganzen Dauer der Verwaltung Butlers wurden systematische Anstrengungen gemacht, die unionistische Gesinnung der Einwohner neu zu beleben. Es wurden politische Clubs zu diesem Zwecke gestiftet. Ein Frauenverein bildete sich, um die Kinder von Bundes=Volontären mit Kleidungsstücken zu versorgen. Der 4. Juli ward mit Glanz gefeiert. Zahlreiche Nationalflaggen wurden unter angemessenen Festlichkeiten an den Freiheitsbäumen aufgezogen. Unions=Versammlungen wurden häufig gehalten und es fehlte dabei nicht an tüchtigen Rednern aus der Stadt. In den zweiten Sockel der Bildsäule des General Jackson ließ Butler die ursprünglich beabsichtigte Inschrift eingraben: "The Union—it must and shall be preserved."—Daß der auf solche Weise ausgestreute Samen in verhältnißmäßig kurzer Zeit sich entwickelt hat, weiß der Leser.

Zum erstenmale besaß New Orleans unter General Butler einen Gerichtshof, in dem es m ö g l i c h war, das Recht zu üben. Ein Codex, welcher das Zeugniß gerade derjenigen Einwohner für unstatthaft erklärt, die der Natur der Sache nach am häufigsten Augen= und Ohrenzeugen von Verbrechen sein mußten, macht wirkliche Gerechtigkeitspflege unmöglich. Eine der ersten Entscheidungen des Major Bell stellte Weiße und Schwarze vor Gericht auf gleichen Fuß. Es war ein alter Hunkerdemokrat, der das that!

Ein Neger ward als Zeuge aufgerufen. Der Vertheidiger des Angeklagten protestirte dagegen weil nach den Gesetzen von Louisiana ein Neger nicht gegen einen Weißen zeugen könne.

„Ist Louisiana aus der Union getreten?" fragte Major Bell in ernstem Tone.

„Ja," erwiderte der Vertheidiger.

„Wohlan," versetzte der Richter, "so hat es seine Gesetze mitgenommen. Der Zeuge wird verhört."

Weiter. Herr Dominique, ein freier Farbiger, ward verhaftet, weil er

keinen Freiheitsſchein aufweiſen konnte. Er betheuerte, daß er ein freier
Mann ſei. Der Richter entſchied, daß bis zum Beweiſe des Gegentheils
Jeder als ein Freier zu betrachten ſei. Damit war das ſcheußliche Geſetz
abgethan, welches es freien Negern zur Pflicht machte, zu beweiſen, daß ſie
n i ch t Sclaven ſeien.

Major Bells Gericht gehörte zu den Sehenswürdigkeiten der Stadt.
Eine Zeit lang umfaßte es alle Rechtspflege, die überhaupt in der Stadt
exiſtirte. Bell entſchied Alles, von einer Straßenkatzbalgerei bis zu ver=
wickelten Fragen des Verfaſſungsrechts, vom kleinen gemeinen Diebſtahl,
bis zum Hochverrath, von häuslichen Zwiſtigkeiten bis zu Eheſcheidungen.
In einer halben Stunde entſchied er oft ein Dutzend Prozeſſe; eine Ver=
handlung, die eine ganze Stunde währte, war ſchon etwas ſehr Seltenes.
Eines Morgens kamen zwei Frauen, deren jede die andere verklagte.

„Stellen Sie ſich hierhin,“ ſagte der Major zu der einen, „und Sie dort=
hin,“ zu der andern. „Und nun ſprechen Sie beide zugleich. Ich gebe
Ihnen fünfzehn Minuten Zeit.“

Zwei Sturmfluthen von Schmähungen ergoſſen ſich gegen einander aus
den beiden Mäulern. Der Richter beobachtete während dem ruhig ſeine
Uhr und als die fünfzehn Minuten um waren, ſagte er:

„Nun gehen Sie beide nach Hauſe und ſeien Sie vernünftig.“

Die Frauenzimmer gingen ſehr befriedigt von bannen; ſie hatten ihr Herz
ausgeſchüttet und das hatte ihnen wohlgethan.

Eine Negerin drückte ſich mehrere Tage lang im Gerichtszimmer umher,
als ob ſie etwas wünſche, doch nicht den Muth habe, es zu ſagen. Endlich
ward der Richter aufmerkſam und fragte nach ihrem Begehr. Da erfuhr er
denn, daß ihr Hausherr ihr ganzes Mobiliar mit Beſchlag belegt habe, und
zwar um ſich für die Schuld eines a n d e r n Miethers zu decken; ſie ſelbſt
habe i h r e Miethe bezahlt und die Quittung darüber in der Hand. Der
Hausherr wurde vorgefordert und geſtand die Thatſache zu, berief ſich aber
auf ein beſtehendes Geſetz, welches dem Hauswirth geſtatte ſich wegen rück=
ſtändiger Miethe durch i r g e n d w e l ch e s Mobiliar, das ſich in dem Hauſe
vorfinde, bezahlt zu machen. Major Bell las das merkwürdige Geſetz nach
und fand, daß ſich die Sache wirklich ſo verhielt. Er machte nun dem Wirth
im Guten Vorſtellungen über die Ungerechtigkeit ſeines Verfahrens und
redete ihm zu, der armen Frau ihre Habe zurückzugeben. Es half nichts,
der Menſch war verſtockt und erklärte, daß er an dem Geſetze feſthalte.
Der Major mußte nicht mehr, was zu thun und kratzte ſich verlegen den
Kopf. Da kam ihm ein Gedanke:

„Sind Sie eine Freie?“ fragte er die Negerin.

„Nein, ich gehöre dem Herrn N. N."

„Wohlan," wandte sich der Richter zu dem Wirth, „ein anderes Gesetz erfordert die schriftliche Erlaubniß des Eigenthümers, ehe einem Sclaven eine Wohnung vermiethet werden darf. Zeigen Sie mir diese Erlaubniß."

Das konnte der Mann nicht; er hatte an das längst außer Uebung gekommene Gesetz nicht gedacht.

„Ich lasse Ihnen nun die Wahl," fuhr der Richter fort, „entweder geben Sie der Frau das Ihrige zurück, oder Sie zahlen die gesetzliche Geldstrafe."

Natürlich wählte der Mann das erstere und die arme Waschfrau erhielt ihr Krämchen wieder. „Meister," sagte sie zu dem Richter im überwallenden Gefühl ihrer Dankbarkeit, „wenn Sie je das gelbe Fieber kriegen, so lassen Sie nur mich holen; ich will Sie verpflegen."

Es war keine Kleinigkeit, die Justiz in einer Stadt zu verwalten, wo altes französisches Recht, spanisches Recht, Sclaven-Codex, Admiralitätsrecht, Sonderstaatsrecht, Communalrecht und altenglisches Gemeines Recht sich oft auf die verworrenste Weise durchkreuzten. Ein früherer Advokat aus New Orleans, Samuel F. Glenn, der als Actuarius des Gerichts diente, leistete dem Richter sehr wesentliche Hülfe.

Eine Regierung bedarf eines Organs in der Presse. Während des Monats Mai mußten mehrere Zeitungen, weil sie durch erlogene Berichte über verhängnißvolle Niederlagen der Bundesheere und hochverrätherische Commentare dazu offen zum Aufruhr hetzten, suspendirt werden. In fast allen Fällen ward ihnen nach einigen Tagen gegen das Versprechen der Besserung das Wiedererscheinen gestattet. Nur mit dem rabiatesten der Hochverrathsorgane, dem „Delta," ward anders verfahren. Dessen Offizin wurde kriegsrechtlich in Beschlag genommen und zwei in der Journalistik erfahrene Offiziere, der Hauptmann John Clark und der Oberstlieutenant E. M. Brown erhielten den Auftrag das Blatt im loyalen Sinne zu redigiren. Die erste Nummer des solchergestalt umgewandelten „Delta" erschien am 24. Mai, 1862, und es verblieb unter derselben Redaction bis zum 8. Februar, 1863. Es ward von den Genannten mit großer Umsicht und Gewandheit redigirt.

Es ist schon erwähnt worden, daß in den städtischen Schulen den Kindern sezessionistische Gesinnungen eingeprägt, Rebellenlieder gesungen wurden, 2c., 2c. Gen. Butler ließ die Sommerferien vierzehn Tage früher als sonst beginnen und nahm während der Ferienzeit eine vollständige Umwandlung des Schulwesens vor. Es wurde ein aus tüchtigen Unionisten bestehender Oberschulrath und ein neuer Oberschuldirector eingesetzt; die alten Lehrer wurden entlassen und loyale an ihre Stelle ernannt. Die von hochverräthe-

rischen Gesinnungen und Verherrlichungen der Sclaverei strotzenden Schul-
bücher wurden verbannt und durch die in den Schulen des Nordens gebrauchten ersetzt, auch unionistische Liederbücher wurden nicht vergessen. Das
neue System hat sich trefflich bewährt.

Solcher Art waren die Maßregeln, durch welche General Butler Louisiana
zum Wohlstand und zu bundesfreundlichen Gesinnungen zurückzuführen
suchte. So weit die Umstände es gestatteten, waren sie erfolgreich. Der
Hafen zeigte wieder einige Geschäftigkeit; das von der Armee verausgabte
Geld belebte den Detailhandel. Die ärmeren Klassen begannen eine Regierung, die sie beschützte und ernährte, zu lieben. Die ursprünglichen Sezessionisten waren und blieben natürlich bittere Feinde, doch unter den Massen
welche die Losreißung nur widerstrebend acceptirt hatten, weil sie es nicht
ändern konnten, erwarb der General dem Bunde zahlreiche Freunde, die ihm
trotz aller Entmuthigungen noch heute treu und ergeben sind.

Zweiundzwanzigstes Capitel.

Die Wirkung des Feldzugs in Virginien.

Die Bundesarmee im Golf-Departement zählte 14,000 Mann und ihre
Verstärkung ward durch den unglücklichen Ausgang des Feldzugs in Virginien unmöglich gemacht. Ship Island, die Forts Jackson und St. Phillip, Baton Rouge, die Posten an den Seen, erforderten starke Besatzungen
und die Effectivstärke der in der Stadt und nächsten Umgebung verbleibenden
Truppen ward dadurch so verringert, daß an erfolgreiche Abwehr eines
solchen Angriffs, wie man ihn erwarten durfte, nicht zu denken war. Gen.
Butler war sich vollkommen bewußt, daß die Wiedereroberung der Stadt im
Plane der Rebellen lag. Sie war der eigentliche Zweck der ganzen Reihe
von militärischen Bewegungen, deren vornehmste der Angriff Breckenridge's
auf Baton Rouge war. Durch sein vortrefflich organisirtes Kundschafter-
wesen erfuhr Gen. Butler die ganzen Pläne des Feindes, und sein eigenes
Verhalten ward dadurch mehr oder weniger bestimmt.

Ein einziges starkes Panzerboot hätte in einer Stunde die Bundesflotte hinwegfegen können und wäre das einmal geschehen gewesen, so würde sich die Stadt gegen einen gut geplanten combinirten Angriff der Rebellen nicht haben behaupten lassen. Die Stimmung der Sezessionisten in der Stadt selbst war sehr bedenklich. Lügner sind gewöhnlich auch leichtgläubig. Selbst wenn die Nachrichten aus Virginien ohne alle Uebertreibung nach New Orleans gelangt wären, würden sie hingereicht haben, um wenigstens eine Zeit lang die besten Maßregeln des Generals zu neutralisiren. Aber diese Nachrichten kamen nun überdies auf telegraphischem Wege aus feind= lichen Quellen, während die zuverlässigen diesseitigen Berichte den langen Seeweg zu machen hatten. Man kann sich denken, welche Wirkung unter solchen Umständen die prahlerischen Lügen des Feindes auf eine ohnehin so leicht erregbare Bevölkerung machen mußten.

Am 10. Juli ging ein hübsches weißgekleidetes Weib, in auffälliger Weise mit Sezessions=Abzeichen geschmückt, am St. Charles Hotel vorüber und erregte, wie natürlich, großes Aufsehen. Endlich insultirte sie einen Bun= dessoldaten aufs gröbste, worauf ein Polizist sie verhaftete, um sie nach dem Mayors=Bureau zu führen. Sofort entstand ein Auflauf. In der Nähe der Bank of New Orleans angelangt, haranguirte die Verhaftete die sie um= drängende Menge. Der Polizist ward zu Boden geschlagen und aus einem Verkaufsgewölbe fiel ein Schuß, durch welchen der dem Polizisten helfende Soldat verwundet ward. Nun erhoben Hunderte von unheimlichen Gestal= ten, meistens frühere Soldaten Beauregards, das Geschrei „Mordjo!" und es entstand eine heillose Verwirrung. Ein Bundesoffizier schoß auf den Hallunken, der den Soldaten verwundet hatte, traf aber nicht. Mit Mühe und Noth vermochte man doch die Befreiung der Verhafteten zu verhindern und brachte sie vor Gen. Shepley. Da brach sie in einen Strom von Ver= wünschungen aus, gebehrdete sich wie eine Rasende, zog aus ihrem Busen einen Pack Zettel, auf welche die gröbsten Schimpfereien gegen die Bundes= soldaten gedruckt waren und warf einen nach dem andern dem Gen. Shepley ins Gesicht. Nachdem ihr einige Fragen vorgelegt worden waren, die sie mit Hohn beantwortete, packte man sie in eine Kutsche und fuhr sie zum Gen. Butler. Hier ward sie als die Concubine eines berüchtigten Spielers von Profession und Mörders, den der General nach Fort Jackson hatte bringen lassen, recognoscirt. Vor der Welt galt sie als die Frau eines gewissen John H. Larue. Diesen ließ Butler holen und fragte ihn, wovon er sich ernähre. „Vom Kartenspielen," war die Antwort. Darauf erledigte der General die Angelegenheit durch folgende Ordre:

„John H. Larue, nach eigenem Bekenntnisse ein Vagabond, ohne die Mittel

zu einer ehrlichen Subsistenz, und sich durch Kartenspiel ernährend, wird bis
auf Weiteres im Bezirksgefängnisse detinirt. Seine Frau Anna, die auf
der Straße Sezessionsabzeichen zu dem Zwecke, um einen Straßenkrawall
anzustiften, zur Schau getragen und dadurch Veranlassung zu einer Ruhestörung, sowie zur lebensgefährlichen Verletzung eines Bundessoldaten gegeben hat, wird bis auf Weiteres nach Ship Island geschickt, wo sie abgeson-
dert von den andern dort befindlichen Frauen zu detiniren ist."

Hierzu ein Seitenstück.

Lieutenant De Kay, ein junger Mann, der seine Studien in Europa unterbrochen hatte, um seine Dienste dem Vaterlande zu weihen, ward, als er
auf einem Kanonenboote den Missisippi hinabfuhr, durch Guerillas verwundet und erlag seinen Wunden nach vierwöchentlichen Qualen am 27. Juli,
betrauert von der ganzen Armee. Gen. Butler befand sich, als das Leichenbegängniß stattfand, in Baton Rouge, und seine Abwesenheit gab den Nichts-
würdigsten unter den Rebellen den Muth, durch höhnisches Gelächter und
insultirende Zurufe den Leichenzug zu beschimpfen. Frauenzimmer mit Sezessionsabzeichen zeigten sich auf den Straßen, durch welche der Zug ging,
auf freche Weise lachend und spottend. Die berüchtigte Frau Phillips,
früher durch engen Umgang mit dem Präsidenten Buchanan eine sehr einflußreiche Person in Washington und von dort als Spionin verbannt, begrüßte den Trauerzug vom Balkon ihres Hauses herab mit kreischendem
Hohngelächter. Ihr Beispiel fand Nachahmung. Ein Buchhändler stellte
in sein Schaufenster ein Menschengerippe mit der Inschrift: „Chickahominy!!" Ein anderes Scheusal zeigte in einem Club und an andern Orten
ein angeblich aus Knochen eines „erlegten Yankee" gefertigtes Kreuz herum.
Als der Zug in der Kirche anlangte, waren deren Gallerieen mit dem ruchlosesten Straßenpöbel, der Grundsuppe der Bevölkerung angefüllt, deren
Benehmen mit dem ihrer vornehmeren Gesinnungsgenossen in Einklang
stand. Kein Geistlicher fand sich, um die Trauerceremonie vorzunehmen.
Der Prediger der Kirche, Dr. Leacock, hatte zwar zugesagt, sich aber durch
einflußreiche Gemeindemitglieder bereden lassen, sein Wort zu brechen. Das
Programm für die Feierlichkeit mußte somit unter dem Hohngeschrei des
Pöbels abgeändert werden. Die Auftritte an diesem Nachmittage waren so
empörend, daß wohl keine andere Armee in der ganzen Welt sie in Ruhe
ertragen haben würde, ohne Rache zu nehmen.

Gen. Butler, der von alle Dem keine Ahnung hatte, hatte sich unterdessen in Baton Rouge vortrefflich unterhalten und dort zu seiner Ueberra-
schung grade bei den reichsten Pflanzern eine der Wiederherstellung der Union
entschieden günstige Stimmung gefunden, so daß er an den Kriegsminister

berichten konnte: „Die Pflanzer und großen Grundbesitzer in hiesiger Ge=
gend sind des Krieges müde, sind der Union zugethan und fürchten nur, daß
man sie ihrer Neger wegen incommodire, würden aber mit einer Wiederher=
stellung der früheren Verhältnisse sehr zufrieden sein. Die arbeitende Klasse
unter den Weißen ist durchweg unionistisch. In der That, die ganze Re=
bellion ist offenbar zu dem Zweck angestiftet worden, um gegenüber den är=
meren Weißen und den Mittelklassen, die bereits Zeichen von Unabhängig=
keitssinn gegeben und sich durch einen über den ganzen Süden verbreiteten, der
Freimaurerei ähnlichen Orden den Pflanzern gegenüber zur Geltung zu
bringen gesucht hatten, eine festbegründete Grundbesitz=Aristo=
kratie zu schaffen."—Als der General, von diesen ermuthigenden Eindrü=
cken voll, nach New Orleans zurückkehrte, erfuhr er die Abscheulichkeiten,
deren die dortigen Barbaren sich schuldig gemacht hatten. Er ließ sofort die
Frau Phillips und den Buchhändler—Fidel Keller war sein Name—vor sich
bescheiden. Wie er sie abwandelte, ersieht man aus folgendem Ordres:

New Orleans, 30. Juni, 1862.

Frau Phillips, Ehefrau von Philipp Phillips, dieselbe die wegen hochveräätherischer
Gesinnungen und Handlungen in Washington bereits gefänglich eingezogen war, aber
durch die Gnade der Regierung freigegeben wurde und die ihre Kinder in New Orleans
abgerichtet hatte, Bundesoffiziere anzuspucken, für welche Niedertracht sie und ihr Mann
Abbitte leisteten, um der verdienten Bestrafung zu entgehen, hat, während das Leichen=
begängniß des Lieut. De Kay vor sich ging, vom Balkon ihres Hauses herab durch
freches Gelächter und höhnische Gebehrden die sterblichen Ueberreste dieses Braven be=
schimpft. Darüber vom commandirenden General zur Rede gesetzt, hat sie in veräckt=
lichem Tone geantwortet: „Ich war gerade guter Laune."

Es wird demnach hierdurch verordnet, daß die verehelichte Phillips nicht als ein
gewöhnliches Weibsbild angesehen und behandelt werde, welches Bundesoffiziere
stillschweigend zu verachten haben, sondern als ein ungewöhnliches, ruchloses und
gefährliches Weibsbild, daß Unruhen und Tumulte anzustiften bemüht ist.

Und daß sie demgemäß bis auf Weiteres auf Ship Island in angemessenen Gewahr=
sam detinirt werde, wobei ihr gestattet sein soll, sich eine Dienerin zu halten. Eines
der zu Hospitalzwecken benutzten Gebäude soll ihr als Quartier angewiesen werden,
auch soll sie täglich eine Soldatenration erhalten, sowie Geräthe und Feuerung, um sich
dieselbe zuzubereiten. Sie darf keine mündlichen oder schriftlichen Mittheilungen ab=
senden, oder empfangen, ausgenommen durch Vermittelung des Commandanten.

New Orleans, 30. Juni, 1862.

Fidel Keller hat in dem Schaufenster seiner Buchhandlung ein Menschengerippe mit
der Inschrift „Chickahominy" ausgestellt, um das Publikum glauben zu machen, daß
es die Gebeine eines in der Schlacht am Chickahominy erschlagenen Bundessoldaten
seien und die Autorität der Vereinigten Staaten in Verachtung zu bringen; auch hat er
Vorübergehenden noch ausdrücklich gesagt, daß das Gerippe das eines Yankeesoldaten

sei, während er es in Wirklichkeit vor einigen Wochen von dem Mexikanischen Consul gekauft hat, bei welchem ein Student der Medizin es versetzt hatte.

Es wird demnach hierdurch verordnet, daß besagter Fidel Keller wegen dieser Entweihung der Todten zwei Jahre lang auf Ship Island bei harter Schanzarbeit detinirt werde und daß ihm dort kein Umgang mit irgend einer andern Person, als der wegen eines ähnlichen Vergehens dort detinirten verehelichten Phillips gestattet sei. Schriftliche Mittheilungen darf er nur durch Vermittelung des Commandanten absenden, oder empfangen.

Nachdem vorstehende Ordre dem besagten Fidel Keller vorgelesen wurde, hat derselbe gebeten, daß die auf den Umgang mit „dem Weibsbilde“ bezügliche Stelle zurückgenommen werde, welches Ersuchen er schriftlich wie folgt aufgesetzt hat:

„New Orleans, 30. Juni, 1862.

„Fidel Keller ersucht um Zurücknahme des auf den Umgang mit der verehelichten Phillips bezüglichen Theils des über ihn verhängten Strafurtheils, da er mit dieser Person keinen Umgang zu haben wünscht.

„F. Keller.

„Zeuge: D. Waters.“

Da dieses Ersuchen dem commandirenden General nicht unbillig erscheint, so wird hierdurch so viel von der obigen Ordre, als sich darauf bezieht, widerrufen.“*

New Orleans, 30. Juni, 1862.

John W. Andrews hat ein Kreuz, das Emblem der Leiden unseres gebenedeiten Erlösers, in Form eines Zierraths, zur Schau getragen, das, wie er sagt, aus dem Knochen eines Yankeesoldaten gefertigt ist und hat damit obenein in dem Louisiana Club geprahlt, der angeblich aus ritterlichen Gentlemen besteht, ohne daß irgend einer von diesen sein Gebahren gemißbilligt hätte.

Es wird demnach hierdurch verordnet, daß besagter Andrews wegen dieser Entweihung der Todten zwei Jahre lang auf Ship Island bei harter Schanzarbeit detinirt werde und soll ihm kein schriftlicher oder mündlicher Verkehr mit irgend Jemanden, außer durch Vermittelung der Commandantur gestattet sein.

Uebrigens wurde die Phillips nach zehnwöchentlicher Haft (am 14. September) freigegeben. Sie begab sich nach Mobile, wo sie von der haute volée feierlich empfangen und fetirt wurde und die Zeitungen ihr eigene Artikel widmeten, in denen sie als edle Märtyrerin gepriesen ward. Inzwischen hatte sie doch noch Anstandsgefühl genug, um in Abrede zu stellen, daß sie die Ueberreste des Lieutenant De Kay zu beschimpfen beabsichtigt habe.

_____

* Das seltsame Verlangen Kellers erklärt sich einfach durch den Umstand, daß er die in Rede stehende Phillips, welche er persönlich nicht kannte, für ein und dieselbe Person mit einer berüchtigten Courtisane desselben Namens hielt, mit der er als verheiratheter Mann in keine Berührung zu kommen wünschte. Gen. Butler wußte natürlich von diesem Mißverständnisse nichts und Keller konnte es ihm auch nicht erklären, da er ja eben von dem Vorhandensein zweier Personen desselben Namens nichts wußte.

Sie versicherte, daß sie an dem betreffenden Tage wirklich in sehr guter Laune gewesen sei und daß ihr Gelächter in keiner Beziehung zu dem Leichenzuge gestanden habe.

Unter einem Packet Briefe, das man einem Spion abgenommen hatte, fand man einen von einem gewissen Edward Wright an eine Dame im Rebellenlande, worin sich die lächerlichsten und zugleich frechsten Aufschneidereien befanden. Die Yankee-Offiziere, hieß es darin u. A., seien die feigsten und erbärmlichsten Memmen. Einer derselben habe auf der Straße eine Dame insultirt; er, Wright, habe es gesehen, dem Offizier sofort ein Paar Ohrfeigen und Fußtritte versetzt und sich dann bereit erklärt, dem Geprügelten auf der Mensur Satisfaction zu geben, doch dieser habe sie unter elenden Ausflüchten abgelehnt. Dafür sei er — der Schreiber des Briefes — vor „Picayune Butler" citirt und beinahe nach Fort Jackson geschickt worden.

Gen. Butler ließ den Verfasser dieser Epistel vor sich bescheiden und es entspann sich das folgende Gespräch:

„Wie heißen Sie?"

„„Edward Wright.""

„Habe ich schon früher das Vergnügen gehabt, Sie zu sehen?"

„„Nicht, daß ich wüßte.""

„Haben Sie jemals, irgend eines Vergehens angeklagt, vor irgend einem Bundesoffizier gestanden?"

„„Nein.""

„Haben Sie jemals, auf der Straße, oder sonstwo, mit irgend einem Bundesoffizier Streit, oder Wortwechsel gehabt?"

„„Niemals.""

„Haben Sie sich über die Aufführung irgend eines meiner Offiziere oder Soldaten zu beklagen?"

„„Durchaus nicht.""

„Haben Sie je, seit wir in diese Stadt gekommen sind, irgend ein Vergehen, oder ungehörige Aufführung derselben, bemerkt?"

„„Nein.""

„Haben Sie diesen Brief geschrieben?"— Mit diesen Worten legte der General dem Inculpaten, der bis daher noch immer keine Ahnung davon gehabt hatte, worauf das ganze Verhör hinziele, den aufgefangenen Brief vor.

„„Es sieht wie meine Handschrift aus,"" erwiderte Wright stockend und zögernd.

„Haben Sie den Brief geschrieben, frage ich?"

„„Hm, ja.""

„Ist nicht die Erzählung, daß Sie einem Bundesoffizier Ohrfeigen und

Fußtritte versetzt hätten, eine freche, niederträchtige Lüge, nur zu dem Zweck ersonnen, um die Bundesarmee verächtlich zu machen?"

„„Wahr ist sie nicht; das gebe ich zu.""

Darauf hieß der General seinen Secretär unten auf den Brief das folgende schreiben: „Ich, Edward Wright, bekenne hierdurch, daß obiger Brief niederträchtige und abscheuliche Lügen enthält und daß ich ihn zu dem Zweck geschrieben habe, um die Armee der Ver. Staaten in ein verächtliches Licht zu setzen."

„Das unterzeichnen Sie!"

„„Nimmermehr. Ich bin ein britischer Unterthan und stelle mich unter den Schutz des britischen Consuls.""

„Sie unterzeichnen das, sage ich Ihnen!"

„„Herr General, Sie können mir eher alle Kugeln aus diesem Pistol durch den Kopf jagen, als daß ich das unterschreibe.""

„Sehr wohl. Capitän Davis, fertigen Sie an den Profoßmarschall die Ordre aus, daß er diesen Mann morgen bei Tagesanbruch aufknüpft. Mittlerweile lassen Sie einen Geistlichen kommen, wenn er einen zu sehen wünscht. Guten Morgen, meine Herren, ich gehe zu Tische."

Noch ehe der General sein Quartier erreicht hatte, kam ihm bereits eine Ordonnanz nachgelaufen:—„General, er hat unterschrieben."

„Na, so mag er noch bis morgen früh im Wachtlokale brummen und dann gehen, wohin er will."

Anfangs Juni wurde eine Verschwörung gegen das Leben des Gen. Butler entdeckt. Die Beweise waren vollständig und vier der Verschwörer wurden zur Haft gebracht. Allein der General, zufrieden damit, das Complot vereitelt zu haben, schlug das Strafverfahren gegen die Verschwörer nieder und begnadigte den Rädelsführer vollständig unter der einzigen Bedingung, daß er die Stadt verlasse.

Diese Vorgänge zeigen zur Genüge, welcher Art die Stimmung war, die unter den Sezessionisten in New Orleans durch die Nachrichten aus Virginien und durch die sich daran knüpfende Hoffnung einer baldigen „Befreiung" erweckt ward. Die Maßregeln, welche später dargestellt werden sollen und die den frechen Sinn der Sezessionisten gründlich brachen, fanden darin ihre vollständige Rechtfertigung. Zunächst soll indessen gezeigt werden, daß nicht die Rebellen allein Butlers eiserne Hand zu fühlen hatten. Vergehen, die von Unionisten begangen wurden, wurden eben so rasch und energisch bestraft, wie die Verbrechen der Rebellen.

Der vom 6. Juni datirende Befehl, durch welchen eine Haussuchung nach allem der Conföderirten Regierung gehörenden Eigenthum angeordnet wurde, ist schon erwähnt worden. Ausdrücklich war angekündigt worden, daß Niemand ohne einen schriftlichen Befehl von Gen. Butler, Gen. Shepley, oder Oberst French in ein Haus dringen dürfe. Mehrere Tage lang gingen die Haussuchungen in größter Ruhe vor sich, ohne Grund zu einer Beschwerde zu geben, doch um die Mitte des Monat Juni liefen eine Menge Klagen beim Hauptquartier ein, alle dahin gehend, daß Leute, angeblich um nach Waffen der Conföderirten Regierung zu suchen, in Häuser eingedrungen seien und allerlei Werthgegenstände, meistens Geld und Juwelen, mitgenommen hätten.

Am 11. Juni geschah folgendes: Abends gegen 11 Uhr hielt eine Droschke vor einem Hause in Toulousestreet. Zwei Leute blieben darin sitzen, während zwei andere in das Haus traten und einen mit General Butlers Namen unterzeichneten (gefälschten) Haussuchungsbefehl vorzeigten. Sie benahmen sich gegen die Bewohner mit ausgesuchter Höflichkeit, bedauerten, daß sie einen so peinlichen Auftrag erhalten hätten, zeigten sich bereit, ihre unangenehme Pflicht so zu vollstrecken, daß die Familie so wenig als möglich belästigt werde rc. Sie durchsuchten mit großer Sorgfalt alle Alcoven, Schubfächer und Winkel und ließen, als sie sich endlich höflich empfahlen, folgende Bescheinigung zurück:

„Ich, William Henry, Premierlieutenant des 18. Massachusetts Regimentes bescheinige, daß ich das Haus, No. 93 Toulouse Straße visitirt und, soweit ich beurtheilen kann, alle Bewohner desselben loyal befunden habe. Einer nochmaligen Visitation bedarf es nicht.

J. William Henry."

Als die höflichen Herren fort waren, entdeckte die Frau vom Hause, daß sie 1885 Dollars in Banknoten, eine goldene Uhr und eine Brosche hatten mitgehen heißen. Eine andere Geldsumme von mehr als 8000 Dollars hatten sie übersehen.

Anzeige von der Gaunerei ward gleich am andern Morgen auf der Commandantur gemacht. Zum Glück hatten mehrere der Bewohner des Hauses die Nummer der Droschke im Gedächtniß behalten, welche während der ganzen Durchsuchung vor dem Hause gehalten hatte. Der Kutscher ward ausfindig gemacht und bezeichnete die Restauration, nach welcher er die Passagiere gefahren hatte. Eine Patrouille ward dorthin geschickt mit dem Befehle, alle Personen, die sie in dem Lokale finden würde, zu verhaften. Es waren ihrer vier. Sie wurden dem General Butler vorgeführt. Dieser, der nie ein Gesicht vergißt, das er einmal gesehen hat, fixirte die Leute einen Augenblick und wandte sich dann an einen von ihnen:

„Wo habe ich Sie schon früher gesehen?"

„„In Boston.""

„Wo dort?".

„„Im Stadtgericht.""

„Welches Verbrechens waren Sie da angeklagt?"

„„Einbruchdiebstahl.""

„Sind Sie in ein Regiment getreten?"

„„Ja, in das 30. Massachusetts=Regiment.""

„Warum sind Sie nicht bei Ihrem Regimente?"

„„Ich bin wegen Krankheit entlassen.""

„Nun, mit Ihnen werden wir kurzen Prozeß machen, denn Sie sind schon früher des gewaltsamen Diebstahls überführt worden."

Der Schächer bat um Gnade und erbot sich, Alles zu gestehen. Er beichtete, daß er zu einer organisirten Bande gehöre, die schon seit mehreren Abenden in Privathäuser eingedrungen sei, um zu plündern. An der Gaunerei in Toulousestreet seien zwei von den andern drei Verhafteten betheiligt gewesen. Auch diese gestanden. Ein großer Theil des entwendeten Geldes ward gefunden und dem Eigenthümer zurückerstattet. Am folgenden Tage gelang es der Geheimpolizei noch drei Mann von der Bande zur Haft zu bringen.

Die Untersuchung, von Gen. Butler selbst geführt, ergab die vollständigsten Beweise für die Schuld der Verbrecher. Diese waren:

William M. Clary, früher zweiter Steuermann des Dampf=Transportschiffes Saxon.

Stanislaus Roy von New Orleans.

Theodor Lieb, ebendaher.

George William Crage, früher erster Steuermann des Schiffes City of New York.

Frank Newton, früher Gemeiner im 13. Massachusetts=Regiment.

Die ersten beiden waren an der Plünderung des Hauses in Toulousestreet betheiligt gewesen, so wie schon vorher an ähnlichen Verbrechen, die sämmtlich mit Hülfe gefälschter Ordres und unter Benutzung der Bundesuniform verübt worden waren. In ihrem Besitze fand man Diebesgeräthe, Dietriche, verborgene Mordwaffen, sowie eine große Quantität gestohlenen Eigenthums.

Die drei andern waren sämmtlich geständig, Mitglieder der Diebsbande gewesen zu sein, von welcher Clary und Roy die Rädelsführer waren, und waren an der Plünderung von mindestens acht Privathäusern betheiligt gewesen.

Gen. Butler verurtheilte Clary, Roy, Crage und Newton zum Tode durch den Strang und beraumte ihre Hinrichtung auf Montag den 16. Juni an. Theodor Lieb ward, seiner Jugend wegen (er war erst achtzehn Jahre alt) zu harter Schanzarbeit begnadigt.

Am 11. war das Verbrechen begangen, am 12. entdeckt worden, zwei der Verbrecher bestanden ihren Prozeß am 13., die andern am 15. und auf den 16. ward die Hinrichtung der Ueberführten angesetzt. Der Mann, dessen Geständniß die Ueberführung bewirkte, ward zu fünfjähriger harter Straf= arbeit, zwei oder drei andere weniger schwer compromittirte Mitschuldige zu sechsmonatlicher Schanzarbeit in Eisen verurtheilt.

Wer während jener vier Tage die Gemüthsruhe beobachtete, die General Butler neben seiner Strenge und Entschiedenheit zur Schau trug, konnte versucht sein, den Schluß zu ziehen, daß ihn der Entschluß, die Schuldigen am Leben zu strafen, keine starke Willensanstrengung koste. Doch das Ge= gentheil war der Fall. Nie in seinem Leben hatte er einen so schweren in= neren Kampf zu bestehen. Während der Aufregung freilich, welche die Ent= deckung der Verbrecher und das Verhör verursachte, war für keine andere Gemüthserregung, als den Unwillen über das Verbrechen und die Genug= thuung über die Ermittelung der Thäter Raum. Ganz anders an dem Tage vor der Hinrichtung, wo die Verurtheilten, des Todes gewärtig, im Kerker lagen, die Frauen von zwei derselben heulend und händeringend sich vor dem General niederwarfen und um Gnade fleheten, wo er erfuhr, daß die beiden andern Weib und Kinder daheim hatten und ihn selbst die Weich= müthigeren unter seinen eigenen Offizieren mit der Bitte, Gnade für Recht walten zu lassen, bestürmten. In heftiger Aufregung schritt er die ganze Nacht in seinem Zimmer auf und ab, doch vergebens zermarterte er sein Hirn, um ein Mittel zu finden, wie er die milderen Regungen seines Gemüthes mit den gebieterischen Erfordernissen der Pflicht in Einklang bringen könne. Er fand keins. Er hatte einen Bürger von New Orleans wegen eines an der Flagge des Landes verübten Frevels hinrichten lassen:—wie durfte er ein von Unionsmännern an Bürgern der Stadt verübtes Verbrechen unbestraft lassen? Seine Pflicht war klar, aber sein Herz blutete, als er endlich bei Tagesanbruch zu dem Entschluß gelangte, dem Rechte seinen Lauf zu lassen.

Am Morgen fand die Hinrichtung statt. Drei der Delinquenten legten ein vollständiges Bekenntniß ab. — Der Wittwe eines der Hingerichteten schenkte der General eine Nähmaschine, die sie in den Stand setzte, sich ihren Lebensunterhalt zu erwerben.

Die Wirkung dieser raschen und strengen Rechtspflege war für beide Par= teien in New Orleans außerordentlich heilsam. Wenn sie nicht sofort auf

der Oberfläche zu Tage trat, so lag das lediglich an dem Eindrucke, welchen
die Hiobsposten aus Virginien erzeugten.   Angesichts dieser würde selbst der
weise Salomo außer Stande gewesen sein, der loyalen Bevölkerung der Stadt
volles Vertrauen einzuflößen, oder einen bedeutenden Theil der Sezessioni-
stenpartei für die Sache des Bundes zu gewinnen.

Drei und zwanzigstes Capitel.

Böcke und Schafe.

In der sechsten Woche nach seiner Ankunft in der Stadt begann General
Butler die lange Reihe von Maßregeln, durch welche die Schafe von den
Böcken gesondert wurden und die Stellung jedes Bewohners von New Orleans zu der Regierung der Ver. Staaten ermittelt und gebucht ward.   Man
konnte die Einwohner politisch in folgende Klassen theilen: Unionisten; Rebellen; Ausländer, die den Ver. Staaten zugethan waren; Ausländer, die
zu den Rebellen hielten; Soldaten von Beauregards Armee, die geneigt
waren, sich zu unterwerfen; ditto Soldaten, die dazu nicht geneigt waren.

Diese Soldaten, mehrere tausend an der Zahl, wurden genöthigt, sich zu
melden und entweder dem Bunde den Eid der Treue abzulegen, oder sich als
Kriegsgefangene zu ergeben.   Im letztern Falle wurden sie gegen Ehrenwort
bis zur Bewirkung eines Austausches auf freiem Fuß gelassen, oder wenn sie
das vorzogen, in Haft behalten.   So erhielt der General ein genaues Verzeichniß des Namens, der Wohnung, Beschäftigung und politischen Gesinnung
jedes dieser Männer, wußte sie zu jeder Zeit zu finden und was er in Zeiten
der Gefahr von ihnen zu erwarten hatte.

Der nächste Schritt war zu verkünden, daß kein Verräther in New Orleans irgend eine Autorität ausüben, oder von der Bundesregierung irgend
eine andere Gunst als den gewöhnlichen polizeilichen Schutz erwarten dürfe.
Zu dem Ende ward folgende Generalordre erlassen:

New Orleans, 10. Juni, 1862.

Die Verfassung und Gesetze der Vereinigten Staaten erfordern, daß alle Militär-, Civil- und Justizbeamte des Bundes und der Einzelstaaten den Eid ablegen, die Verfassung und Gesetze des Bundes treulich zu halten. Wenn Jemand den Vereinigten Staaten zu dienen, oder vom Schutze, den sie gewähren, besondern Vortheil zu ziehen wünscht, so muß er auch entsprechende Pflichten erfüllen. Der Eid wird Niemandem aufgezwungen. Er ist eine zu heilige Verpflichtung und bringt zu viele Rechte und Wohlthaten mit sich, als daß er durch heuchlerischen Lippendienst entweiht werden dürfte. Wer ihn leistet, der ist berechtigt zu sagen: „Ich bin ein amerikanischer Bürger," der höchste Ehrentitel, den es giebt.

Alle Criminal-, Civil- und Friedensrichter, Sheriffs, Rechtsanwälte und Notare, sowie alle diejenigen Personen, die sich früher als Bürger der Vereinigten Staaten betrachtet haben und irgend eine Stellung einnehmen, in welcher sie Rechtshandlungen vorzunehmen haben, durch die Dritte betroffen werden, müssen den folgenden Eid schriftlich ablegen: „Ich schwöre feierlich, daß ich den Vereinigten Staaten von Amerika treu und gehorsam sein und die Verfassung derselben beobachten werde." Vom 15. Juni an sind alle Rechtshandlungen, Rechtsverträge, Actenstücke und Beglaubigungen, die von den bezeichneten Personen vollzogen werden, falls diese bis dahin den vorstehenden Eid nicht abgelegt haben, null und nichtig.

Da es nach der Meinung des commandirenden Generals nothwendig geworden ist, einen Unterschied zwischen denjenigen zu ziehen welche der Regierung der Vereinigten Staaten freundlich gesinnt und Denen, die Anhänger der Conföderirten Staaten sind, und da jedem Bürger hinlänglich Zeit gegeben worden ist, sich über seine Stellung vollkommen klar zu werden, so wird ferner verordnet,

Daß alle Einwohner, die jemals Bürger der Vereinigten Staaten gewesen sind, und die irgend eine Gunst, Schutz oder Recht, einen Paß, oder die Auszahlung von Geldern, Auslieferung von Eigenthumswerthen, kurz irgend eine Rechtswohlthat von den Vereinigten Staaten, außer dem gewöhnlichen polizeilichen Schutz, beanspruchen oder erhalten, den obigen Eid unterzeichnen müssen, ehe ihre Forderung entgegengenommen, oder von irgend einem Bundesbeamten irgend Etwas zu ihren Gunsten gethan werden kann. Es sollen in Ausführung dieser Bestimmung alle Diejenigen als Bürger der Vereinig-Staaten angesehen werden, welche seit mindestens fünf Jahren in dem Departement gewohnt und, wenn es geborene Ausländer sind, nicht schon mindestens 60 Tage v o r dem Datum gegenwärtiger Verordnung einen in gehöriger Form Rechtens von dem Vertreter ihres respectiven Landes vollzogenen Schutzbrief erwirkt haben.

Da es zur Kenntniß des commandirenden Generals gekommen ist, daß viele in diesem Departement wohnende Ausländer in Verletzung der ihnen durch ihre Landesherren auferlegten Neutralitätspflichten, wie der Gesetze der Vereinigten Staaten, der Rebellion durch Lieferung von Waffen und Munition, durch Schmuggel, durch Beschaffung von Nachrichten, Verbergung von Eigenthum und dergleichen, Hülfe geleistet haben und daß manche es noch jetzt thun, so wird hierdurch verordnet, daß alle Ausländer, die irgend welche von den Rechten amerikanischer Bürger, oder Schutz oder Gunst von der Regierung der Vereinigten Staaten (ausgenommen den gewöhnlichen polizeilichen Schutz) beanspruchen, den folgenden Eid schriftlich ablegen müssen:

—„Ich, N. N., schwöre (oder betheuere) feierlich, daß ich, so lange das Land, welchem ich angehöre, in Frieden mit den Vereinigten Staaten verbleibt, keine Handlung selbst begehen oder von andern begehen lassen werde, die den Feinden oder Widersachern der Vereinigten Staaten Hülfe und Vorschub leisten kann und daß ich keine solche Handlung die begangen wird, oder im Begriffe steht, begangen zu werden, verhehlen (conceal) will."

Im Stadthause, im Profoßgerichte, in der Expedition des Profoßmarschalls und in den verschiedenen Polizeistationen werden Bücher zur Eintragung der Eide aufgelegt werden und Beamte gegenwärtig sein, um die Eidesleistung entgegenzunehmen. Diese Beamten werden denjenigen, welche den Eid ablegen, Bescheinigungen darüber ausstellen.

Kein früherer Generalbefehl hatte in New Orleans eine so große Aufregung und Bestürzung hervorgerufen. Die Bürger waren erstaunt, die Fremden wußten gar nicht, wie sie daran waren. Niemand, hieß es, solle gezwungen werden, den Eid zu leisten. Schon recht; aber was sollte denen geschehen, die ihn nicht leisteten? Den Beamten blieb kein Zweifel über ihr Schicksal und alle diejenigen von ihnen, die noch der Richmonder Regierung anhingen, legten sofort ihre Stellen nieder. Was noch von den städtischen Behörden übrig blieb, ward aufgelöst und der Militärcommandant Shepley regierte unumschränkt. Unterm 27. Juni erließ er eine Bekanntmachung, worin er die Auflösung des Gemeinderaths anzeigte, mit dem Bemerken, daß ein neuer nicht gewählt werden solle, als bis die Zahl der loyalen Bürger von New Orleans groß genug geworden sein würde, um sie zur Ausübung der Selbstregierung in Stand zu setzen. Zur Führung der städtischen Verwaltung ernannte er ein aus E. H. Durell, E. S. Dewees und Stoddart Howell bestehendes Finanzbureau und ein Bureau für Straßen- und Hafenwesen, bestehend aus Julian Neville, Edward Ames und Benjamin Campbell.

Die Consuln hatten wie gewöhnlich ihren Batzen dazu zu geben. „Wenn General Butler die Canalstreet hinaufreitet," sagte das Delta, „so kommen die Consuln sicher gelaufen und protestiren, weil er nicht herabgeritten ist. Wenn er am Vormittag eine Pfeife raucht, würden ihn am Abend die Consuln zur Rede setzen, warum er nicht eine Cigarre geraucht hat. Trinkt er Kaffee, so bringt ihm irgend ein grober Lümmel eine Note, die ihn im Namen irgend einer knickebeinigen Dynastie frägt, warum er nicht Thee trinkt."

Also die Consuln protestirten. Zuerst gegen die Unterscheidung zwischen solchen Fremden, die über fünf Jahre im Lande gelebt hätten, ohne Schutzbriefe von ihren resp. Regierungen zu beanspruchen und solchen, die diesen Schutz mindestens sechzig Tage vor dem Erlaß der Ordre erwirkt hätten. Eine solche Unterscheidung könne nicht gestattet werden; noch weniger sei es zu dulden, daß eine Kategorie von Fremden zur Ablegung desselben Eides gezwungen werde, den man von Bürgern verlange. Denn ein Zwang sei es offenbar, wenn man alle Rechtswohlthaten von der Ableistung dieses Eides abhängig mache. Ja, da auch die Ertheilung eines Passes namentlich unter diesen nur nach vorheriger Eidesleistung zu gewährenden Rechtswohlthaten aufgeführt sei, so könne ein Fremder nicht einmal das Land verlassen, um sich auf diese Weise dem Zwange zu entziehen.

„Allerdings," so fuhr der Protest fort, „werden diejenigen Fremden, die mindestens 60 Tage vor Erlaß der Ordre einen Schutzbrief von ihrer Regierung erwirkt haben, von jenem Eideszwange ausgenommen, doch diese Ausnahme ist nur eine scheinbare, weil die meisten Fremden bisher nie Veranlassung gehabt haben, sich mit solchen Schutzpapieren zu versehen. Ueberdies implizirt diese Ausnahme eine Einmischung in die inneren Verwaltungsangelegenheiten fremder Nationen, die dem Völkerrechte widerstreitet.—Ob die hiesigen Fremden den Gesetzen und Verordnungen ihrer eigenen Regierungen nachgekommen sind, das ist eine Sache, welche sie mit ihren Consuln abzumachen haben und diese bestreiten das Recht einer fremden Regierung, sich in diese Frage einzumischen. Wenn ein Consul solchen seiner Landsleute, die weder naturalisirt, noch irgend einer Uebertretung der Landesgesetze beschuldigt sind, den Schutz seiner Regierung gewährt, so muß eine freundschaftlich gesinnte Regierung ihn dabei unterstützen; denn in allen civilisirten Ländern ist es Rechtens, daß, wenn Fremde den Gesetzen nachleben, sie dafür Schutz von der Landesregierung zu beanspruchen haben, wie ihn auch bisher die Fremden hier zu Lande genossen haben. Jetzt sollen nun hier die Fremden dieses Schutzes beraubt werden, wenn sie nicht Bürger der Vereinigten Staaten werden, und zwar geschieht das nicht bloß ohne alle vorherige Ankündigung, sondern auch im Widerspruch mit den über die Einbürgerung Fremder bestehenden Landesgesetzen. Kein gerechtes Gesetz darf rückwirkende Kraft haben; der vorliegende Befehl aber erheischt, daß eine gewisse Handlung, deren Nothwendigkeit am wenigsten in diesem Lande vorauszusehen war, bereits gethan sein soll.

Der Befehl zwingt thatsächlich eine gewisse Klasse von Fremden, wenn sie ihr Eigenthum retten wollen, den Vereinigten Staaten „treu und gehorsam" zu sein, mit andern Worten, ihren früheren Unterthanenverband abzuschwören und zu Bürgern der Vereinigten Staaten zu werden. Wenn der Eid so formulirt wäre, daß er nur die Unterwerfung des Fremden unter die polizeilichen Gesetze des Landes, in dem er lebt, ausdrückte, so möchte es darum sein, aber so wie er hier formulirt ist, läuft er auf völlige Naturalisation hinaus.

Während der Befehl die den Fremden von ihren Landesherren vorgeschriebene Neutralität in Kraft setzen zu wollen prätendirt, verletzt der Eid gerade diese Neutralität,—nicht indem er Fremde zwingt, offen die Waffen zu ergreifen und ihr Blut zur Vertheidigung einer Sache zu vergießen, welche nicht die ihrige ist, sondern indem er ihnen, wenn sie ihr Eigenthum retten wollen, die Pflicht auferlegt, sich zu Spionen und Denunzianten für die Vereinigten Staaten zu erniedrigen.

Die Unterzeichneten schließen mit der Versicherung, daß ihre Landsleute vom Beginn des Krieges an neutral gewesen sind und folglich nicht als Theil einer unterworfenen Bevölkerung angesehen und behandelt werden dürfen. Besiegte mögen genöthigt sein, sich Ausnahmegesetzen zu unterwerfen, aber neutrale Fremde haben das Recht, zu verlangen, daß sie von der Regierung der Vereinigten Staaten nicht anders behandelt werden, als früher.

> Juan Callejon, Consul von Spanien.
> Ch. Mejan, französischer Consul.
> Jos. Deynoobt, Consul von Belgien.
> M. W. Benachi, griechischer Consul.
> Joseph Lanata, Consul von Italien.
> B. Terhaghi, Viceconsul.
> Ab. Piaget, eidgenössischer Consul."

Gen. Butler erfuhr unter der Hand, daß der Verfasser dieses Protestes der englische Consularagent George Coppell war, welcher seinen Namen nicht mit hatte unterzeichnen können, weil seine Creditive noch nicht angekommen waren. Seine Antwort, ihrem Inhalte nach direct an die Adresse dieses anonymen Verfassers des Protestes gerichtet, lautete:

New Orleans, 16. Juni, 1862.

Meine Herren: Ihr Protest gegen Generalordre No. 41 ist mir zu Händen gekommen. Er ist indessen nicht sowohl ein Protest, als eine mühsame Argumentation, zu welcher die Einbildungskraft die Voraussetzungen geliefert hat. Wenn nicht einige sprachliche Wendungen in dem Schriftstücke bewiesen, daß es von einem geborenen Engländer abgefaßt ist, so würde ich auf die Vermuthung gekommen sein, daß die vielfachen falschen Auffassungen meines Befehls, die sich darin finden, aus einer unvollkommenen Kenntniß der englischen Sprache entsprungen seien. In Ermangelung einer solchen Erklärung sehe ich mich zu der Annahme genöthigt, daß die tückische Falschheit des Engländers, der Ihren Protest verfaßt hat, Ihnen jene irrigen Auffassungen untergeschoben hat.

Der Befehl normirt einen Eid, abzulegen von Solchen, die Bürger der Vereinigten Staaten sind, sowie von Denen, die bürgerliche oder militärische Aemter zu bekleiden, oder irgend eine Gunst—ausgenommen den auf Alle zu erstreckenden polizeilichen Schutz—von den Bundesbehörden zu erlangen wünschen.

Mit diesem Eide hat selbstverständlich der Ausländer nichts zu thun.

Es giebt aber hier eine große Menge Einwohner von ausländischer Geburt, die durch ihre Handlungen ihre ursprüngliche Staatsangehörigkeit verwirkt haben.

Dazu gehören beispielsweise solche Franzosen, die im Verstoß gegen den Code Civil sich ohne Genehmigung des Kaisers der militärischen Organisation eines fremden Staates angeschlossen (s'affilierait à une corporation militaire étrangère), oder amtliche Functionen für eine fremde Regierung übernommen (fonctions publiques, conférées par un gouvernement étranger,) oder Frankreich verlassen haben, ohne die Absicht, dahin zurückzukehren (sans esprit de retour,) oder die—wie in dem Falle des griechischen Consuls—das Amt eines Erbrechers von Briefen in dem Postamte der Conföderirten Staaten versehen haben, oder, wie der preußische Consul, einen von ihm selbst geworbenen Wehrkörper in der Rebellenarmee commandiren.

Da viele von solchen Ausländern naturalisirt worden sind und diese Thatsache geflissentlich verbergen, so ist es, um solchen Schurken beikommen zu können, nothwendig geworden, eine Norm aufzustellen, wodurch solche Ausländer, welche ihre frühere

Staatsangehörigkeit verwirkt haben, oder naturalisirte Bürger der Vereinigten Staaten geworden sind, von denjenigen Fremden, die noch als Neutrale zu betrachten sind, unterschieden werden können.

In diesem Sinne ist verordnet worden, daß Solche, die hier fünf Jahre gewohnt haben, (d. h. lange genug, um zu zeigen, daß sie nicht die Absicht haben, zurückzukehren (sans esprit de retour), ohne während dieser Zeit den Schutz der Regierung ihres Vaterlandes zu beanspruchen, bis zum Beweise des Gegentheils (prima facie) als amerikanische Bürger anzusehen sind und, falls sie von der Regierung m e h r Rechtswohlthaten als den gewöhnlichen polizeilichen Schutz beanspruchen, ihr den Treue-Eid leisten müssen.

Sie beschweren sich darüber, daß die Beanspruchung des Schutzes ihrer früheren Regierungen mindestens 60 Tage v o r dem Erlaß meines Befehls stattgefunden haben müsse. Der Grund für diese Bestimmung liegt in dem Verhalten der Consuln, von denen manche in die Rebellenarmee getreten sind, andere den Rebellen hier Hülfe geleistet und Schutzbriefe für Individuen ausgestellt haben, die kein Recht darauf hatten, nur um sie in den Stand zu setzen, die Blokade zu brechen.

Sie müssen, meine Herren, immer im Auge behalten, daß solche Verordnungen nur den Zweck haben, s c h l e c h t e n S u b j e k t e n das Handwerk zu legen und keineswegs Wohlgesinnte zu belästigen.

Wenn ich den jetzt auszustellenden Schutzbriefen irgend eine Geltung einräumen wollte, so könnte z. B. der preußische Consul solche Papiere allen denjenigen seiner Soldaten geben, die den Krieg überleben und es könnten dann diese hierher kommen, um sich als „ N e u t r a l e " zu spreizen, gerade so wie jenes aus Engländern bestehende Bataillon, das seine Waffen und Munition an Beauregard geschickt hat.

Die Naturalisationsgesetze der Vereinigten Staaten waren hier in Ermangelung von Bundesgesetzen suspendirt. Ihnen zufolge konnte jeder Fremde, der hier fünf Jahre gelebt und keinen Schutz von seiner Regierung beansprucht hatte, die vollen Rechte eines amerikanischen Bürgers erhalten, Rechte, die viele Fremde so hoch schätzen, daß sie sogar lieber der Gefahr, in einen Bürgerkrieg verwickelt zu werden, trotzen, als wieder in ihrer friedlichen Heimath unter den von ihren Landesherrn gegebenen Gesetzen leben mögen.

Doch Sie sagen, daß ein Fremder, wenn er nicht den von mir vorgeschriebenen Eid leiste, nicht einmal einen Reisepaß erhalten könne, um das Land zu verlassen. Das ist ein Irrthum, wahrscheinlich aus der Verwechselung des vom Militärbefehlshaber zur Ueberschreitung der Militärlinien ertheilten P a s s e s (pass) mit dem R e i s e p a s s e (passport) entstanden, den ein Fremder von seiner eigenen Landesregierung erhält. Mein Befehl verweigert Pässe von der erstbezeichneten Art allen amerikanischen Bürgern, die den Treue-Eid nicht leisten, hat aber mit den Reisepässen von Ausländern gar nichts zu thun.

Ein Zwang findet durchaus nicht statt.

Wenn ein Fremder diejenigen Rechte beansprucht, welche das Militärgouvernement amerikanischen Bürgern gewährt, so mag er den Treue-Eid leisten, der ihn übrigens noch nicht naturalisirt. Will er das nicht und beabsichtigt er, e h r l i c h neutral zu sein, so kann er den andern in meinem Befehle formulirten Eid leisten. Will er weder das eine noch das andere, sondern unter Garantie polizeilichen Schutzes gegen Gewaltthaten (eine Garantie, die er in hiesiger Stadt Jahre lang hat entbehren müssen,) hier bleiben, so braucht er nur sich ruhig zu verhalten, seine ordentlichen Geschäfte zu treiben und seinem Consul so weit als möglich aus dem Wege zu gehen: dann wird ihm kein Mensch etwas anhaben.

Der für ehrlich neutrale Fremde normirte Eid enthält nichts, was ein solcher ehrlich Neutraler nicht mit gutem Gewissen versprechen könnte. Sie sagen, daß dieser Eid Neutrale zu Spionen und Denunzianten herabwürdigt. Diese grundfalsche Behauptung beruht auf einer falschen Auffassung des Wortes "to conceal," die so grob, plump, gemein und dumm ist, daß sie von dem Engländer, der den Protest aufgesetzt hat, beabsichtigt gewesen sein muß, denn nur Derjenige, für welchen englisch nicht die Muttersprache ist, könnte unabsichtlich in eine solche falsche Auffassung verfallen.

Der Eid verpflichtet Den, der ihn leistet, nichts zu verhehlen (conceal), was zum Nachtheil der Vereinigten Staaten geschieht. Sie haben das so ausgelegt, als müsse der Betreffende alles Derartige unaufgefordert anzeigen. Nun ist aber "to conceal" ein verbum activum; "concealment" bezeichnet eine Handlung und nicht einen Zustand. Als zum Beispiel:

Wenn ich sehe, wie ein Taschendieb einem Andern die Tasche leert und nichts darüber sage, als bis ich vor dem competenten Gerichte vernommen werde, so ist das keine Verhehlung (concealment) des Diebstahls; aber wenn ich meinen Mantel so über den Dieb breite, daß er von dem Polizeibeamten nicht gesehen werden kann, so verhehle (conceal) ich den Diebstahl. So, wenn ich weiß, daß mein Nachbar in die Rebellenarmee zu treten beabsichtigt und gar nichts darüber sage, sondern ruhig meinen Geschäften nachgehe, so verhehle (conceal) ich die Sache nicht; wohl aber werde ich zum Hehler, wenn ich, von der zuständigen Behörde darüber befragt, wohin mein Nachbar geht, antworte, daß er eine Reise über See machen will und dadurch den Verdacht von ihm ablenke.

Wohlan, wenn in diesem Sinne irgend ein Bürger oder Fremder rebellische oder hochverrätherische Handlungen zu verhehlen gedenkt, so wird er es sehr zu seinem Vortheile finden, sich sobald als möglich aus meinem Militärdepartement zu entfernen.

Ueberhaupt, meine Herren, wenn irgend einem Ausländer unsere Gesetze oder unsere Verwaltung nicht gefallen, so hat er ein ganz ausgezeichnetes Mittel dagegen in Händen, durch dessen Benutzung er uns eben so einen Gefallen thun kann, wie sich selbst. Es besteht darin, daß weder er sich seinem Consul mit Beschwerden über jene Gesetze, noch dieser sich den Behörden mit schwülstigen Protesten lästig macht, sondern daß er einfach wieder dahin geht, wo er hergekommen ist, ohne darauf zu warten, daß man ihn dazu auffordere. Wir haben ihn nicht eingeladen, hierher zu kommen und wir werden es verschmerzen können, wenn er wieder geht.

Nur muß er sich nicht einbilden, daß er Verbrechen gegen unsere Gesetze begehen und sich dann der wohlverdienten Bestrafung einfach durch seine Abreise entziehen dürfe.

Schließlich, meine Herren, muß ich Sie bitten, mir keine von Ihnen in corpore unterzeichnete raisonnirende Proteste gegen meine Befehle zuschicken zu wollen. Wenn einer der Herren Consuln mir etwas vorzutragen hat, so kann er sich sehr leicht über die angemessene Form dafür unterrichten. Aber als eine protestirende Körperschaft aufzutreten, haben Sie weder die Pflicht, noch das Recht. Womit ich die Ehre habe, zu sein, 2c.

Benj. F. Butler.

Herr Coppell suchte doch noch auf eigene Rechnung ein Wort anzubringen. Unterm 14. Juni schrieb er:

Herr General: Ich beehre mich Ihnen anzuzeigen, daß unter den englischen Unterthanen, welche, in Gemäßheit Ihrer Ordre No. 41, den darin vorgeschriebenen Eid ablegen sollen, peinliche Zweifel in Betreff der rechtlichen Folgen eines solchen Schrittes bestehen. Ich möchte Sie daher ersuchen, mir mitzutheilen, ob die erste der vorgeschriebenen Eidesformeln auf irgend eine Weise den Unterthanenverband derjenigen Ausländer, die den Eid leisten, alterirt.

Auch gegen den für registrirte Ausländer vorgeschriebenen Eid sind Einwände erhoben worden, insofern er denselben die Pflicht auferlegt, als S p i o n e zu fungiren und Handlungen zu begehen, die den Geboten der Ehre, Rechtlichkeit und Neutralität widersprechen.

In der Erwartung, Erläuterungen von Ihnen zu erhalten, welche die angedeuteten Bedenken beseitigen, zeichne ich, 2c.

George Coppell,\
fungirender Consul Ihrer britannischen Majestät.

Die Antwort darauf, von demselben Tage datirt, lautete:

Mein Herr: Der commandirende Generalmajor beauftragt mich Sie zu benachrichtigen, daß die Zuschrift eines gewissen Herrn George Coppell keiner Antwort zu würdigen ist, so lange nicht die amtlichen Creditive desselben von der Regierung der Vereinigten Staaten anerkannt sind. Jeder Versuch des genannten Herrn Coppell, amtliche Handlungen vorzunehmen, muß aufhören. Seine Creditive sind gefordert, aber nicht vorgelegt worden. Ich habe die Ehre, 2c.

P. Haggerty,\
Hauptmann und Adjutant.

Doch das war noch nicht Alles. Um die Consuln vollends zur Ruhe zu bringen, wendete Butler einen seiner glücklichen Einfälle an, der selbst die verbissensten Rebellen zum Lachen zwang. Drei Tage nach der obigen Antwort an die Consuln erschien folgende Generalordre:

New Orleans, 19. Juni, 1862.

Der commandirende General hat erfahren, daß gewisse hier wohnende Ausländer, trotz aller ihnen gegebenen Erläuterungen, noch immer Anstand nehmen, den in Generalordre No. 41 vorgeschriebenen Eid zu leisten.

Von dem Wunsche beseelt, das Gewissen aller Derer, die aufrichtige Skrupel gegen den Eid hegen, zu erleichtern und keinem Neutralen zu nahe zu treten, will der commandirende General gestatten, daß jeder Ausländer anstatt des in Ordre No. 41 vorgeschriebenen Eides, auch den folgenden leisten darf:

„Ich, N. N., schwöre feierlich, daß ich nach besten Kräften die Verfassung der Vereinigten Staaten halten, schützen und vertheidigen will. So wahr mir Gott helfe."

Oder auf französisch:

"Je, N. N., jure solennellement, autant qu'il sera en moi, de soutenir, de maintenir, et de défendre la constitution des Etats-Unis. Que Dieu me soit en aide !"

Der General ist überzeugt, daß an dieser Formel kein Ausländer Anstoß nehmen kann, benn es ist ganz genau dieselbe, die jeder Offizier der europäischen Brigade, als mit der strengsten Auffassung seiner Neutralitätspflichten im Einklang stehend, unterzeichnet hat und an welcher die fremden Consuln nicht den mindesten Anstoß genommen haben. Die Formel findet sich in "Les règlements de la Légion Française, formée á la Nouvelle Orléans, le 26 Avril, 1861," wie folgt:

"Serment que doivent prêter tous les officiers de la Légion Française.

ETAT DE LA LOUISIANE, PAROISSE D'ORLEANS.

Je, N. N., jure solennellement de remplir, autant qu'il sera en moi, les devoirs de ——— de la Légion Française, et je promets de soutenir, de maintenir et de défendre la constitution de l'Etat et celle des Etats Confédérés. Que Dieu me soit en aide !"

Das machte den Consularprotesten gegen den Eid ein Ende — nicht mit Schrecken, sondern unter allgemeinem Gelächter.

Die Eidesleistung nahm mittlerweile rüstig ihren Fortgang. Bis zum 7. August hatten den für Bürger vorgeschriebenen Eid 11,723 Individuen abgelegt, den für neutrale Ausländer vorgeschriebenen 2499, die Soldatenparole 4933 Unteroffiziere und Gemeine und 211 Offiziere der Rebellenarmee.

Dies war ein um so günstigeres Resultat als der ganze gesellschaftliche Einfluß der haute volée gegen die Eidesleistung aufgeboten ward. Damen weigerten sich, solche Herren zu empfangen, welche den Eid geleistet hatten. Es wurde Denen, die ihn leisteten, von ihren Haus- oder Gastwirthen die Wohnung gekündigt. Angesehene Sezessionisten legten für künftigen Gebrauch Proscriptionslisten mit den Namen Derer an, die den Eid leisteten. In manchen Fällen hielten es bekannte Persönlichkeiten für angemessen, durch Zeitungsinserate die „Verleumbung," daß sie den Eid geleistet hätten, zurückzuweisen. Andere leisteten ihn zwar, prahlten aber dann öffentlich damit, daß sie es nur gethan hätten, um die davon abhängig gemachten Vortheile zu erlangen und daß sie so viel Eide leisten würden, als Picayune Butler von ihnen verlangen würde, denn den Yankees brauche man nicht Wort zu halten. Alles das merkte sich Butler und wartete seiner Zeit.

Eine andere seiner Vorbeugungsmaßregeln bestand in der Entwaffnung von New Orleans. Die Stadt war voller Waffen. Es fanden sich solche in jedem halbwegs anständigen Hause und fast jeder wohlgekleidete Mann führte eine Waffe bei sich. Auf Grund des Generalbefehls, welcher die Auslieferung alles den Conföderirten Staaten gehörenden Eigenthums anordnete, war allerdings eine beträchtliche Anzahl von Waffen saisirt worden;

aber grade den rabiatesten Rebellen war noch immer gestattet, alle Taschen voll Pistolen und den Gürtel voll Bowiemesser zu tragen. Ein Umstand, der im August zu Tage kam, zeigte dem General Butler, wie unklug solche Nachsicht war. Auf dem blutigen Schlachtfelde bei Baton Rouge fand man todte und verwundete Bürger der Stadt, noch mit ihren gewöhnlichen Waffen in der Hand, die sich am Abend zuvor anscheinend als gute Unionisten mit Bundesoffizieren im geselligen Verkehr befunden hatten, die aber, sobald Breckenridge in die Nähe gekommen war, als Freiwillige zu ihm geeilt waren. Diese bezeichnende Thatsache bestimmte den Gen. Butler eine Generalordre zu erlassen, welche die Einlieferung aller in Privatbesitz befindlichen Waffen anordnete. Eine große Menge solcher Waffen wurden eingeliefert und Quittungen darüber ausgestellt.

Der französische Consul protestirte,—natürlich. Es seien, schrieb er, durch den neuen Befehl unter den in New Orleans wohnenden französischen Unterthanen die lebhaftesten Besorgnisse erweckt worden. Denn

„Seit einiger Zeit haben sich unter den Sclaven der Stadt und Umgegend unverkennbare Anzeichen aufrührerischer Gesinnung kund gegeben. Diese Anzeichen und die Aussicht, uns gegenüber einer Volksklasse, von welcher man die schwersten Excesse befürchten muß, völlig wehrlos zu finden, erregen unsere gerechte Besorgniß, denn die traurigen Folgen solcher Zustände würden nothwendig auf alle Diejenigen fallen, welche der Mittel zur Selbstvertheidigung beraubt worden wären. Allerdings würde ihnen wohl der Schutz der Bundesbehörden zu Theil werden, doch dieser Schutz möchte nicht unter allen Umständen genügen, am wenigsten gegen jene inneren Feinde der öffentlichen Ruhe, deren Sprache und Gebahren jeden Tag frecher werden und die nur theilweise durch die Ueberzeugung, daß ihre Herren bewaffnet sind, im Zaum gehalten werden."

Gen. Butler antwortete dem Consul:

„2c. 2c. Ich kann für Ihre Beschwerde über meinen die Auslieferung aller Privatwaffen anordnenden Befehl keinen gerechten Grund ersehen. Es ist diese Maßregel eine in allen Städten, welche sich in ähnlicher Lage, wie New Orleans befinden, ganz gebräuchliche

Sie wollen gefälligst bemerken, daß ich mich fernerhin nicht auf bloße Betheuerungen der Neutralität verlassen kann. Ich will glauben, daß die meisten Ihrer Landsleute ehrlich neutral sind; leider aber sind manche es nicht, und da müssen denn, wie es eben nicht anders geht, die guten mit den schlechten leiden. Ich erinnere Sie daran, daß die Bundesmilitärbehörde Herrn Bonnegras, der sich für den französischen Consul in Baton Rouge ausgab, alle möglichen Begünstigungen gewährte, ihn seine Waffen behalten

ließ und seiner Neutralität vertraute;—gleichwohl ward sein Sohn auf dem
Schlachtfelde als ein gegen uns kämpfender Rebell gefangen.

Wollen Sie auch gefälligst bemerken, daß nur sehr wenige der hier woh=
nenden Franzosen den in meiner Ordre No. 41 formulirten Neutralitätseid
geleistet haben, obschon alle Offiziere der französischen Legion mit Ihrem
Wissen und Willen den Eid geleistet hatten, die Constitution der Conföderir=
ten Staaten treulich zu halten.   Wie Sie daraus sehen mögen, habe ich
durchaus keine Garantie für die Ehrlichkeit Uebelgesinnter.

Ich kann nicht einsehen, wie die Verwendbarkeit von Waffen durch den
Umstand, daß sie Privateigenthum sind, verringert werden könnte, oder wa=
rum Waffen, die sich zur Selbstvertheidigung eignen (qui *ne* peuvent ser-
vir *que* pour leur défense personelle) nur (ne-que) zur Selbstverthei=
digung und nicht auch zu aufrührerischen Angriffen geeignet sein sollten.

Die unter den Schwarzen herrschende unruhige Stimmung, welche Sie aus
dem Wunsche der Neger ableiten, „die Bande zu zerreißen, welche sie an ihre Her=
ren fesseln," (certaines dispositions á rompre les liens qui les attachent
á leurs maitres) habe ich ebenfalls bemerkt, aber ohne darüber zu erstaunen,
denn nachdem ihre Herren ihnen mit dem bösen Beispiel des Aufruhrs gegen
rechtmäßige, bestehende Autorität vorangegangen sind, erscheint es mir gar
nicht unnatürlich, daß die Neger dieses Beispiel nachahmen.

Allein der Vertreter des Kaisers, der in Frankreich keine Sclaverei duldet,
kann doch unmöglich wünschen, daß seine Landsleute zu dem Zwecke bewaffnet
werden, um zu verhindern, daß die Neger „ihre Bande zerreißen."

Seien Sie versichert, daß der Schutz, welchen die Bundesbehörde gegen
Gewaltthaten, sei es, Weißer, oder Schwarzer, Bürger, oder Fremder ge=
währt, stets so vollständig bleiben wird, wie er es seit unserer Ankunft gewe=
sen ist, und daß sie sich darauf unter allen Umständen und überall (tous les
instants) weit besser werden verlassen können, als auf den irgend einer im=
provisirten Organisation bewaffneter Privatleute.

Sobald die Einwohner der Stadt durch eine öffentliche und corporative
Handlung ihre Loyalität, resp. Neutralität manifestiren werden, werde ich
mit Vergnügen ihre Hülfe zur Erhaltung der öffentlichen Ruhe in Anspruch
nehmen.   Bis dahin aber werde ich die Waffen aller Einwohner, weiß oder
schwarz, in m e i n e Verwahrung nehmen.   Womit ich die Ehre habe ꝛc."

Um die Auslieferung der von ihren Eigenthümern versteckten Waffen zu
bewirken, erschien folgender Generalbefehl:

New Orleans, 16. August 1862.

Es wird hierdurch verordnet: I. Daß vom Dienstag, den 13. d. M. an, für solche
Mittheilungen, welche zur Entdeckung von Waffen führen, die nicht auf Grund schrift=

licher Erlaubniß der Bundesbehörde in Privatbesitz befindlich, sondern von ihrem Eigenthümer versteckt sind, die folgenden Belohnungen gezahlt werden sollen:

Für jede brauchbare Flinte, Muskete oder Büchse . . . $10
„ „ Revolver 7
„ „ Pistole 5
„ „ Säbel, oder Offiziersdegen 5
„ „ Dolch, Bowiemesser oder Stockdegen . . . 3

Die Waffen werden confiscirt und der Eigenthümer erleidet Gefängnißstrafe.

Da das Verbrechen eine aufrührerische Handlung gegen die Autorität der Vereinigten
Staaten ist, so verwirkt dadurch Derjenige, der sie begeht, gleichviel ob Bürger, oder
Fremder, sein Eigenthum. Es wird daher jeder Sclave, der solche Mittheilungen
macht, wodurch die von seinem Herrn versteckten Waffen entdeckt werden, frei.

II. Da die Bundesbehörden die Einwohner des Sprengels New Orleans entwaffnet
haben und manche Aengstliche glauben, daß sie der Waffen zum Selbstschutze gegen Gewaltthaten nicht entbehren können, so wird hierdurch verordnet,

Daß fortan die Verbrechen des Raubes oder schwerer Körperverletzung, gegen die
unter andern Umständen die Anwendung von Waffen gerechtfertigt wäre, so wie Einbruchdiebstahl, Nothzucht und Mord, gleichviel ob von Schwarzen oder Weißen begangen, mit dem Tode bestraft werden.

Erprobten, treuen Unionisten wurden ihre Waffen gelassen; ebenso einigen
Veteranen aus dem Kriege von 1812, als eine Auszeichnung für ihre früher
dem Vaterlande geleisteten Dienste. Viele Waffen blieben ohne Zweifel
noch versteckt, aber in so weit, als es eine etwaige Cooperation der Einwohner mit einem vor der Stadt erscheinenden feindlichen Heere betraf, war die
Entwaffnung vollständig. Im Ganzen wurden etwa 6000 Waffen eingeliefert.

Vier und zwanzigstes Capitel.

Das Confiscationsgesetz.

Am 17. Juli sanctionirte der Präsident das Gesetz, welches die Confiscation des Eigenthums von Rebellen aussprach.

Schon vorher hatte sich General Butler die Freiheit genommen, das Eigenthum zweier notorischer Verräther, des Gen. Twiggs und John Slidell's zu sequestriren. Während die gerichtliche Disposition darüber vorbehalten blieb, wählte der General das geräumige Haus des General Twiggs zur Wohnung für sich und einen Theil seines Stabes. Unter den in diesem Hause gefundenen Papiere, waren Briefschaften, aus welchen hervorging, daß Twiggs, als er um das Commando in Texas nachsuchte, bereits die bestimmte Absicht hatte, seine Armee zu verrathen,—ein Verbrechen, für welches die Geschichte der Ver. Staaten nur noch ein einziges Beispiel aufweist. Twiggs, überzeugt, daß solche Ruchlosigkeit nicht unbestraft gelassen werden könne, war bei der Annäherung der Flotte aus New Orleans geflohen. Er starb bald nachher, doch nicht ehe er erfahren hatte, daß die Flagge seines verrathenen Vaterlandes über seinem Hause, als dem Hauptquartier der Occupationsarmee wehe.

Drei Ehrendegen, die ihm wegen seiner in Mexico bewiesenen Tapferkeit (vom Congreß, von dem Staate Georgia und von der Stadt Augusta) geschenkt worden waren, hatte er in der Obhut einer jungen Dame zurückgelassen, die sie als ihr Privateigenthum beanspruchte. Sie versicherte, daß Twiggs ihr die Degen, sowie eine Chatoulle mit Silbergeschirr zum Neujahrs-Angebinde geschenkt habe. Allein die Thatsachen machten diesen auf so sonderbare Weise motivirten Besitzanspruch zu Nichte. Erstens fand sich, daß Twiggs die Degen und die Kiste nicht am Neujahrstage, sondern im Augenblicke seiner Flucht aus der Stadt in die Wohnung der Dame gebracht hatte. Zweitens ergab ein strenges Verhör der Familie der Dame, daß sie niemals zu irgend einem ihrer nächsten Angehörigen auch nur ein Wort über das seltsame Geschenk erwähnt hatte. Drittens hatte Twiggs den Gegenständen einen Zettel beigelegt, auf welchem stand: „Ich hinterlasse (leave) dem Fräulein Rowena Florence meine Degen und Silberchatoulle, 25. April 1862. D. E. Twiggs." Und es ward ermittelt, daß er diesen Zettel in höchster Eile, schon im Kutschenschlage stehend, geschrieben hatte.

Unter diesen Umständen schenkte Gen. Butler den Betheuerungen des Fräuleins keinen Glauben und sendete die Degen an den Präsidenten der Ver. Staaten. Er schlug vor, daß der eine vom Congreß einem Offizier, der sich während des jetzigen Krieges ausgezeichnet hätte, gegeben; der zweite, mit einer angemessenen Inschrift versehen, in der Militäracademie zu West= point und der dritte als Andenken an eine so thörichte „Erfindung," wie die Sezession, im Patentbureau zu Washington deponirt werde. Indem der Präsident die Degen dem Congresse zusandte, bemerkte er dazu, daß wenn einer der Degen einem Offizier der Armee gegeben werden solle, Gen. But= ler den ersten Anspruch darauf habe.

Den vom Staate Kentucky dem Gen. Zachary Taylor votirten Ehren= degen rettete Gen. Butler ebenfalls aus Verrätherhand und sandte ihn dem Sohne des ursprünglichen Besitzers, dem Bundesbrigadegeneral Joseph Taylor.

Das Confiscationsgesetz theilte die Rebellen in zwei Klassen. Das Ei= genthum der einen Klasse (bestehend aus allen Civil= und Militärbehörden der Conföderirten Staaten, sowie der einzelnen Rebellenstaaten und aus sol= chen Bürgern loyaler Staaten, die der Rebellion Hülfe und Vorschub leiste= ten) sollte sofort und unbedingt, wo, wie und wann immer es in die Gewalt der Ver. Staaten fiele, confiscirt werden; das der zweiten Klasse (die Ge= meinen in der Rebellenarmee und alle solche Rebellen, die keine amtliche Stellung einnahmen) erst dann, wenn die darunter fallenden Individuen nicht innerhalb sechzig Tagen vom Datum einer desfallsigen Proclamation des Präsidenten an gerechnet, ihre Waffen niederlegen, resp. zu ihrer Bundes= pflicht zurückkehren würden. Da die Proclamation am 25. Juli erlassen wurde, so lief die Gnadenfrist am 23. September ab. Nach dieser Erklä= rung wird der Leser die Bedeutung des folgenden Erlasses und seine Wirkung auf die Sezessionisten in New Orleans beurtheilen können:

New Orleans, 13. September, 1862.

Da es binnen zehn Tagen von heute ab nothwendig werden kann, die illoyalen von den loyalen Bürgern und den ehrlich neutralen Einwohnern, die in diesem Departement wohnen, zu unterscheiden, so wird hierdurch verordnet: Daß jeder dahier wohnende neutrale Ausländer sich behufs seiner und seiner Familie Registrirung mit dem documentarischen Beweise seiner Staatsangehörigkeit bei dem nächsten Profoßmarschall melde.

Registrirt werden: der Geburtsort; die Zeitdauer des Aufenthalts in den Ver. Staaten; die Namen der Familienmitglieder; gegenwärtiger Wohnort (Straße, Hausnummer u. s. w.); Beschäftigung; Datum des Schutzbriefes oder der Naturalisationsbescheinigung.

Alle falschen, oder simulirten Ansprüche auf fremde Staatsangehörigkeit werden aufs strengste bestraft.

Diese Vorausverkündigung kommenden Unheils lenkte die Aufmerksamkeit auch auf die Bestimmung des Confiscationsgesetzes, durch welche alle nach Ablauf der sechzig Tage bewirkten Eigenthumsveräußerungen für null und nichtig erklärt wurden. Sofort begann eine so allgemeine Uebertragung von Grundeigenthum, wie die Stadt sie nie erlebt hatte. Grundstücke wurden verschenkt, oder um einen Pappenstiel verkauft, kurz alle bekannten Formen simulirter Eigenthumsveräußerung in Anwendung gebracht, bis es den Anschein gewann, daß am 23. September kein Rebell in New Orleans noch irgend Etwas besitzen und das ganze Eigenthum der Stadt sich in den Händen derjenigen Bewohner befinden würde, die den Treueid geleistet hatten, oder im Besitze weit entfernt wohnender Unbekannter, oder von Frauen und Minorennen. Gen. Butler wendete seine autokratische Macht an, um diesem Unfug einen Riegel vorzuschieben, wie folgt:

New Orleans, September 1862.

1. Alle Uebertragungen von Real- und Personaleigenthum, ausgenommen nothwendige Nahrungsmittel, Arzneien und Kleidung, erfolgen sie nun im Wege des Verkaufs, des Geschenks, der Verpfändung, Abzahlung, Verpachtung, oder des Darlehens, sind, wenn sie von solchen Einwohnern des Departements, die Bürger der Ver. Staaten gewesen und nicht zu ihrer Bundespflicht zurückgekehrt sind, vollzogen werden, verboten und nichtig. Sowohl Derjenige, der Eigenthum solchergestalt veräußert, wie Derjenige, der es annimmt, verfällt in Geld- oder Gefängnißstrafe, oder in beide.

2. Alle Ueberschreibungen von Aktien oder Antheilscheinen von incorporirten Kapitalgesellschaften, an denen irgend ein Einwohner dieses Departements, der Bürger der Ver. Staaten gewesen und nicht zu seiner Bundespflicht zurückgekehrt ist, ein Interesse hat, sind verboten, und der Secretär, oder sonstige Beamte, der solche Uebertragung vornimmt, verfällt in gleiche Strafe, wie Derjenige, für den er sie vornimmt."

Einige schlaue Kunden hatten, das Uebel voraussehend, schon lange vorher sich durch Scheinübertragungen ihres Eigenthums bettelarm gemacht. Die von der Regierung acceptirten Entscheidungen Reverdy Johnsons hatten den Eindruck erzeugt, daß solchen in rechtlicher Form ausgestellten Scheindocumenten die Kraft eingeräumt werden würde, Gesetze des Congresses und die

Verordnungen des Gen. Butler zu annulliren. Demgemäß hatten viele be=
güterte Rebellen ihre werthvollsten Besitzthümer im Wege des Scheinver=
kaufs für lächerlich geringe Summen an Andere übertragen. Gen. Butler
sequestrirte verschiedene so veräußerte Besitzthümer, vorbehaltlich einer ge=
richtlichen Entscheidung über die Statthaftigkeit seines Verfahrens. Einen
besonders flagranten Fall dieser Art legte er als eine Probe für die übrigen
dem Staatssecretär vor. Die desfallsige Depesche möge hier eine Stelle
finden, einmal weil sie ein helles Licht auf die Zustände in New Orleans und
die Schwierigkeiten der Stellung Butlers wirft; sodann, weil man Grund
zu vermuthen hat, daß diese Depesche eine sehr directe Beziehung auf die
nachmalige Abberufung Butlers von seinem Commando hatte:

Gen. Butler an Herrn Seward.
New Orleans, 19. September 1862.

Geehrter Herr,

Ich beehre mich, Ihnen folgende Thatsachen zu unterbreiten:

C. McDonald Fago, ein seit vielen Jahren in New Orleans ansässiger
Engländer, erhebt Besitzanspruch auf das von den hiesigen Bundesbehörden
unter den folgenden Umständen mit Beschlag belegte Eigenthum der Firma
Wright & Allen dahier.

Wright & Allen sind Baumwolle=Makler, die außerhalb der Stadt New
Orleans ein Eigenthum von circa zwei Millionen Dollars haben. Sie sind
rabiate Rebellen und gehörten zu Denen, welche durch öffentliche Bekannt=
machung die Pflanzer aufforderten, ihre Baumwolle nicht zu Markte zu sen=
den, damit die europäischen Mächte gezwungen würden, zu interveniren.

Bald nachdem wir nach New Orleans gekommen waren, verpfändeten sie
ihr hier belegenes, aus einem Hause bestehendes Eigenthum für $60,000 an
einen Pflanzer im Staate Arkansas und verkauften dann ihren Antheil,
sammt dem Mobiliar für $5000 an Fago, so daß gegen 4500 Dollars Zinsen
jährlich zu zahlen wären, ohne irgend eine Gegeneinnahme. Statt der Zah=
lung gab er indessen nur seinen eigenen Accept auf zwölf Monate, der an
ihren Freund, den Pflanzer in Arkansas, geschickt wurde.

Wright & Allen prahlten offen damit, daß sie den Treue=Eid niemals lei=
sten würden und hetzten andere auf, ihn ebenfalls zu verweigern. Um sich
des letzten Restes von greifbarem Eigenthum zu entäußern, auf welchen das
Confiscationsgesetz Anwendung finden könnte, gaben sie der Wittwe ihres
verstorbenen Compagnons, einer Irländerin, ihren Accept für 3500 Dollars,
verkauften dann an sie ihr Silbergeräthe für diese Summe und schickten es
unter einem andern Namen nach Liverpool.

Viele Andere folgen ihrem Beispiel. In der That, fast alles Eigenthum in New Orleans geht in den Besitz von Ausländern oder Frauen über, um den Wirkungen des Confiscationsgesetzes entzogen zu werden.

Da ich das für bedauerlich und unstatthaft halte, habe ich beschlossen, die Sache zu einer Entscheidung zu bringen und daher das in Rede stehende Eigenthum in Beschlag genommen, bis eine Entscheidung des competenten Gerichts erfolgen kann.

Fago seinerseits hat sich nach Washington gewendet und die Herausgabe des Eigenthums begehrt. Wenn in diesem Falle eine Desavouirung meines Verfahrens stattfinden sollte, so wird es so gut wie unmöglich werden, die Ordnung in der Stadt zu erhalten. Diesem nämlichen Fago ist bereits durch eine Entscheidung Reverdy Johnsons eine große Partie Zucker, die einem Adjutanten des Gouverneur Moore gehörte, herausgegeben worden. Durch diesen Erfolg ermuthigt, versucht er es nun mit mehr. Wenn seinem Verlangen Statt gegeben wird, so würde ich wünschen, daß die Regierung einen andern, als mich, mit der Verwaltung von New Orleans betraute. Ich nehme keinen Anstand zu sagen, daß Sie nur noch einen zweiten solchen Commissär, wie Herrn Johnson, hierher zu senden brauchen, um New Orleans unhaltbar zu machen. Die Stadt gerieth, während derselbe hier war, in einen solchen Zustand, daß er selbst mir gestand, er könne aus fortwährender Furcht vor einem Aufruhr gar nicht schlafen und ohne nur seine Aufgabe zu vollenden, in höchster Eile entfloh, als er hörte, daß Baton Rouge angegriffen werden würde.

In Folge seiner Sendung hieher ist die Meinung entstanden, daß die Regierung mich desavouirt, daß ich bald meines Commandos enthoben werden soll, daß alle meine amtlichen Handlungen umgestoßen werden sollen, und daß ein Rebell hier Alles thun kann, was ihm beliebt, ohne mehr befürchten zu müssen, als eine kurze Haft, da mein Nachfolger ihn augenblicklich entlassen werde.

So weit geht das schon, daß die wegen großen Diebstahls, Straßenraubs und ähnlicher Verbrechen im Countygefängnisse inhaftirten Sträflinge, in bescheidener Nachahmung der Consuln, sich entschlossen haben, einen Agenten nach Washington zu senden mit der Bitte, daß ein „Commissär" hierher gesandt werde, um die von den Herren Spitzbuben gegen den Profoßmarschall erhobenen Beschwerden zu untersuchen.

Wie Alexander der Kupferschmidt mit seinem Geschrei: „Groß ist die Diana der Epheser," so hat mir Johnson mit seinem: „Die Sclaverei ist in Gefahr," in Louisiana viel Schaden gestiftet, von dessen Wirkungen ich mich eben erst erhole. Die einzige Furcht, die ich jetzt habe, ist, daß, wenn die letzten Nachrichten wahr sind, Hr. Johnson in Baltimore noch viel mehr Furcht für die Sicherheit seiner theuren Person haben wird, als in New Orleans und daß er um seiner Sicherheit willen hierher zurückkehren wird, besonders da die Zeit des gelben Fiebers vorüber ist.*

Ich habe Ihnen den Thatbestand des vorliegenden Falles unter anderem auch aus dem Grunde vorgelegt, weil in den Berichten des Herrn Johnson, wie er sie den hiesigen Consuln mitgetheilt hat, jedes Factum, das nur im entferntesten als Rechtfertigung für meine Handlungen dienen könnte, unterdrückt worden ist und einseitige Aussagen von Individuen, die ich grade der betrügerischen Uebertragung großer Eigenthumsbeträge überführt hatte, die einzige Begründung dieser Berichte bilden.

Doch selbst aus diesen Berichten erhellt, daß mehr als drei Viertel Millionen Contanten in die Hände eines gewissen Forstall überliefert worden sind. Dieser Forstall ist ein Hauptmitglied der "Southern Independence Association," deren Mitglieder sich durch einen fürchterlichen Eidschwur verpflichteten, „allen Versuchen zur Wiederherstellung der Union bis in den Tod zu widerstehen," ein Spießgeselle Pierre Soulés in dem Comité, welches, als die Flotte die Forts passirte, für mehr als zehn Millionen Dollars Eigenthum zerstören ließ, damit es nicht in den Besitz der Bundesbehörden falle.

Ich bitte Sie zu bemerken, daß, indem ich die Einseitigkeit des Johnson'schen Berichts hervorhebe, darin keine Beschwerde über Sie liegen soll. Wenn es nothwendig ist Thatsachen zu unterdrücken, den Handlungen eines commandirenden Generals allerlei Motive unterzuschieben, oder sie zu desavouiren, oder Diejenigen, welche den Untergang der Republik erstreben, glauben zu machen, daß diesem General wegen seiner Strenge das Obercommando in New Orleans entzogen sei, wie das Alles in Ihrer Depesche an den holländischen Gesandten geschehen ist, so füge ich mich ohne Widerrede dem Gebote der Staatsraison. Ich habe wohl der Sache meines Vaterlandes noch größere Opfer dargebracht, und bin noch jederzeit Willens größere darzubringen als das. Aber wenigstens wünsche ich es nur dann zu thun, wenn meine Aufopferung der Sache des Vaterlandes Nutzen bringen kann. Und darum habe ich es für Pflicht gehalten, die Wirkung der Mission und der Berichte Johnsons, so wie Ihrer Depesche auf eine zu Unruhen geneigte, widerspänstige, erregbare, leidenschaftlich-rachsüchtige, brutalisirte, halb ausländische Bevölkerung zu schildern, die durch übertriebene Gerüchte von den Siegen der Rebellen in Virginien in die wahnsinnigste Aufregung

---

* Die Rebellenarmee war damals in Maryland.

versetzt ist und in ihrer Widerspänstigkeit durch die zweifache Hoffnung bestärkt wird, daß sie entweder durch die militärischen Erfolge der Rebellion, oder durch das Einschreiten der Bundesregierung zu ihren Gunsten bald von der einzigen Verwaltung erlöst werden wird, welche jemals in der Stadt Ruhe, Ordnung und Gesetz aufrecht zu erhalten vermocht hat. Ihrer Instructionen gewärtig, zeichne ich, u. s. w.

Benjamin F. Butler

Dieser Brief setzte den Unterschied zwischen Butlers und Johnsons (das heißt Sewards) Art, mit den Rebellen umzugehen, in helles Licht und verdient um so mehr der Oeffentlichkeit übergeben zu werden, als Herr Seward es nicht für nöthig erachtet hat, es zu thun.

Nachdem die sechzigtägige Gnadenfrist abgelaufen war, erschien folgender Generalbefehl:

New Orleans, 24. September, 1862.

Alle in diesem Departement wohnhaften, über 18 Jahre alten Individuen männlichen oder weiblichen Geschlechts, die jemals Bürger der Vereinigten Staaten gewesen sind und bis dato ihre Treue (allegiance) den Vereinigten Staaten nicht neu bekräftigt haben, oder die irgendwie den sogenannten Conföderirten Staaten huldigen, müssen bis zum 1. Oktober beim nächsten Profoßmarschall ein genaues Verzeichniß ihres gesammten beweglichen und unbeweglichen Eigenthums einreichen; ebenso eine genaue Bezeichnung ihrer Wohnung und Beschäftigung, wogegen sie von dem Profoßmarschall eine Bescheinigung der Thatsache, daß sie als Feinde der Vereinigten Staaten registrirt sind, empfangen werden.

Wer es unterläßt, sich solchergestalt registriren zu lassen, verfällt in Geld- oder Zwangsarbeitsstrafe, oder in beide, und all sein Eigenthum wird zur Strafe für seine Pflichtversäumniß confiscirt.

Am 1. Oktober muß jeder Hausbesitzer beim nächsten Profoßmarschall eine Namensliste aller in seinem Hause wohnenden über 18 Jahre alten Individuen einreichen, und zwar muß diese Liste enthalten: Namen, Geschlecht, Alter und Beschäftigung jedes Individuums, ferner die Angabe, ob es ein registrirter Ausländer, ein registrirter Feind der Vereinigten Staaten ist, oder ob er den Treue-Eid abgelegt hat, oder endlich ob er weder den Eid abgelegt hat, noch sich als neutraler Ausländer, oder Feind hat registriren lassen. Ein Hausbesitzer, der es unterläßt, eine solche Liste einzureichen, oder der eine falsche Liste einreicht, verfällt in Geld- oder Zwangsarbeitsstrafe, oder beide.

Jeder Polizeiofffiziant ist dafür verantwortlich, daß jeder Hausbesitzer in seinem Revier, der nicht binnen drei Tagen vom 1. Oktober ab eine solche Liste einreicht, dem Profoßmarschall angezeigt wird. Für jeden Tag der Zeit, während welcher der Polizist diese Anzeige unterläßt, werden ihm 5 Dollars von seinem rückständigen Gehalte abgezogen, und er verliert sein Amt. Bei der Ueberführung eines von ihm wegen Nichteinreichung der Liste angezeigten Hausbesitzers erhält der Polizist 5 Dollars Belohnung.

Wer bis zum 1. Oktober ehrlich und aufrichtig den Vereinigten Staaten Treue ge= lobt und das Gelöbniß rechtschaffen hält, wird dem Präsidenten zur Begnadigung empfohlen werden.

In Folge dieser Ordre drängten sich Tausende der „ritterlichen" Söhne des Südens nach den zur Abnahme des Treue=Eides designirten Amtslo= kalen unter der allgemeinen Lesung: „Ein Eid, welchen wir den Yankees leisten, um unser Eigenthum zu retten, braucht nicht gehalten zu werden." Als Feinde der Vereinigten Staaten ließen sich noch nicht ganz 4,000 ein= tragen. „Solche Leute," sagte das Delta, „die den Eid leisten und nachher mit höhnischem Grinsen sagen, daß er nicht weiter reicht, als bis dahin (auf den Hals zeigend), mögen sich merken, daß wenn sie ihn da stecken lassen und sich demgemäß aufführen, sie in großer Gefahr stehen, eines schönen Morgens daran zu e r w ü r g e n ."

Ehe Gen. Butler das Departement verließ, hatten 60,000 Einwohner dem Bunde den Eid der Treue geleistet.

Der Rebellengeneral Jeff. Thompson, der damals in der Nähe der Bun= deslinien commandirte, gab bei dieser Gelegenheit auch sein Wort mit drein. Er mußte dem General Butler das folgende Billet zuzustellen:

P o n c h a t o u l a , 28. September, 1862.

Herr General: Wir danken Ihnen für Ihre Generalordre No. 76. Sie wird uns als M u s t e r sehr gute Dienste leisten, wenn wir nach New Orleans, St. Louis, Louisville, Baltimore und Washington kommen, was in wenigen Tagen geschehen wird. Bisher waren wir noch nicht recht im Klaren darüber, wie wir es anfangen sollten. Nur so fortgefahren! Je toller, je besser!

Ergebenst   J e f f e r s o n T h o m p s o n ,
Brigadegeneral der Conföderirten Staaten.

Nun, darüber konnte Gen. Butler allenfals lachen, aber er erhielt auch andere Zuschriften, die ihm wirkliche Bekümmerniß bereiteten. So schrieb ihm der allgemein hochgeachtete und beliebte Dr. Mercer:

„Sie werden wohl aus unsern Gesprächen miteinander entnommen haben, daß ich den Conföderirten Staaten keinen Treue=Eid geleistet habe, kein Mitglied irgend einer öffentlichen Körperschaft gewesen bin und seit Ihrer Ankunft mich streng neutral verhalten habe. In Gemäßheit Ihrer Ordre No. 76, werde ich ein im Wesentlichen genaues Verzeichniß all meines hiesi= gen Eigenthums machen, mit Ausnahme von etwa $3,000, größtentheils in Gold, die ich für die schlimmsten Fälle zurückgelegt habe. Ich erwähne dies nur, um jedem Mißverständnisse vorzubeugen. Ihr Befehl eximirt nur Solche, die den Treue=Eid geleistet haben, aber ich kann nicht glauben, daß

Sie auch Solche, die sich in meiner Lage befinden, unter die Feinde der Vereinigten Staaten rechnen werden. Eine solche Auffassung würde, meiner Meinung nach, ebensowohl mit dem Gesetze, wie mit der Proclamation des Präsidenten Lincoln in Widerspruch stehen."

Gen. Butler erwiderte:

„Nach meiner Ansicht existirt der Begriff der Neutralität nicht für einen Bürger der Vereinigten Staaten in dem gegenwärtigen Kampfe um die nationale Existenz. Ich wenigstens kann solche Neutralität nicht gelten las=sen. Wer nicht mit uns ist, ist gegen uns. Von allen gutgesinnten Bür=gern wird erwartet, daß sie ihren ganzen Einfluß dem Bunde leihen. Wer das nicht thut, ist ein Feind der Vereinigten Staaten. Die Scheidelinie muß in vollster Schärfe gezogen werden; jeder Bürger muß seine Stellung diesseits oder jenseits dieser Linie wählen.

Es thut mir Leid, daß Ihre Auslegung des Confiscationsgesetzes und der Proclamation des Präsidenten von der meinigen abweicht; allein ich kann nicht gestatten, daß irgend ein Theil Ihres Eigenthums auf dem einzurei=chenden Verzeichnisse ausgelassen werde. Es ist möglich und ich hoffe es, daß Sie keine Handlung begangen haben, welche die Verwirkung Ihres Vermögens nach sich zieht, allein darüber zu entscheiden ist Sache der Mili=tär= oder Civilgerichte. Mit Vergnügen bekenne ich, daß Ihre lange, ehrenvolle Laufbahn als Mensch und Beamter mir die aufrichtigste Achtung vor Ihrem persönlichen Character einflößt, doch im gegenwärtigen Falle habe ich es nur mit Ihrer Pflicht als Bürger der Vereinigten Staaten zu thun. U. s. w."

So genöthigt eine Stellung „diesseits oder jenseits der Scheidelinie zu wählen, zog Dr. Mercer es vor, sich als Feind seines Vaterlandes registriren zu lassen. Nach Butlers Abberufung entwich er nach New York, wo er noch wohnt.

Dem Rathe Jeff. Thompsons, „nur so fortzufahren" entsprechend, wid=mete Gen. Butler auch den Waffengefährten dieses spaßigen Rathgebers seine Aufmerksamkeit. Unterm 17. October erließ er einen Generalbefehl, gerichtet an die bevollmächtigten Mandatare „aller im Dienste der sogenann=ten Conföderirten Staaten stehenden Individuen, sowie aller solcher Man=danten, die dem Bevollmächtigten nicht als loyale Bürger der Vereinigten Staaten oder als ehrlich neutrale Ausländer bekannt sind." Diesen Bevoll=mächtigten ward befohlen, alle Gelder, Güter, Waaren, 2c., welche sie für ihre Mandanten in Verwahrung hätten, vorläufig inne zu behalten und bis zum 1. November ein genaues Verzeichniß davon einzureichen. Für jeden Eigenthumsbetrag, den sie ihren Mandanten zukommen lassen würden, wur=

ben sie mit ihrem eigenen Vermögen haftbar gemacht. Alle fällig werdenden Miethzinse für Grundstücke, deren Eigenthümer Rebellen waren, mußten an die militärische Stadtbehörde bezahlt werden.

Um dieses Capitel zu vervollständigen, ist nur noch hinzuzufügen, daß Anfangs Dezember allen registrirten Feinden die Erlaubniß ertheilt ward, New Orleans auf Nimmerwiederkehr zu verlassen. Mehrere Hunderte machten, zur großen Genugthuung der loyalen Einwohner, von dieser Erlaubniß Gebrauch.

Diese mit Strenge durchgeführten Maßregeln waren es, wodurch die Sezessionisten in New Orleans unterjocht und aller Fähigkeit, den im Felde stehenden Rebellen Hülfe zu leisten, beraubt wurden. Nur durch solche Unschädlichmachung der kleinen, aber mächtigen Partei, welche die Rebellion in Scene gesetzt hatte, konnte die aufrichtige Rückkehr Louisianas in sein altes Verhältniß zum Bunde vorbereitet werden. Um die Wiedergeburt des Staates zu vervollständigen, war es nothwendig, derjenigen Majorität der Bevölkerung, deren Interessen mit denen des Bundes identisch waren, Selbstgefühl einzuflößen, ihre Interessen und Rechte zu schützen und sie auf eine höhere Stufe der Gesittung zu heben. Die Lösung dieser großen und schwierigen Aufgabe konnte General Butler nur eben beginnen. Nachdem er, wie der Hinterwäldler den Urwald gelichtet, die Sümpfe entwässert, alles schädliche Gethier verjagt, kurz alle grobe Arbeit verrichtet hatte, ward er abberufen. Schon im nächsten Jahre würde das Feld eine Ernte gegeben haben, wenn es noch länger von dem vollständigen Landwirth beackert worden wäre.

Fünf und zwanzigstes Capitel.

Die Geistlichkeit in New Orleans war, wie sich denken läßt, sezessionistisch. Ein Geistlicher, der während der letzten zwanzig Jahre im Süden hatte leben können und dem erlaubt worden war, dort zu predigen, mußte bereit sein, alle seine Ueberzeugungen auf dem Altar des Götzenbildes der Sclaverei zu opfern. Ein angesehener Geistlicher sagte öffentlich, so fest auch sein Glaube an die besondere Gnade Gottes sei, so würde doch dieser Glaube aufs Schwerste erschüttert werden, wenn in diesem Sommer nicht das gelbe Fieber in New Orleans erschiene.

Als General Butler an die Vollstreckung des Confiscationsgesetzes ging, suchte der protestantisch-bischöfliche Prediger Dr. Leacock (derselbe, der bei dem Leichenbegängniß des Lieut. De Kay zu assistiren versprochen, aber sein Wort gebrochen hatte) um Dispensation von der Verpflichtung nach, entweder den Treue-Eid zu leisten, oder sich als Feind der Vereinigten Staaten zu declariren. Er versicherte, daß er unionistisch gesinnt sei, aber den Eid leisten—nein, dazu mochte er sich doch nicht entschließen. Derselbe Mensch aber hatte im November, 1860, eine Predigt zu Gunsten der Sezession gehalten, die so vollständig mit den Gesinnungen der Sezessionisten harmonirte, daß vier Auflagen, zusammen von 30,000 Exemplaren, davon verkauft wurden. Die Predigt war voll der bekannten blödsinnigen Tiraden über die „Abolitionisten," „die fanatischen Scheusale des Nordens," „John Brown und seine Mörderrotte" und „die gotteslästerlichen Prädikanten," welche durch ihre Hetzereien die „blutdürstigen Fanatiker" aufgestachelt hätten, sich auf den armen, unschuldigen, harmlosen, nichts Böses ahnenden Süden zu stürzen. Der Schluß der Harangue lautete:

„Vor wenigen Wochen rieth ich euch, jede Ueberstürzung zu vermeiden, doch mit voller Entschlossenheit nach den Geboten der Vernunft und Religion zu handeln. Ich wiederhole auch jetzt diesen Rath. Aber ich stehe zu euch. Ich fühle mich als Südländer. Die Ehre des Südens ist meine Ehre; die Herabwürdigung des Südens meine Herabwürdigung. Als Südländer spreche ich denn hier meine feste und unwandelbare Ueberzeugung aus, daß uns jetzt nichts Anderes mehr übrig bleibt, als Sezession. Ich gebrauche das Wort ungern, aber es ist das einzige, was meine Gesinnung bezeichnet. Nicht wir reißen uns los—unsere Feinde haben sich losgerissen; wir halten zur Constitution—unsere Feinde nicht; und wir rufen ihnen zu: „Wenn ihr nicht mit uns gehen wollt, wollen wir auch nicht mit euch gehen. Ihr mögt euch eine neue Constitution geben, wir aber wollen der nachleben, die unsere Väter uns hinterlassen haben." Das ist es, was unsere Ehre von uns erheischt; das einzige, was die Union retten kann, wenn sie überhaupt noch zu retten ist. Ich weiß, daß die Folgen solchen Auftretens, wenn nicht Umsicht und Besonnenheit dabei walten, gefährlich sind. Aber möge auch Gut und Blut dabei gewagt werden, so geben wir wenigstens nicht unsere Freiheit und Ehre Preis. Wenn Ehre und Freiheit gebieten, bin ich bereit zu sterben—ein freier Mann! Aber niemals, niemals will ich als ein Knecht leben. Und dies ist die einzige Wahl, die unsere Feinde uns gelassen haben: Sezession oder Knechtschaft. Machen wir daraus den Losungsruf: Freiheit, oder Tod!"

Gen. Butler verwies den Applikanten auf diese Tirade als hinlängliche Widerlegung seiner Loyalitätsbetheuerungen. Leacock antwortete darauf, daß er die angeführte Stelle nicht von der Kanzel herabgesprochen habe, daß er übrigens das Manuskript seiner Predigt nicht mehr besitze, da er es unmittelbar nach dem Vortrag derselben, dem Stenographen, behufs etwaiger Berichtigung seiner Notizen gegeben und nie zurückerhalten habe, endlich, daß er den Verleger vor Zeugen aufgefordert habe, in späteren Auflagen die obige Stelle wegzulassen. Daß diese Stelle nicht von ihm geschrieben worden sei, wagte er nicht zu behaupten. Dagegen versicherte er, daß er wenige Wochen n a ch der angeführten Predigt eine andere gehalten und darin mit großer Begeisterung für die Erhaltung der Union gebetet habe. Zur Erbauung Butlers führte er aus dieser zweiten Predigt eine Stelle an, in welcher es hieß:

„Die Zerstörung der Union! O, es giebt in der ganzen civilisirten Welt nicht einen Ort, wo eine solche Katastrophe nicht mit tiefem Schmerz vernommen werden würde. Das Klagegeschrei, womit die Väter in Aegypten beim Tode ihrer Erstgeborenen die Lüfte erfüllten, wird aus unserer Seele hervorbrechen, wenn dieses unselige Ereigniß eintritt. Alle Nationen würden es als ein Unglück für die ganze Menschheit beklagen; u. s. w. Mögen

die Fanatiker des Nordens bedenken, mögen sie erkennen, daß sie es der
Welt, wie dem Süden schuldig sind, die Wunden zu heilen, die sie geschlagen
haben, und unserm Vaterlande Friede und Eintracht wiederzugeben."

Wie man sieht, bestand hiernach der Unionismus des versatilen Predigers
darin, daß er die freien Staaten („die Fanatiker des Nordens") aufforderte
Alles, was sie durch die Wahl von 1860 entschieden zu haben glaubten,
aufzugeben, und sich blindlings allen Forderungen des Südens zu unterwerfen, wofür denn dieser sich bereit zeigen solle, das so lange mit Glück getrie-
bene Geschäft der unumschränkten Beherrschung des Landes fortzusetzen.

Da General Butler keine fernere Correspondenz mit dem Geistlichen zu
führen wünschte, ließ er ihn durch seinen Adjutanten Puffer mündlich fragen,
ob er jemals die oben angeführte secessionistische Tirade widerrufen, oder
desavouirt, oder ob dies irgend ein anderer in seinem Namen gethan habe.
Die Antwort war: „Ich weiß es nicht. Ich weiß nur, daß ich den Stenographen mündlich und schriftlich bat, jene Schlußstelle auszulassen, da ich sie
nicht gesprochen habe. Mit andern Worten, der brave „Unionsmann" hatte
in Ruhe zehntausende von Exemplaren seiner zur Zertrümmerung der Union
auffordernden Rede verkaufen sehen und sich der Popularität erfreut, die ihm
zu jener Zeit solche Aufforderungen einbrachten, ohne es der Mühe für
werth zu halten, die Thatsache zu constatiren, daß er sie nie so gehalten habe.

An demselben Tage, wo er dem Hauptmann Puffer diese Antwort gegeben
hatte, suchte Leacock seine Correspondenz mit Butler noch einmal zu eröffnen
und richtete an ihn einen Brief, der sich wie die in witzloses Gewäsch über-
setzte Kapuzinerpredigt liest. Als Text der Predigt dienten die Worte:
„Du frißest das Volk Gottes, als ob es Brod wäre" und es hieß darin u.
a.: „Herr General, Sie spielen ein gefährliches Spiel mit der öffentlichen
Sittlichkeit, Sie richten furchtbare Verheerungen in den Seelen der Kinder
Gottes an. Tausende haben Meineide geschworen, Tausende legen falsch
Zeugniß ab vor dem Herrn und geloben was sie nicht zu halten gedenken.
Das Gesetz, unter dem Sie handeln, hat nimmer solche Ruchlosigkeit be-
zweckt; doch wenn dem auch so wäre, so müßten Sie ihm als Mensch und
Christ keinen Gehorsam leisten, denn der Gehorsam gegen Menschengebot
hört auf, wo die Uebertretung der göttlichen Gebote beginnt. Doch es ist
nicht das Gesetz, das Sie zwingt, so zu handeln, sondern Ihr eigener Wille.
Sie machen Ihren Willen zum Gesetz, vor dem alles Volk sich beugen muß.
Im Gehorsam gegen Ihre Gebote verleugnen die Unseligen ihren Gott und
stürzen sich dem Beelzebub in die Arme. Ich aber sage mit dem Apostel:
Wehe Dem, durch den Aergerniß kommt." Und in diesem Tone ging es
mehrere Seiten lang fort, drohend und bittend, scheltend und greinend, pol-

ternd und zum Schluß kriechend. Dann zuletzt hieß es: „General Butler,
Gott hat Ihnen ein großes Pfund gegeben, und ich bitte den Herrn, daß
Sie damit wuchern mögen zu seinem Ruhme und zu seiner Ehre. Aber
um das zu thun, müssen Sie auf andern Wegen wandeln, als bisher. Ich
bitte Sie, die Freiheit die ich mir genommen habe, zu verzeihen. Ich hege
große Theilnahme für Sie und was ich gesagt habe, ist nur ein Beweis der
Aufrichtigkeit meiner Wünsche für Ihr Seelenheil. Möge Gott Ihnen
Gnade geben, daß Sie Ihren Irrthum einsehen und möge er Sie in der
treuen Erfüllung Ihrer schweren und mannichfaltigen Pflichten unterstützen."
Eine Antwort auf diese Sittenpredigt ward nicht ertheilt. Einige Tage
später jedoch ereignete sich ein Vorfall, welcher den General Butler in so di=
recten Conflict mit der bischöflichen Kirche brachte, daß New Orleans nicht
mehr groß genug für beide Theile blieb.

An einem Sonntag im Oktober fiel es dem Major Strong ein, dem Got=
tesdienste in der dem Hauptquartier gegenüber gelegenen Kirche des Pastor
Goodrich beizuwohnen. Alles ging gut, bis der Prediger an die Stelle der
Liturgie kam, welche ein Gebet für den Präsidenten der Ver. Staaten ent=
hält. Diese Stelle ließ er aus und forderte die Gemeinde auf, „einige
Minuten in stillem Gebet zu verbringen." Ueberrascht und
empört über eine so schnöde Art zugleich den Ritus der Kirche und die Be=
fehle des Generals bei Seite zu setzen, erhob sich der Major und rief:

„Halt, Herr Pastor! Ich erachte es als meine Pflicht, den Gottesdienst
zu schließen. Ich kam zu dem einzigen Zwecke hierher, mich zu erbauen, aber
da ich höre, daß Sie, Herr Pastor, das von Ihrer Agende ausdrücklich vor=
geschriebene Gebet für den Präsidenten der Ver. Staaten auslassen, so
erkläre ich die gottesdienstliche Handlung für beendet. Dieses Haus wird
binnen zehn Minuten geschlossen."

Der erstaunte Geistliche begann Einwendungen zu erheben.

„Ich lasse mich auf keine Erörterungen ein," rief der Major.

Der Geistliche war starr vor Zorn und Entrüstung und die anwesenden
Damen schossen aus ihren Augen giftige Pfeile auf den Major, der mit über
die Brust gekreuzten Armen bewegungslos dastand. Endlich sammelte der
Pastor sich so weit, daß er der Gemeinde den Kirchensegen ertheilen konnte;
die Gemeinde ging nach Hause und der Major erstattete dem Gen. Butler
Bericht.

Das brachte die Sache zum Klappen. Gen. Butler beschied die bischöfli=
chen Prediger Leacock, Goodrich, Fulton und andere vor sich, die alle das
Gebet für den Präsidenten ausließen und „im stillen Gebet" den Segen des
Himmels auf die Rebellion herabflehten. Geduldig und höflich erörterte

er mit ihnen die Sache aufs Ausführlichste und hielt ihnen eine Menge Stel=
len aus der Bibel, der Kirchengeschichte und den symbolischen Büchern ent=
gegen, um sie von der Unzulässigkeit ihres Verfahrens zu überzeugen. Sie
beriefen sich darauf, daß sie den Anordnungen ihres Obern, des Bischofs
(und Rebellengenerals) Polk, zu gehorchen hätten. Butler bestritt das Recht
dieses bischöflichen Soldaten, eigenmächtig die Liturgie zu verändern, und
erklärte, daß er unter den obwaltenden Umständen die geflissentliche Aus=
lassung des Gebets für das Landesoberhaupt als eine hochverrätherische
Handlung betrachten müsse. Gehorsam gegen die bestehende Staatsge=
walt, sagte er, sei gerade das charakteristische Kennzeichen, dessen sich die
anglikanische Kirche rühme und Niemand könne leugnen, daß die zur Zeit in
New Orleans bestehende Staatsgewalt die des Bundes sei. Ueberdies
hätten die Geistlichen der bischöflichen Kirche bei ihrer Ordination das feier=
lichste Gelübde abgelegt, den Vorschriften der Kirche zu gehorsamen und in=
dem sie willkürlich die Liturgie abänderten, brächen sie ihr Gelöbniß, machten
sich des Meineides schuldig.

„Aber, Herr General," sagte Leacock, „indem Sie auf die Ablegung des
Treue=Eides dringen, veranlassen Sie die Hälfte meiner Gemeindemitglieder,
Meineid zu begehen."

„Nun," entgegnete der General, „wenn das die ganze Frucht Ihrer
neunjährigen Seelsorge ist, daß Ihre Gemeindemitglieder so leicht Meineid
begehen, dann kann ich nur sagen: Je eher Sie von der Kanzel herabsteigen,
desto besser."

Nach einigen weiteren Bemerkungen fragte Leacock:

„So wollen Sie also wohl die Kirchen schließen?"

„Keineswegs; es dünkt mich viel einfacher, die Herren Pastoren einzu=
schließen."

Da die Geistlichen nicht nachgeben wollten, so schloß Butler die Unterre=
dung mit den Worten: „Sie verlesen entweder das Gebet für den Präsiden=
ten und lassen das stille Gebet wegfallen, oder Sie reisen als Staatsgefan=
gene nach Fort Lafayette!"

Nach langen Berathungen unter sich und mit ihren Gemeinden beharrten
drei, Leacock, Goodrich und Fulton auf ihrer Weigerung und mit dem näch=
sten Transportschiffe gingen sie unter Obhut des Hauptmann Puffer als
Staatsgefangene nach New York ab. Dort angekommen, wurden sie nach
drei Wochen durch Immediatbefehl der Regierung frei gegeben und begaben
sich wieder nach New Orleans. Aber dort erklärte Gen. Banks, daß sie
nicht landen dürften, wenn sie nicht den Eid der Treue leisteten. Da sie das
nicht wollten, kehrten sie nach New York zurück.

Am Sonntag nach der Abwandelung der renitenten Geistlichen waren ihre Kirchen wie gewöhnlich offen, aber Feldprediger der Bundesarmee leiteten den Gottesdienst. Wie sich denken läßt, waren nicht viele Sezessionisten unter den „andächtigen Versammelten." Doch befleißigten sich seit dieser Kirchenreinigung die Offiziere und Soldaten des Kirchengehens weit mehr als sonst, und so blieben die Plätz eder abwesenden Gemeindemitglieder kei= neswegs leer.

In dem mit dem Hauptquartier verbundenen Paßbureau zeigten sich die betrübendsten Wirkungen der eisernen Strenge, womit Louisiana regiert wer= den mußte. Innerhalb der Bundeslinien herrschte verhältnißmäßig Wohl= stand; jenseits derselben Noth und Entbehrung. In New Orleans konnte man für Geld Lebensmittel, Kleidung und Arznei haben, und Wer gar kein Geld hatte, erhielt es umsonst. Aber jenseits des Pontchartrain=Sees, oberhalb Carrolltons und auf dem westlichen Ufer fehlte es fast an Allem. Nun wohnten in der Stadt Eltern, deren Kinder, Söhne, deren betagte El= tern jenseits der Bundeslinie, also in Feindesland sich befanden und den bit= tersten Mangel an den nothwendigsten Lebensbedürfnissen litten. Auf der andern Seite waren hunderte von Sezessionisten in der Stadt, deren ganzes Dichten und Trachten dahin ging, Mittel und Wege zu finden, um der Re= bellenarmee Vorräthe aller Art zuzuschmuggeln. So war denn der Andrang nach Erlaubnißscheinen zur Passirung der Bundes=Militärlinien außeror= dentlich stark. Hunderte von Gesuchen liefen jeden Tag ein. Frauen kamen und fleheten mit thränenden Augen um die Erlaubniß, ihren verschmachten= den Kindern Lebensmittel und Kleider und Arzneien bringen zu dürfen. Dabei riefen sie alle Heiligen zu Zeugen für die Wahrheit ihrer Angaben an.

Anfangs hörte Gen. Butler selbst die Applikanten an und entschied über ihre Gesuche; aber da es hierbei oft sehr umständlicher und genauer Verneh= mungen und der sorgfältigsten Prüfung von Papieren bedurfte, sah er sich genöthigt ein besonderes Paßbureau einzurichten, welches die Gesuche sichtete und diejenigen, deren Begründung wahr erschien, dem General vorlegte. Der vielfach genannte Hauptmann Puffer und nach seiner Abreise der Lieute= nant Martin von New York leiteten dieses Bureau. Beide Offiziere erfüllten ihren Auftrag, bei welchem sie oft den schwersten Versuchungen ausgesetzt wa= ren, mit musterhafter Gewissenhaftigkeit und Strenge. „Man bot mir," sagt Puffer, „so oft Geld für einen Paß, daß ich zuletzt aufhörte, darüber in Zorn zu gerathen und nur noch der Ordonnanz im gewöhnlichsten Geschäfts= ton sagte: Weisen Sie dieser Frau die Thür!" In einem einzelnen Falle wurden ihm nicht weniger als 3000 Dollars für einen Paß geboten.

Von Anfang an wurden von zehn Gesuchen neun zurückgewiesen, denn es gab kein anderes Mittel gegen den Mißbrauch der begehrten Erlaubniß, als die Bundeslinie völlig unüberschreitbar zu machen. In manchen Fällen schien das Elend der Applicanten so ungeheuchelt und ihre Bitten waren so kläglich und herzzerreißend, daß man es nicht über sich gewinnen konnte, das Gesuch abzuschlagen. Doch suchte man alle möglichen Vorkehrungen gegen die Durchschwärzung von Contrebande zu treffen. Alle Kisten, Packete, Schachteln, Reisetaschen wurden visitirt; jeder Paßinhaber mußte ein Verzeichniß aller Gegenstände, die er mitnahm, einreichen und seine Ehre für die Vollständigkeit desselben verpfänden. Trotz alledem fand sich bald, daß fast jeder Paß mißbraucht wurde und daß kein Sezessionist sich ein Gewissen daraus machte, den Bundesbeamten sein Ehrenwort zu brechen. Da kam eine feine Dame, die, unter heftigem Schluchzen mit erstickter Stimme um die Erlaubniß nachsuchte, ihren Hunger leidenden Kindern, die jenseits des Sees wohnten, nur ein einziges Faß Mehl bringen zu dürfen. Durch eine Menge anscheinend durchaus glaubwürdiger Zeugen und Atteste bescheinigte sie die Wahrheit ihrer Erzählung. Endlich erhält sie den Paß, doch siehe da, der Visitator steckt seine Sonde etwas tiefer als gewöhnlich in das Faß und findet — ein Paar Pfund Chinin darin. Kleiderkoffer mit doppeltem Boden beherbergten werthvolle und innerhalb der Rebellenlinie gar nicht zu habende Arzneistoffe; in einem Faß Kartoffeln fanden sich Tausende von Zündhütchen; Briefe mit verbotenen Mittheilungen wurden in Stiefeln und Schuhen verborgen u. s. w.

Jede Entdeckung solcher Gaunerei bewirkte natürlich eine Verschärfung des Paß-Reglements. Im August begannen die Rebellen alle Boote, die sich innerhalb ihrer Linien wagten, zu saisiren, um sich auf diese Weise eine Flotte zusammenzustehlen. Nun endlich ward verordnet, daß gar keine Pässe mehr ertheilt werden sollten. Auch das verminderte weder die Zahl noch die Zudringlichkeit der Applikanten. „Oft,“ sagt Puffer, „konnte ich es nicht über mich bringen, wo die Geschichte, die der Applikant vorbrachte, gar zu jammervoll und herzzerreißend war, alle Hoffnung abzuschneiden. Ich ging zum General und sagte: „Sie müssen diese Leute sehen. Ich bin überzeugt, wenn Sie ihre Geschichte hören, werden Sie den Paß gewähren.“ „„Ganz richtig,““ erwiderte darauf der General, „„davon bin ich auch überzeugt, und eben deshalb will ich sie lieber gar nicht hören.““ Und mit diesem Bescheid mußte ich mich begnügen.“

Zwei Beispiele von ganz entgegengesetzter Art mögen hier eine Stelle finden.

Eine Frau L. bestürmte drei Wochen lang Tag für Tag das Paßbureau um Erlaubniß, ihren hungrigen Kindern eine kleine Partie Lebensmittel bringen zu dürfen. Sie hatte bei einer Gelegenheit, als Bundestruppen an ihrem Hause vorbeimarschirten, einigen Soldaten eine kleine Gefälligkeit erwiesen; dies sprach zu ihren Gunsten und sie erhielt endlich einen Paß, gültig für eine Reise nach St. Johns und zurück. Ein gewisses Etwas bestimmte den Visitator, die Untersuchung des Bootes mit größerer Sorgfalt, als sonst, vorzunehmen, und was fand er? Daß die Rippen des Bootes innen mit einer Wandung bekleidet waren und daß der ganze Raum zwischen dieser und der äußeren Wandung über und über voll Contrebande stak. Das Weib hatte Jedermann getäuscht. Ihre noch dazu drei Wochen lang durchgeführte Nachahmung des Seelenleidens einer verzweifelnden Mutter war so vollkommen, daß Niemand die Aechtheit desselben bezweifelt hatte. Und doch war sie eine Schmugglerin von Profession.

Einige Wochen später meldete sich beim Lieutenant Martin eine Dame mit einem ähnlichen Gesuch. Auch ihre Kinder litten Hunger, obschon nur wenige Stunden von der Mutter entfernt. Und ach! in diesem Falle verhielt es sich wirklich so. Die Kinder litten wirklich bittere Noth. Es gelang der Frau, den Lieutenant von der vollkommenen Wahrheit ihrer Vorstellungen zu überzeugen, doch er konnte ihr keinen anderen Bescheid geben, als den, daß alle Pässe abgeschafft seien. Einen Monat lang stellte sie sich jeden Tag ein, immer auf einen Widerruf der strengen Ordre hoffend und immer vergebens. Endlich konnte es der junge Mann nicht länger ertragen, versprach der Frau, ihre Sache dem General vorzutragen und hieß sie am folgenden Tage wiederkommen um Bescheid zu holen. Sie kam. Lieutenant Martin, selbst fast bis zu Thränen gerührt, mußte ihr mittheilen, daß der General erklärt habe, keine Ausnahme machen zu können, da das Boot unfehlbar von den Rebellen saisirt werden würde. Sie ward bleich wie der Tod und stürzte besinnungslos zu Boden. Man brachte sie zum nächsten Arzt. Nach einer halben Stunde kam sie zu sich—als tobsüchtige Irre. Bis auf den heutigen Tag hat noch nicht ein Strahl der Vernunft die Nacht ihres Geistes wieder erhellt.

Sechs und zwanzigstes Capitel.

Die Negerfrage. Die ersten Schwierigkeiten

Louisiana hat ungefähr 600,000 Einwohner. Vor dem Kriege bildeten die Weißen die größere Hälfte dieser Zahl, aber zu der Zeit, als die Bundestruppen in New Orleans landeten, mochte die Zahl der Weißen und Schwarzen gleich sein. In vielen Bezirken verhielt sich die Zahl der Sclaven zu den Weißen wie 2:1, in manchen wie 3:1, in einigen gar wie 4:1, und ein Bezirk hatte 900 weiße Einwohner, aber 9000 Sclaven. Wenn eine Bundescolonne in einen dieser Plantagenbezirke marschirte, so war es, wie wenn man mit seinem Spazierstock in einen Ameisenhaufen sticht:—die Neger umschwärmten die Truppen in dichten Schaaren und jedes Soldaten Flinte und Tornister wurden von einem Schwarzen getragen, der stolz darauf war, einen solchen Dienst leisten zu dürfen. Denn bei allen diesen schwarzen Leibeigenen stand die Ueberzeugung felsenfest, daß die Truppen des Nordens ihnen früher oder später die ersehnte Freiheit erkämpfen würden.

Unter den 150,000 Einwohnern von New Orleans waren 18,000 Sclaven und 10,000 freie Farbige, die letztern größtentheils die Frucht des durch die Sclaverei hervorgerufenen Concubinats, welches in solchem Grade bestand, daß es in gewissem Sinne zu den anerkannten Institutionen gehörte. Oft waren die von Weißen mit Quadroninnen und Octoroninnen eingegangenen Verbindungen so dauernd, daß eine zahlreiche Nachkommenschaft daraus entsprang. Vielen der so gezeugten Kinder ward von ihren Vätern und Eigenthümern die Freiheit und nicht selten auch eine eben so gute Erziehung gegeben, wie sie die legitimen Kinder empfingen. So kommt es, daß sich unter den freien Farbigen in New Orleans viele reiche, gebildete, begabte und in jeder Beziehung höchst achtbare Männer befinden. Manche behaupten, daß sie die reichste Klasse der Einwohnerschaft bilden. Viele von ihnen haben große Besitzungen geerbt, Andere treiben einträgliche Geschäfte. Ein solcher gab einst dem Gen. Butler ein Diner in sieben Gängen, wobei nur massives Silbergeschirr auf die Tafel kam.

Der sehnlichste Wunsch dieser Farbigen ist, in ihrer Vaterstadt als gleich= berechtigte menschliche Wesen anerkannt zu werden, oder wie der Festgeber bei der oben erwähnten Gelegenheit sagte: „Es gilt mir gleich, wo ich mein Blut vergieße, aber all mein Blut und Gut will ich mit Freuden hingeben, wenn nur mein Sohn, nachdem der Krieg um ist, unter den Weißen als ein Gleicher unter Gleichen leben kann."

Für einen Nordländer ist es schwer, sich die Tiefe der Kluft zu vergegenwär= tigen, die zwischen der wirklichen Lage des Farbigen und einem solchen Wunsche lag. Es hat auch im Norden stets ein gewisses unvernünftiges Vorurtheil gegen die dunkle Hautfarbe gegeben, bis die New Yorker Juli=Greuel wenigstens bei allen Denen, die nur im entferntesten auf Sitte, Vernunft und Anstand Anspruch machen können, auch die letzte Spur davon vertilgt hat. Aber im Süden ist das Vorurtheil ein so absolutes, die Idee, daß Farbige und wären sie die edelsten und gebildetsten, unter keinen Umständen sich über die Stufe zweibeiniger Thiere erheben können, so festgewurzelt, daß man es gar nicht für nöthig hält, den Umgang mit Negern zu meiden. Man hätschelt seine Lieblingssclaven und läßt seine Kinder mit Negerkindern spielen—nicht etwa, wie oberflächliche Beobachter meinen, weil man that= sächlich genöthigt ist, eine gewisse Gleichheit der Menschen anzuerkennen, sondern umgekehrt, weil man in ihnen eine Art von intelligenten Haus= thieren sieht, wie Hunde, Katzen, oder Pferde. Der geringste Tropfen Negerblut in dem Manne von edelster Bildung, oder in dem lieblichsten Weibe, die in einer Fülle goldener Locken prangt, die feinste Erziehung und die tabellosesten Sitten zur Schau trägt, verdammt sie zu ewiger Ausschlie= ßung aus der Gesellschaft derjenigen Kreise, denen sie nach Bildung und Sitte angehören. Die grellste Illustration der naiven Intensität dieser Verachtung des Negerblutes liegt in der wohlbekannten Thatsache, daß in New Orleans die Ehegattin eines Weißen nur selten das geringste Gefühl der Eifersucht gegen die farbige Concubine ihres Mannes hat. In der Regel findet sie für die Abschweifungen des Mannes vollen Trost in dem Umstande, daß die Kinder „der Andern" gleich bei ihrer Geburt ein Kapital von $100 repräsentiren, das bis zu ihrem funfzehnten Jahre jedes Jahr um $100 zunimmt. Die Mutter dieser Kinder betrachtet sie nicht als ein Wesen, das in irgend einem Sinne des Wortes die Rivalin einer Weißen sein könnte.

Als die Truppen in New Orleans landeten, befanden sich dort eine

Menge Negersclaven, die sich selbst überlassen waren, da ihre Herren in der Rebellenarmee dienten. Eine noch größere Zahl der vorhandenen Neger bestand aus solchen Sclaven, die sich selbst ihren Eigenthümern abgemiethet hatten, d. h., die sich durch ihre Arbeit den eigenen Lebensunterhalt erwarben und außerdem noch 60 Cents bis 1 Dollar, sowie eine halbe Tagesarbeit für jeden Tag an ihre Herrschaft ablieferten.

„Diese Negerinnen," sagte ein eben angekommener Nordländer zu einem Bundesoffizier, „die da Blumensträuße, Apfelsinen, Kuchen und Zuckerwerk verkaufen, müssen viel Geld verdienen."

„Sie sind," war die Antwort, „Sclavinnen. Ihre Herren binden die Sträuße, ziehen die Apfelsinen, backen die Kuchen und lassen sie von ihren Sclaven verkaufen. Kann die Arme nicht von jedem Apfel oder jeder Blume Rechenschaft ablegen, so wird ihr die Bilanz in blutigen Striemen auf den Rücken gezogen. Viele Familien in New Orleans machen auf diese Weise ihr Leben."

So viel muß selbst den Beschränktesten einleuchten, daß die Negerfrage in New Orleans nicht, wie zu Fort Monroe, durch ein Epigramm erledigt werden konnte. Fort Monroe war eine loyale Insel inmitten eines Meeres von Illoyalität. Die Zahl der Sclaven in der Nähe war gering; nicht mehr als 900 im Ganzen fanden ihren Weg nach der Freiheitsburg und jeder solcher Arbeiter war ein Arbeiter an den Rebellenbatterieen weniger. Da war das, was der General zu thun hatte, einfach genug. Aber in Louisiana würde eine gründliche Veränderung des Verhältnisses, in welchem das Kapital zur Arbeit stand, eine weit gewaltigere Revolution gewesen sein, als jemals eine bloße Veränderung staatlicher Formen gewesen ist. Hätte z. B. Butler dort, wie in Fort Monroe, alle ins Bundeslager kommenden Neger aufnehmen und ernähren wollen, so würde er binnen einem Monate außer für 30,000 bedürftige Weiße, auch noch für 50,000 Neger Nahrung, Obdach, Kleidung und Arbeit zu beschaffen gehabt haben, während die Plantagen, von denen die Stadt ihren Bedarf an Lebensmitteln beziehen mußte, wüst gelegen haben würden.

Die Instructionen, die der General hatte, waren ihm von gar keinem Nutzen. Als er von Washington abgereist war, hatte der Präsident ihm mündlich gesagt, daß die Regierung noch nicht in der Lage sei, eine bestimmte Politik in Betreff der Negerfrage anzukündigen. Bis das geschehen sein werde, müsse er (Butler) so gut zurechtzukommen suchen, als er könne, allen unlöslichen Schwierigkeiten aus dem Wege gehen, sich scharfer Formulirungen wichtiger Punkte enthalten, kurz sich so drehen und wenden, daß er weder die Conservativen noch die Abolitionisten vor den Kopf stieße. Lange solle

das indessen nicht dauern, denn sobald sich die Regierung für irgend eine be=
stimmte Politik entschieden habe, werde sie allen commandirenden Generalen
bestimmte Weisungen ertheilen. Die Lösung aller Schwierigkeiten war also
völlig dem eigenen Ermessen des Generals überlassen

Diese Schwierigkeiten begannen gleich am ersten Tage. Mehre Neger
kamen in das St. Charles Hotel und machten dem Stabe wichtige Mitthei=
lungen, die sich als vollkommen zuverläßig erwiesen. Viele andere fanden sich
im Zollgebäude ein und boten den Bundestruppen ihre Dienste an. Ueberall,
wo sich Bundestruppen befanden, an den Forts, zu Carrollton, Algiers und
Baton Rouge, geschah das Gleiche.

Ein eben erst erschienener neuer Kriegsartikel verbot die Auslieferung sol=
cher flüchtigen Sclaven. Aber was sollte man mit ihnen anfangen? Ihre
Arbeit war kein Bedürfniß, denn man hatte weit mehr als genug weiße Ar=
beiter. Ueberdies, wenn man sie durch Zutheilung von Arbeit ermunterte,
würden nicht alle Bundesposten von flüchtigen Negern überschwemmt worden
sein? Das Einfachste und Natürlichste wäre gewesen, alle Sclaven in
Louisiana für frei zu erklären, d. h. ihnen ein Recht auf Lohn für ihre Ar=
beit zu sichern Aber selbst wenn seine Instructionen den General nicht am
Erlaß einer Emanzipations=Verordnung verhindert hätten, so ward eine
solche Maßregel durch die (gerade um die Zeit der Eroberung von New
Orleans erfolgte) Desavouirung der vom General Hunter für die Staaten
Süd Carolina, Georgia und Florida erlassenen Freiheisproclamation un=
möglich.

Sonach blieb nur ein Ausweg übrig; einstweilen den status quo beizu=
behalten, jedoch unter möglichster Beseitigung aller Grausamkeiten und Här=
ten des Systems. Die Neger wurden also nicht ausdrücklich ermuntert,
nach den Bundeslinien herüberzuflüchten. Nur so viel, als man mit Nutzen
zu öffentlichen Arbeiten oder persönlichen Dienstleistungen verwenden konnte,
wurden beschäftigt. Nach Verlauf einiger Tage wurden auch keine Neger
mehr im Zollhause beherbergt und der Befehl ertheilt, daß keine mehr in die
Bundeslinien, resp. in die Bundeslager zugelassen werden sollten.

Dagegen wurden, wie wir gesehen haben, vor Gericht die Neger den
Weißen gleichgestellt und ihr Zeugniß gegen Weiße angenommen. Die
Häuser, in welchen gegen mäßige Bezahlung die Sclaveneigenthümer ihre
Sclaven regelrecht auspeitschen lassen konnten, wurden abgeschafft. Jedem
Sclaven, der sich über grausame Behandlung zu beschweren hatte, stand der
Weg zum General Butler offen und wenn seine Klage nur einigermaßen der
Wahrheit gemäß erschien, ward ihm schnell und energisch Recht geschafft.
Niemals, bei Tage oder bei Nacht, verweigerte General Butler einem Neger

Gehör; sein Befehl in dieser Beziehung war positiv: Wen immer man abweisen würde, einen Neger solle man auf jeden Fall vorlassen. So hatte jeder Sclave in New Orleans in General Butler einen Beschützer gegen Unrecht und Grausamkeit und daneben Gen. Butler in jedem Rebellenhause die treuesten und zuverlässigsten Kundschafter. Denn schon das Wenige, was er bei seinen kümmerlichen Instructionen für sie zu thun vermochte, war ein namenloses Glück für sie. Die Hunkerdemokraten hatten sich und Andere mit der Behauptung zu täuschen gesucht, daß die Behandlung der Neger= sclaven im Allgemeinen liebevoll und nur ausnahmsweise grausam sei. Wie so ganz anders fand es Butler in New Orleans. Grausamkeit war die Regel und selbst Lieblingssclaven gegenüber zeigte sich die Freundlichkeit fast nie in einer ruhigen, stetigen Weise, sondern nur in gelegentlichem launischen Wohlwollen, dessen Wirkung nur die war, den Sclaven das Elend seiner Lage um so schärfer empfinden zu lassen.

Einige Pflanzer, welchen es an den Mitteln fehlte, ihre Sclaven zu er= nähren, oder sie mit Nutzen zu beschäftigen, hießen sie in die Bundeslinien gehen, in der Hoffnung sie „in bessern Zeiten" reclamiren zu können. Doch dieser Hoffnung machte Butler bald ein Ende, indem er alle solche Sclaven emanzipirte. Gleiches geschah in solchen Fällen, wo der Sclave unge= wöhnlich grausame Behandlung zu erdulden gehabt hatte. Die Verordnung, wonach Farbige auf den städtischen Eisenbahnen nur in bestimmten, mit einem schwarzen Stern bezeichneten Wagen fahren durften, ward abge= schafft, u. s. w.

Mochte übrigens in Betreff der Sclaverei Butler thun, was er wollte, immer befand er sich zwischen zwei Feuern. Die conservativen Unionisten bestürmten ihn, alle flüchtigen Sclaven auszuliefern und die alte Ordnung der Dinge so genau, wie möglich, wiederherzustellen; dann, meinten sie, würde Louisiana unverzüglich wieder in die Union zurückkehren. Eine an= dere Partei sagte: „Nein, die eigentlichen Sezessionisten sind unheilbar; ihre Macht muß zertrümmert werden und das kann nur durch Abschaffung der Sclaverei geschehen; erst wenn diese Faction aus dem Wege geräumt ist, wird Louisiana wieder mit Jubel die Bundesflagge begrüßen." Butler konnte weder das eine, noch das andere thun; das erste verbot ihm ein Kriegsartikel, das letzte die Desavouirung des Gen. Hunter. Seine Be= mühungen, mit der Schwierigkeit „zurechtzukommen," brachte ihn in einen be= dauerlichen Conflikt mit dem Gen. Phelps, wodurch das Land die werthvollen Dienste des letzteren einbüßte.

Sieben und zwanzigstes Capitel.

General Butler und General Phelps.

Gen. Phelps commandirte die Truppen zu Carrollton, 7 Meilen ober=
halb der Stadt. „Dort," so schreibt er selbst, „befand ich mich inmitten
einer Gegend, wo die Sclaverei in ihrem ganzen finstern Stolze prangte
und wo ihre Opfer keiner besondern Ermunterung bedurften, um den Schutz
unserer für sie wie eine Morgenröthe aufgegangenen Flagge zu suchen.
Flüchtlinge in großer Zahl drängten sich nach unseren Linien. Manche
kamen mit Ketten beladen, manche noch blutend aus Schußwunden, die ihnen
von verfolgenden Aufsehern beigebracht worden, viele über und über mit
Narben von Peitschenhieben bedeckt. Es waren meistens solche, die von
Maryland, Virginien und Nord Carolina hierher verkauft worden und dort
an eine bessere Behandlung gewöhnt gewesen waren."

Gen. Butler wußte um diesen Zulauf von Flüchtlingen, aber treu der ihm
von der Regierung aufgetragenen Politik des Temporisirens, ließ er die
Sache unbeachtet. Der Wunsch des Gen. Phelps aber war nicht bloß die
Flüchtlinge willkommen zu heißen, sondern sie in Compagnieen zu formiren
und zu Soldaten der Republik zu machen. Es verdroß ihn daher aufs tiefste,
als ihn am 12. Mai General Butler ersuchte, alle zur Arbeit tüchtigen Neger
in seinem Bereich zwei benachbarten Pflanzern behufs Reparatur eines ge=
fährlichen Dammbruches oberhalb von Carrollten zur Disposition zu stellen.
„Die Nothwendigkeit," schrieb Butler, „ihnen alle nöthige Hülfe zur Her=
stellung und Rettung des Dammes zu geben, wird Ihnen einleuchten. So
dringend ist diese Nothwendigkeit, daß man ihnen nicht bloß ihre eigenen
Neger wiedergeben, sondern sogar noch andere zur Disposition stellen muß,
wenn es nöthig ist. Dies hat nichts mit der Frage der Sclavenausliе=
ferung zu thun. Sie würden erforderlichenfalls sogar Ihre Soldaten zur

Reparatur des Dammes, d. h. zur Verhütung einer Ueberschwemmung herzugeben haben; um wie viel weniger können Sie den Männern, die uns Alle gegen eine Wasserfluth schützen sollen, die Arbeiter versagen, die sich gerade auf diese Art von Arbeit verstehen."

Dem General Phelps wollte indessen die Nothwendigkeit, seine Schützlinge zurückzuschicken, keineswegs „einleuchten." Es bedurfte des folgenden peremptorischen Befehls des General Butler: „In Hinblick auf die Calamität, welche ein oberhalb unserer Linien entstehender Dammbruch für uns sein würde, habe ich beschlossen, hundert Arbeiter unter Aufsicht einer Wachtmannschaft auszusenden, um bei der Herstellung des Dammes oberhalb Ihrer Linien zu helfen. Sie werden jeden arbeitstüchtigen Contrebande-Neger, der sich in Ihrem Lager befindet, unter Obhut des diese Wachtmannschaft befehligenden Hauptmannes Page stellen." Das, meinte Phelps, sei doch wenigstens besser, als sie der Obhut ihrer früheren „Eigenthümer" anzuvertrauen. Er gehorchte dem Befehle.

Inzwischen ward Butler mit Beschwerden darüber bestürmt, daß Phelps sein Lager zum Asyl für alle flüchtigen Sclaven mache. Alle Beschwerdeführer gaben sich für Unionisten aus; einige waren es wirklich; die meisten waren Gemüsegärtner aus der Umgegend, welche die städtischen Märkte versorgten. Die Beherbergung der Neger brachte auch die Nothwendigkeit mit sich, für ihren Unterhalt zu sorgen und diente als eine fortwährende Aufforderung an die gesammte Negerbevölkerung, Zuflucht in den Bundesmilitärposten zu suchen. General Butler hielt es für unumgänglich nothwendig, diesem Uebel zu steuern, ehe es ihm über den Kopf wüchse und erließ folgenden Befehl:

New Orleans, 23. Mai, 1862.

Herr General: Sie werden fortan alle unbeschäftigten Individuen, schwarze wie weiße, aus Ihren Linien ausschließen.

Sie werden weder Schwarze noch Weiße, die nicht zum Armee- oder Flottendienst der Vereinigten Staaten gehören, ohne einen vom Hauptquartier ausgestellten Paß in Ihre Linien kommen lassen, außer wenn sie als Gefangene unter Bedeckung, oder mit Kundschaft kommen, in welchem Falle sie entweder, nach Befund, als Kriegsgefangene zu detiniren, oder, nach erfolgter Vernehmung, sofort wieder zu entlassen sind. Dies bezieht sich nicht auf solche Boote, die den Fluß hinauffahren, ohne innerhalb Ihrer Linien anzulegen.

Verkäufer von Lebensmitteln und Marktleute dürfen mit ihren Waaren herein, aber nicht über Nacht bleiben.

Solche Individuen, die vor unserer Occupation ihren ordentlichen Wohnsitz innerhalb Ihrer jetzigen Linien hatten, sind nicht als unbeschäftigte Individuen anzusehen.

Ihre Offiziere führen eine sehr große Zahl von Dienern auf. Jedem Offizier, der solche Diener hat, werden die demselben gelieferten Rationen an seiner Gage abgezogen.

B. F. Butler.

An Brigadegeneral Phelps.

Gen. Phelps war beim Empfang dieses Befehls wie vom Donner gerührt. Er ließ die Flüchtlinge, um dem Buchstaben des Befehls zu gehorchen, hart außerhalb seiner Linien, wo sie sich thatsächlich noch immer unter seinem Schutze befanden, unterbringen, und dort lebten sie von den Rationen, welche ihnen die Soldaten aus freien Stücken zukommen ließen.

Am Morgen des 12. Juni war die Zahl dieser Neger fünfundsiebzig; an diesem Tage aber verdoppelte sich ihre Zahl. Der Major Peck berichtete darüber: „Der erste Trupp ward von einem gewissen La Blanche, einem Pflanzer auf dem jenseitigen Ufer herübergeschickt. Ihr Herr ließ ihnen die Wahl, entweder bis Sonnenuntergang sich fortzuscheeren, oder 50 Peitschenhiebe zu empfangen. Viele von ihnen wünschen zu ihrem Herrn zurückzukehren, wagen es aber nicht, aus Furcht vor Mißhandlung. Sie gehören den verschiedensten Altersstufen an: Säuglinge, Kinder, kräftige Männer und Weiber, Greise, Kranke und Krüppel beiderlei Geschlechts. Andere kamen einzeln oder in kleinen Trupps von verschiedenen Stellen am Flusse, manche bis auf 100 Meilen weit her. Sie hatten Kasten, Bündel, Bettzeug und dergleichen mit, das nun auf dem offenen Damme, rings um die Schildwachen herum aufgehäuft ist. Den Frauen, Kindern und einigen besonders hinfälligen Individuen ward gestattet, ein leerstehendes Haus dicht vor unsern Linien in Besitz zu nehmen. An Lebensmitteln gebricht es ihnen gänzlich; Viele haben seit längerer Zeit Nichts gegessen, als was unsere Soldaten ihnen von ihren Rationen abgegeben haben. In Gemäßheit der ertheilten Befehle wurden die Wachen angewiesen, keine der Flüchtigen in unsere Linien zuzulassen. Da jeder Offizier du jour mit dieser Angelegenheit zu thun bekommen wird, so erlaube ich mir die Anfrage, ob nicht einige weitere Anordnungen in Betreff dieser Unglücklichen getroffen werden sollten. Wenn aus keinem andern Grunde sollte das schon deshalb geschehen, weil die Anhäufung so vieler Flüchtlinge in unserer nächsten Nähe am Ende uns selbst allerlei Unheil stiften kann. Werden den Armen nicht von den Militärbehörden die Mittel zum Lebensunterhalt gewährt, so werden sie bald Angesichts der vollen Magazine der Regierung dem Hunger erliegen müssen."

Gen. Phelps konnte das nicht länger ertragen. Er schrieb eine Immediat-Eingabe an den Präsidenten, die eines der pathetischsten, beredtesten und überzeugendsten Schriftstücke ist, welche der Krieg hervorgebracht hat. Was Phelps darin entwickelte, ward wenige Monate später zur Politik der Re-

gierung und ist seitdem längst zum Gemeingut der öffentlichen Meinung geworden. Es mögen hier wenigstens einige charakteristische Stellen daraus
Platz finden:

„Es ist vergeblich, zu leugnen, daß die Sclaverei, da wo sie besteht, den Charakter
der ganzen Staat- und Gesellschaftsform bestimmt, und daß diese keine republi-
kanische ist. Vermittelst der Sclaverei haben die Führer der Insurrection dem
Volke eine Adelsherrschaft, oder einen Despotismus aufzubalsen gesucht. Es ist nicht
genug, daß wir dieses Vorhaben vereiteln und mit der Rebellion fertig werden. Unsere Bundesakte legt uns auch die gebieterische Pflicht auf den Gesellschaftsverband
gegen den frevelhaften Ehrgeiz der Führer der Rebellion zu schützen, und die repu-
blikanische Regierungsform zu gewährleisten. Die Pflichten, die
uns obliegen, sind nicht bloß negativer Art, sondern positiv, und wir bedürfen daher
auch einer positiven, entschiedenen Politik. Wir müssen für gewisse Staaten Dinge
ins Werk setzen, zu denen sie selbst ohnmächtig sind
Die Wohlfahrt des Landes erheischt die Abschaffung der Sclaverei. Doch auf welche
Weise soll diese erfolgen? Nicht durch bloßes Bundesgesetz. Das Gesetz beruhet auf
Vernunft und in der Sclaverei liegt keine Vernunft. Daß die Einzelstaaten Gesetze
gegen das, was sie für ihr Interesse halten, geben sollten, ist nicht zu erwarten. Aber
es giebt ein Prinzip, das in Lagen, wie die unsrige, in vollstem Umfange gilt:—dies,
daß die öffentliche Sicherheit das höchste Landesgesetz ist und daß im Getöse der Waffen
die Gesetze des Friedens schweigen. Es ist Sache des Präsidenten, als Oberbefehlshaber unserer Heere, die Abschaffung der Sclaverei zu proclamiren. Die Folgen einer
solchen Maßregel zu reguliren, dazu diene dann die Weisheit des Congresses. Dies
ist der gewöhnliche Lauf der Dinge. Die Militärgewalt erläßt Dekrete, welche die
complizirtesten Interessen und Millionen von Eigenthumswerth affiziren; Sache der
gesetzgebenden Gewalt ist es, Ordnung und Gestalt in die Wirkungen solcher Befehle
zu bringen......
Compromisse werden fortan nicht mehr mit ränkevollen Politikern, sondern mit der
Arbeit und dem Rechte auf Arbeit zu schließen sein. Unsere ganze politische Erziehung
fast völlig im Interesse der Sclaverei geformt, ist durch und durch falsch und verwerf-
lich gewesen und muß eine gänzliche Umgestaltung erfahren. Die einzige Frage ist:
Wie soll die Umwandlung statt finden?
Es fehlt uns nicht an Beispielen in der Vergangenheit. Die Befreiung der Völker
Europas ist durch Vermittelung des Kriegsdienstes vor sich gegangen. Durch das
gleiche Mittel könnten unsere Sclaven auf der Stufenleiter der Gesittung erhoben und
zum vernünftigen Genuß der Freiheit vorbereitet werden. Fünfzig Regimenter könnten sofort aus ihnen gebildet und in diesem südlichen Klima zur Aufrechthaltung der
Ordnung verwendet werden. So würde auch die Gefahr einer Beschränkung unserer
bürgerlichen Freiheiten vermieden werden, die bei einer allzustarken Vermehrung unserer Armeen von Weißen eintreten würde. Denn eine aus Negern bestehende Armee
würde, ihrem Wesen nach, mehr zu Gunsten freiheitlicher Entwickelung und im Gegensatz zu denjenigen Einflüssen wirken, die jetzt unsere Freiheiten am stärksten gefährden.
Es giebt keine Beweise zu Ungunsten der Wirkungen plötzlicher Emanzipation. Ich
habe die plötzliche Abschaffung der Prügelstrafe in der Armee und Flotte erlebt, von

welcher ebenfalls das verknöcherte Vorurtheil furchtbares Unheil befürchtete, und nach der trefflichen Wirkung dieser Maßnahme zu urtheilen, fürchte ich auch von einer plötzlichen Abschaffung der Sclaverei nicht das Mindeste—eher von ihrer Beibehaltung. Allein auch wenn dadurch der ganze Staat Louisiana verwüstet und zu einem bloßen Durchfahrtsthor für die Früchte der Arbeit des großen Nordwestens werden sollte, so wäre das immer noch besser, als ihn, wie jetzt, ein Treibhaus der Illoyalität und des Aufruhrs sein zu lassen...."

Gen. Butler empfing diese Eingabe zur Weiterbeförderung nach Washington eben, als der Postdampfer abzugehen im Begriff stand. Er legte seinerseits ein Schreiben an den Kriegsminister bei, worin er u. A. sagt:

„Gen. Phelps wünscht diese Angelegenheit zu benutzen, um die Regierung zu einer Entscheidung in Betreff der einzuschlagenden Politik zu treiben. Ich muß selbst wünschen, daß eine solche Entscheidung stattfinde, denn die jetzt zwischen mir und ihm bestehende Differenz wird in hohem Grade peinlich. Ich schätze seine biedere Offenheit und Ueberzeugungsfestigkeit sehr hoch, allein ich bin Soldat, habe als solcher nur die Befehle meiner Regierung zu vollstrecken und ich glaube das durch meine jetzige Verfahrungsweise zu thun.—Wenn die Politik der Regierung mit meinem Verfahren übereinstimmt, dann sind die Dienste des Gen. Phelps hier unnütz. Entschließt sich die Regierung dagegen zu der in seiner Eingabe bezeichneten Politik, so ist er unschätzbar, denn er hängt mit Leib und Seele dieser Politik an, ist ein Soldat von großen Erfahrungen und ein Tapferer, wie es Wenige giebt. Ich stelle die ganze Sache dem Präsidenten anheim."

Als sechs Wochen verstrichen waren, ohne daß eine Antwort von Washington eingelaufen war, entschloß sich Gen. Phelps unter der Voraussetzung zu handeln, daß die Regierung seinen Ideen zustimme. Unterm 30. Juli wandte er sich an die Generaladjutantur in New Orleans und requirirte von ihr „Waffen, Lederzeug, Monturen, Lagergeräthe ꝛc. ꝛc. für drei Regimenter Afrikaner, die ich zur Vertheidigung dieses Punktes zu formiren beabsichtige. Denn die Gegend hier ist sumpfig und ungesund und von unsern Leuten sterben im Durchschnitt jeden Tag zwei bis drei."

Gleichzeitig mit dieser Requisition traf in New Orleans die Nachricht ein, daß der Congreß ein Gesetz angenommen habe, welches alle Militärbefehlshaber ermächtige, Neger als Arbeiter zu beschäftigen, wo immer ihre Arbeit dem Verfolg der militärischen Operationen dienlich sein könne. Gen. Butler glaubte hierin ein Mittel zur Beseitigung der Differenz mit Gen. Phelps zu sehen. Er ließ ihm in Beantwortung seiner Requisition durch den Generaladjutanten schreiben:

„Der commandirende General wünscht, daß Sie die Neger in Ihrer Nähe dazu benutzen, alle Bäume ꝛc. zwischen Ihrer Linie und dem See fällen und in Uebereinstimmung mit dem vor einiger Zeit zwischen Ihnen und dem Lieutenant Weitzel besprochenen Plane Berhaue anlegen zu laſſen.   Das Holz, welches Sie dazu nicht gebrauchen, iſt hier in der Stadt ſehr nöthig.   Der Quartiermeiſter iſt angewieſen worden, Ihnen Aerzte, ſo wie Zelte zur Unterbringung der Neger, zu liefern.“

Darauf General Phelps:

„Während ich jederzeit bereit bin, Negerregimenter zur Vertheidigung des Landes gegen ſeine Widerſacher zu bilden, bin ich nicht gewillt, wie Sie es von mir begehren, ein bloßer S c l a v e n t r e i b e r zu werden.   Auch eigne ich mich dazu ganz und gar nicht.   Ich ſehe mich daher genöthigt, hiermit meine Entlaſſung aus dem Militärdienſt der Ver. Staaten zu fordern und bitte, in Gemäßheit des §. 29, Seite 12, des Militärreglements, um Urlaub, bis die Annahme meines Abſchiedsgeſuches erfolgt ſein wird.“

General Butler weigerte ſich das Entlaſſungsgeſuch anzunehmen und den erbetenen Urlaub zu bewilligen.   Er machte dem Gen. Phelps ernſte und eindringliche Vorſtellungen gegen ſeinen Entſchluß, wies ihn darauf hin, daß ja die Anlegung von Verhauen als Sicherſtellung gegen eine feindliche Ueberrumpelung auch eine militäriſche Arbeit ſei und obenein eine ſo nothwendige Arbeit, daß man weiße Soldaten dazu werde commandiren müſſen, wenn Neger nicht zu haben ſeien.   Er erinnerte ihn daran, daß ja auch die Potomac=Armee Schanzen gegraben und Verhaue angelegt hätte und fragte ihn: ob er denn die Neger für beſſer halte, als die weißen Soldaten?   In einer zweiten Mittheilung verwies er ihn auf das vom Congreſſe erlaſſene Geſetz, welches ausdrücklich die Verwendung von Negern zum Kriegsdienſt dem Ermeſſen des Präſidenten anheimſtellte, der aber bis jetzt ſich noch nicht dazu entſchloſſen habe, ſo daß kein General eine geſetzliche Autorität zur Bildung von Negertruppen habe.   Endlich ſchrieb er auch noch einen Privatbrief, worin er unter vollſter Würdigung der Fähigkeiten, der Vaterlandsliebe und der edlen Charaktereigenſchaften des Gen. Phelps, ihn auf das inſtändigſte bat, doch kein Verfahren einzuſchlagen, welches ihn in directen Conflikt mit ſeinem vorgeſetzten General bringen müſſe.   Es half Alles nichts.   Gen. Phelps beharrte auf ſeinem Entſchluſſe.   Unterm 4. Auguſt zeigte er dies dem Gen. Butler an und kam in einer Nachſchrift noch einmal auf ſeinen Lieblingsgegenſtand zurück, wie folgt:

„Die Zahl der Neger nimmt fortwährend zu.   Es befinden ſich jetzt wenigſtens ſechs hundert waffenfähige Männer im Lager.   Wenn man zu dieſen noch die nähme, welche frevelhafter Weiſe in New Orleans und Umgegend in Gefängniſſen ſchmachten und auf öffentliche Koſten ernährt werden, ſo würde das ein gutes Regiment von 1000 Mann machen, die jedenfalls eben ſo viel, vielleicht mehr, als ein Regiment Caucaſier zur Aufrechthaltung des Geſetzes und der Ordnung beitragen würden.“

Gen. Butler nahm hiervon keine Notiz und zeigte dem Gen. Phelps ein=

fach an, daß sein Abschiedsgesuch an den Präsidenten abgeschickt worden sei.— Einen Monat lang fand keine weitere Correspondenz über den Gegenstand statt. Dann gab es einen neuen Conflikt. Die Sclaven entliefen aus der New Orleanser Gasanstalt und fanden ein Asyl im Lager des Gen. Phelps. Aufgefordert, sie zurückzuschicken, weigerte sich dieser auf zwei Gründe hin: 1. Ein Kriegsartikel verbiete ihm, flüchtige Sclaven auszuliefern, 2. die Leute seien auf eine grausame Weise bestraft worden. Gen. Butler befahl jedoch peremptorisch ihre Auslieferung, weil sie zu der jetzt unter Militärautorität stehenden Gasanstalt gehörten und ihre Dienste nothwendig seien.

Das Abschiedsgesuch des General Phelps ward von der Regierung angenommen. Am 8. September erhielt er die bezügliche Anzeige und rüstete sich sofort zur Heimreise nach seinem Landgut in Vermont. Alle seine Untergebenen liebten ihn, mochten sie seine Ansichten über die Negerfrage theilen, oder nicht. Milde und Herzensgüte, vereint mit Festigkeit, dazu ein gewisser gutmüthiger Humor, der die Strenge der militärischen Disciplin milderte, machten ihn zum Liebling der Soldaten. Seine Offiziere versammelten sich bei seiner Abreise, um ihm Lebewohl zu sagen. Ein solcher Beweis ihrer Zuneigung rührte ihn tief, denn er war seit zwanzig Jahren daran gewöhnt gewesen, unter seinen Kameraden allein zu stehen. Zwar ihre Achtung und Liebe genoß er, doch mehr wie ein edler Schwärmer, als wie ein Mann von Geist und Charakter.

„Meine Herren," sagte er zu den Offizieren in seinem anspruchslosen zum Herzen sprechenden Tone, „dies ist die größte Ehrenbezeugung dieser Art, die mir in meinem Leben zu Theil geworden ist; ich kann wohl sagen, die einzige. Wie sehr wünschte ich, daß ich die Gabe der Rede hätte, um Ihnen meinen Dank auf angemessene Weise auszusprechen. Aber während meiner langen militärischen Laufbahn habe ich mich meistens an entlegenen Grenzstationen befunden, fern von allem geselligen Treiben und da bin ich nie in Lagen gekommen, wie die gegenwärtige.

Was die Beweggründe zu meinem Rücktritt betrifft, so habe ich daran Nichts zu bedauern. Mein Herz sagt mir, daß ich Recht gethan habe. Aber daß die erste Folge davon meine Trennung von Ihnen sein muß, schmerzt mich tief. Als ich Sie zuerst auf Ship Island kennen lernte, ward ich freudig bewegt, da ich in Ihren Blicken erkannte, daß Sie Ihre wahre Stellung würdigten; daß Sie Ihre Heimath und Ihren gewohnten Beruf aufgegeben hatten, um den gerechtesten und heiligsten Kampf zu kämpfen; daß Sie erfüllt waren von den Strebungen, welche die Streiter für Vaterland und Freiheit beleben müssen.—Ich habe schon früher Armeeen gesehen, doch noch nie zuvor eine, die, wie diese, von dem einzigen Bewußtsein durch-

brungen ist, auch für die höchsten Lebensgüter, für Recht, Freiheit und
Menschlichkeit, zu streiten.   Hier, in Louisiana, habe ich Sie zu ächten Soldaten werden sehen.   Sie haben ohne Murren Krankheit und Elend ertragen.   Jeden Tag haben Sie Kameraden zu Grabe tragen müssen und sind
doch nicht muthlos, doch nicht säumig in der Erfüllung ihrer Pflichten geworden.   In dem Maße, als ich das gesehen habe, habe ich Sie nur um so
mehr schätzen und lieben gelernt und bin deshalb um so dankbarer für das
Wohlwollen, welches Sie mir bezeugen. — Doch will ich nicht glauben, daß
dieses Wohlwollen ausschließlich meiner Person gilt.   Es rührt wohl in der
Hauptsache daher, daß Sie in mir in gewissem Grade den Vertreter einer
großen und gerechten Sache sehen, daß Sie mehr oder weniger mit mir in
meinem Hasse gegen die Sclaverei sympathisiren.   Vielleicht sind Einige
von Ihnen jetzt noch nicht meiner Meinung; vielleicht hält die Vergangenheit
Ihre Anschauungen noch gefangen.   Aber ich hege die feste, zuversichtliche
Ueberzeugung, daß ehe Ein Jahr herum ist, Sie Alle in dieser
Frage so denken werden, wie ich.   Und diese Ueberzeugung ist kein
geringer Trost für den Schmerz, Sie verlassen zu müssen."

Als die Regierung sich endlich zur Befreiung und Bewaffnung der Sclaven entschloß, bot der Präsident dem Gen. Phelps den Rang eines Generalmajors an.   Er erklärte sich bereit, die Ernennung anzunehmen, wenn sie
vom Tage seiner Resignation an datirt würde, mithin als eine ausdrückliche
Gutheißung seines Verfahrens im Camp Parapet erschiene.   Das lehnte
der Präsident ab, weil es eine schroffe Desavouirung des Verfahrens Butlers gewesen sein würde, das doch mit seinen Instructionen im Einklang
stand.

Acht und zwanzigstes Capitel.

General Butler bewaffnet die freien Farbigen und findet
Arbeit für die flüchtigen Sclaven.

Gen. Phelps hätte noch vor seiner Abreise den Anbruch eines schönen Ta=
ges gewahren können. Gen. Butler selbst konnte nicht länger auf die lang=
samen Entschließungen der Regierung warten. Da er Verstärkungen vom
Norden nicht erhielt, so entschloß er sich, Hülfe „in Afrika" zu suchen. Der
kräftige Angriff des Feindes auf Baton Rouge am 5. August enthielt eine
Warnung, die er nicht mißachten durfte. Den ganzen Sommer hindurch
hatte er unter Hinweis auf die wachsende Stärke von Vicksburg, die bei Port
Hudson aus dem Boden wachsenden feindlichen Batterien, die drohenden Re=
bellenlager in der Umgebung von New Orleans und die Bösartigkeit der
Sezessionisten in der Stadt selbst, Verstärkungen gefordert. Die Antwort
war immer dieselbe geblieben: „Wir haben nicht einen Mann für Sie übrig.
Aber Sie müssen New Orleans unter allen Umständen und auf jede Gefahr
behaupten."

So wendete sich denn der General, wie gesagt, an Afrika, — nicht an die
Sclaven, sondern an die freien Farbigen, die Gen. Jackson 1814 und Gouv.
Moore 1861 zu Soldaten gemacht hatte. Er ließ mehrere der einflußreich=
sten Männer aus dieser Bevölkerungsklasse kommen und besprach sich mit
ihnen. Auf die Frage, wie sie sich hätten dazu verstehen können, der Con=
föderirten Regierung zu dienen, entgegneten sie, daß sie einmal nicht hätten
wagen können, sich zu widersetzen und sodann, daß sie gehofft hätten, der
Gleichstellung mit den Weißen etwas näher zu kommen, wenn sie Militär=
dienste leisteten;—im Uebrigen wünschten sie nichts sehnlicher, als ihren gan=
zen Einfluß für die Sache der Union in die Wagschale zu werfen. Der
General nahm sie beim Worte: Rekrutirungsbureaus wurden eröffnet,

Farbigen Offizierspatente ertheilt. Vom ersten Farbigen-Regiment waren alle Feldoffiziere Weiße und die Compagnieoffiziere Farbige; vom zweiten der Oberst und Oberstlieutenant Weiße; für das dritte wurden schon die Offiziere ohne alle Rücksicht auf die Farbe gewählt. Die beiden Batterieen hatten nur aus dem Grunde lauter Weiße zu Offizieren, weil sich kein Farbiger meldete, der die erforderliche Qualification besaß.

Die freien Farbigen von New-Orleans flogen zu den Waffen. Das erste Regiment von 1000 Mann war binnen vierzehn Tagen complet. In wenigen Wochen waren drei Regimenter Infanterie und zwei Batterien vollzählig, equipirt, gedrillt und marschfertig. Bessere Soldaten hatte es nie gegeben. Sie waren voll Eifer, aufmerksam, gehorsam und gelehrig. Für keine andere Soldaten der Republik war das Resultat des Krieges so mit ihren ersten und höchsten Lebensgütern identifizirt, wie für sie. Wenige begriffen die Tragweite desselben so klar, wie sie. Das beste Blut des Südens floß in ihren Adern und nicht etwa wenig, denn „die dunkelfarbigsten unter ihnen," sagt General Butler, „hatten ungefähr die Gesichtsfarbe des verstorbenen Daniel Webster." Bei Port Hudson bewiesen im Sommer 1863 diese trefflichen Regimenter, obschon sie auf schmachvolle Weise der von Butler ihnen gegebenen Offiziere beraubt worden waren, vor der Armee, die Zeuge ihres Heldenmuthes war, und vor der ganzen Nation ihr Recht, als ebenbürtige Waffenbrüder der weißen Landesvertheidiger betrachtet zu werden.

Das — für jene Zeit — kühne Beginnen des Gen. Butler fand hitzigen Widerspruch, selbst bei manchen Bundesoffizieren, die noch in ihren alten Hunker-Vorstellungen feststeckten. Von den Einwohnern der Stadt waren fast alle Unionisten zu Gunsten der Maßregel; alle Secessionisten dagegen. Nur eine einzige Ruhestörung kam in Verbindung mit der Bewaffnung der Farbigen vor. Mehrere farbige Soldaten wurden von einigen zum rohesten Pöbel gehörenden Franzosen mit Steinen geworfen. Die Soldaten ließen den Canaillen unverzüglich eine wohlverdiente Züchtigung angedeihen. Ist es nöthig, zu sagen, daß der französische Consul sich beim General Butler darüber beschwerte? Der General belehrte den Consul über den wahren Sachverhalt und forderte ihn zugleich auf: „seine Landsleute gegen die Vorurtheile zu warnen, die sie sich gegen meine farbigen Soldaten angelernt haben möchten; denn diese Soldaten sind von gleichem Blut und gleicher Hautfarbe mit ihrem berühmten Landsmanne, dem Schriftsteller Alexander Dumas, der, so viel ich weiß, in Paris mit der größten Achtung behandelt wird." — Er hätte getrost sagen dürfen, daß die meisten von diesen Soldaten weißer als Dumas seien, denn das war in der That der Fall.

Im November wurden die Farbigen-Regimenter zu einer Expedition auf dem westlichen Stromufer verwendet. Obschon sie dabei nicht ins Feuer kamen, war doch sonst ihre Haltung musterhaft und ächt militärisch. Ihre Verwendung in einer Gegend, wo sich die Zahl der Sclaven zu den Weißen wie 10 : 1 verhielt, erschien dem mittlerweile zum Brigadegeneral gewordenen Weitzel als eine direkte Aufforderung zum Negeraufruhr, und vor einem solchen hatte er so große Angst, daß er Gen. Butler um Entlassung von dem Commando über die Expedition bat. Die Antwort des Gen. Butler darauf macht einen eigenthümlichen Eindruck, wenn man sie mit seinem im April 1861 dem Gouv. Hicks von Maryland freiwillig gemachten Anerbieten, einen Sclavenaufruhr zu unterdrücken, zusammenhält:

„Sie sagen," schrieb er an Weitzel, „daß die Aussicht auf einen Sclavenaufruhr herzzerreißend für Sie ist und daß Sie nicht dafür verantwortlich sein mögen. Die Verantwortlichkeit dafür fällt auf Diejenigen, welche den Krieg begonnen haben und vor keiner Barbarei, vor keiner Schandthat gegen Bürger und Soldaten der Ver. Staaten zurückgebebt sind. Sie selbst haben mir einen Bericht über ein angebliches Kriegsgericht übersandt, woraus hervorging, daß sieben Soldaten von einem Ihrer Regimenter, die sich als Kriegsgefangene ergeben hatten, mit kaltem Blute ermordet wurden, nachdem man sie noch vorher gezwungen hatte, ihre eigenen Gräber zu graben. Ich frage Sie, ob dieser Vorgang nicht ebenso „herzzerreißend" für Sie ist, wie die Aussicht auf einen Sclavenaufruhr.

„Es entsteht jetzt die einfache Frage, ob Sie in einem feindlichen rebellischen Landestheile, wo diese scheußliche Greuelthat von der Miliz verübt worden ist, in Ihren Operationen inne halten sollen, um einen Sclavenaufruhr zu unterdrücken, weil die Bewohner voll Entsetzens darüber sind. Wer hat je davon gehört, daß ein siegreicher Feldherr in einer noch nicht völlig unterworfenen Provinz in seiner Laufbahn inne gehalten hätte, um zu verhindern, daß die rebellischen Einwohner dieser Provinz sich unter einander todtschlagen, oder gar den Befehl über eine solche Provinz abgelehnt hätte, um nicht für solchen Selbstmord der Rebellion verantwortlich gemacht zu werden?"

Uebrigens hielt es General Butler doch für gerathen, nicht aus Rücksicht auf die Scrupel Weitzel's, sondern lediglich um zu verhindern, daß das Mißtrauen nicht der Wirksamkeit der Farbigen-Regimenter schade, diesen einen anderen General zu geben.

Weitzel hat seitdem Gelegenheit gehabt, die geringe Meinung, welche er von der Tüchtigkeit dieser Truppen hegte, zu berichtigen. Wenn nicht die Gründe Butler's, so muß ihn das, was er von den Farbigen-Regimentern bei Port Hudson sah, überzeugt haben.

Je weiter die Zeit vorschritt desto mehr steigerten sich die Schwierigkeiten der Negerfrage. Die Zahl der flüchtigen Sclaven schwoll so an, daß ihrer in der S abt allein zehntausend waren, viele davon Frauen und Kinder und alle ihren Unterhalt von der Regierung empfangend. Noch befand sich eine große Menge in den Forts Jackson und St. Philip und im Camp Parapet. Viele Plantagen waren von ihren Eigenthümern verlassen worden und die Neger blieben ohne Arbeit und ohne Mittel zum Lebensunterhalt in ihren Hütten. Durch die Expedition des Gen. Weitzel vermehrte sich die Zahl der verlassenen und confiscirten Plantagen und Tausende von Sclaven wurden thatsächlich frei. Aus der ausgesogenen Gegend an den Seen kamen fortwährend ganze Familien nach der Stadt, zuweilen ihre Sclaven mitbringend, in der Regel aber sie ihrem Schicksale überlassend. Das ganze Gesellschaftswesen befand sich in einem Zustande der Auflösung und General Butler hatte die trostlose Aussicht, ganze Armeen hungernder Weißer und Schwarzer ernähren zu müssen.

Im Oktober entschloß er sich, die verlassenen Plantagen auf Rechnung der Ver. Staaten zu bewirthschaften und dazu die flüchtigen Sclaven gegen angemessenen Lohn zu verwenden. Am 20. Oktober erschien ein Specialbefehl, welcher den Herrn Charles A. Weed beauftragt, die Zucker-Plantagen von Brown und McManus, sowie andere zwischen der Stadt und den Forts gelegene Plantagen zu bewirthschaften, und die Postencommandanten anwies, ihm Arbeiter zur Verfügung zu stellen. Gleichzeitig damit setzte General Butler einen Plan auf, nach welchem die loyalen Pflanzer einen Versuch mit Substituirung der Lohnarbeit für Sclavenarbeit machen sollten. Nach diesem Plane ward die ganze Frage, ob die Sclaven rechtmäßig befreit seien oder nicht, späterer Entscheidung vorbehalten, und bestimmt, daß diese Sclaven unter dem Schutze der Bundesbehörden vorläufig für ihre früheren (loyalen) Herren weiterarbeiten sollten und zwar um einen Lohn von $10 monatlich für erwachsene Männer, und entsprechende geringere Löhne für Frauen und Kinder. Den Pflanzern wurde zur Pflicht gemacht, für geeignete Ernährung und Verpflegung der Arbeiter zu sorgen; all und jede Anwendung von Körperstrafen ward ihnen verboten. Die Arbeitszeit ward auf zehn Stunden festgesetzt und stipulirt, daß Mehrarbeit besonders bezahlt werden müsse. Wenn ein loyaler Pflanzer auf diese Bedingungen nicht eingehen wolle, solle es entweder den Ver. Staaten freistehen, seine Plantage zu bewirthschaften, oder seine Arbeiter (früher Sclaven) könnten sich an andere loyale Pflanzer vermiethen. Während, wie bereits angegeben, die Frage des Rechtszustandes der Neger künftiger Entscheidung vorbehalten wurde, ward ausdrücklich bestimmt, daß jede körperliche Mißhandlung eines unter den vorstehenden Bedingungen vermietheten Arbeiters durch den Herrn oder Aufseher die kriegsrechtliche Emancipation des Gemißhandelten zur Folge haben solle.

Unter Denen, welche von dieser großartigen Neuerung hörten, nahm Niemand tieferes Interesse daran, als der Präsident Lincoln. Herr Chase las ihm einen Privatbrief Butlers über den Gegenstand vor und der Präsident schrieb darauf selbst an den General, um noch genauere Auskunft darüber, sowie über die um jene Zeit anberaumte Wahl von Congreßmitgliedern für Louisiana zu erlangen. Gen. Butler antwortete darauf unterm 28. November, 1862:

„Unser Experiment mit dem Anbau von Zucker durch freie Arbeit, gelingt ganz vortrefflich. Auf einer der von Regierungsagenten bewirthschafteten Plantagen, deren Neger zu uns geflohen waren und unter Zusicherung von Arbeitslohn dahin zurückgeschickt worden sind, sind mit denselben Arbeitskräften und denselben Geräthen, anderthalb Oxhoft Zucker per Tag mehr gemacht worden, als unter der Sclaverei.

Von den Pflanzern scheinen manche mit Blindheit geschlagen zu sein und haben lieber ihre Ernte aufgegeben, statt sie vermittelst freier Arbeit zu bergen. Ich bot ihnen eine Uebereinkunft an, von welcher ich eine Abschrift beilege. Viele von ihnen verwarfen sie, weil sie nicht auf die Anwendung der Peitschenstrafe verzichten wollten, an deren Stelle ich als Strafe für Widerspänstige Dunkelhaft bei Wasser und Brod (durch den Profoßmarschall zu verhängen) gesetzt hatte. Ich war mir darüber klar, daß ich unmöglich im Namen der Vereinigten Staaten diese Schwarzen, die bei mir Schutz gesucht hatten, zu ihren früheren, zum Theil über sie wüthenden Herren zurücksenden könne, um sie von diesen peitschen zu lassen. Andererseits hielt ich mich aber auch für berechtigt, sie unter Aufsicht irgend einer von mir zu bezeichnenden Person zu ihrem eigenen und der Regierung Nutzen arbeiten zu lassen. Daher habe ich die Neger wissen lassen, daß sie auf der Plantage ebenso als freie Menschen behandelt werden sollen, wie im Lager. In den meisten Fällen sind sie darauf hin mit Freuden an die Arbeit gegangen.

Ich bin überzeugt, daß das System nicht bloß ohne Verlust für die Regierung durchgeführt werden kann, sondern Gewinn genug abwerfen wird, um uns in Stand zu setzen, die hungernden Weißen und Schwarzen in New Orleans noch sechs Monate länger zu ernähren—beiläufig, eine herkulische Aufgabe.

Wir ernähren jetzt täglich in der Stadt New Orleans mehr als 32,000 Weiße, wovon 17,000 als britische Unterthanen geboren sind, und größtentheils auch noch britischen Schutz in Anspruch nehmen, und nur 2,000 geborene Amerikaner; die übrigen 13,000 gehören den verschiedenen Nationalitäten aus allen Weltgegenden an, die hier vertreten sind.

Außerdem haben wir über 10,000 Neger zu ernähren (meist Frauen und Kinder), abgesehen von denen, die auf den Plantagen arbeiten.

Alles das ist bisher geschehen, ohne daß die Bundeskasse dafür in Anspruch genommen worden ist. Wie lange es freilich noch so fortgehen kann, das ist ein Problem, dessen Lösung zu finden ich jetzt bemüht bin.

Die Operationen des General Weitzel in der Lafourche-Gegend, dem reichsten Zucker-Distrikt von Louisiana, haben uns eine Menge Sclaven zur Disposition gestellt, die alle in Gemäßheit des Gesetzes frei sind. Dieser Theil des Landes kehrt von Tage zu Tage mehr in sein früheres Verhältniß zum Bunde zurück. Bei der auf nächsten Mittwoch anberaumten Wahlen wird ohne Zweifel eine große Anzahl von **Stimmen** abgegeben werden.

Ich habe den Dr. Cotman verpflichtet, nicht als Kandidat bei dieser Wahl aufzutreten. Er hat als Mitglied des Staatsconvents die Losreißungsurkunde freiwillig unterzeichnet und diese Handlung niemals öffentlich desavouirt. Es würde ein Standal sein, wenn ein solcher Mann zum Bundescongreß gewählt würde. Ich habe ihn daher auf sehr eindringliche Weise den R a t h gegeben, auf die Kandidatur zu verzichten und er hat, nach einigem Drängen, seinen **Namen** zurückgezogen. Zwei unbedingte Unionsmänner werden erwählt werden. Doch, fürchte ich, wir werden Herrn Bouligny verlieren. Er war so unvorsichtig, unter der Herrschaft der Sezessionisten die Kandidatur für das Amt eines Friedensrichters anzunehmen und das spricht gegen ihn, wenn ich auch gern glauben mag, daß er im Herzen immer gut unionistisch gewesen ist. Indessen wird in seinem Bezirk Herr Flanders gewählt werden, ein so treuer und verläßlicher Unionsmann, wie es kaum einen zweiten gibt.

Doch auf unsere Neger zurückzukommen. Die Schwierigkeit, die sich demnächst darbieten wird, ist diese: Viele von den Pflanzern hier, die sich für loyal ausgeben und es unter der Bedingung, daß ihnen d i e S c l a v e r e i e r h a l t e n wird, ohne Zweifel auch sind, haben sich untereinander verabredet, keine Vorkehrung für eine Ernte im nächsten Jahre zu machen. Auf diese Weise helfen sie, uns während des Winters eine große Menge brodloser Neger aufzuhalsen, während sie selbst von dem Ertrage der diesjährigen Ernte leben. Da nun keine Vorkehrung für die Gewinnung von Mais, Kartoffeln, oder Getreide getroffen wäre, so würde, hoffen sie, die Regierung sich ihren Bedingungen in Betreff der künftigen Beschäftigung der Neger unterwerfen, oder diese mit ungeheuren Unkosten ernähren müssen.

Dieser Schwierigkeit müssen wir begegnen, wie es eben gehen mag. Für das, was außerhalb unserer Linien geschieht, können wir natürlich nichts, hier aber werde ich, so weit es eben geht, Vorkehrungen sowohl für den Anbau von Cerealien und Kartoffeln, wie für den von Zuckerrohr treffen. Ich werde mein drittes Farbigen-Regiment aussenden und mit Ueberwachung der Anpflanzung und Einlegung für die nächstjährige Ernte beauftragen.

Natürlich kann Niemand sich einbilden, daß diese große Veränderung im Staats- und Gesellschaftssystem ohne schwere Erschütterung vor sich gehen kann; mir ist es schon überraschend zu finden, daß sie ü b e r h a u p t möglich ist. Gewiß ist—und damit spreche ich die fast einstimmige Ueberzeugung fast aller meiner Offiziere aus: m i t d e r S c l a v e r e i i s t ' s a u s! Im Widerspruch mit all den Vorurtheilen, welche meine Erziehung mir eingeflößt hatte, bin ich durch meine hiesige Erfahrung wohl oder übel zu der Ueberzeugung gelangt:

1. Daß auch in Louisiana die (Feld-) Arbeit von W e i ß e n verrichtet werden kann und zwar w o h l f e i l e r als von Negern, resp. Sclaven.

2. Daß die Arbeit der f r e i e n Neger ebenso gut disciplinirt, geleitet und nutzbar gemacht werden kann, wie die der Sclaven.

3. Daß, wenn auch eine allmähliche Emancipation vorzuziehen gewesen wäre, selbst bei ihrer plötzlichen Befreiung es ganz gut möglich ist, die Arbeit der Neger zu organisiren und nutzbar für alle Theile zu machen—am leichtesten unter militärischer Aufsicht."

„Mit der Sclaverei ift's aus!" So fagt auch General Rofefrans; fo
fagt der fchweigfame und anfpruchslofe Gen. Grant; fo fagt jeder General,
der im Innern der Sclavenftaaten operirt hat.

Das tadellofe Betragen der Neger in ihrer neuen Eigenfchaft als freie
Arbeiter hat Viele mit Staunen und Verwunderung erfüllt. Man könnte
ganze Bücher mit Belegen dafür füllen. Wenn man meint, daß General
Butlers Erfahrung zu kurz gewefen fei, als daß man feinem Urtheil volle
Beweiskraft zugeftehen dürfe, fo verweifen wir auf das Zeugniß unpartei-
ifcher Beobachter, die Jahr und Tag unter der neuen Ordnung der Dinge in
Louifiana gelebt haben. Ein folcher fchreibt in der New York Times im
Oftober, 1863 :

„Es wird zu wenig hervorgehoben, wie vortrefflich die Sclaven im Süden
fich in ihre fchwierige Stellung gefchickt haben. Von Anfang an bis auf
den heutigen Tag haben fie in keinem einzigen Falle durch vorlaute Aeußerungen oder verfrühte Ausbrüche die Wuth ihrer Herren auf fich gezogen.
Wo immer unfere Truppen ihnen Gelegenheit geboten haben, fich aus ihren
Banden zu erlöfen, haben fie es mit freudigem Eifer gethan, aber mit fel-
tener Klugheit haben fie fich aus allen folchen Schwierigkeiten fern gehalten,
bei denen ihre Intereffen nicht dauernd hätten gewinnen können. Während
fie verftändig genug gewefen find, die Tragweite der um fie herum ftattfin-
denden Revolution zu erkennen und mit den Feinden ihrer Herren aufs Ent-
fchiedenfte zu fympathifiren, find fie doch auch fchlau genug gewefen, ihre
wahren Gefinnungen für fich zu behalten, bis die günftige Zeit, fie kundzu-
geben, gekommen war."

Die Freiheitsproclamation des Präfidenten, die am 1. Januar, 1863, in
Kraft treten follte, brachte den General Butler auf eine Idee, die er leider
vor feiner plötzlichen Abberufung zu verwirklichen keine Zeit hatte. Wie
man weiß, nahm die Proclamation gewiffe bereits wieder im Befitz des
Bundes befindliche Counties von Louifiana aus. Gen. Butler wußte, daß
ein großer Theil der Sclaven in diefen Counties „neutralen" Ausländern
gehörte, deren Theilnahme mit der Rebellion ihm fo viele Unannehmlichkeiten
bereitet hatte. Es fiel ihm ein, zu unterfuchen, ob diefe Franzofen nach
franzöfifchem Landesgefetze berechtigt feien, in einem fremden Lande Sclaven
zu halten. Er berieth fich darüber mit einem franzöfifchen Juriften. Dabei
ergab fich folgendes.

Eine vom 27. April, 1848, datirtes Dekret der damaligen proviforifchen
Regierung von Frankreich hatte u. A. verordnet :

„In Zukunft ift es jedem Franzofen, felbft im Auslande, verboten, Sclaven
zu befitzen, zu kaufen, zu verkaufen, oder auf irgend eine Weife, direct oder indirect, an

solchem Handel betheiligt zu sein. Jede Uebertretung dieses Verbotes bewirkt den Verlust der französischen Staatsangehörigkeit.

„Den durch diese Bestimmung betroffenen Franzosen wird eine Frist von drei Jahren gegeben, innerhalb welcher sie sich derselben zu fügen haben. Solche Franzosen, die im Auslande durch Erbschaft, Schenkung oder Heirath in den Besitz von Sclaven gelangen, müssen sie innerhalb derselben Frist, von dem Tage an gerechnet, wo ihr Besitzrecht eintrat, freigeben, oder veräußern, widrigenfalls sie ihre französische Staatsangehörigkeit verlieren."

Somit konnte kein französischer Bürger in Louisiana gesetzlich Sclaven besitzen; that er es dennoch, so hörte er damit eo ipso auf, Franzose zu sein. Auch die Gesetze Englands verbieten jedem Engländer in jedem Theile der Welt, Sclaven zu halten. Das Confiscationsgesetz hatte die Sclaven von Rebellen für frei erklärt. So hoffte Butler, während die Proclamation des Präsidenten 87,000 Sclaven in Louisiana in Knechtschaft zu lassen schien, durch energische Vollstreckung der Gesetze Frankreichs und Englands, sowie des Confiscationsgesetzes, fast dieser ganzen Zahl die Freiheit geben zu können. Die Zahl der Sclaven von loyalen Bürgern mochte kaum 7,000 übersteigen, die übrigen waren frei nach französischem, englischem und amerikanischem Recht. Es mag noch hinzugefügt werden, daß der englische Consul Coppell, der um diese Zeit mit dem General auf ganz freundschaftlichem Fuße zu stehen schien, mit großem Eifer auf diese Idee einging. Aber noch während sich Butler so mit den Mitteln beschäftigte, das Gebiet der Freiheit zu vergrößern, meldete der Rebellentelegraph, direct aus dem geheimen Cabinet der französischen Gesandtschaft in Washington die bevorstehende Ankunft seines Nachfolgers.

Zur Erläuterung des ganzen Gegenstandes sollen hier einige charakteristische Anekdoten, meistens aus dem Munde des General Butler selbst, einen Platz finden.

Neun und zwanzigstes Capitel.

Charakteristische Anekdoten von Negern. — Ein Beispiel eines Sclavenfalles im Profoßgericht.

John Montanal, ein freier Farbiger, heirathete eine Farbige, welche Sclavin war. Beide waren Mulatten von heller Hautfarbe. Aus dem Verdienste eines kleinen Geschäftes kaufte er seine Frau für $600 und stand zu ihr im Verhältnisse des Ehemannes und Eigenthümers, und seine Kinder waren seine Sclaven. Sein einziges Kind, welches noch lebte, als die Bundestruppen einrückten, war ein Mädchen von elf Jahren, ein intelligentes Kind, welches in die Schule gegangen und im katholischen Glauben aufgezogen war. Der Vater, welcher durch die schlechten Zeiten in Schwierigkeiten gerathen war, hatte aus Noth seine Tochter in einer unglücklichen Stunde an seinen Gläubiger verpfändet, da er glaubte, daß er sie noch zur rechten Zeit werde einlösen können, bevor sie verkauft würde. Die Fortdauer des Krieges kreuzte seine Absichten, die Hypothek wurde gekündigt und das Kind ward von dem Sheriff verkauft. In dieser unglücklichen Lage ging er vor das Profoßgericht und bat um Wiedergabe seiner Tochter. Der Prozeß wurde von Advokaten sehr geschickt geführt. Oberst Kinsman, welcher damals Profoßrichter war, entschied, daß das Mädchen frei sei, und gab sie den Eltern zurück. Diese Entscheidung war offenbar gegen die Gesetze von Louisiana, aber Oberst Kinsmann war der Ansicht seines Vorgängers, Major Bell, daß Louisiana, als es aus der Union ging, die Gesetze wegen der Schwarzen mitnahm.

Dies ist blos eine oberflächliche Skizze der Geschichte, deren Einzelheiten hinreichen würden, um einen Roman á la „Onkel Toms Hütte" zu schreiben. Man kann es nur verstehen, wenn man die Lage auf ein Lieblingskind, Schwester, Nichte oder eine Mündel anwendet.

Beispiel eines Briefes von einem Sclaven an den commandirenden General.

New Orleans, 18. Juni 1862.

General Butler.—Geehrter Herr.

„Ich bin, wie ich glaube, der natürliche Sohn von Thomas Thornhill, einem aristokratischen Baumwollhändler in hiesiger Stadt, einem Rebellenoffizier, welcher in einer Schlacht in Virginien getödtet worden ist.

Meine Mutter, meine Schwester und ich werden von einem gewissen George Hawthorne von hier beansprucht, welcher Soldat in der Rebellenarmee gewesen ist, seitdem sie organisirt ist und jetzt in der Armee bei Richmond steht. Unser Lohn wird in seinem Nutzen verwandt. Er hat einer gewissen J. A. Banorres, seiner hiesigen Maitresse, den Auftrag gegeben, uns nach ihrem Gefallen zu verkaufen, zu vermiethen oder zu verwenden. Wir sind nicht Sclaven auf Lebenszeit, sondern sollten nach dem Testamente der Mutter Thornhills nur auf seine Lebenszeit Sclaven sein. Wollen Sie die Güte haben uns von ewiger Sclaverei zu retten?

Achtungsvoll
Ihr ergebenster Diener
Virginius Thornhill.

Fälle dieser Art wurden fortwährend untersucht. Sobald der Sclave das Recht zur Freiheit nachwies, wurde er für frei erklärt.

General Butler über die Frage wegen der flüchtigen Sclaven.

Besucher. „General, ich wünschte, daß Sie mir einen Befehl geben möchten, damit ich meinen Neger suchen lassen kann."

„„Haben Sie Ihr Pferd verloren?""

„Nein!"

„„Haben Sie Ihren Maulesel verloren?""

„Nein!"

„„Nun, wenn Sie Ihr Pferd oder Ihren Maulesel verloren hätten, würden Sie zu mir kommen und verlangen, daß ich meine Regierungspflichten vernachlässige, um Ihnen zu helfen, sie zu suchen?""

„Gewiß nicht!"

„„Wie können Sie dann erwarten, daß ich einem andern Eigenthumsartikel von Ihnen nachlaufen soll?""   (Besucher ab.)

Kinder von Sträflingen.

Im Staatsgefängnisse zu Baton Rouge fand man verschiedene Kinder, welche in dem Gefängnisse von farbigen Frauen geboren waren. Nach den

Gesetzen von Louisiana waren diese Kinder das Eigenthum des Staates und ihr Schicksal war, an den Meistbietenden verkauft zu werden. Der neue Gefängnißdirektor, Moses Bates, bat den General um Instruktionen bezüg-lich ihrer.

„Ich kann sicherlich," antwortete der General, „nicht Gesetze des Staates Louisiana billigen, welche alle in Gefängnissen geborenen Kinder farbiger Ver-brecherinnen zu Sclaven machen. Ihr Geburtsort ist sicherlich nicht durch sie verschuldet. Sie werden deshalb dieselben so in Obhut nehmen, wie an-dere mittellose Kinder. Wenn diese Kinder von farbigen Sclavinnen ge-boren wurden, so könnte der Meister vielleicht irgend ein Recht auf sie haben, aber ich sehe nicht ein, wie der Staat welche haben kann."

Eine Anekdote, welche die Aufrührer und ihre Freunde als einen guten Witz ansehen werden.

General Butler hatte ein Elitenregiment in New Orleans, welches ein wenig netter in Uniform und persönlichen Gewohnheiten als irgend ein an-deres, und so gut commandirt war, daß es nicht einen Mann durch Krank-heit verloren hatte, seitdem es von New England abgegangen war. Eines Tages kam der Oberst dieses Regimentes mit einem Gesichte auf das Haupt-quartier, daß man ihm ansehen konnte, er habe etwas außerordentlich Ange-nehmes zu berichten. Es war grade vor dem 4. Juli.

„General," sagte er, „es sind zwei junge Damen bei mir gewesen, wun-derschöne Mädchen, welche sagen, daß sie eine Fahne für das Regiment ge-macht haben, die sie am 4. Juli uns zu übergeben wünschen."

„„Aber erlaubt es denn ihr Vater?"" fragte der General, der wohl wußte, was es zwei junge Mädchen kosten mußte, sich so offen auf die Seite der Union zu stellen.

„O ja!" antwortete der Oberst. „Der Vater hat ihnen das Geld gege-ben. Aber haben Sie etwas dagegen?"

„„Nicht im Geringsten, wenn der Vater einstimmt.""

„Wollen Sie nicht kommen und an dem Tage die Parade abnehmen?"
„„Mit Vergnügen!""

So ritt in dem kalten Halbdunkel des Abends des vierten Juli der General in seiner besten Uniform mit Federhut, welche er zum ersten Male in New Orleans trug, nach dem Paradeplatze und nahm unter dem Zulaufe einer großen Menschenmenge die Parade ab. Eine der jungen Damen hielt eine hübsche kleine Anrede, auf welche der Oberst antwortete; der General sprach gleichfalls einige Worte. Es war eine fröhliche und vergnügte Scene, Alles ging sehr glänzend ab und wurde mit allem Pompe im Delta ausposaunt. Zwei Tage darauf richteten die beiden jungen Damen folgenden Brief an das Regiment:

New Orleans, 5. Juli 1862.

Geehrte Herren!

Wir gratuliren und danken Ihnen allen für die schöne Art, mit welcher Sie unser Geschenk empfangen haben. Wir hätten eine solche Aufnahme nicht erwartet. Wir haben Ihnen die Fahne als ein von Herzen kommendes Geschenk angeboten, als eine Belohnung für ihr edles Benehmen. Seien Sie versichert, daß der Tag ewig uns unvergeßlich sein wird, und daß wir nie vergessen werden, daß es die Tapfersten der Tapferen waren, denen wir das Geschenk machten. Wenn aber je Gefahr Ihren Häuptern droht, so sammeln Sie sich unter dieser Fahne, rufen Sie Ihren Muth herbei, um sie zu vertheidigen, wie Sie es versprochen haben, und denken Sie dann, daß diejenigen, welche sie Ihnen geschenkt haben, durch Gebete dazu helfen werden, Ihnen die Palmen des Sieges und Triumphes über Ihre Feinde zu verschaffen.

Wir danken General Butler innigst für seine Anwesenheit bei der Gelegenheit und seine Höflichkeit gegen uns. Möge er sein edles Werk fortsetzen und mögen wir bald die Union siegreich über ihre Feinde und durch das ganze große und ruhmvolle Land wieder vereinigt erblicken."

Einige Tage darauf kam ein Offizier des Regimentes in das Bureau des commandirenden Generals und hatte grade kein sehr lächelndes Gesicht. Er sah aus, als hätte er so eben einen Geist gesehen oder ein fürchterliches Unglück gehört.

„General," stöhnte er, „wir sind zum Narren gemacht worden. Es waren Negerinnen."

„„Wie? Die reizenden Blondinen mit blauen Augen und blondem Haar? Unmöglich!""

„General, es ist wahr, so wahr Gott lebt. Die ganze Stadt lacht über uns."

„„Nun,"" sagte der General, „„das ist noch kein Unglück. Reden Sie nicht weiter darüber. Ich glaube, das Beste ist, wir lassen die Geschichte nicht in die Zeitungen kommen und unterdrücken sie so gut, wie möglich.""

Sie konnten es aber nicht aus den Zeitungen halten, denn einer der „fremden Neutralen" schickte einen nach französischer Weise ausgeschmückten Bericht an den Courier des états unis nach New York.

Ein Commentar ist nicht nöthig.—

Die Geschichte „Jeffs."

Ein junger Advokat kam eines Tages mit einer Petition auf das Hauptquartier.

„General," sagte er, „Sie haben da meinen Lieblingsdiener, einen Mulatten Namens Jeff. Einer der Aerzte hat ihn im Hospital. Ich bin an
den Kerl gewöhnt, ich habe ihn gerne, habe ihn zehn Jahre gehabt; ich kann
gar nicht ohne ihn sein. Lassen Sie mich ihn haben und ich gebe Ihnen
einen anderen Mann, der eben so gut für Ihre Zwecke ist."

Der General wies ihn an den Chirurgen Smith, welcher den Mann
hatte. Wenn der Arzt wollte und Jeff wollte, so hatte der General Nichts
dagegen. Er gab dem Advokaten einen Brief, der dahin lautete, an den
Doctor, und der Advokat entfernte sich.

Bald darauf kam Dr. Smith mit einer ganz anders lautenden Erzählung
an. Jeff war, wie er sagte, kein Bedienter, sondern ein Barbier, welcher sich
von seinem Herrn für $40 den Monat frei gemiethet hatte. „Er hat mich
in seinem Laden rasirt, als wir ankamen!" sagte der Doctor. „Jeder Mensch
in New Orleans kennt ihn als einen Barbier. Sein Herr will nur die $40
monatlich aus ihm herausbekommen!"

Als dies erwiesen war, sprach General Butler zu dem Eigenthümer des
Barbiers in einer Sprache, welche den Anzug der Deutlichkeit hatte. Jeff
blieb im Hospital. Einige Tage nachher wurde dem General berichtet, daß
Jeff, obgleich er seine Freiheitspapier als Diener der Ver. Staaten bei sich
hatte, auf der Straße angefallen, überwältigt, in einen Wagen gesetzt und
nach Fosters Sclavenstall gebracht worden sei.

„Bringen Sie Foster her!" rief der General.

Foster wurde gebracht. Er sagte, daß Jeff vor einer Stunde bei ihm
gewesen, und dann fortgebracht worden sei, wohin, wußte er nicht. Der
General zeigte ihm an, daß das Geschäft, Sclavenställe zu halten aufgehört
habe, und warnte ihn gegen eine Fortsetzung desselben. Die Geheimpolizei
erhielt Auftrag, Jeff so schnell wie möglich herbeizuschaffen, aber man fand
weder an jenem Tage noch während der Nacht eine Spur von ihm.

Am nächsten Morgen berichtete der Capitän eines Kanonenbootes, welches
unterhalb der Stadt lag, daß bei Tagesanbruch ein Schwarzer in Ketten an
das Boot geschwommen sei, der sich Jeff nenne und behaupte, er sei in New
Orleans geraubt und auf eine Pflanzung geschleppt worden, wo ein Schmied
ihn in Eisen geschmiedet habe, und daß er die Nacht über in einem Dach-
zimmer eingesperrt gewesen sei, aus welchem er mittelst einer Feile entfloh.
Jeff kam bald selbst an und erzählte seine Abenteuer. Es war sein Meister,
der ihn gepackt, weggeschleppt und in Ketten gelegt hatte. Für dieses Vergehen wurde dem Meister der Prozeß gemacht und er wurde zu zwei Jahren
Gefängniß verurtheilt.

Nach diesem Ereigniß hielten die Offiziere große Stücke auf Jeff, ver-

trauten ihm später die Schlüssel zu den Vorrathskammern an, welches Ver=
trauen er verschiedene Male mißbrauchte, indem er sich von dem Branntwein
des Hospitals betrank.　Endlich war er eines Tages, nach vielen Verspre=
chungen, sich zu bessern und ebenso viel Rückfällen in demselben Gefängniß,
wo sein Herr saß.

Jetzt fiel es dem geriebenen Herrn ein, daß Jeff als Arrestant nicht länger
als unter dem Schutze oder im Dienste der Vereinigten Staaten stehend an=
gesehen werden könne.　Als Jeff seine Zeit abgesessen hatte, erfuhr der
General, daß Jeff wieder verschwunden und nirgends zu finden sei.　Er
schickte nach dem Meister.

„Wählen Sie!" sagte er.　„Entweder bringen Sie Jeff her, oder leben
Sie bei Wasser und Brod, bis Sie es thun."

Wasser und Brod schien der üppigen Constitution eines Menschen nicht
zuzusagen, welcher daran gewohnt war, von dem Verdienste eines Barbiers
zu leben　Da er bei der Nahrungsweise bald mager wurde, so gab er die
gewünschte Auskunft, und Jeff wurde wieder in Freiheit gesetzt.　Der
Käufer wurde auf 30 Tage in das Gefängniß geschickt, weil er einen freien
Menschen gekauft hatte.

Jeff wurde durch die Entfernung der Verlockungen so gut in seinem Be=
tragen, daß General Butler ihn in seinen eigenen Dienst nahm, in welchem
er war, als der General nach Hause zurückkehrte.　Da er wußte, daß Jeff
kein angenehmes Loos bevorstehe, wenn er der Gnade seines Herrn über=
lassen bleibe, so brachte er ihn mit nach Lowell, wo er in seinem alten Ge=
schäfte etablirt ist.

Ein curioser Buchposten.

Als die patriotischen Redacteure des Delta zufällig die alten Geschäfts=
bücher durchsahen, fanden sie folgenden Posten eingetragen:

„Wabe geprügelt, zwei Dollars." Wabe war der ehrenwerthe Hausknecht
des Etablissements.

Ein farbiger Soldat in der Klemme.

Bald nachdem die farbigen Regimenter gebildet waren, kam einer der
Profoßbeamten, welcher das Schlimmste von der Negerbewaffnung gefürchtet
hatte, auf das Hauptquartier mit einer Geschichte, welche seine Befürchtun=
gen sehr stark zu rechtfertigen schien.　Einer der Negersoldaten hatte seinen
Meister mit einen Bayonett gestochen.

„Ich glaube, dieses Bewaffnen der Neger," sagte er, „thut nicht gut. Ich habe es Ihnen immer gesagt, General!"

Bald kam ein langer Brief vom englischen Consul mit den Details der Geschichte. Der Verwundete, Montgomery, war nämlich ein englischer Unterthan. „Ich erfahre," schrieb Herr Coppell, „daß der Farbige, John Andrews, ein Mulatte von 22 Jahren und früher Eigenthum der Frau Montgomery, am Samstag und Sonntag auf Urlaub in der Stadt war. Er kam zwei Mal in Montgomerys Haus. Als er das zweite Mal kam, sah ihn Herr Montgomery und sagte ihm, er solle sich nicht wieder bei ihm sehen lassen, worauf Andrew angeblich das Bayonnet zog, sich auf Montgomery warf, und ihn in die linke Brust stach. Zugleich gebrauchte er unanständige Sprache und schwor, daß er Montgomery tödten werde, wenn er ihm zu nahe komme. Glücklicher Weise ist die Wunde nicht gefährlich und Montgomery ist im Stande gewesen, nach seiner Verwundung Andrew arretiren zu lassen. Oberst French hatte die Güte, Herrn Montgomery nach dem Opelousas Bahnhof begleiten zu lassen, aber er konnte Andrew nicht aus der Menge herausfinden. Nicht in den Stand gesetzt Nachricht über die Compagnie oder das Regiment zu geben, welchem Andrew angehört, außer daß er am 13. einen ungezogenen Brief von Lafourche Crossing an Frau Montgomery gerichtet hat, bin ich überzeugt, daß Sie das Verbrechen für ein solches halten werden, welches die nöthigen Anstrengungen zur schleunigen Verhaftung und Bestrafung des Schuldigen zur Folge haben wird."

Der Fall stand schlimm genug für den armen John Andrew. Wehe ihm, wenn solch eine Klage gegen ihn in den guten alten Tagen anhängig gemacht worden wäre, als ein Mulatte keine Rechte hatte, welche ein Engländer, gleichviel von welcher Farbe, zu respectiren brauchte.

John Andrew wurde nach dem Hauptquartier gebracht. Er kam in Begleitung seines Capitäns, welcher ihm die höchsten Lobsprüche ertheilte. So ausgezeichnet hatte sich der Mann seit seiner Einmusterung betragen, und so groß war seine Intelligenz, daß er, obgleich er nicht lesen konnte, zum Corporal gemacht wurde. Herr Montgomery war gegenwärtig und erzählte seine Version der Geschichte. Herr Coppell war anwesend, um seinen Landsmann zu unterstützen.

„Nun, Andrew," sagte der General, „erzähle mir genau, was vorgefallen ist. Erzähle mir die Wahrheit ganz ohne Umschweife."

„Das will ich, General!" sagte der Mann. „Ich ging nach dem Lager und trat in das Regiment. Nach 14 Tagen ging ich zurück, um meine Schwester zu besuchen, welche Köchin in meines Meisters Hause ist. Als ich vorbeiging, sah ich Meister auf der Schwelle des Hauses sitzen. Wie ich

hinten am Gitter mit meiner Schwester spreche, hörte ich die Vorderthüre
zuschlagen, und weil ich glaubte, der Meister komme, und meiner Schwester
keine Unannehmlichkeiten bereiten wollte, ging ich fort. Ich hörte, wie er
mich rief, aber ich ging weiter, als ob ich nichts gehört hätte. Ich ging
weiter, (dies sagte Andrew mit blitzenden Augen und stolz wie ein Fürst,)
weil kein Mensch außer einem Offizier das Recht hat, einen Bundessoldaten
aufzuhalten. „„Bleib' stehen, oder ich schieß' dich nieder!"" rief der Mei=
ster. Ich sah mich um und sah, daß er mit einem Revolver auf mich zielte.
Ich zog mein Bayonet und stach nach ihm. Er drehte sich dann um und
ging nach dem Hause zurück."

Das war Andrews Darstellung.

„Jetzt, Herr Montgomery," sagte der General, „erzählen Sie uns genau
was an dem Manne seiner Geschichte n i c h t wahr ist."

„Ich saß vor dem Hause und las die Zeitung, als ich Andrew zu meiner
Köchin reden hörte. Ich nahm eine Pistole, um ihn fortzujagen."

„Aber warum eine Pistole, und warum wollten Sie ihn fortjagen?
Als englischer Unterthan dürfen Sie doch keine Sclaven halten?!"

„Ich wollte ihn nicht mit meiner Köchin reden lassen. Er hatte einen
unverschämten Brief an meine Frau geschrieben."

„Wo ist der Brief? Zeigen Sie ihn einmal."

Der Brief, welchen einer von Andrews Kameraden für ihn geschrieben
hatte, war, wie sich ergab, außerordentlich freundlich und bescheiden. Er
fing an:

„Liebe Meisterin! Ich ergreife die Feder, um Sie zu benachrichtigen,
daß ich wohl bin und hoffe, daß auch Sie es sind. Es hat mir Leid gethan,
von Ihnen zu scheiden, u. s. w." Es war nicht ein Wort darin, das nicht
bescheiden und anhänglich gewesen wäre.

Zeugen bestätigten die Aussage von Andrew.

„Meine Ansicht ist," sagte der General zum Consul, „daß Andrew ihn
nach Gebühr behandelt hat. Ich habe nichts in seinem Betragen zu tadeln,
außer daß er nicht stark genug zugestoßen hat, und wenn Ihr Freund noch
Etwas wünscht, so kann er wegen Anfalls mit beabsichtigter Tödtung einen
Prozeß bekommen."

Montgomery fühlte kein besonderes Verlangen darnach und die Sache war
zu Ende. Andrew kehrte im Triumph zum Regiment zurück.

Gutmüthigkeit freigelassener Neger.

Major Strong erhielt gegen Anfang November folgenden Brief von
einem Offizier, welcher eine Expedition befehligte:

„Um noch mehr das zu bestätigen, was ich heute früh in meiner Depesche über Sclavenaufstände sagte, habe ich die Ehre, Sie in Kenntniß zu setzen, daß auf der Plantage des Herrn David Pugh, eine kleine Strecke oberhalb von hier, die Neger, welche unter den von General Butler gestellten Bedin= gungen zurückgekehrt waren, ohne Aufreizung oder irgend einer Ursache, sich heute früh geweigert haben zu arbeiten, und den Aufseher und Herrn Pugh anfielen und dieselben schwer beschädigten, ebenso einen Herrn, welcher Herrn Pugh zu Hülfe kam. Auf einer Plantage des Herrn W. T. Miner, auf der Terrebonne Chaussée, ungefähr 16 Meilen von hier, sind Unruhen aus= gebrochen, und die ganze Gemeinde in der Umgegend ist in täglicher Erwar= tung und Angst vor einem allgemeinen Aufstande."

Eine Untersuchung ergab die folgenden Thatsachen:

Die Sclaven des Senator Pugh waren viele derer, welche bei dem Ein= rücken der Bundestruppen in die Gegend von Lafourche in das Unionslager kamen, und wieder an die Arbeit zurückgekehrt waren unter dem Versprechen des Schutzes und eines Antheiles von dem Ertrage ihrer Arbeit. Eines Morgens, als die Neger wie gewöhnlich zusammengetreten waren, brach einer aus der Reihe und lief nach seiner Hütte.

„Komm zurück!" schrie ihm der Aufseher im brutalsten Tone nach.

„Ich will nur meinen Rock holen!" rief der Mann.

Er holte den Rock und trat wieder in die Reihe, bevor die Leute abmar= schirten.

Am nächsten Morgen, als die Neger wieder in Reihe und Glied standen, kam Pugh selbst herbei, und der Aufseher sagte zu ihm, indem er ihm den Neger zeigte:

„Das ist der verfluchte Schurke, der gestern unverschämt gegen mich war."

Pugh, welcher vergessen hatte, daß der alte Zustand in Lafourche vorüber war, nahm seinen Spazierstock und schlug dem Neger damit über den Kopf. Der Neger, welcher ein besseres Gedächtniß hatte, leistete Widerstand und vertheidigte sich. Der Aufseher kam seinem Herrn zu Hülfe, die andern Neger nahmen jetzt auch an der Prügelei Theil, und in wenigen Augen= blicken waren die Meister flach am Boden, jeder von einem halben Dutzend kräftiger Neger festgehalten.

Was andere Arbeiter unter solchen Umständen gethan haben würden, wissen wir alle. Pugh und sein Aufseher würden eine Strafe für ihre Unver= schämtheit und Brutalität erhalten haben. Die Neger, ohne an die tausend Unbilden zu denken, welche sie erfahren hatten, banden die beiden Leute an Händen und Füßen, legten sie sanft auf eine Bahre, welche sie gemacht hat=

ten, trugen sie nach dem nächsten Bundeslager, legten sie vor das Zelt des commandirenden Offiziers und warteten geduldig mit der Mütze in der Hand, bis sie erzählen konnten, was sie zu dem sonderbaren Verfahren ver= anlaßt hatte. Die strengste Untersuchung der Sache bewies, daß die Neger ihre Geschichte mit religiöser Gewissenhaftigkeit erzählt hatten. Der Gene= ral rechtfertigte und billigte das Verfahren und gab ihnen den nöthigen Schutz.

Ein Richter von New Orleans.

John G. Cocks heißt er — Cocks, John G. Es ist dasselbe Individuum, von welchem vorher die Rede gewesen ist, und dessen Eigenthum General Butler zu Gunsten des Major Anderson mit Beschlag belegt hatte. Beim Beginn der Rebellion veröffentlichte dieser Cocks, „Richter Cocks," folgenden unverschämten Brief in der New Orleans Picayune:

Ein Vorschlag für Major Anderson.

New Orleans, 16. Mai, 1861.

An Major Anderson, früher in Fort Sumter.

Mein Herr! Sie haben drei Schuldscheine von mir in Händen, im Gesammtbetrage von $4500 nebst $1000 Zinsen, welche sämmtlich im März 1862 fällig sind, welche Schuldscheine ich Ihnen für neunundzwanzig Neger gab, die ich von Ihnen im März 1860 kaufte. Da ich Ehrlichkeit über Alles schätze, so zeige ich Ihnen hierdurch an, daß ich das Geld nicht bezahlen werde; da ich aber weder eine Uebervortheilung Ihrer suche noch wünsche, so können Sie mir die Scheine und das Ihnen bereits bezahlte Geld wie= derschicken und Ihre Neger bekommen, welche Sie durch die gültige Behandlung, welche ich ihnen habe angedeihen lassen, sehr gebessert finden werden.

Ich fühle mich gerechtfertigt Ihnen und dem Publikum dieses öffentlich anzuzeigen, da Niemand von mir verlangen kann, daß ich für Eigenthum bezahlen soll, welches Sie sich zur rechten Zeit vom Halse geschafft haben und dessen Werth und Nutzen Sie jetzt zu zerstören suchen. Ich verlange Nichts als Aufhebung des Kaufcontrakts, will Ihnen Ihr Eigenthum wiedergeben und Jeder von uns mag seine alte Stellung einnehmen. Dann werden Ihre Bemühungen wenigstens nicht so selbstsüchtig aussehen, weil sie auf Ihre Kosten und nicht auf meine geschehen werden.

John G. Cocks.

General Butler belegte, nach seinem System, das Unrecht gegen Unions= leute zu bestrafen, die großen Besitzungen des Cocks mit Beschlag, und behielt sie zum Behufe der Bezahlung von Andersons Ansprüche. Cocks, welcher mit Recht der Ansicht war, daß New Orleans unter Butlers Herrschaft nicht der Platz für ihn sei, um dort zu wohnen, verschwand bald darauf nach den ihm mehr zusagenden Gegenden des Südens.

Einige Tage nach seiner Abreise bat ein junges Mädchen um eine Unter=
redung bei Frau Butler, zu welcher damals viele Frauen kamen, um Klagen
anzubringen. Das junge Frauenzimmer war vollständig blond, ihr Haar
war hellbraun, die Augen hellgrau und ehrlich aussehend, die Gesichtsfarbe
außerordentlich rein und zart, ihre Haltung bescheiden und gemessen, ihre
Sprache die einer wohlerzogenen Person. Es ist oft behauptet worden, daß
die Frauen im Süden, welche der Wollust ihres Meisters zum Opfer ge=
fallen sind, der sittlichen Befleckung entgehen. Ihre Seele bleibt rein. Die=
ses Frauenzimmer, so angenehm in ihrer Erscheinung, so gebildet in ihrer
Unterhaltung, war eine Sclavin, die Sclavin des Richters Cocks. Sie
erzählte eine unglaubliche Geschichte, unglaublich, bis mehr als zu viele Zeu=
gen den ungläubigsten Menschen überzeugten.

Sie sagte, daß Richter Cocks ebenso ihr Vater wie ihr Meister sei. In
früher Jugend sei sie nach New York in der Schule des Mechanics Instituts
gebildet worden. Als sie fünfzehn Jahre alt war, kam ihr Vater nach New
York, brachte sie von der Schule nach seinem Hotel und zwang sie dort, mit
ihm als seine Maitresse zu leben. Sie wurde Mutter eines Kindes, dessen
Vater und Großvater zugleich ihr Meister war.

„Ich bin jetzt einundzwanzig Jahre alt," sagte sie, „und bin Mutter eines
Knaben von fünf Jahren, der meines Vaters Sohn ist."

Cocks nahm sie mit nach New Orleans, wo er eine Zeit lang mit ihr lebte,
und ihr dann befahl, einen Menschen zu heirathen, den er bevorzugte. Sie
weigerte sich. Er ließ sie auf offener Straße auspeitschen und befolgte ein
fortgesetztes Qualsystem, bis sie einwilligte. Als sie ziemlich lange verhei=
rathet war, fand ihr Ehemann (ein Mann, welcher so „weißlich" aussah, daß
er Commis in einem großen Geschäfte war), daß er schmählich betrogen war,
und ließ sie sitzen. Darauf nahm sie ihr Herr wieder in sein von Unzucht
rauchendes Bett und gab ihr eine Bescheinigung, daß sie frei sei, welche er
später wieder vernichtete.

„Und jetzt," fügte sie hinzu, „ist er fortgelaufen und hat mich und meine
Kinder hülflos hinterlassen."

Frau Butler, welche bei der Erzählung halb verwirrt ward und halb
schauderte, verschaffte ihr eine Unterredung mit dem General, welchem die
Erzählung wiederholt wurde. Er sprach freundlich zu ihr, aber gestand ihr,
daß er die Geschichte nicht glauben könne.

„Das ist zu viel," sagte er, „als daß ich es auf die Aussage eines Zeugen
allein glauben sollte. Weiß irgend Jemand anders davon?"

„„Gewiß!"" sagte sie, „„Jedermann in New Orleans kennt die Ge=
schichte!""

General Shepley übernahm die Untersuchung der Sache. Er fand, daß die Geschichte des Mädchens eben so wahr wie allgemein bekannt war. Die Thatsachen wurden vollständig festgestellt. General Butler machte sie frei und gab ihr ein Einkommen von ihres Vaters Besitzthum, und kurze Zeit darauf gab ihr Capitän Puffer, als er Profoßmarschall war, eins der besten Häuser ihres Vaters, und sie ernährte sich, indem sie Zimmer vermiethete.

Die Sache ist wörtlich wahr, und Niemand hat ihr bis jetzt zu wider=sprechen gewagt.*

Wie ein alter Gentleman der Ansicht war, daß Jemand mit seinem Diener thun könne, was er wolle.

Ein Lieutenant untersuchte ein Haus, in welchem Waffen für die Rebellen versteckt sein sollten. Waffen und Zelte wurden in der Dachkammer gefun=den und nach dem Zollhause gebracht. Ein alter Herr von ehrwürdigem Aussehen und langem weißen Haar und durch Alter gebeugt, war der Be=sitzer des Hauses.

Im Halbdunkel eines Abends bald nach der Haussuchung hörte man ein fürchterliches Geschrei aus dem Hofe des Hauses, als wenn ein menschliches Wesen die fürchterlichsten Qualen litte, welche ein Sterblicher ertragen kann. Eine Schildwache, welche in der Nähe auf= und abging, lief nach dem Hofe, wo sich ein scheußliches Schauspiel bot. Eine junge Mulattin lag auf dem Gesichte ausgestreckt, die Beine an einen Pfahl gebunden, ihre Hände wurden von einem Schwarzen festgehalten, sie war nackt von Kopf bis Fuß. Der ehrwürdige alte Herr saß in einem Lehnstuhl an der Seite des Mädchens, grade weit genug für seinen Zweck. Er hielt in seiner Hand eine starke Pferdepeitsche, mit welcher er das zarte Fleisch des jungen Mädchens peitschte, ihr Rücken war blutbedeckt; jeder Hieb mit dem höllischen Werkzeuge riß ihr Fleisch in langen schwarzen Striemen auf. Der Soldat, halb erstarrt von dem Anblick, stürzte auf die Wache, und der Sergeant lief nach dem Haupt=quartier und machte seinen Bericht an den General. General Butler schickte ihn in höchster Eile zurück, um den alten Sünder an Fortsetzung seiner Un=terhaltung zu verhindern und ihn mit seinem Opfer am nächsten Tage auf das Hauptquartier zu bringen.—

Der Sergeant lief zurück und befreite das Mädchen von der Peitsche.

Gegen neun Uhr Abends kam der Sergeant wieder auf das Hauptquar-

* Die einfachen Hauptsachen der Erzählung waren schon vor einem Jahre in dem englischen Originale veröffentlicht, und sind nie bestritten worden.

tier, und zwar athemlos, und berichtete, daß das Mädchen wieder gefoltert werde, da herzzerreißende Schreie aus einem Zimmer oben im Hause kämen. Butler befahl jetzt die Verhaftung aller Bewohner des Hauses und ließ sie vorläufig über Nacht einsperren. Bei der Rückkehr nach dem Hause fand der Sergeant, daß die letzten Schreie dadurch hervorgerufen waren, daß der zerfleischte Rücken des jungen Mädchens mit starkem Salzwasser gerieben wurde. Man thut dies im Süden unter dem Vorgeben, daß es die Wunden schmerzloser und schneller heilt. Der wahre Zweck ist aber der, daß man die Wunden mit so wenig Narben heilen lassen will, daß der Werth des Sclaven bei der Auction nicht verringert werde, und es soll wirklich diese Wirkung haben. Natürlich ist diese Operation entschieden schmerzhafter als die Strafe selbst, da das Salzwasser die abgestumpftesten Nerven wieder reizt, und in jedem Augenblicke nicht allein den Schmerz jedes Hiebes wieder zurückbringt, sondern diesen Schmerz unendlich erhöht. Der Leidende fühlt in demselben Augenblicke einen beißenden, brennenden, stechenden, wahnsinnig machenden Schmerz.

Am nächsten Morgen wurde der graue Sünder mit seiner gefolterten Sclavin vor den General gebracht. Der obere Theil ihres Kleides wurde geöffnet. Es war ein ekelhafter und schauderhafter Anblick.

„Was haben Sie zu sagen?" fragte Gen. Butler den Alten.

Er sagte, das Mädchen habe das Vorhandensein der Waffen und Zelte in der Dachkammer angezeigt und wolle davonlaufen.

„Es ist eine Lüge!" sagte der General, „wenigstens soweit es die Anzeige betrifft. Wir haben unsere Nachricht aus anderer Quelle. Weshalb hat das Mädchen zum zweiten Male geschrieen?"

Der alte Mann sagte, er wisse es nicht. Der General fragte das Mädchen. Sie sagte, daß ihr Meister sie mit Salzwasser gewaschen habe.

„Ist dem so?" fragte der General.

„Ja."

„Sie verdammter, alter Schurke! Was konnte Sie veranlassen ein menschliches Wesen so zu behandeln?"

„Sie ist meine Sclavin, und ich glaube ich kann mit ihr machen, was mir gefällt. Ich habe sie gewaschen, um ihre Schmerzen zu lindern."

„Ihre Schmerzen zu lindern? So?! Ich werde Sie nach Fort Jackson schicken!"

„General, ich bin in Südcarolina geboren. Meine Gesundheit ist schwach. Es wird mich tödten."

„Dafür kann ich nichts. Und hier sage ich Ihnen: Wenn Sie sich nicht **gut** betragen, so sollen Sie ganz dieselbe Behandlung erfahren, welche Sie dem armen Mädchen haben angedeihen lassen. Und um Ihre Schmerzen zu lindern, sollen Sie mit Salzwasser gewaschen werden."

Der alte Eingeborene von Südcarolina ging nach Fort Jackson, wo er, wie ich mit Vergnügen berichten kann, in einem Monat starb. Gen. Butler gab dem Mädchen die Freiheit und überwies ihr Geld genug, um ein kleines Geschäft anzufangen, wie es farbige Mädchen in New Orleans betreiben.

Ein „geachteter Kaufmann" und seine Tochter.

Eines schönen Sonntags, als General Butler bei seinem Frühstück saß, stürzte Major Strong, ein Herr, welcher nicht so leicht in Aufregung gerieth, in das Zimmer, mit einem Gesichte, bleich und voll Schrecken.

„General!" rief er, „hier draußen geht das Schrecklichste vor!"

Der General folgte ihm nach dem Bureau. Dort fand er seinen Stab zusammen um ein Mädchen stehen und sie halb mit Mitleid, halb wüthend ansehen. Die Bedienten und Dienstmädchen drängten sich im Zimmer. Das Frauenzimmer, welches der Gegenstand so großer Aufmerksamkeit war, war beinahe weiß und 27 Jahr alt. Ihr Gesicht zeigte, daß sie eine der unglücklichen Creaturen war, welche manche Wilden mit religiöser Furcht betrachten, und welche civilisirte Nationen als besonders dem Mitleid und der Nachsicht empfohlen ansehen. Sie war geistig beschränkt, nicht gerade blödsinnig, aber einfältig, geistesschwach und närrisch.

„Hier!" sagte Major Strong, indem er das Kleid des armen Geschöpfes öffnete. „Sehen Sie einmal, General!"

Ihr Rücken war mit einem Kuhschwanze in Stücke gehauen, er war vollständig schwarz und roth—roth, wo das höllische Instrument das Fleisch aufgerissen hatte, schwarz, wo es nicht stark genug dazu war. Um eine Idee von dem Aussehen zu geben, sagte Strong, er habe ausgesehen wie ein sehr blutiges Beefsteak, mit dem schwarzen Streifen des Rostes auf der Oberfläche. Niemand hat jemals Butler so erschüttert gesehen, als er es war, wie er auf den Anblick starrte.

„Wer hat das gethan?" fragte er das Mädchen.

„Meister," antwortete sie.

„Wer ist dein Meister?"

„Herr Landry."

Landry war ein „geachteter Kaufmann," welcher in der Nähe des Hauptquartiers wohnte, und den Mitgliedern des Stabes nicht unbekannt war.

„Warum hat er das gethan?" fragte der General.

„Ich ging aus, um die Wäsche zu holen und blieb zu lange aus. Als ich nach Hause kam, stieß mich der Meister mit dem Fuß und sagte mir, er wolle mich lehren, wieder fortzulaufen." .

„Ordonnanz, gehen Sie nach Landrys Haus und bringen Sie ihn her!"

In einigen Minuten kam Landry in das Bureau—ein schlanter, anständig aussehender Herr von über 55 Jahren.

„Herr Landry," sagte der General, „das ist infam. Das Mädchen ist augenscheinlich geistesschwach. Es ist der schrecklichste Anblick, den ich in meinem Leben gehabt habe."

In diesem Augenblicke flüsterte Strong dem General Etwas in das Ohr, was diesem veranlaßte, die Gesichter des Meisters und der Sclavin zu vergleichen. Die Aehnlichkeit war auffallend.

„Ist das Ihre Tochter?" fragte der General.

„So sagt man!" antwortete Landry höhnisch.

Die freche Gleichgültigkeit des Mannes bei dieser Antwort brachte die Anwesenden so auf, daß es nur eines Winkes vom General bedurft hätte, um ein Dutzend wüthender Männer an den Hals des Menschen zu bringen. Der General sagte bloß:

„Das ist genug!"

Der General schien zum ersten Male sein Talent verloren zu haben, schnell zu wissen, was zu thun. Er blieb einige Augenblicke, wie ein Augenzeuge erzählt, anscheinend in sich versunken. Die Anwesenden werden nie den Ausdruck seines Gesichtes vergessen.

Sie waren gewöhnt gewesen, ihn in einem Sturm von Leidenschaft zu sehen, wo Unterdrückung oder offenbares Unrecht geschehen waren, aber bei dieser Gelegenheit war er zu tief erschüttert, um sich in der gewöhnlichen Weise helfen zu können. Er schien niedergedrückt, fast geistesabwesend, sein Unwille war zu stark und seine Wuth zu tief, um sich auf seinem Gesichte abzuspiegeln. Nach einiger Zeit drehte der General sich wieder zu dem Arrestanten um und sagte ruhig und halblaut:

„Herr Landry, ich traue mir nicht zu, heute zu entscheiden, welche Strafe Sie verdienen, denn ich bin in einem Geisteszustande, welcher mich vielleicht die nöthigen Erfordernisse der Gerechtigkeit überschreiten lassen könnte. Ich werde Sie deshalb vorläufig unter Aufsicht stellen, bis ich beschlossen habe, was mit Ihnen zu thun."

Am nächsten Morgen kamen mehrfache Truppen von Landrys Freunden zum General, um ihn zu erzählen, was für ein ehrenwerther, feiner, liebenswürdiger Gentleman Landry sei, und wie hoch er von allen seinen Bekannten geachtet werde. Sie sagten, er habe viel Geld verloren, der Krieg habe ihn halb ruinirt, seine Freunde hätten bemerkt, daß der arme Mensch in der .

letzten Zeit nervös gereizt gewesen sei, und sicherlich hätte er das Mädchen
stärker geschlagen, als er beabsichtigt habe. Seine Frau und seine andern
Kinder kamen, um für ihn zu bitten. Ein Advokat erschien, um Alles für
ihn zu thun, was sich durch Argumentiren thun ließ.

General Butler entschied den Fall, wie folgt: Landry solle seiner Toch=
ter die Freiheit geben, und ihr $1,000 vermachen.

Aus ungemeiner Furcht vor Fort Jackson ging er sehr bereitwillig darauf
ein. Das arme Mädchen ging als Freie fort, und ein Vormund wurde er=
nannt, um ihr kleines Vermögen zu verwalten und zu sehen, daß ihr Nichts
geschehe.

Es war eine kleine Strafe für ein solches Verbrechen. Hätte der General
den Mann gehängt, so würde Jedermann Beifall gerufen haben.

Ich schließe dieses Schauerkapitel. Jede Anekdote zeigt eine Phase des
fluchwürdigen Dinges, und alle beweisen die schon oft aufgestellte Behaup=
tung, daß seine schlimmsten Folgen auf die weiße Race fallen. Es ist besser
gemordet zu werden, als zu morden. Es ist besser einem Unrecht zum Opfer
zu fallen, als es auszuüben. Frau Kemble hat Recht, wenn sie sagt, es sei
bei Weitem vorzuziehen, ein Sclave auf einer Pflanzung in Georgia zu sein,
als der Besitzer mit all der Last des Verbrechens auf dem Herzen, welche die
Sclaverei nothwendiger Weise erzeugt, und so vollständig entsittlicht zu wer=
den, daß man so viele Leiden und Unbilden mit roher Gleichgültigkeit ansehen
kann.

Die Scenen machten einen tiefen Eindruck auf den Geist des alten Hun=
ters. General Butler ist nicht der Mann von der Sorte, welche sich Hu=
manisten nennen. Seinen Freunden gegenüber ist er mehr als edelmüthig,
er macht ihre Sache zu der seinigen und ist ihnen treu auf Leben und Tod.
Er war nicht damit zufrieden, für Major Strong ein Patent als General=
major zu bekommen, nicht zufrieden damit, 200 Meilen zu seinem Begräbniß
zu reisen, sondern er sorgte auch für seinen Ruhm nach dem Tode, indem er
eigenhändig seine Lebensbeschreibung für die Zeitungen aufsetzte und Fehler,
welche sich in den von andern Leuten geschriebenen Lobartikel über Strong
befanden, corrigirte. Aber er ist kein Philanthrop im gewöhnlichen Sinne
des Wortes. Er liebt die Menschheit mehr als den einzelnen Mann.
Aber der blutende Rücken eines Mädchens, die brutale Gleichgültigkeit eines
Meisters, die absolute Verachtung alles dessen in dem Charakter eines Scla=
venhalters, was mit der menschlichen Natur versöhnt, wie der Sinn für
Wahrheit, Mitleiden mit dem Hülflosen, Rücksicht auf heilige Familienver=
hältnisse; die Inferiorität ihrer geistigen Bildung, ihre dumme Unverschämt=

heit, ihre unheilbare Starrsinnigkeit und Kaltherzigkeit, ihre kindische Eitel=
keit und schandbare Unwissenheit, ihre hohle Prahlerei und ihre Verachtung
für alle mehr intelligenten Leute und Nationen; alle diese Dinge sprachen zu
ihm, alle diese Dinge bemerkte und verdammte er in sich. Ungeduldig, wie
er im ersten Augenblicke über den langsamen Fortgang des Krieges gewesen
war, wurde er jetzt damit versöhnt, denn er sah, daß jeder neue Monat den
Untergang der Sclaverei sichern und schneller machen müsse. Er war voll=
ständig überzeugt, daß die Vereinigten Staaten niemals George Washing=
tons bescheidenen Wunsch, eine „respektable Nation" zu werden, ausführen
könnten, weit weniger aber groß und ruhmvoll, oder eine aus gleichartigen
Elementen zusammengesetzte Nation werden würden, bis Sclaverei aufge=
hört habe, in jedem Theile des Bundes zu existiren.

Die Leute, welche zu dem General in intimen Beziehungen standen, be=
merkten seinen wachsenden Abscheu gegen Sclaverei. Während der ersten
Wochen der Besetzung der Stadt, geschah es mitunter, daß er bei dem eili=
gen Zusammenlegen eines Packetes Briefe, das Wort "negro" mit zwei
„g" buchstabirte. Nicht so später, nachdem er die schwarzen und blutenden
Rücken zarter und hübscher Mädchen gesehen hatte, nicht so, nachdem er er=
fahren hatte, daß die Neger des Südens zu den Mitteln gehörten, welche
die Integrität, die Macht und den Glanz seines Landes herzustellen, bestimmt
waren, nicht so, nachdem er gelernt hatte, wie die Unterdrückung der Neger
unter den Weißen beinahe jeden Charakterzug getödtet hatte, welcher die
Menschheit veredelt.

Dreißigstes Capitel.

Militärische Operationen.

General McClellans Befehle an den Commandeur des Golfdepartements, gaben ihm auf, zuerst und vor allen Dingen New Orleans zu halten. Diesem Zwecke sollte alles andere geopfert werden. Sodann sollte er alle Zugänge zu der Stadt besetzen und halten, was natürlich die Beschlagnahme aller Eisenbahnen und alles Eigenthums der Eisenbahnen in der Nachbarschaft in sich schloß. Ferner sollte er der Flotte bei einem Angriffe auf Mobile zur Seite stehen und womöglich Pensacola und Galveston bedrohen. General McClellan fügte hinzu, daß es die Absicht der Regierung sei, hinreichende Verstärkungen für den Zweck, sowie genauere Instructionen zu schicken. Umstände verhinderten, wie wir gesehen haben, das Absenden von Verstärkungen. Auch wurden keine Instruktionen weiter geschickt, als daß Mobile nicht angegriffen werden solle, bis nicht noch mehr Monitors fertig seien. Was General Butler that geschah durch die Abtheilung, welche er mitgebracht hatte und die in New Orleans angeworbenen Regimenter.

Alle Zwecke der Expedition, welche in dem Befehl des Obergenerals erwähnt waren, wurden erreicht, außer zweien, nämlich, der Eroberung von Mobile, welche abbefohlen wurde, und das Oeffnen des Mississippi oberhalb Baton Rouge, welches ohne bedeutende Unterstützung unmöglich war. Zuerst wollen wir diese Angelegenheit besprechen.

Versuch den Mississippi zu öffnen.

Kaum waren die Truppen um die Stadt vertheilt, als General Butler begann eine Expedition auszurüsten, welche den Fluß hinaufgehen, Baton

Rouge nehmen und bis nach Vicksburg recognosciren sollte, welches damals das größte und stärkste Bollwerk war, welches der Feind auf dem Missisippi hatte. Port Hudson war damals noch nicht befestigt. Später in der Jahreszeit hatte General Butler den Schmerz und die Betrübniß, die Befestigungen von Port Hudson sich erheben und stärken zu sehen, während er machtlos war, es zu hindern. Er unterrichtete die Regierung bald von der neuen Lage der Dinge. Im October 1862 konnten, wie er sagte, zwei Monitors und 5000 Mann den Platz nehmen, während eine ganze Flotte und eine große Armee sechs Monate später dazu nicht im Stande sein würden. Die erforderlichen Mannschaften konnten dazu nicht geschickt werden, und es kostete manches kostbare Leben, den Platz im Sommer 1863 zu nehmen. Die Verluste auf der Halbinsel paralisirten die Kraft der Regierung an den Punkten, welche am entferntesten von den Unglücksscenen lagen, und nirgends war ihr Einfluß unheilvoller, als im Südwesten.—

Die erste Schwierigkeit lag darin, Flußdampfer zum Truppentransport zu beschaffen. Die Rebellen hatten kluger Weise alle Dampfboote an der Levee verbrannt, außer einem oder zwei kleinen. Es war jedoch bekannt, daß viele Dampfboote in den Bayous des Delta verborgen waren, und daher kam die Jagd auf Dampfboote, auf welche früher angespielt worden ist. Truppenabtheilungen schlichen auf Expeditionen durch die Moräste, um diese verborgenen Schiffe zu suchen; die Kanonenboote recognoscirten zu demselben Zwecke an den Ufern des Sundes und fuhren die Ausmündungen der Flüsse hinauf, welche sich in denselben ergossen. Verschiedene Dampfboote wurden auf diese Weise weggenommen, welche die furchtsamen oder hartnäckigen Arbeiter von New Orleans zu repariren gezwungen wurden. Die bedeutendsten dieser Jagden nach Dampfbooten war eine unter Oberst Kinsmann, dem freiwilligen Adjutanten des Generals, welcher damals ohne Gehalt und Rang Dienste that. Man hatte bestimmte Nachrichten erhalten, daß zwei der größten Dampfboote, welche nach New Orleans gehörten, jenseits des Pontchartrain-Sees versteckt seien, und zwar in einem Nebenflüßchen. Die Schiffe des Blokadegeschwaders hatten sie mehrere Tage vergebens gesucht. Da fiel dem Yankeeoberst Kinsmann ein, daß die Boote wahrscheinlich weiter hinauf im Flusse lägen, als ein Kanonenboot fahren könnte, und daß, wenn man sie finden wolle, man mehrere Meilen weit in das Land dringen, und dann über den See von einem Flusse zum andern gehen müsse, bis man so weit gekommen sei, wie möglicher Weise Dampfboote fahren könnten. Er erhielt von dem General nur mit Widerstreben die Beistimmung zu dem gefährlichen Unternehmen. Ein Dampfboot landete ihn und hundert Mann auf der Südseite des Pontchartrain-Sees. Sie marschirten zwei bis drei

Tage nach Norden zu durch einen dichten Wald, dann wandten sie sich östlich und erforschten alle Ströme, nur durch einen Compaß, und hier und da durch einen ehrlichen Neger geführt. Keine Spuren von Dampfbooten waren zu finden. Die Hitze war drückend und die Leute wurden abgemattet. Eines Tages, als die Abtheilung Rast hielt, ging Oberst Kinsman allein auf der Marschlinie vorwärts und kam endlich zu dem Pearl-River, einem Flusse, welcher groß genug schien, um Dampfboote aufzunehmen. Die Leute wurden hingebracht und die Nachforschung begann.

Endlich waren sie auf der richtigen Fährte. Ein Dampfboot von der größten Sorte lag an der andern Seite des Flusses ohne eine Wache. Ein kleines Boot lag daneben, und kurz darauf erschien ein Mann auf dem Deck. Dies war der kritische Augenblick, denn der Mann hätte die Zündschnur anlegen, das Boot in Brand setzen und leicht in den Wald entschlüpfen können. Oberst Kinsman nahm eine Muskete einem Soldaten fort und befahl dem Manne, das kleine Boot über den Fluß zu bringen. Er gehorchte. Noch zehn Minuten, und Oberst Kinsman war mit einigen seiner Leute auf dem Decke und untersuchte die gute Prise. Der Kessel war leer, die Umhüllung der Maschinerie fort, einige Theile der Maschine waren an falschen Stellen angebracht, andere fehlten. Aber natürlich ist unter hundert Yankees wenigstens ein Mensch, welcher Dampfmaschinen ganz genau kennt. Der Mann, den man brauchte, war da. Unter seiner Leitung arbeiteten die Truppen mit der Energie erfolgreicher Jäger. Die Umhüllung wurde herbeigeschafft, die Maschine in Ordnung gesetzt, das Feuerungsmaterial besorgt. Der schwerste Theil der Arbeit war das Füllen des Kessels durch Eimer. Stunde auf Stunde senkten die Leute die Eimer ein, holten sie herauf und wunderten sich, wie langsam die Arbeit vor sich gehe; aber zwölf Stunden nach Besteigen des Bootes kündigte der Ingenieur an, daß es zum Abfahren fertig sei.

Oberst Kinsman und eine kleine Abtheilung unter einem jener gezwungenen, aber nur zu willigen Negerführer, hatten sich während der Zeit nach dem andern Dampfer umgesehen. Eine Bemerkung des Negers, als er außer Hörweite seines Meisters war, amüsirte die Truppen in hohem Grade: „Meister hat gesagt, Ihr seid gehauen worden jedes Mal; aber Ihr kommt immer näher und jetzt seid Ihr schon da!"

Das freudige Grinsen des Menschen bei diesen Worten war in höchstem Grade komisch, die Truppen waren fast überwältigt von Hitze und Müdigkeit, aber sie mußten laut lachen, als der Mann diesen treffenden Auszug aus der Geschichte des Krieges gab. Oberst Kinsman fand den zweiten Dampfer, derselbe war jedoch bedeutend schlechter als der erste und so sicher unter-

gebracht, daß er befürchtete, das Geräusch würde eine Rebellenabtheilung
herbeilocken, wenn er versuchen sollte, sie beide fortzubringen. Er ging des=
halb auf das größere Schiff und die Soldaten schliefen an Bord desselben,
ohne gestört zu werden.

Die größte Schwierigkeit lag jetzt darin, daß man ein so großes Boot
einen so reißenden, engen und gekrümmten Fluß, wie es der Pearl River ist,
hinabbringen mußte. Kein einziger Mann von der Abtheilung hatte je ein
Dampfboot gesteuert oder befehligt, Niemand von ihnen hatte den Pearl
River je vorher gesehen. Aber es waren ja Yankees! Oberst Kinsman
übernahm den Befehl. Die Taue fielen, und das Boot fuhr rasch den hef=
tigen Strom hinab. Man hatte ungefähr 20 Meilen zu fahren, aber man
brauchte den ganzen Tag dazu. Das Boot fuhr öfter auf den Grund als
jede Meile, mitunter saß es an beiden Enden fest, mitunter schien es wieder
in Schmutz und Bäumen so tief versunken, daß es unmöglich schien, es her=
auszubringen, mitunter drehte es sich ganz um, so daß es eine Zeit lang mit
dem Hintertheile vorn fuhr. Der weiche Boden im Flusse rettete das Boot
vor Zerstörung, und gegen Abend sah man den See und ein Kanonenboot,
welches seit einer Woche gerade dasselbe Boot gesucht hatte. Die Marine=
offiziere konnten kaum ihren Aerger darüber verbergen, daß sie in ihrem
eigenen Elemente von einer Abtheilung roher Rekruten überflügelt waren.
Außerdem würden sie, wenn sie das Boot gekapert hätten, $40,000 als
Prisengelder zur Vertheilung unter sich erhalten haben.

Oberst Kinsman und seine Leute wurden in New Orleans bewillkommnet,
als ob sie aus dem Grabe auferstanden wären. General Butler taufte das
Boot „Kinsman." Es that lange Zeit gute Dienste und unterlag zuletzt
dem Schicksale von Dampfern in Kriegszeiten; es sank, durchbohrt von sech=
zig Kanonenkugeln. Nachdem man so einige Dampfer erhalten hatte, ging
General Williams mit seiner Brigade unter dem Convoi von Capitän Far=
ragut den Fluß hinauf nach Baton Rouge und nahmen es friedlich in Besitz.
Capitän Farragut, General Williams und General Weitzel maßen das
Terrain von Vicksburg. Sie fanden die Stadt zu hoch gelegen, um von
Kanonen vom Flusse aus bestrichen zu werden und zu stark besetzt und befe=
stigt, um mit weniger als zehntausend Mann erstürmt zu werden. Armee
und Flotte mußten daher bekennen, daß für die im Departement vorhandenen
Kräfte, Vicksburg ein unbesiegbares Hinderniß der freien Schifffahrt auf
dem Mississippi sei.

Als diese Ansicht dem General Butler mitgetheilt wurde, verwandte er
eine Woche auf das Studiren der Lage. Karten, Pläne, Messungen, Of=
fiziere, Bewohner der Stadt und selbst Werke über Geologie wurden zu

Rathe gezogen.   Die Idee des berühmten Durchstechens war das Resultat
der Berathungen und des Nachdenkens.   Die Idee war ausgezeichnet.
Solch ein Canal an irgend einem andern Platze im Flusse würde den beabsichtigten Zweck völlig erreicht haben.   Aber die Natur hatte unter der
weichen Oberfläche jenes Stückes Land eine Unterlage von hartem Thon
verborgen, welcher den Plan, den Fluß in ein anderes Bett zu lenken, un-
ausführbar machte.   Zufällig war auch die Stromschnelle an jenem Platze
gerade nach dem jenseitigen Ufer gerichtet, und half den Arbeiten der Canal-
boote trotz aller Anstrengungen nicht im Geringsten.   In Folge dessen blieb
der Vater der Gewässer in seinem alten Bette und Vicksburg blieb eine
Stadt am Flusse, obgleich Butler gehofft hatte, es einige Meilen weit in das
Innere zu verlegen, und den Mississippi für den Handel zu öffnen.   Gegen
die Elemente konnte er nicht kämpfen.

Die Verwaltung der Truppen.

Als die Saison für das gelbe Fieber sich näherte, war die Furcht unter
den Offizieren der Armee bisweilen fast panisch.   Der General wurde mit
Urlaubsgesuchen bestürmt, und als man ausfand, daß dieselben nur in den
dringendsten Fällen bewilligt wurden, so brach das Resignationsfieber aus
und raste mit gefährlicher Heftigkeit.   Die Art, in welcher der General dieser
Unannehmlichkeit begegnete, welche drohte, ihm unentbehrlicher Offiziere zu
berauben, war charakteristisch und erfolgreich.   Folgende Scene spielte im
Monat Juni im Hauptquartiere:

Ein kräftiger, blühender Lieutenant, das Bild kräftiger Gesundheit, kommt
mit einem ärztlichen Attest herein, worin es heißt, daß der Offizier nicht
dreißig Tage länger in einem Klima wie das von Louisiana leben könne.
Der General sah den Mann einigermaßen erstaunt an.

„Sehen Sie, General, daß unser Regimentsarzt sagt, ich könne keine
30 Tage mehr in New Orleans leben!"

„Glauben Sie das auch?" fragte der General und sah ihm scharf in das
Gesicht.

„Die Wahrheit zu sagen," sagte der Offizier, augenscheinlich ein wenig
unsicherer, „es sollte mich gar nicht wundern, wenn er Recht hätte!"

„Wir wollen es einmal versuchen," sagte der General, „ich bin der Ansicht, daß Sie leben bleiben werden.   Wenn ich Unrecht habe, will ich mich
bei dem Arzt entschuldigen.   Hat er Unrecht, so soll er mich um Verzeihung
bitten."

Der Offizier lachte und ging fort.   Er war den ganzen Sommer hindurch gesund, und hatte noch das Vergnügen, daß er mit seiner fehlgeschlagenen Absicht, das Departement um einen Offizier berauben zu wollen, aufgezogen wurde.

In Bezug auf solche Entlassungsgesuche, dachte General Butler, sie seien ebenso schlecht, als ob sie vor dem Feinde gemacht würden, das gelbe Fieber war der Feind und der einzige gefährliche Feind in der Stadt und um die Stadt. Trotzdem wurden einige Entlassungsgesuche sofort angenommen, aber in einer Weise, welche den andern Offizieren zur Warnung dienen mußte, sich nicht desselben Mittels zum Entschlüpfen zu bedienen. Auf dem Entlassungsgesuch eines Arztes, welcher vorschützte, daß seine Privatgeschäfte nothwendig seine Anwesenheit zu Hause verlangten, fanden sich folgende Bemerkungen des Generals:

„Dieses Gesuch wird an den Kriegsminister geschickt werden mit folgender Empfehlung: Ein Arzt, welcher seine Privat= oder häuslichen Angelegenheiten dazu benutzt, um eine Entschuldigung zu haben, sein Regiment zu verlassen, und dadurch seine Mitbürger dem Mangel an ärztlichem Beistande aussetzt, gerade in der gegenwärtigen Jahreszeit, wo sein Platz Monate lang nicht besetzt werden kann, verdient wegen Feigheit und Vernachlässigung seiner Pflicht, cassirt zu werden.—B. F. B.“

Diese „Empfehlung“ wurde sofort im Delta publizirt. Es gab später sehr wenig Leute, welche um Entlassung nachsuchten, und keine Aerzte waren darunter. Ich will jedoch noch einige dieser Bemerkungen anführen, z. B. eine auf dem Entlassungsgesuche eines Offiziers, welcher als Entlassungsgrund anführte, daß er unfähig sei. Sie lautete:

„Der Offizier ist jetzt neun Monate im Dienste gewesen. Wenn er während der Zeit erst jetzt seine Unfähigkeit eingesehen hat, so muß Etwas in seiner geistigen oder moralischen Auffassungskraft nicht in Ordnung sein. Ich glaube das Letztere, und deshalb wird er des Dienstes entlassen, vorbehaltlich der Bestätigung des Präsidenten. Wenn er unfähig ist, so hat er den Vereinigten Staaten keine Dienste gethan und ist zu keiner Bezahlung berechtigt.“

Noch eine:

„Ein Offizier, welcher „„Geschäfte““ als einen Grund für sein Ausscheiden aus dem Dienste gerade jetzt anführt, hat sich selbst entehrt, und muß schimpflich entlassen werden, wie es mit Capitän N. N. geschieht.“

Noch eine:

„Die Entlassung des Capitän ——— wird hierdurch angenommen, oder er wird aus dem Militär ausgestoßen. Wenn es wahr ist, wie es in dem ärztlichen Atteste heißt, daß er fünf Jahre lang an der Krankheit gelitten hat,

wegen welcher er jetzt den Dienst verläßt, ohne daß sie den Bemühungen der
Aerzte gewichen ist, so war es unmoralisch und unehrenhaft von ihm, sein
Patent überhaupt anzunehmen."

Indeß finden sich auch andere Bemerkungen auf Urlaubsgesuchen, wie z.
B. folgende auf dem Gesuche des Oberstlieutenant Keith vom 21. Regiment
von Indiana:

"Bewilligt. Die Dienste des Obersten Keith sind für die Regierung sehr
werthvoll gewesen. Seine Tapferkeit und sein Muth verdienen, ehrenvoll
erwähnt zu werden."

General Butlers Sorge für die Gesundheit der Truppen während der
heißen Jahreszeit war unausgesetzt und erfolgreich. Er verstand es, Befehle
und Rath zu geben. Die Soldaten wurden angehalten, wollene Unterkleider
während des Sommers zu tragen, sich oft zu baden, nicht unter freiem Himmel zu schlafen, ihre Lagerplätze auf das Gewissenhafteste rein zu halten,
keine erhitzenden Speisen oder Getränke zu sich zu nehmen und unnöthige
Anstrengungen und sich der Sonne auszusetzen zu vermeiden. Unter den
Befehlen in dieser Beziehung erwähnen wir namentlich folgende:

1. Die Compagniewäscherinnen durften nicht in die Quartiere der Soldaten, sondern die Wäsche wurde ihnen geschickt und bei ihnen abgeholt.

2. Jeder Offizier, welcher ein Frauenzimmer innerhalb der Quartiere
seiner Compagnie erlaubte, sollte sofort cassirt werden.

3. Wenn Truppen auf Märschen aus Privathäusern Sachen stahlen, so
sollte der Schaden aus dem Gehalte der sie befehligenden Offiziere nach Verhältniß ihres Ranges ersetzt werden.

4. Jeder Offizier, welcher in einem öffentlichen Lokale Branntwein trank,
sollte entlassen werden.

Der Marketender des 26. Regiments von Massachusetts wurde eingesperrt und mit dem nächsten Dampfer als Zwischendeckspassagier nach New
York geschickt, weil er den Soldaten Branntwein verkauft, und in Mehl
speculirt hatte.

Solche Disziplin hatte natürlich nur ein Resultat zur Folge. "Das Betragen unserer Truppen," bemerkte ein unparteiischer Beobachter, "berechtigt
sie zu den höchsten Lobsprüchen. Ruhigere, ordentlichere, ehrenwerthere
Soldaten hat eine Armee niemals gehabt. Beispiele von Rohheit oder
Trunkenheit sind äußerst selten, und diejenigen, welche vorkommen, werden
sofort und streng durch Entziehung des Tractements und Einsperrung bestraft. Die meisten Truppen hier sind von Neu England und machen ihren
Staaten alle Ehre." Ebenso wenig ist es zu verwundern, daß wir im

Delta lesen, wie nach einem Zahltage $300,000 in kleinen Beträgen nach
Hause geschickt wurden, außer den gewöhnlichen Abzügen für die Familien.

Der General selbst erließ am 14. Juni folgenden Generalbefehl:

„Soldaten! Euer Betragen in New Orleans ist bewunderungswürdig
gewesen. Gegenüber den Verlockungen einer großen Stadt solche Disziplin
und Wirksamkeit zu zeigen, ist der höchste Beweis von den Eigenschaften
eines Soldaten. Ihr habt mehr gewonnen als eine große Schlacht. Ihr
habt euch selbst bezwungen. Ihr habt das Volk von New Orleans über=
zeugt, daß Ihr der Fahne werth seid, welche Ihr im Triumphe tragt! Der
ist ein größerer Feind, der seiner eigenen Schwäche nachgiebt, als der sich
dem Feinde übergiebt! Fahret fort, wie Ihr begonnen habt, treu Eurer
Neu England Erziehung und ihren religiösen Einflüssen, und zeigt den Män=
nern und Frauen im Süden, daß wo Eure Regimenter sind, auch Friede,
Ruhe, Freiheit, Sicherheit und gesetzliche Ordnung herrschen.“

Wie Butler mit Guerillas verfuhr.

Bevor wir die wichtigeren militärischen Ereignisse erwähnen, müssen wir
eines negativen Verdienstes des Generals erwähnen. Er nahm niemals
mehr Boden in Besitz, als er behaupten konnte. Die Gründe zu diesen
bei einem so energischen und an Ideen reichen General, wie er war, setzte er
in einer seiner frühesten Depeschen an den Kriegsminister auseinander.

„Bei der jetzigen Stimmung hier,“ schrieb er am 1. Juni, „wäre es
grausam gewesen, irgend einen Punkt zu besetzen, welchen wir nicht mit Waf=
fengewalt behaupten können; denn wenn wir einen Platz einnehmen, so wer=
den die uns freundlich gesinnten Leute uns Gutes und Wohlwollen erzeugen;
den Augenblick aber, wo wir den Rücken drehen, kommen Schufte herbei,
und maltraitiren den, der nicht die Yankees verächtlich behandelt hat. Deshalb
bin ich sehr abgeneigt gewesen, einige kleine Punkte zu besetzen, welche ich
mit Leichtigkeit hätte nehmen können. Was ich empfehlen würde, ist, daß
ich die Erlaubniß erhielte, hier eine so große Armee aufzubringen, oder zu
mir geschickt zu erhalten, daß ich den kleinsten Platz mit genügender Macht
besetzen, und die Gegend hier die Kosten dieser Besatzung bezahlen lassen
könnte. Einige Monate unter solchem Regimente würden das Volk zur
Ordnung bringen und die Unionsleute sicher darin machen, daß sie nicht nach
ein paar Tagen dem Morde und Raube preisgegeben werden, wenn unsere
Truppen sich zurückziehen. Wie die Leute jetzt gesinnt sind, und unter dem
Zwange Seitens General Lovells und der Conföderirten Regierung, wird
alle Baumwolle und aller Zucker verbrannt werden, bevor ich die Orte er=

reichen kann, und dadurch wird ein ungeheures Eigenthum unschuldiger Leute zerstört werden, welche mich mit Thränen in den Augen gebeten haben, nicht in gewisse Theile des Staates zu rücken, damit ihr Eigenthum nicht verbrannt werde.

„Wie rücksichtslos bewaffnete Truppen verfahren, können Sie aus Folgendem sehen: Der Fluß ist außergewöhnlich gewachsen, und ein durchstochener Damm würde an einigen Punkten ungeheures Unglück stiften. Eine Streifpartie von 40 Rebellen überraschte den Zug auf der Opelousas Bahn, fuhr bis auf 13 Meilen von der Stadt jenseits des Flusses und durchstach den Damm an sechs verschiedenen Stellen. Wäre ihre Absicht erreicht worden, so würden sie jede Pflanzung auf 70 Meilen im Umkreis zwischen New Orleans und Fort Jackson überschwemmt, aber den Vereinigten Staaten keinen Schaden zugefügt haben. Alles dies thaten sie, weil sie glaubten, die Pflanzer seien uns freundlich gesinnt. Schnelle Maßregeln, welche ich ergreifen ließ, um den Schaden zu repariren, bevor es unmöglich war, wurden von Erfolg begleitet."

Aus diesem Grunde wurden die aktiven Operationen der Armee zuerst auf plötzliche Einfälle in Feindesland beschränkt, entweder um Unionsleute zu retten, welche von ihren Nachbarn mit Gewaltthaten bedroht waren, oder um Lager und herumlauernde Guerillabanden abzufangen. Die Guerillas waren zahlreich, kühn und jedes Skrupels baar. Sie führten Krieg ganz nach Art der Mörderbande, welche die wehrlosen Kaufleute in Lawrence niedermetzelte. Damals hielt noch ein Congreßgesetz die Commandanten an, Wiedervergeltung gegen diese Hallunken zu üben. "Es ist unnöthig," schrieb Butler, „mir zu sagen, ich solle sie verhören, die Akten nach Washington schicken, und die Kerle dann erschießen lassen, wenn das Urtheil bestätigt wird. Die Ereignisse eilen zu sehr. In der Zwischenzeit hängen sie jeden Unionsmann, den sie fangen, und durch ihre Proclamationen drohen sie, jeden Mann zu hängen, der meinen Paß hat. Und das thun sie, während sie in ihren Zeitungen und der Davis'schen Botschaft sich groß machen wegen ihrer civilisirten Art der Kriegsführung."

Der erste Einfall in das bewohnte Land wurde von Oberst Kinsman, 50 Meilen nach Norden zu an der Opelousas Bahn gemacht, um die Familien mehrerer Unionsleute fortzubringen, welche nach der Stadt geflohen waren und um Schutz gebeten hatten. Er überschritt den Fluß bei Algiers und belegte den Bahnhof und die Wagen mit Beschlag. Er fragte die Umstehenden, wo die Ingenieure wären. „Da geht einer!" sagte ein Mann. Oberst Kinsman rief ihn und er kam.

„Sind Sie ein Ingenieur?" fragte Oberst Kinsman.

„Ja wohl!"

„Fahren Sie auf dieser Eisenbahn?"

„Ja!"

„Wie lange sind Sie angestellt?"

„Seit sechs Jahren."

„Ich möchte, daß Sie mir einen Zug führen!"

„Ich führe keinen Zug für einen verfluchten Yankee!"

„O, doch!"

„Nein, sicher nicht!"

„Sie werden es sicher thun, ohne daß der geringste Unfall vorkommt!"

„Lieber will ich sterben!"

„Ganz wohl! Sie haben gerade die Alternative festgestellt. Sobald irgend Etwas nicht in der Ordnung ist, sind Sie eine Leiche. Jetzt kommen Sie mit!"

Der Mann gehorchte. Als er außerhalb Hörweite seiner Bekannten war, wurde er anscheinend fügsamer und die Unterhaltung wurde wieder begonnen.

„Wie heißen Sie?"

„Pierce."

„Pierce? Wie? Das ist ja ein Yankeename. Woher sind Sie?"

„Aus Boston."

„Sind Sie verheirathet?"

„Ja."

„Wo ist Ihre Frau her?"

„Aus East Cambridge."

„Wie lange sind Sie im Süden?"

„Ungefähr sechs Jahre."

„Und Sie wollen nicht einen Zug für einen verfluchten Yankee führen? Sie sind ja ein ganz verfluchter Yankee. Machen Sie, daß Sie nach Hause kommen und seien Sie morgen früh pünktlich bei der Hand."

Da aber fähige Lokomotivführer unter den Soldaten gefunden wurden, so hielt man es für besser, nicht den Erfolg der Expedition dem Renegaten anheimzugeben und die Absichten der Expedition wurden ohne seine Hülfe erreicht. Der Zug lief nach dem Bezirk von Lafourche, dem Garten von Louisiana, dessen Bewohner starke und unversöhnliche Feinde der Vereinigten Staaten waren. In der Stadt Lafourche trat er den Anführern der Sezessionisten Angesicht zu Angesicht gegenüber.

„Wir sind vereint wie ein Mann gegen Sie!" sagte der Sprecher.

„Es ist mir ganz gleichgültig," sagte Oberst Kinsman, „wie einig Ihr seid, und gegen wem Ihr einig seid. Ich sage Euch blos, daß wenn einem einzigen Unionsmanne in Lafourche ein Haar gekrümmt wird, ich das Nest bis auf die letzte Hütte niederbrenne."

Die Leute konnten ihr Erstaunen nicht verbergen, als sie hundert Unionssoldaten keck in eine so bevölkerte Gegend dringen sahen. Das war Etwas, was sie nicht erwartet hatten. Doch wurden sie nach und nach mit der blauen Uniform der Unionssoldaten vertrauter.

Der Fall mit dem Yankee Ingenieur war durchaus nicht der einzige seiner Art. In der Regel waren die lautesten Schreier unter den Sezessionisten Leute, welche im Norden geboren waren. Manche der Lehrerinnen in den Freischulen in New Orleans waren gerade am heftigsten und lehrten ihre Schülerinnen eifrig Sezessionslieder und Insulte gegen die Bundessoldaten, und diese Lehrerinnen waren meistens aus Neu England. Diese Thatsache beweist, wie außerordentlich gut die Sclaverei die verborgene Niedrigkeit der schwachen, eiteln und leidenschaftlichen Menschen entwickelt. Sie beweist auch, daß in der Regel die Renegaten eifriger sind, als die erblichen Anhänger einer schlechten Sache.

Der Einfall des Obersten John C. Keith, vom 21. Regiment von Indiana, nach Lafourche war eine außerordentlich brilliante Affaire. Er gab den Guerillas in Lafourche eine Lehre, welche sie nie vergessen werden. Er gab einen Wink für Guerillajäger, welcher, wenn er überall angewendet wird, bald die letzten dieser Wilden ausrotten muß.

Bei der famosen Jagd nach dem Dampfer Fox durch Oberst McMillan, wurden vier kranke Soldaten durch den Bezirk von Lafourche zurückgeschickt. Eine Guerillabande, Einwohner der Gegend, legte sich in einen Hinterhalt und feuerte auf die Kranken, so daß zwei getödtet und zwei verwundet wurden. Die Leichen der Ermordeten, wurden mit Keulen geschlagen, bis sie jede Aehnlichkeit mit Menschen verloren hatten und dann von Negern in eine Grube geworfen, welche zwei Fuß tief in der Mitte des Marktplatzes des Städtchens Houma gegraben worden war. Der Erdhügel darauf war für alle Einwohner und Reisende sichtbar. Einer der Verwundeten entkam nach wunderbaren Schicksalen. Der andere wurde in ein ekelhaftes Gefängniß, zusammen mit einem verurtheilten Neger geworfen.

General Butler schickte Oberst Keith mit vier Compagnieen von seinem Regimente und zwei Geschützen nach Houma, um den Leuten zu zeigen, was seine Ansicht über das Moralische der Handlung sei. Er befahl Keith, die größten Anstrengungen zu machen, um die Thäter zu finden, und sie zu hängen, wenn er sie gefunden habe, die Helfershelfer zu verhaften und das

Eigenthum jedes Mannes zu zerstören oder zu consisciren, welcher direct oder indirect mit dem Verbrechen in Verbindung stand.

Oberst Keith war der Mann für solchen Auftrag. Selten in den Annalen der Kriegsgeschichte finden wir ein Stück Arbeit besser gethan. Als er in die Nähe des Städtchens kam, verhaftete er jeden Mann, den er finden konnte. Als er in Houma ankam, fand er, daß die meisten Einwohner entflohen waren, aber alle Männer, welche da waren, wurden gefangen genommen und in Sicherheit gebracht. Er zwang dann die reichsten Bürger der Stadt, angemessene Särge für die ermordeten Soldaten zu besorgen, die Leichen mit eigener Hand auszugraben, sie in die Särge zu legen und Gräber für sie in dem Hauptkirchhofe zu graben. Dann wurden die Leichen in die katholische Kirche getragen, wo Lieutenant Rose die Grabliturgie in Gegenwart der ganzen Compagnie las. Sie wurden dann mit den üblichen Salutschüssen beerdigt und passende Aufschriften auf ihre Gräber gemacht.

Nach Erfüllung der letzten Ehre verlangte Keith von seinen Gefangenen eine vollständige Liste der Leute, welche sich an dem Hinterhalte und bei der Entehrung der Leichen der beiden Soldaten betheiligt hatten.

Die Leute weigerten sich. Der Oberst gab ihnen hierauf schriftliche Nachricht, daß er, wenn innerhalb 48 Stunden die Namen nicht gegeben würden, die Stadt Houma niederbrennen und der Erde gleich machen werde, ebenso alle Pflanzungen zerstören und alle bewegliche Habe für die Vereinigten Staaten confisciren werde.

Die Gefangenen, welche Zeit zum Nachdenken hatten, kamen bald zur Vernunft. Sie schickten nach Oberst Keith, gaben ihm die Namen der Mörder, und unterrichteten ihn, nach welcher Richtung sie geflohen seien. Darauf folgte, während einiger Tage und Nächte ein solches Durchstöbern der Gegend nach den Flüchtigen, wie es in Lafourche noch nicht erlebt gewesen war. Sie wurden von Pflanzung zu Pflanzung, von dem flachen Lande in die Wälder, von den Wäldern in die Bayous verfolgt. Die Verfolger fanden die Pflanzer übermüthig und trotzig. Einige rühmten sich, daß sie die Flüchtlinge beherbergt und ihnen zur Flucht geholfen hätten, und weigerten sich, anzugeben, nach welcher Richtung sie entflohen seien. Solcher Leute gab es fünf. Oberst Keith bestimmte schnell für sie die Strafe von Theilnehmern an der That. Ihre Häuser, Scheunen, Werkstätten und Ställe wurden niedergebrannt; ihre Pferde, Maulesel und Vieh fortgetrieben; sie selbst festgenommen und nach New Orleans gebracht.

Die Anführer der Mörderbande entkamen, aber mehrere der weniger Schuldigen wurden verhaftet. Oberst Keith ließ, bevor er Houma verließ, das Gefängniß, in welchem der verwundete Soldat gelegen hatte durch

Mauerbrecher in einen Schutthaufen verwandeln. Er zog die Fahne der Ver. Staaten auf dem Gerichtsgebäude auf, und zeigte dem versammelten Volke an, daß ihr Verschwinden das Zeichen zur Rückkehr sein werde, um die Stadt niederzubrennen. Er requirirte eine Summe zur Deckung der Kosten für die Expedition von der Stadt. Endlich sammelte er feurige Kohlen auf ‚die Häupter der Einwohner von Houma, indem er an die Armen der Stadt eine große Menge Lebensmittel vertheilte und ihnen auch eine Heerde confiscirten Viehes zurückließ.

So jagte General Butler auf Guerillas. Das beste Lob, welches dem Oberst Keith ertheilt werden konnte, ward ihm durch einen Rebellenliteraten, welcher erklärte, er sei nur wenig besser als Butler selbst. Der Leser wird jetzt einsehen, weshalb Keiths Urlaubsgesuch so günstig von dem General angesehen wurde.

Die Herrschaft über die Seen gab den Unionstruppen einen Vortheil über die Guerillas, welcher oft mit Erfolg benutzt wurde. Eine lästige Bande von Guerillas nahe dem Manchac Paß plünderte Anfangs Juni die umliegenden Pflanzungen. Oberst Kimball, vom 12. Regiment von Maine, landete mit vier Compagnieen seines Regiments in der Nachbarschaft, überfiel das Rebellenlager, jagte die Rebellentruppen davon, und nahm alle ihre Feldequipage, Artillerie und Fahnen, wie auch einen General, dessen Felleisen voll von conföderirtem Gelde war.

New Orleans wird bedroht.

Die Aufmerksamkeit des commandirenden Generals wurde im Juli auf wichtigere Dinge als diese gelenkt. Rebellentruppen concentrirten sich an verschiedenen Punkten in drohender Nähe von Baton Rouge und New Orleans. Breckinridge, eine Zeit lang der politische Chef des Generals, erschien jetzt im Felde als sein hauptsächlichster Widersacher. Der Rebellenwidder Arkansas war nach dem Berichte des Admiral Porter über Wasser, und im Stande Unheil anzurichten. Die Spione des Generals berichteten fortwährend über Bewegungen der Rebellentruppen, und Alles bewies, daß das Projekt, die „ruchlosen Eindringlinge" zu vertreiben, jetzt auszuführen versucht werden solle. Der vorbereitende Streich sollte gegen Baton Rouge geführt werden, welches zu Lande von Breckinridge und zu Wasser von dem Widder Arkansas angegriffen werden sollte. Der Angriff fand am 5. August statt. Das Land erinnert sich wohl, wie tapfer er abgeschlagen wurde, und wie der Widder Arkansas auflief und von den Unionsbooten in Stücke geschossen und in die Luft gesprengt wurde. Ich brauche nicht die

Geschichte jenes denkwürdigen Tages genau zu erzählen, aber es waren einige Umstände mit der Schlacht verknüpft, welche von Militärpersonen der Beachtung werth gefunden werden dürften.

Die mir vorliegenden Dokumente zeigen mir, wie außerordentlich schwer es für commandirende Generale ist, Nachrichten zu erhalten, welche glaubhaft genug sind, um Operationen darauf zu gründen. Beide Generale waren bei dieser Gelegenheit getäuscht worden. General Butler wurde, obgleich Niemand einen besseren Stab von Spionen hatte, als er, oder freigebiger für Nachrichten bezahlte, durch seine Spione verleitet, zu glauben, daß der Angriff aufgeschoben worden sei, und er schrieb dies zwei Tage vor der Schlacht an General Williams, obgleich er ihn ermahnte, seine Wachsamkeit nicht zu verringern. General Breckenridge dagegen wurde durch Nachrichten getäuscht, welche vollständig wahr waren. Die Sezessionisten in Baton Rouge, welche sich täglich unter die Unionstruppen mischten, erzählten Breckenridge, wie es auch ganz wahr war, daß die Hälfte der Unionssoldaten auf der Krankenliste stehe. Sie erzählten ihm der Wahrheit gemäß, daß ein Regiment von 600 Mann beim Appell nur 150 Mann gezählt habe, und daß andere Regimenter in ähnlicher Verfassung seien. Aber sie erzählten ihm nicht, daß dieselben patriotischen Soldaten, welche durch die Sonnenhitze geschwächt, und zu krank waren, um auf dem Paradeplatze zu erscheinen, gesund genug waren, um für ihr Vaterland zu kämpfen. Sie erzählten ihm nicht, daß grade dasselbe Regiment, welches beim Appell nur 150 Mann zählte, mit mehr als 500 Mann am Tage der Schlacht erscheinen würde. Er erwartete, er werde Skelette von Regimentern, bestehend aus Skeletten von Soldaten vorfinden; er fand Regimenter mit vollen Compagnieen, stark und kräftig. Seine Freunde erzählten ihm, wo die kranken Regimenter aufgestellt sein würden, und er richtete seinen Hauptangriff gegen diesen Punkt. Man sagt, der Grund, weshalb er seinen Säbel in einem Anfall von Ekel weggeworfen habe, sei nicht der Verlust der Schlacht, sondern die Ueberzeugung gewesen, daß er von den Bürgern von Baton Rouge verrathen und verkauft worden sei. Sein Säbel wurde mit dem am Griffe eingravirten Namen des Eigenthümers gefunden.

Der Tod des General Williams an jenem blutigen Tage war ein schmerzlicher Verlust für das Departement und das Land. Williams war nicht beliebt, außer in der Stunde der Gefahr. Die Strenge seiner Disziplin würde nicht das Wohlwollen seiner Leute gegen ihn vermindert haben, denn Soldaten lieben Jemanden, der streng auf Disziplin hält. Soldaten lieben niemals einen Offizier, welcher nicht unbeugsam ist bei der Handhabung der Militärgesetze. Aber die Art und Weise des Gen. Wil-

liams war bisweilen sehr ungeschickt und er ließ seiner Ueberzeugung von
den vielen Nachtheilen des Freiwilligensystems zu sehr die Zügel schießen.
Aber an dem Schlachttage dachte man nur an seine guten Eigenschaften, und
die Soldaten fühlten, daß seine Commandos so waren, wie der Augenblick
sie erforderte. Gegen Ende des Gefechts kam er zu einem Regimente,
welches jeden Stabsoffizier und eine Menge Linienoffiziere verloren hatte.

„Wir haben keine Offiziere, General!" sagte einer der Leute.

„Vorwärts meine braven Jungen von Indiana!" rief er. „Ich will euch
selbst führen!"

In diesem Augenblicke durchbohrte eine Kugel seine Brust und er fiel, um
nie wieder aufzustehen.

Das Begräbniß wurde in New Orleans feierlich begangen und aller
Pomp und jede Feierlichkeit dabei veranstaltet, welche die Kräfte des Departements gestatteten. General Butler bemerkte, daß die Fahne des britischen Consuls, als der Zug vorbeikam, nicht herabgelassen wurde. Er
schickte hin und ließ sich erkundigen, weßhalb der gebräuchliche Tribut der
Ehrfurcht unterblieben sei. Hr. Coppell erklärte den Grund des Unterblei-
bens genügend. Er war nicht in seinem Bureau und mußte nicht, daß das
Begräbniß an jenem Tage stattfinden sollte. Ein Generalbefehl, welcher
Williams betrauerte und lobte, wurde von einem andern gefolgt, welcher
einen charakteristischen Ueberblick über den Kampf gab. Er lautete:

New Orleans, 9. August, 1861.

Soldaten der Golfarmee!

Eure Erfolge sind bisher im Ganzen unblutig gewesen. Ihr habt die wichtigsten
tactischen und Handelsplätze mit der Hülfe der tapferen Flotte eingenommen und durch
die Weisheit der Pläne und die moralische Gewalt Eurer Waffen ist es Euch vorbehalten gewesen, in den letzten Tagen die Bluttaufe zu empfangen.

Der spanische Eroberer von Mexico gewann unsterblichen Ruhm, indem er in jenem
Lande landete und seine Transportschiffe verbrannte, um alle Hoffnung auf Rückzug
abzuschneiden. Ihr, weiser und sparsamer, aber mit eben so viel Vorsicht gegen einen
Rückzug, habt die euren nach Hause geschickt.

Organisirt, um an der Seeküste zu operiren, dehntet Ihr Eure Vorposten bis nach
Baton Rouge, der Hauptstadt des Staates Louisiana aus, mehr als 250 Meilen in das
Innere hinein. Dort von einer Division unserer rebellischen Feinde unter dem Com-
mando eines dem loyalen Kentucky treulosen Generalmajors angegriffen, welchen
mancher von uns vor seiner Abtrünnigkeit geehrt haben würde, und gegen eine doppelte
Uebermacht habt Ihr im offenen Felde seine Schaaren zurückgetrieben, welche Eure
Krankheit benützen wollten, die Ihr Euch durch die verpestete Luft von den Sümpfen
bei Vicksburg zugezogen hattet, um einen feigen Angriff zu machen.

Die Brigade von Baton Rouge hat den Feind zersprengt. Er hat drei Brigadegenerale durch den Tod oder die Gefangenschaft verloren, eben so viele Obersten und Stabsoffiziere. Er hat mehr als 1000 Mann an Todten und Verwundeten verloren.

Ihr habt drei Geschütze, sechs Munitionskasten, zwei Fahnen und eine große Menge Gefangene genommen. Ihr habt auf dem Schlachtfelde seine Todten begraben und für seine Verwundeten gesorgt. Ihr habt ihm gezeigt, daß Ihr nie so krank seid, um nicht gegen Euren Feind zu kämpfen, wenn er es wünscht.

Ihr habt ihm bewiesen, daß wenn er nicht einen Vorposten nach wochenlanger Vorbereitung nehmen kann, sein Schicksal bei dem Gros der Armee noch schlimmer sein würde.

Würde Euer General sagen, daß er stolz auf Euch ist, so würde er sich nur selbst damit rühmen wollen, aber er sagt, daß er stolz ist, Einer von Euch zu sein.

In dieser Schlacht haben der Nordosten und der Nordwesten ihr Blut auf dem Schlachtfelde vermischt, wie sie schon lange vorher ihre Herzen mit einander verbunden hatten, um die Union zu retten.

Michigan stand bei Maine, Massachusetts unterstützte Indiana, Wisconsin half Vermont, während Connecticut, vertreten durch die Söhne des immergrünen „Shamrock,“ focht wie ihre Väter am Boyneflusse.

Während wir den Verlust vieler braven Kameraden beklagen, beneiden wir, die wir abwesend waren, sie um das Vorrecht, auf dem Schlachtfelde für das Vaterland zu sterben unter den besternten Falten seiner siegreichen Fahne.

Die Fahnen und Fähnchen der verschiedenen Corps, welche im Gefechte waren, werden die Inschrift „Baton Rouge“ erhalten.

Um den Sieg zu vollenden, wartete das Panzerschiff Arkansas, die letzte Hoffnung der Rebellen zu Wasser, kaum auf den Angriff des Essex, sondern folgte dem Beispiel seiner Geschwister, des Merrimac, Manassas und der Louisiana, durch Selbstzerstörung.

Der verfehlte Angriff auf Baton Rouge änderte den Plan der Rebellenanführer, aber bewog sie noch nicht ihre Hauptabsicht aufzugeben. General Butler selbst war nicht besorgt wegen der Sicherheit von New Orleans. Er erwartete jedoch völlig gefaßt einen Angriff und vertheilte seine Truppen demgemäß, indem er selbst die Truppen von Baton Rouge zurückzog, und diesen Punkt den Kanonenbooten zur Bewachung ließ. Aber die Rebellenanführer gaben vor Ende September den Plan auf. Die Bundesarmee in New Orleans war durch weiße und farbige Soldaten rekrutirt worden und wo immer der Feind die Linien der Unionsarmee befühlte, fand er sie fest.

Noch mehr von den Guerillas.

Die Plänkeleien der Guerillas hörten jedoch nie auf. Es ist traurig, wenn man die Berichte von Offizieren liest, welche die Abtheilungen beschäftigten, welche gegen die Banditen geschickt wurden, von denen Louisiana verwüstet wurde. Major F. H. Park, vom 12. Connecticut Regiment,

welcher eine Woche im Anfang des August auf Guerillajagden am Pont-
chartrain verbrachte, fand überall Spuren rücksichtsloser Zerstörung und
Plünderung. Er sagt:

„Als wir den Pearlriver hinauffuhren, fanden wir die Bewohner in
großem Elend und von jeder Seite von Plünderern angefallen. Ebenso
fanden wir Paß Christian fast ganz verlassen von seinen Einwohnern, welche
eben so wie an andern Plätzen täglich in Bootladungen entflohen, um sich
nicht in den Dienst der Conföderirten pressen zu lassen. Sie waren ohne
das Nothwendigste zum Leben. In Shields's Bow waren Schandthaten
von Guerillas begangen worden, welche zu scheußlich sind, um beschrieben
zu werden. Und diese Guerillas fanden Vertheidiger in den angesehensten
Bürgern des Ortes. In Lewisburg waren alle Docks und Häuser von
Guerillas niedergebrannt worden. Madisonville war verlassen und fast
jedes Haus geschlossen. In vielen Orten hatte man seit Monaten kein Mehl
gesehen. Wir trafen eine große Anzahl Leute, welche unter dem Schutze
der Bundesarmee flohen, und in jedem Platze, den wir besuchten, ohne Ausnahme, beschworen uns die Bewohner, sie nach New Orleans zu schicken.
In verschiedenen Orten bat man uns, daß wir Truppen zum Schutze gegen
ihre angeblichen Freunde dort lassen sollten."

„Autorisirt und mit Patenten versehen, wie die Guerillas sind, ist doch
ihr einziger Beweggrund Raublust. Sie kämpfen nur aus Hinterhalten
und greifen ebenso Freund wie Feind an."

So war es in Spanien, wo das spanische Volk den Marschall Soult um
Schutz gegen seine eigenen Guerillas bat. Mexico hat dieselbe Geschichte
durchgemacht. So ist es jetzt in Tenessee, Kentucky, Missouri und Virginien.
Die Welt wird nie erfahren, was die Bewohner des Südens gelitten haben
und noch leiden von Banditen, welche die Autorisation der Rebellenregierung
haben und die scheußliche Fahne des organisirten Hochverraths führen.

Durch dieses so verhungernde Land stürmten unaufhörlich ungeheure
Züge von Vieh aus Texas für die Rebellenarmee. Es existirt eine Fähre
am Missisippi, über welche, wie man berechnet hat, mehr als 200,000 Stück
Vieh von Texas während der ersten 18 Monate des Krieges transportirt
wurden. Einige Tage nach Major Peck's Rückkehr ging Oberst S. Thomas
vom 8. Vermonter Regiment mit Cavallerie und Artillerie nach Norden zu
und fing 1500 Stück Rindvieh von Texas, welche er ungestört zurückbrachte.

Einer dieser Handstreiche in Feindesland ist interessant. Es war die keckste
Unternehmung der Campagne, und bewies vortrefflich die Tapferkeit des
brillianten Offiziers, welcher bei dieser Gelegenheit commandirte, nämlich
des verstorbenen Generals George C. Strong. Ich dachte nicht, als ich

ihn die Geschichte in seiner geistvollen und lustigen Art erzählen hörte, einige Tage bevor er nach Charleston abging, daß bevor die Erzählung gedruckt sein würde, er seine Augen für immer schließen werde. Er starb, wie er es wünschte und beabsichtigte. „Ich werde nicht durch Krankheit sterben!" sagte er zu einem Freunde, welcher wegen seiner Gesundheit mit ihm sprach. Im Kriege wird in der Regel das kostbarste Leben am Leichtesten geopfert, und nie wurde ein Leben verschwenderischer hingegeben, als das seinige.

General Jeff. Thompson, welcher die Rebellen in der Nähe des Ponchartrainsees befehligte, ist ein jovialer Offizier. Er hatte einige ungezogene Briefe während des Sommers an General Butler geschrieben, von denen einer in einem vorhergehenden Capitel angeführt ist. Er war auch der belebende Geist des Krieges in jener Gegend, und befehligte einen Theil der Truppen, welche New Orleans belagern sollten. Major Strong hörte durch seine Spione, daß das Hauptquartier dieses lustigen Vogels in Ponchatoula sei, wo er nur zwei Compagnieen Infanterie und keine Geschütze hatte, indem das Hauptlager neun Meilen nördlich sich befand. In Ponchatoula waren noch Magazine, ein Postbureau und ein Telegraphenbureau, deren plötzliche Wegnahme interessante Geheimnisse ertheilen konnten. Das Dorf lag sechs Meilen von dem Tangipaho, einem schiffbarem Flusse. Major Strong faßte den Plan, den Fluß in einem Dampfer hinaufzufahren, und eine Abtheilung bald nach Mitternacht zu landen, das Dorf bei Tagesanbruch zu überrumpeln, den General zu fangen, die Briefe und Depeschen fortzunehmen, die Lebensmittel zu zerstören, und sich schnell nach dem Dampfer zurückzuziehen, bevor das Gros des Feindes alarmirt werden konnte.

Um 4 Uhr Nachmittags am 13. September fuhren 3 Compagnieen des 3. Maine Regiments, unter den Capitänen Thornton, Farrington und Winter, und eine Compagnie des 26. Massachusetts Regiments unter Capitän Pickering auf dem Dampfer Ceres ab. Um 11 Uhr Abends erreichte der Dampfer die Mündung des Tangipaho und fuhr auf den Grund. Als nach sehr großer Anstrengung dieses Hinderniß beseitigt war, fuhr das Boot den engen und gekrümmten Fluß vier Meilen weit hinauf; es war aber schon 1 Uhr, also zu spät für die beabsichtigte Ueberrumpelung. Major Strong beschloß, bis zum nächsten Abend zu warten und fuhr nach der Mündung des Flusses zurück. Um zu verhindern, daß der Feind benachrichtigt werde, befahl er dem Lieutenant Martin, alle kleinen Boote, welche er in dem Flusse finde, fortzunehmen.

Lieutenant Martin, ein sehr junger Offizier, welcher sich freiwillig dem Major als Adjutant angeboten hatte, sah die Schrecken des Krieges, als er diesen Auftrag vollzog, in einem Grade, daß er sie nie vergessen wird, wenn

er auch leben sollte, bis er Generallieutenant wird. Die Ufer des Flusses
zeigten in dem Halbdunkel des Morgens nichts als Zerstörung. Viele
Häuser waren verlassen und jeder Garten und jedes Feld lag brach. Abge-
magerte, gelbe, stille Menschen standen am Ufer, stumm auf das vorbeifahrende Schiff blickend, die lebenden Bilder der Verzweiflung. Die Leute
dort waren kleine Grundbesitzer, Gemüsegärtner, Fischer und Muschelnsucher
gewesen, und sie waren sämmtlich absolut von dem Markte in New Orleans
abhängig, von welchem sie seit vier Monaten abgeschnitten waren. Herum-
streifende Guerillabanden und die durchmarschirenden Regimenter hatten
ihnen das letzte Schwein, das letzte Huhn und Ei und selbst das letzte Stück
Gemüse geraubt. In der ganzen Gegend gab es nichts zu essen als Mais
auf der Staude, und auch davon nur ein paar Metzen in jedem Hause.
Lieutenant Martin hörte aus einem Hause rufen:

„Hier liegt ein Kind im Sterben! Schicken Sie uns um Gottes Willen
einen Arzt ans Land, um es zu retten!"

Die Natur des Auftrages, welchen Martin hatte, verhinderte ihn, sich
aufzuhalten; als er aber eine Stunde später mit seiner kleinen Flotille zurückfuhr, hielt er an dem Hause an. Der Leichnam eines zehnjährigen
Mädchens, abgemagert wie ein Skelett, lag auf dem Bette in der Hütte.
Abgemagert, wie sie war, konnte man es ihr ansehen, daß sie ein hübsches
und intelligentes Kind gewesen sein mußte.

„Woran ist sie gestorben?"

„Wir hatten Nichts ihr zu geben, als Mais und frische Fische. Wir hatten keine Medizin. Sie konnte nicht essen, was wir hatten. Sie ist ver-
hungert, weil sie nichts Ordentliches zu essen hatte. Daran ist sie gestorben!"

Es war eine fürchterliche Scene. Das weiße Skelett auf dem Bette, die
düstere, hungrige, verzweifelnde Familie schweigend umherstehend; das nackte
Zimmer ohne jede Bequemlichkeit, die äußerste Verwüstung draußen.

Der junge Offizier war verpflichtet, den Leuten zu sagen, daß er ihr Boot
haben müsse.

„Wenn Sie das Boot nehmen," sagte einer der Leute, „so müssen wir
alle verhungern, denn wir leben von Fischen und ohne ein Boot können wir
keine bekommen."

Das Boot mußte fortgenommen werden, wurde aber nach 24 Stunden
wieder zurückgegeben, und in der Zwischenzeit schickte Lieutenant Martin den
Leuten Lebensmittel für eine Woche. Sie schienen alle leichter zu fühlen,
als er fortging, denn sie fürchteten, sich durch seine Anwesenheit zu „com-
promittiren." Aus geringeren Gründen als der Anwesenheit eines Bundes-

offiziers, hatten die Guerillas Häuser niedergebrannt und jede Art von Un=
recht auf die Häupter der hülflosen und unschuldigen Leute gehäuft. Schre=
cken hatte sich augenscheinlich jedes Menschen bemächtigt. Ein am Tangi=
paho wohnender Mann, von welchem man einen kleinen Dienst haben wollte;
sagte zu Major Strong:

„Ich will es thun, wenn Sie mir versprechen, mich mit sich zu nehmen.
Ich bin eine Leiche, bevor Ihr Dampfboot aus dem Gesichte ist."

Die Ceres konnte nicht den Fluß hinauf bis zu dem beabsichtigten Punkte
fahren. Major Strong fuhr deshalb nach der Manchacbrücke, dem End=
punkte der Eisenbahn, welche nach dem 10 Meilen entfernten Ponchatoula
führte. Er hatte sich vorgenommen, statt daß er nach New Orleans unver=
richteter Sache zurückkomme, lieber den Platz am selben Tage zu überfallen.
Mit nur zwei Compagnieen, denen von Thornton und Farrington, im Gan=
zen 112 Mann, brach er bald nach Sonnenuntergang auf. Es war einer
der heißesten Tage eines Louisiana Sommers und es ging kein Lüftchen, um
die brennenden Sonnenstrahlen zu mildern. Der Pfad ging durch einen mit
Bäumen bewachsenen Morast, und da die Eisenbahn auf Balken frei lag, so
war der Marsch außerordentlich beschwerlich. Die großen Holzschläger aus
Maine fielen unter der glühenden Hitze nieder. Vier bekamen den Sonnen=
stich. Mehrere fielen durch das Gebälk, und mußten von ihren Kameraden
an Stöcken hinaufgezogen werden. Sie sahen nur ein einziges menschliches
Wesen auf ihrem Wege. Als sie langsam und still einherzogen, steckte ein
Neger grinsend sein Gesicht aus den Büschen des Morastes. Er schwang
seinen alten Hut über seinem Kopfe und rief:

„Hurrah! Ich habe es immer gesagt, die Yankees werden kommen, und
da sind sie!"

Sie marschirten an den zehn Meilen länger als vier Stunden. Gegen
elf Uhr begannen sie die Anzeichen zu sehen, daß der Ort in der Nähe sei.
Ein anderer Neger kam hier hinter einem Eisenbahnwagen hervor, welcher
auf dem Geleise stand und rief:

„Gehen Sie nicht weiter, Massa, sie haben Kanonen, und schießen Sie
alle todt?"

Die Abtheilung ging vorwärts. Sie sahen bald eine Lokomotive, welche
langsam nach dem Dorfe zurückfuhr, während der Ingenieur versuchte Dampf
aufzusetzen. Ein Dutzend Musketen wurden auf ihn abgefeuert. Er fiel
nicht, sondern fuhr fort, mit großer Geschwindigkeit zurückzufahren und fuhr
durch das Dorf, indem er das Alarmzeichen gab. Es war keine Zeit zu
verlieren. Major Strong stellte eine Reihe seiner Leute quer über die
Eisenbahn auf, um die geringe Anzahl seiner Mannschaft zu verbergen, wäh=

renb er die Leute formirte. Sie gingen im Geschwindschritt vor, welcher bald in ein Sturmlaufen überging, und stürzten so in das Dorf. Der Neger hatte Recht, der Feind hatte Geschütze. Ein Sturm von Kartätschen begrüßte die keuchenden Soldaten und Capitän Thornton fiel mit drei Kugeln im Körper und vier in seiner Uniform. Die meisten Kugeln aber fuhren in ein Haus, in welches eine Menge Frauen geflüchtet waren, und diese kamen schreiend auf die Straße und liefen wild zwischen den feindlichen Theilen umher. Major Strong ließ halten und gab seine Befehle mit bewunderungswürdiger Ruhe. Eine Compagnie ließ er rechts, die andere links schwenken, und beide schossen, geschützt durch das vortheilhafte Terrain, fortwährend auf den Feind. Einige Augenblicke war das Gefecht außerordentlich hitzig. Von Strongs 112 Mann wurden 33 getödtet oder verwundet. Zwei Mal floh der Feind und sammelte sich wieder. Aber fünfzehn Minuten nach dem Einmarsch der Unionstruppen, verließen die Rebellen, 300 Mann mit 6 Geschützen, in hoffnungsloser Verwirrung den Ort.

Aber der Vogel war ausgeflogen. Jeff. Thompson war den Abend vorher abgereist. Sein Schwert, seine Sporen, seinen Zügel, Papiere wurden fortgenommen. Nur diese, nicht seine Kleider und sonstigen Effekten. Eine große Menge von Briefmarken der Vereinigten Staaten und zahlreiche Briefe und Depeschen wurden mitgenommen. Zwanzig Wagenladungen von Lebensmitteln wurden verbrannt. Die telegraphischen Instrumente wurden in Stücke zerbrochen.

Da einige Tausend Mann Rebellen neun Meilen von Ponchatoula standen und eine Lokomotive den Alarm dorthin gebracht hatte, so mußte sich Major Strong das Vergnügen eines längeren Verweilens versagen. Der beschwerliche Marsch über das Gebälk begann wieder. Einige der schwer Verwundeten wurden zurückgelassen, darunter Capitän Thornton. Der tapfere Capitän wurde einige Tage darauf ausgewechselt. Er genas von seinen Wunden und kehrte zu seinem Regimente zurück. Bevor die Truppen zwei Meilen von dem Dorfe waren, kam ein Zug mit unbedeckten Wagen in das Dorf, auf jedem Wagen eine Haubitze und die nöthige Bedienung. Aber Major Strong, welcher dies vorausgesehen hatte, ließ die Schienen aufreißen und von den Soldaten mitnehmen. Die Haubitzen schossen deshalb auf die langsam zurückmarschirenden Truppen aus einer Entfernung, welche die Wirkung zerstörte.

Schrecklich war dieser Marsch nach dem Dampfboote. Die Mannschaften waren so ermattet, daß sie baten und flehten, zurückgelassen zu werden. Ein junger Offizier, welcher gegen Strong's Befehle und Bitten taub blieb, konnte nur von der vollständigsten Ermattung erweckt werden, indem man ihn heftig mit dem Fuße stieß, als er quer über die Bahn lag. Nichts rettete die Leute von vollständigem Aufgeriebenwerden als ein strömender Regen, welcher neues Leben über sie goß und es ihnen möglich machte, die müden Glieder, bevor es dunkel wurde, nach dem Boote zu schleppen. Gen. Butler charakterisirte diesen Ueberfall als eines der gewagtesten und glück= lichsten Unternehmen während des Krieges, in Bezug auf Muth, Schnellig= keit und Kaltblütigkeit irgend einem auf einer von beiden Seiten stattgehab= ten Wagnisse gleich. Major Strong und seine Leute verdienen die größte Anerkennung. Das Unternehmen mag ein wenig zu gewagt und vielleicht voreilig gewesen sein, aber dieser Fehler ist bei unsern Offizieren nie epide= misch gewesen.

Niemand wurde überrascht, daß Strong Brigadegeneral wurde, noch we= niger überraschte sein Heldenmuth im Hafen von Charleston.

Eroberung von Lafourche.

Als der Feind aufgehört hatte, New Orleans und seine Vorposten zu be= drohen, hielt General Butler es für klug, den Bezirk seiner Eroberungen durch die Annexirung des Bezirks von Lafourche zu vergrößern. Eine In= fanteriebrigade mit der nöthigen Artillerie und eine Cavallerieabtheilung unter einem tüchtigen Offiziere, dem Capitän Perkins, wurde zu diesem Zwecke unter General Weitzel's Commando gestellt. General Weitzel drang in die reiche und bevölkerte Gegend zu Ende Oktober ein. Eine Reihe von Geschwindmärschen, ein lebhaftes Scharmützel und mehrere kleinere Gefechte gaben ihm die Gegend innerhalb vier Tagen in anhaltenden und vollständigem Besitz.

Hier war es, wo die Negerfrage sich so unwiderstehlich dem Commandeur der eindringenden Armee aufdrängte. „Was soll ich mit den Negern ma= chen?" schrieb er am 28. Oktober nach dem Hauptquartier. „Sie können gar keine Idee davon haben, wie es dicht bei meinem Lager zugeht, und eben so wenig können Sie sich vorstellen, wie meine Brigade aussah, als sie das Bayou hinabmarschirte. Mein Train war größer als ein Train für eine Armee von 25,000 Mann. Jeder Soldat hatte einen Neger an der Seite, welcher ihm den Tornister trug. Wagen von den Pflanzungen waren voller Negerfrauen und Kinder mit ihrer Habe, und die Leute waren natürlich ge= zwungen, die Lebensmittel zu holen, wo sie konnten, da ich nicht genug hatte, um ihnen Rationen austheilen zu lassen. Ich habe jetzt bedeutend mehr Neger im Lager als Weiße.".....„Diese Neger sind durchaus eine Last für mich."

Am nächsten Morgen schon fing eine Abtheilung von Weitzel's Truppen 400 Wagenladungen von Negern, welche der Feind bei seinem Rückzuge mitzuschleppen versuchte. Es waren im ganzen Bezirke ungefähr 6000 Sclaven, unter welchen eine bedeutende Gährung herrschte, und welche für den Augenblick unnütz waren, namentlich in einer Nachbarschaft, aus welcher fast die ganze weiße Bevölkerung entwichen war. Mehrere Tage lang konnte man wirklich sagen, daß in Lafourche wieder das Chaos herrsche. Aber General Butler's System in Betreff verlassener Pflanzungen wurde bald in Ausführung gebracht und gab der Gemeinde einen erträglichen Grad von Ordnung und Sicherheit. Das Zuckerrohr auf den Halmen wurde eingeheimst, die Zuckermühlen klapperten wieder, die Neger arbeiteten lustig für $10 den Monat und die Ver. Staaten ernteten einen Theil der Früchte der Arbeit. Eine bedeutende Anzahl derjenigen Neger, welche durch das Confiscationsgesetz befreit waren, fanden den Weg in die Regimenter der eingebornen Garde, welche Prozedur dem General Weitzel nicht gefiel.

Durch die Eroberung von Lafourche fiel ein ungeheurer Vorrath von der Confiscation unterworfenem Eigenthum in die Hände des commandirenden Generals. Die Leute welche auf den Pflanzungen blieben, beeilten sich, zu versuchen, ob sie nicht ihr Eigenthum durch Scheinverkäufe retten könnten. Einige Bundesoffiziere fanden große Quantitäten Zucker frei umherliegen, welche die Eigenthümer mit dem größten Vergnügen zu Schleuderpreisen verkauften. Diese Offiziere bekamen das Spekulationsfieber und kauften Zucker, soweit ihre Mittel reichten. General Butler besuchte das Haupt- lager und erfuhr bald, was vorging. Da er fühlte, daß die ganze Armee in Gefahr stand, demoralisirt zu werden, wenn diese Spekulationen in Zucker und sonstigen Sachen noch länger erlaubt würden, so wandte er ein gründ- liches Mittel dagegen an. Er sequestrirte sofort den ganzen Bezirk mit Allem, was darin war, vorbehaltlich einer endlichen gerichtlichen Verurthei- lung durch eine Commission von Offizieren.

Sechs Wochen lang arbeiteten die Commissäre daran, die Confiscations- akte auf das Eigenthum in Lafourche anzuwenden, indem sie die frei umher laufenden Neger auf die verlassenen Pflanzungen setzten und den Unions- leuten ihre temporär sequestrirten Besitzungen wiedergaben.

Die Hauptarbeit der Commissäre lag auf Oberst Kinsman, da seine Col- legen alle Hände voll anderweitig zu thun hatten. Als Leute in Schaaren zu ihm kamen und Loyalität gegen die Union vorgaben, so erinnerte er sie daran, daß er das Vergnügen gehabt habe, Lafourche im Mai zu besuchen, und daß man ihm damals erklärt habe, die Bewohner von Lafourche seien gerüstet wie Ein Mann gegen den Feind. Er gab ihnen zu verstehen, daß

die Eidesleistung im letzten Augenblicke und Seitens Personen, welche tau=
send Beweise ihrer Complizität mit dem Hochverrathe gegeben hätten, nicht
ausreichen könne, um ihr Eigenthum vor Confiscation zu retten. Die strenge
Beobachtung dieser Regel fügte in kurzer Zeit zu den Einkünften der Ver.
Staaten eine Million Dollars und beraubte eine große Anzahl Rebellen
der Mittel, Schaden zu thun. Oberst Kinsmann hatte die schwierigste
Aufgabe, welche eben so seinen Scharfblick und seine Festigkeit in Anspruch
nahm und vor welcher er zuerst zurückbebte. Er that seine Pflicht gut. Er
führte den Befehl und das Gesetz sorgfältig und getreulich durch und gewann
die Anerkennung aller unparteiischen Leute, welche Gelegenheit hatten, sein
Verhalten zu beurtheilen. Mehrere der Zuckerspekulanten unter den Offizieren
murrten über die Strenge der Entscheidung, welche sie des gehofften Ge=
winnes beraubte, und alle Opfer der Confiscationsakte haßten den Offizier,
welcher dieselbe ausführte. Aber die Unionsfreunde sahen mit Bewunde=
rung den Takt und die Geduld, welche er bei der Untersuchung zeigte und die
unparteiische Gerechtigkeit seiner Entscheidungen. Ein corrupter Mann
hätte in seinem Platze ein Vermögen machen können, ohne die geringste Ge=
fahr vor Entdeckung. Er kaufte nicht einmal ein Faß confiscirten Zuckers,
welchen er gern als Geschenk nach Hause geschickt hätte.

Jeder Dollar confiscirten Eigenthums wurde in New Orleans öffentlich
versteigert und die Versteigerung vorher genügend bekannt gemacht. Nie=
mand konnte bei dem Kaufe den geringsten Vortheil über den Andern haben
und der vollständige Betrag des Erlöses wurde in den Staatsschatz bezahlt.

Jeder Sezessionist in Louisiana erzählt noch heute, daß dieser ehrliche und
tüchtige Offizier als Millionär von Lafourche zurückkam, ebenso, daß der
ganze Erlös des confiscirten Eigenthums zwischen General Butler und sei=
nem Bruder getheilt wurde. Die Sezessionisten glauben wirklich, daß der
General während der acht Monate seiner Verwaltung $2,000,000 wegge=
schickt habe, um sie anzulegen. Ich selbst hörte von einem soeben von New
Orleans angekommenen Herrn, welcher mehrere Wochen in der Gesellschaft
in New Orleans verbracht hatte, daß General Butler ungeheure Summen
in Grundstücken in New York angelegt habe. Man hatte ihm das in New
Orleans erzählt. Alle Sezessionisten in New Orleans glaubten es. Eck=
häuser sollte der General besonders gesucht haben. Das war aber nicht ganz
so schlimm.

Dies waren die militärischen Operationen in dem Golfdepartement.
Wenn sie weniger glänzend waren als die in andern Gegenden, wenn sie
nicht so bedeutend waren, wie es die Umstände wünschenswerth oder noth=
wendig machten, so kann man doch sagen, daß sie so groß waren, wie es die

dem General zu Gebote stehende Macht erlaubte. Was mit Vernunft ver=
sucht werden konnte, wurde in der besten Weise gethan. Im November
würde General Butler, wenn er gewagt hätte, New Orleans schlecht besetzt
zu lassen, mit Port Hudson kurzen Prozeß gemacht haben. Er wagte es
aber nicht, mit seinem kleinen Heere die verlockende That auszuführen, und
als er nach Monate langem Beschwören um Verstärkungen, solche erhielt,
kamen sie mit einem Generalmajor an.

Einen großen Theil des Erfolgs in Butler's Departement verdankt man
dem Umstande, daß er es verstand, trotz der ihm in Massachusetts entgegen=
stehenden Einflüsse, viele Offiziere seiner eigenen Wahl mitzunehmen, Leute,
welche er kannte, und welche besonders geeignet waren, ihm Dienste zu
leisten. Verschiedene dieser Offiziere dienten ohne Patent und ohne Bezah=
lung. Sie erhielten später ihre Patente durch eines von Butlers juristischen
Kunststücken. Sie erhielten Stellungen am Stabe irgend eines anderen
Generalmajors, der nicht von Massachusetts war, und wurden dann dem
Stabe Butlers „zugetheilt."

Der General fand aber auch bei den andern Offizieren gute Unterstützung.

Ein und Dreißigstes Capitel.

Geschäftsgang an einem Tage in New Orleans.

Ein commandirender General ist nach der heutigen Art der Kriegsführung
in Gefahr, der Sclave seines Schreibpultes zu werden. Er trägt einen
Säbel, weil es die Sitte so will, aber das Instrument, mit welchem er am
Vertrautesten ist, ist das, welches, nach der Aussprache eines Dichters, wich=
tiger ist, als das Schwert. Die Menge Schreiberei, welche für eine in
Garnison liegende Division nöthig ist, ist sehr groß. Aber in einem De=
partement wie das Golfdepartement im Jahre 1862, mußte ein General
sich vorsehen, um nicht zum alleinigen Herausgeber und Redakteur einer

täglichen Zeitung zu werden.   Sein Leben wird nichts als ein ewig erfolg=
loſes Streben, die Haufen unbeantworteter Briefe zu erledigen.   General
Butler beſchäftigte im Hauptquartier ſieben Schreiber; er hatte auch die
Hülfe der jüngern Mitglieder ſeines Stabes, aber troß aller dieſer Beihülfe
ſchrieb oder dictirte er mehr Stunden während des Tages, als ſelbſt Schrei=
ber von Profeſſion gewöhnlich thun.   Wir wollen ſehen, wie ein Tag in
New Orleans verging.

Von 8 bis 9 Uhr Morgens empfing der General in der Regel ſolche
Damen in ſeiner Behauſung, welchen die Oeffentlichkeit des Bureaus im
Zollhauſe nicht zuſagte, oder welche vertrauliche Mittheilungen zu machen
hatten.   Um 9 Uhr ging er, wie er gerade war, in ſein Bureau.   Bei ſei=
nem Erſcheinen machte die Wache vor der Thür die Honneurs und der Ge=
neral ſtieg in den Wagen, während zwei Ordonnanzen auf dem Bock ſaßen.
Wenn er in das Zollhaus trat, ſalutirte die Wache daſelbſt gleichfalls.
Sechs berittene Ordonnanzen, welche Depeſchen und Befehle überbrachten,
ſtanden vor der Thür und ſalutirten.   Wenn er in ſein Zimmer wollte,
mußte er durch den Gerichtsſaal gehen, in welchem Major Bell Recht ſprach.
Der Major bemerkte, daß es einen guten Eindruck auf das Publikum machte,
daß der commandirende General bei ſeinem Eintreten die Mütze abnahm
und den Richter grüßte.   Wenn der General in ſein Bureau trat, fand er
ein bis zweihundert Menſchen in den Nebenzimmern, um ihn zu ſprechen.

Das Bureau war ein großes Zimmer, mit wenig mehr Möbeln als einem
langen Tiſch und ein paar Stühlen.   In der einen Ecke hinter dem Tiſche
ſaß unbemerkt ein Stenograph, welcher auf ein Zeichen des Generals die
Ausſage eines Bittſtellers oder Denunzianten aufnahm.   Der General legte
zuerſt ſeine Piſtole auf den Tiſch, ſo daß er ſie leicht erreichen konnte.   Nach
dem Entdecken von zwei oder drei Plänen, ihn zu ermorden, ließ einer der
Offiziere ein kleines Brett unter dem Tiſche machen, um darauf eine geladene
Piſtole zu legen, während eine ungeladene Piſtole auf dem Tiſche lag, welche
Jemand, der es wünſchte, abdrücken konnte.

Dieſe einzige geladene Piſtole, welche Butler in der Taſche trug, oder
auf dem Tiſche liegen hatte, war Alles, was der General als Mittel gegen
Ermordung in einer Stadt that, deren Bewohner der Mehrheit nach ſeinen
Mörder als einen patriotiſchen Helden gefeiert, und mit Ehre und Reichthum
überhäuft haben würden.   Aber dieſe Vorſichtsmaßregel genügte.   Zufällig
hatte er den Namen eines niemals fehlenden Schützen, und Jedermann, der
ihn beobachtete, konnte ſehen, daß er eine Piſtole ſchnell und geſchickt hand=
haben werde.   Er ritt eines Tages mit einer großen Suite an einem Garten
vorüber, in welchem zahlreiche Apfelſinenbäume, voll mit Früchten über die

Mauer hingen. Er zog seine Pistole, zielte auf einen Zweig, an welchem
drei prächtige Apfelsinen hingen, zerbrach den Zweig mit einem Schuß, und
brachte das „Wild" herab, welches im Sande rollte. Es war ein Zufall,
welchen er vielleicht unter zehn Versuchen nicht wieder getroffen haben würde,
aber es genügte, um die Leute glauben zu machen, er sei der beste Schütze in
New Orleans. Trotzdem war es immerhin erstaunlich, daß Niemand seine
Ermordung versuchte. Er ging überall hin, entweder nur mit einem Bedienten oder ganz allein. Seine augenscheinliche Sorglosigkeit bot eine tägliche Einladung zum Morde.

Ein anderes Mitglied seines Stabes, welcher gern einen Schabernack
spielte, ließ in großen Buchstaben den folgenden Satz an die Wand hängen,
so daß alle Besucher es lesen konnten:

„Es ist kein Unterschied zwischen einer männlichen und
einer weiblichen Otter in ihrem Gifte."

Frau Phillips und andere ähnlich aufgelegte Weiber stierten auf den Zettel unwillig, als ob sich diese rein naturhistorische Thatsache auf sie besonders
bezöge.

Noch eine kleine Vorrichtung war da, welche, wie ich glaube, der General
selbst erfunden hatte. Einige seiner creolischen Besucher und einige der
israelitischen Geldwechsler aßen stark Knoblauch, welche Thatsache eine Unterhaltung in nächster Nähe nicht so wünschenswerth machte, als vielmehr
eine ziemlich anständige Entfernung von ihnen. In Folge dessen war der
für solche Personen gebrauchte Stuhl mit den Beinen an den Tisch gebunden, so daß er nicht mehr an dem von dem General benutzten Stuhl gezogen
werden konnte. Der Bittsteller, welcher die Stricke nicht leicht sehen konnte,
fing in der Regel die Unterhaltung an, indem er den Stuhl umwarf. Andere, welche sich ohne dieses bedauerliche Unglück setzten, fanden alle Bemühungen, sich vertraulich dem Ohre des Generals zu nähern, vergebens.
Diese Erfindung rettete den General von dem Knoblauchsparfüm und zwang
den Besucher, so laut zu sprechen, daß die Berichterstatter ihn hören konnten.

Der General saß im Stuhle hinter dem Tische mit seiner Artillerie in
Bereitschaft. Die Departementschefs, wie der Sanitätsdirector und der
Polizeichef, wurden zuerst vorgelassen. Nachdem ihre Berichte erledigt
waren, kamen die Aufseher der Unterstützungs- und der Arbeitscommissionen
an die Reihe, dann Leute, wie Consuln und Bankdirectoren. So ging in
der Regel die erste Stunde hin. Dann wurde das Publikum zugelassen,
30 Personen auf einmal, welche vor dem Tische in einem Halbzirkel standen.
Der General begann an einem Ende der Linie und fragte:

„Was wünschen Sie?"

Sie wünschten Alles, was je ein Mensch gewünscht haben kann; einen Paß für jenseits der Linien, eine Anweisung an das Unterstützungscomité auf Lebensmittel, Schutz gegen einen hartherzigen Miethsherrn, Erlaubniß, einen Sclaven zu suchen, Hülfe, um eine Forderung wieder zu erhalten, Entscheidung eines Streites, Bezahlung einer Forderung an die Regierung, die Wiedergabe verfallenen Eigenthums, Beseitigung eines Gemeinschadens, Beschäftigung in den Bundesbureaus, Geldgeschenke, Belehrung über Ge=setze, Schutz gegen einen grausamen Meister. Andere kamen und gaben Auskunft über Etwas, oder rächten sich, indem sie einen ihrer Privatfeinde als öffentlichen Feind der Bundesbehörden denunzirten. Der General gab Jedem ungefähr 20 Secunden. Ein paar kurze, treffende Fragen, und dann die Entscheidung so deutlich, wie sie ein „Ja" oder „Nein" nur machen konnte. Und war die Entscheidung geschehen, so war jedes weitere Wort überflüssig. Jeder erhielt wenigstens eine Antwort, und diese war in der Regel recht. Unter dem Feuer von General Butlers Kreuzverhör schwan=den die Winkelzüge und Ausweichungen der ungeschickten Rebellen schnell und die Wahrheit stand klar und unzweideutig da. Bisweilen, wenn ein Mann auf einer Lüge ertappt wurde, versuchte er sein Glück noch einmal.

„Sie haben Recht, General, es war eine Lüge, aber jetzt will ich die Wahrheit sagen."

Nicht selten warf der General, durch ein geschicktes Manoeuvre auch die zweite Darstellung der Geschichte über den Haufen, und der Mann versuchte es ein drittes Mal, indem er alle Heiligen zu Zeugen rief, daß er jetzt die reine Wahrheit sagen wollte, und dann sofort eine neue Reihe von Lügen erzählte, welche der General sofort ausfand. Solche Scenen kamen so oft vor, daß es auf dem Hauptquartier zum Sprüchwort wurde: „Jetzt will ich Ihnen aber die Wahrheit sagen!"

Um elf Uhr wurde die Thür geschlossen; die Briefe, oft 80 bis 100 an der Zahl, wurden geöffnet. Der General las jeden und verfügte auf fast alle durch Randbemerkungen, wie „Ja," „Nein," „Gestattet," „Abgeschla=gen," und darnach wurde die Antwort von dem Schreiber oder Secretär gemacht. Andere wurden behufs Erwägung oder eigenhändige Beantwor=tung durch den General bei Seite gelegt. Dann kamen Militärgeschäfte, welche die Zeit bis gegen 1 Uhr hinbrachten. Nach dem Lunch nahm das Briefschreiben und Abfassen von Berichten die Zeit bis halb fünf fort, und dann ging es nach Hause zu Tisch. Von halb sechs bis Dunkelwerden ritt der General aus, besuchte einen Vorposten, oder inspizirte ein Regiment, und verband so mit der Erholung die Pflicht. Dann ging er in sein Pri=vatbureau und schrieb oder dictirte Briefe bis zehn Uhr. Nachdem dann der letzte müde Schreiber sich entfernt hatte, ging der General in das einzige Zimmer, in welches nie ein Besucher kam, wo er vor einem kleinem Pulte die Briefe und Depeschen schrieb, welche die meiste Wichtigkeit hatten, oder nur für den Addressanten allein bestimmt waren.

Selbst diese so angestrengte Thätigkeit verhinderte nicht, daß unbeantwortete Briefe sich anhäuften. Oft mußte er den ganzen Sonntag schreiben, um die vielen Briefe zu erledigen um reinen Tisch zu machen. Die Geschäfte wurden jedoch alle erledigt. Jeder Brief erhielt verdiente Beachtung. Briefe von Hause, in welchen nach Soldaten gefragt wurde, wurden unabänderlich beantwortet, ja selbst eine höfliche Bitte um ein Autograph wurde nicht abgeschlagen, und der General hatte eine ganze Menge Autographen an Hand, hübsch gefaltet, gesiegelt und gestempelt.

„Warum nicht?“ sagte er zu Major Strong, welcher über die Geschäftsmäßigkeit des Verfahrens lachte. „Wenn ich Jemanden dadurch einen Gefallen thun kann, daß ich meinen Namen schreibe, warum sollte ich es nicht thun? Ebenso warum sollte ich es nicht mit der wenigsten Unbequemlichkeit für mich thun?“

In dieser Art verging der Tag. Eine Fahrt den Fluß hinauf nach Baton Rouge, oder den Fluß hinab nach den Forts, eine Revue oder eine Spazierfahrt nach Carrollton brachten Abwechslung in das einförmige Leben des Generals. Aber meistens vergingen seine Tage wie oben angegeben. „Stundenlang,“ schreibt Jemand, „sitzt er da und hört geduldig den Klagen zu und giebt Strafen oder Abhülfe an. Wenn er in sein Hotel zurückkehrt, nimmt er ein einfaches Mahl, zieht sich in sein Zimmer zurück, um wieder von einer Menge Offiziere und Ordonnanzen belagert zu werden, welche rapportiren oder auf Befehle warten. Spät in der Nacht habe ich Licht in seinem Zimmer gesehen (wenn die Thür offen war, um in dem erstickenden Klima etwas Luft zu bekommen) und der General war begraben in der Arbeit seiner ausgedehnten militärischen Correspondenz.“

Das Leben in der Stadt hatte im Allgemeinen sein früheres Aussehen wieder gewonnen, es war voll sorgloser Fröhlichkeit und Geräusch der Geschäfte. Die Morgenmärkte von New Orleans waren wieder hell von rothen Kopftüchern und geräuschvoll von dem Geplauder der in allen Zungen redenden Höker — Creolen, Franzosen, Spanier, Engländer. „Ich glaube,“ schreibt ein gewandter Journalist, „daß nirgends, seit Zerstörung des babylonischen Thurmes, so viele Sprachen zugleich gehört worden sind, als man auf dem Trottoir des französischen Marktes in New Orleans hört. Auf der einen Seite schnarrt der lebhafte Gallier sein „R“ mit der Emphase eines Bullenbeißers oder macht aus dem englischen Worte "potatoes," ein "pa-ta-tans!"

ober erzählt ihnen, daß ein Fisch oder ein Vogel „zwei Bit, zwei Lit!"
kostet, und daß „Sie nicht lieben ihn, Sie nicht habben ihn!" Auf der an=
dern Seite schreit ein Deutscher so harmonisch, als wenn man Kieselsteine in
einem Topf schüttelt oder ein Stück Holz sägt, während dort drüben ein
Creole, ein Sizilianer und ein Dego in Dissonanzen wetteifern. Dazwischen
das breitmäulige, laute und fröhliche Lachen der Neger und man hat eine
Idee von dem Platze."

Die berühmte Rotunde des St. Charles Hotel hallte wieder von dem
Geräusche der Unterhaltung der Menge, aber die Kuppel schallte nicht mehr
von dem Hammer des Auctionators, welcher den verwöhnten Haussclaven
zu den Schrecknissen einer Pflanzung am Redriver verdammte, oder die
schöne Quadrone den Armen eines glücklichen Spielers preisgab. Die
Levee sah noch öde und verlassen für diejenigen aus, welche sie in früheren
Jahren gekannt hatten, aber auch dort war etwas Leben. Ein paar Schiffe
luden ein oder aus. Die Fährboote schossen auf dem Flusse hin und her.
Das Geschrill der Dampfpfeifen wurde gehört und Dampfboote fuhren
nach Carrollton, Baton Rouge und Fort Jackson ab. In dem Strome lagen
einige Repräsentanten der unsterblichen Flotte vor Anker, deren Ankunft in
den letzten Tagen des April eine neue Aera in der Geschichte von Louisiana
geschaffen hatte.

Zwei und Dreißigstes Capitel.

Die Abberufung

Den ganzen Sommer hindurch hatte es geheißen, daß General Butler
von dem Golfdepartement abberufen werden sollte. Im August spielte er
auf diese Gerüchte in einem seiner Briefe an General Halleck an, und sagte,

wenn die Regierung beabsichtigte, ihn abzusetzen, so sei es nicht mehr als
billig, daß sein Nachfolger komme und die Saison des gelben Fiebers mit=
genieße. General Halleck antwortete am 14. September, daß diese Ge=
rüchte „unbegründet" seien. Stanton hatte in seinen Briefen Butler's Ver=
fahren gebilligt. Chase und Blair drückten ihre herzliche Billigung aus.
Der Präsident schrieb im Oktober an den General in einer freundlichen
und vertraulichen Weise. Nur der Staatssekretär schien die gänzliche Un=
terdrückung der Feinde der Ver. Staaten in Louisiana zu fürchten, welche
der Zweck der Handlungen des General Butler war. Man glaubte aber
nicht, daß ihn diese Politik dazu treiben würde, das Land der Dienste
eines Mannes zu berauben, welcher überall, wo er hingeschickt worden war,
so viel Talent bewiesen hatte und welcher so eben die geschickteste und
edelste Staatskunst bewiesen hatte, die man sich denken kann. General
Butler ging in seiner gewohnten Weise vorwärts. Sein Lieblingsplan,
als der Winter nahte, war das Zollhaus, die Citadelle von New Orleans,
mit einem Dache zu versehen. Die Regierung hatte Millionen auf das
Gebäude verwendet und seine Marmormauern waren vollendet, aber es war
dem Regen ausgesetzt und sank im Werthe. Die Voranschläge competenter
Bauleute bewiesen, daß es für $40,000 mit einem Holzdache versehen wer=
den könnte, welches ungefähr 30 oder 40 Jahre halten, das Gebäude vom
Verfalle retten und die obern Stockwerke bewohnbar machen werde. Er be=
sorgte einen Theil des nöthigen Bauholzes, indem er eine große Menge mit
Beschlag belegte, welches den notorischen „fremden Neutralen" Gautherin
& Co. gehörte und, wie er nachweisen konnte, von der conföderirten Regie=
rung angekauft worden war. Bei der Ausführung der Arbeit wollte er eine
große Zahl der Leute verwenden, welche täglich durch die Güte der Regie=
rung gefüttert wurden. Die Arbeit sollte gerade beginnen, als er abberufen
wurde. Sie wäre in drei Monaten geschehen gewesen und die Kosten aus
den Einkünften des Departements bestritten worden. Das Zollhaus hat
noch kein Dach.

Ein anderes Projekt fesselte gegen Ende des Jahres seine Aufmerksamkeit.
Er erfuhr, daß eine spekulative Firma in Havana Waffen in Europa gekauft
hatte, in der Hoffnung sie der conföderirten Regierung zu verkaufen. Er
schickte einen Offizier nach Havana, um die Waffen zu untersuchen, Proben
zu holen und zu versuchen, drei Monate lang das Kaufrecht zu erhalten, um
Zeit für das Kriegsministerium zu gewinnen, diese Waffen zu kaufen. Ca=
pitän Hill, der abgeschickte Offizier, erhielt das Vorkaufsrecht auf mehrere
Wochen, als der Wechsel im Commando eintrat und die Sache fallen gelas=
sen wurde. Capitän Hill berichtet, daß kein Bürger der Ver. Staaten,

welcher einen Auftrag Seitens einer Bundesbehörde hatte, seines Lebens
in Havana sicher war. Er wurde den größten Belästigungen aller Art un=
terworfen und freundliche Cubaner warnten ihn, nicht nach dem Dunkelwer=
den auf die Straße zu gehen. Die Stadt war voll von Rebellen=Commif=
fären und Rebellenfreunden. Den Tag nach der Abreise Hill's von New
Orleans hieß es in der Stadt, er sei abgeschickt, um zwei Millionen Doll.
für den General im Norden gegen den nahenden Tag der Vergeltung in
Sicherheit zu bringen. Er hatte in Wirklichkeit $2000 in Gold bei sich,
um seine Ausgaben in Havana zu bestreiten.

New Orleans erwählte im Dezember zwei Congreßmitglieder, Benjamin
F. Flanders und Michael Hahn, beide unbedingte Unionsleute. Flanders
erhielt 2370 von 2545 Stimmen; Hahn erhielt 2681 und hatte eine Ma=
jorität von 144 über alle Gegner. Der Wahlkampf war lebendig und es
wurde keine Schranke weiter auferlegt, als daß Niemand stimmen durfte,
welcher nicht den Treueid geleistet hatte. Bei dieser Wahl wurden 1000
Stimmen mehr für die Unionscandidaten abgegeben, als die ganze Zahl der
für die Sezession abgegebenen Stimmen betragen hatte. Man konnte im
Dezember mit Recht sagen, daß nach sieben Monaten des Butler'schen Re=
giments in New Orleans eine zahlreiche Unionspartei war, die wahrschein=
lich aus der Majorität aller Wähler bestand. Die reichen Leute waren fast
bis auf den Letzten Sezessionisten. Die Spieler und Raufbolde standen auf
derselben Seite. Die niedrigste Klasse der Weißen zeigte gleichfalls den=
selben Negerhaß, dasselbe Hinneigen zu ihren Unterdrückern, welches wir in
zwei oder drei nördlichen Staaten finden. Aber unter den respektablen Ar=
beitern und kleinen Geschäftsleuten gab es eine große Menge, welche entwe=
der offen für die Union waren oder sich nur deshalb nicht offen erklärten,
weil sie fürchteten, daß am Ende doch noch die Stadt wieder unter die Herr=
schaft der Conföderirten fallen könnte. Wenn General Butler öffentlich
erschien, wurde er mit nicht weniger herzlichen oder einstimmigen Zurufen
begrüßt, als er sie näher seiner Heimath zu empfangen gewohnt ist. Spät
im November besuchte er das Theater. Als er eintrat, stand das Publikum
auf und rief Hurrah auf Hurrah, gerade wie in New York oder Boston.

Die Unionspartei war eine wachsende Macht. Die Unionsleute fühlten
jetzt, daß sie auf der Seite der Stärksten waren. Sie wußten, daß Niemand
in Louisiana Etwas sein oder thun oder genießen könne, der nicht zu seinem
Lande halte. Für Unionsleute gab es Aemter, Beschäftigung, Gefälligkei=
ten, Ehrenbezeugungen, kurz Alles, was eine Regierung geben kann. Für
Rebellen gab es nur Schutz gegen Gewaltthaten, nur Duldung ihrer Gegen=
wart, und das nur so lange sie völlig ruhig und gehorsam blieben. Es ist

eine wahre Bemerkung, daß von den drei Gewalten in einem Gemein-
wesen, der Regierung, den Reichen und der großen Menge, zwei zusammen
immer die dritte besiegen können.   In New Orleans schlossen sich Regierung und Menge täglich enger an einander und der reiche Theil der
Bevölkerung, welcher den Staat ruinirt hatte, wurde täglich machtloser und
isolirter.

Inzwischen drängte der General das Kriegsministerium wegen Verstärkungen, damit er die kalte Jahreszeit dazu benutzen könne, Port Hudson einzunehmen, und seine Eroberungen auch nach andern Seiten ausdehnen zu
können.   Er bat seinen alten Freund, Senator Wilson, seinen Einfluß zu
seinen Gunsten bei dem Kriegsminister zu verwenden.   Die Antwort des
Senators klingt kurios, wenn man bedenkt, daß, als sie geschrieben wurde,
Butler's Nachfolger schon 23 Tage ernannt war.   „Ihr Brief," schreibt
der Senator unter dem 2. Dezember, „ist mir heute zu Händen gekommen,
und ich ging sofort zum Kriegsminister und drängte ihn, Ihnen Verstärkungen zu schicken.   Er war meiner Ansicht und versprach, Alles zu thun,
was er könne.   Er sprach sein Vertrauen auf Sie aus, und billigte Ihre
Energie und Geschicklichkeit.   Das war mir angenehm, aber lieber wäre es
mir gewesen, er hätte den Befehl für Verstärkungen gleich gegeben, damit
Sie ein größeres Feld bekommen.   Ich will die Sache drängen, so viel ich
kann."

Gegen Anfang Dezember wurde es in New Orleans ganz gut bekannt,
daß die Regierung in den nördlichen Häfen eine jener imposanten Expeditionen ausrüste, von denen so viele auf geheimnißvolle Gänge geschickt werden
sind.   Texas, hieß es, sei das Ziel.   Texas war auch, wie ich glaube, das
letzte Ziel.

In Abwesenheit einer offiziellen Nachricht und in dem Glauben, daß seine
Dienste von der Regierung gebilligt würden, mußte Butler natürlich schließen, daß Gen. Banks ein unabhängiges Commando innerhalb des Golfdepartements erhalten solle.   Er fürchtete einen Conflict der Behörden.
Auch konnte es ihm nicht gleichgültig sein, daß ein anderer Generalmajor
die Lorbeeren auf dem Schlachtfelde ernten solle, während er nur das Unangenehme und Verhaßte an der Arbeit zu thun bekam, und dazu bestimmt war, mit den hartnäckigen, unbewaffneten Sezessionisten von New
Orleans zu kämpfen.   Um die Regierung nicht in Verlegenheit zu bringen,
schrieb er am 29. November folgenden nicht offiziellen Brief an den Präsi-
benten :

„Ich ersehe aus den Zeitungen, daß General Banks mit Truppen auf eine
unabhängige Expedition nach meinem Departement geschickt werden soll.

Dies implizirt einen vielleicht verdienten, aber doch schmerzenden Mangel an Vertrauen in mich. Meiner Ansicht nach, muß es schädlich sein, eine Expedition gegen Texas zu versuchen, wenn man nicht New Orleans zur Basis für Vorräthe und Mitwirkung macht, und dazu bedarf es wieder nur eines Hauptes und eines Departements.

„Ich will hier nicht die Frage erörtern, auch ist es fern von mir zu be= haupten, daß es nicht bessere Commandeure giebt als mich; ich will Sie nur daran erinnern, daß seitdem ich in das Feld rückte, den Tag nach Ihrer Proclamation, ich stets an der Grenze des Rebellengebietes gestanden habe; in Annapolis, als Washington bedroht war, im Relay House, als Harpers Ferry geräumt werden sollte, in Baltimore, Fort Monroe, Newport News, Hatteras, Ship Island und New Orleans. Es kommt mir nicht zu, zu sagen, mit welchem Erfolge. Aber ich habe das Recht zu sagen, daß ich hier gewesen bin, zugleich der Pest und dem Meuchelmorde acht Monate lang ausgesetzt, und Verstärkungen erwartend, welche die Regierung erst jetzt geben konnte. Und jetzt sollen sie einem Andern gegeben werden. Ich habe mich nie beklagt; ich beklage mich auch jetzt nicht. Ich habe, so gut ich konnte, Alles gethan, was die Regierung mir aufgetragen hat. Ich habe gegessen, was mir vorgesetzt wurde, ohne zu fragen."

„Es ist jetzt möglich, nach New Orleans zu kommen, und dort sicher zu sein. Es ist bewiesen worden, daß die Quarantäne das gelbe Fieber fern= halten kann. Die Meuchelmörder sind in Furcht gesetzt, oder bestraft worden.

„Warum werde ich also hiergelassen, während ein Anderer in meinem Departement in das Feld geschickt wird. Geschieht es, weil ich nichts für den Dienst tauge, in welchem ich so lange Erfahrung habe, wie irgend ein General im Dienste der Vereinigten Staaten in dem jetzigen Augenblicke, so bitte ich Sie, mir das zu sagen, und ich will mich nicht allein nicht darüber ärgern, sondern nach Hause gehen, und mich damit trösten, daß ich meine Pflicht gethan habe, wenigstens soweit Mühe und Fleiß gehen. Ich möchte nur gern, daß man mich nicht da behalte, wo ich nichts nutz bin und will gern die Regierung aus jeder Verlegenheit ziehen. Thun Sie mir den Gefallen und überlegen Sie sich, daß ich nicht ein Commando haben will, welches Jemand Anderes hat, sondern daß ich nur will, daß, außer wenn es der Dienst der Regierung verlangt, mein Commando, welches (wie ich mit Recht sagen kann) nicht gerade das erfolgloseste im Kriege gewesen ist, nicht von mir genommen werde, und noch dazu in einer Weise, welche mir die ganze Last aufhalst und keine der Früchte gestattet. Erlauben Sie mir fer= ner, zu sagen, daß ich gegen General Banks, welcher zum Commandeur der

Expedition nach Texas bestimmt ist, nur die freundschaftlichsten Gefühle
hege, da er mein persönlicher Freund Jahre lang gewesen ist, und noch
jetzt ist.

„Da ich über meine persönlichen Angelegenheiten schreibe, was ich nie
vorher gethan habe, so weiß ich kaum, wie ich mich ausdrücken soll, aber was
ich meine ist kurz das : Wenn der Obercommandeur mich für unfähig hält
(für treulos kann er mich nicht halten), so setzen Sie mich ab, und lassen
Sie die Sache zwischen mir und ihm durch das Volk entscheiden, aber da ich
nie Etwas ohne Ursache thue, so wünschte ich auch, daß der Präsident, als
ein gerechter Mann, ebenso gegen mich verfahre.

„Lassen Sie mich noch einmal wiederholen, was ich vorhin gesagt habe :
„„Wenn es mich auch meine Abberufung kostet, bringen Sie das Departement, welches Louisiana und Texas umfaßt, unter einen Commandeur,
und es wird für das Land am Besten sein!““ Ich bitte Sie, mich nicht
mißzuverstehen. Ich habe meinem Lande Etwas geopfert, und kann noch
mehr opfern, und mein Commando ist eine Kleinigkeit meiner Ansicht nach
gegenüber meiner Selbstachtung oder dem Besten des Landes.

„Ich beabsichtige nicht, der Regierung durch mein Auftreten Verlegen-
heiten zu bereiten. Weit entfernt davon. Ich würde mich selbst lieber sofort scheeren, als daß ich Etwas thäte, was nur um eine Unze die Kraft
schwächen könnte, mit welcher die Regierung die Rebellion erwürgen muß."

Zu spät. Als dieser Brief geschrieben wurde, war das Schicksal des Ab-
senders schon 20 Tage entschieden. Die Antwort darauf kam durch den
Rebellentelegraphen zu den Vorposten des Feindes und wurde durch die
Unionsspione zehn Tage früher zu General Butler gebracht, als General
Banks selbst seine Bestimmung wußte. Es wurde positiv behauptet, daß
General Banks nach New Orleans komme, um General Butler zu ersetzen.
Die höchsten Cirkel der Sezessionisten waren so sicher über die Thatsache, daß
Wetten in dem ersten Club der Stadt auf $100 gegen $10 gemacht wurden,
daß Butler vor Ende des Jahres abberufen werden würde. Es ergiebt sich
jetzt, daß die französische Regierung zuerst von dem beabsichtigten Wechsel
unterrichtet wurde. Die Nachricht kam wahrscheinlich direct vom Staatsdepartement oder von der französischen Gesandschaft. Woher sie auch gekommen, jedenfalls wußten die Rebellen, bevor man sich in Washington
Etwas davon zuflüsterte. Jefferson Davis wußte es vor Banks, obgleich
Davis in Jackson, Mississippi, war, und Banks in Washington.

General Butler fügte sich dem unvermeidlichen Streiche mit der bestmög-
lichen Miene. Er hatte Praxis im Nachgeben. War er nicht von Baltimore abberufen worden, weil er seine Pflicht zu gut gethan hatte? War er

nicht von Fort Monroe abberufen worden, als es gerade möglich war, die
Früchte seiner ernsten und angestrengten Arbeiten zu genießen?

Er empfing General Banks herzlich und brillant. In Fort Jackson
wurde der General bei seiner Ankunft sehr zu seinem Erstaunen mit der
Anzahl von Schüssen salutirt, welche für einen Departementscommandanten
bestimmt sind. An der Levee in New Orleans hatte General Butler Equi-
pagen, eine Escorte und eine Batterie zum Salutschießen, und detaillirte
Stabsoffiziere, um für eine anständige Bewirthung seines Nachfolgers zu
sorgen. General Banks kam am Sonntag den 14. Dezember Abends an,
und fuhr sofort nach General Butlers Haus, wo er mit allen Ehrenbezeugungen empfangen wurde. Er hatte ein kleines Billet abzuliefern, welches
mit mehr als römischer Kürze den Zweck seines Besuchers in Louisiana anzeigte.

Kriegsministerium, Bureau des Generaladjutanten.
Washington, 9. November, 1862.

Generalbefehl 184.

Auf Anordnung des Präsidenten der Vereinigten Staaten wird dem Generalmajor
Banks das Commando des Golfdepartements nebst Texas übertragen.

Auf Befehl des Kriegsministers,

E. D. Thomas, Hülfs-Generaladjutant.

H. W. Halleck, Obergeneral.

Dienstag den 16. trafen sich die beiden Generale im Hauptquartier, wo
General Butler das Commando des Departements förmlich übergab. Jeder
General stellte seinen Stab dem des andern vor. General Butler machte
einige sehr schmeichelhafte Bemerkungen über den Charakter und die Laufbahn seines Nachfolgers, und befahl seinem Stabe, ihm und seinen Offizieren
jedes Hülfsmittel zu geben, sich über die Lage der Dinge im Departement
gründlich zu unterrichten. Das Delta berichtete über die Unterredung mit
gebührendem Lobe für den abgehenden General, aber empfahl General
Banks dem Volke und der Armee ebenso warm. Das Delta desselben
Tages veröffentlichte folgenden letzten Generalbefehl des abgehenden Commandeurs:

Hauptquartier des Golfdepartements.
New Orleans, 15. Dezember, 1862.

Generalbefehl No. 106.

Soldaten der Golfarmee! Da ich auf Befehl des Präsidenten am 9. November,
1862, meiner Pflichten in dem hiesigen Departement enthoben worden bin, so verab-
schiede ich mich von Euch hierdurch, indem es unmöglich ist, Eure zerstreuten Vorposten
zu besuchen, welche sich auf hunderte von Meilen an der Grenze eines Staates erstre-
cken, welcher größer ist als manche Königreiche in Europa.

Ich grüße Euch, meine tapferen Kameraden, und sage Euch Lebewohl.

Dieses Wort ist, da Ihr an mich durch eine Anzahl von Entbehrungen, Anstrengungen, Gefahren, Siegen und militärischen wie bürgerlichen Erfolgen, gekettet seid, das
einzige, was mich traurig macht.

Ihr habt Euch um das Vaterland wohl verdient gemacht. Ohne Murren habt Ihr
ein Bivouac auf einer Sandfläche ausgehalten, welche so einsam war, daß Verbannung
dahin bei der besten Verpflegung oder Versorgung die fürchterlichste Strafe war, welche
auf Eure bittersten und frechsten Feinde fiel.

Ihr hattet so wenig Transportmittel, daß nur eine Handvoll vorrücken konnte, um
der Königin der Rebellion Unterwerfung abzuzwingen, während Andere bis an die
Brust die Marschen um Fort St. Philip durchwateten, und ein Fort zur Uebergabe
zwangen, welches von den geschicktesten Ingenieuren des Landes und seiner Feinde für
vom Lande aus unangreifbar erklärt worden war.

Seit Eurer Besetzung der Stadt haben daselbst Ordnung, Ruhe, Frieden und Gesetz
geblüht, während früher bei der Ueberfüllung mit Bravos aller Länder seit Jahren ein
Menschenleben kaum bei hellem Tage sicher war.

Durch Eure Disziplin habt Ihr die besten Charakterzüge eines amerikanischen Soldaten in das rechte Licht gesetzt, und die Bewunderung derer gefesselt, welche kamen,
um Euch zu verhöhnen.

Wir landeten mit einer Kriegskasse, welche $75 enthielt, und haben trotzdem mit den
aufgespeicherten Schätzen der Rebellenregierung unserem Lande beinahe eine halbe
Million Dollars gegeben, und Ihr habt Euch so mit eigenen Mitteln erhalten, daß
Eure Expedition die Regierung vier Fünftel weniger gekostet hat, als irgend eine andere Expedition.

Ihr habt die verhungernden Armen, die Frauen und Kinder Eurer Feinde, ernährt,
und so aus Euren Feinden Freunde gemacht, daß sie ihre Vertreter nach Eurem Congresse durch eine Stimmenzahl, größer als Eure Zahl, geschickt haben, und zwar aus
Distrikten, von welchen Ihr bei Eurer Ankunft hörtet, daß es Niemanden dort gebe,
um Eure Flagge aufzuziehen.

Durch Eure praktische Philanthropie habt Ihr das Vertrauen der unterdrückten Race
und der Sclaven gewonnen. Indem Sie Euch als Befreier begrüßen, sind sie bereit,
Euch als willige Diener, treue Arbeiter, oder nach der Taktik Eurer Feinde, für Euch
im Felde zu dienen.

Durch beharrliche Beobachtung der Gesundheitsregeln habt Ihr die Pestilenz aufgehalten, und als niedrige Werkzeuge in Gottes Hand habt Ihr die Nothwendigkeit bewiesen, daß seine Geschöpfe seine Gesetze befolgen müssen, und indem Ihr seinen Segen
in diesem so ungesunden Klima geerndtet habt, habt Ihr Eure Reihen voller erhalten
als irgend ein Bataillon, welches so lange dient wie Ihr.

Ihr habt den Feind in doppelt überlegener Zahl getroffen und ihn im offenen Felde
geschlagen. Aber ich brauche mich über diesen Gegenstand nicht zu verbreiten. Ihr
wurdet hierher geschickt, um es zu thun.

Ich empfehle Euch Eurem Commandeur. Ihr seid seiner Liebe würdig.

Lebt wohl, meine Kameraden, noch einmal, lebt wohl!

Benjamin F. Butler,
commandirender Generalmajor.

Der General bereitete sich sofort auf die Abreise vor. Da er keine Befehle erhalten hatte, was er thun solle, so glaubte er, daß der Ort, nach welchem er sich zurückziehen müsse, seine Heimath in Lowell sei. „Da ich keine weiteren Befehle erhalten habe," schrieb er an den Präsidenten, „ob ich mich bei dem commandirenden General oder sonstwo melden soll, so habe ich mir die Freiheit genommen, vorauszusetzen, daß ich die Erlaubniß habe, mich nach Hause zu begeben, da meine Dienste hier nicht länger erfordert werden. Ich habe General Banks alle mögliche Auskunft, und mehr als er verlangt hat, über die Angelegenheiten des Departements gegeben."

Am 23. fand ein öffentlicher Abschied statt, wobei eine große Zahl Offiziere und Bürger sich um den General drängten, um ihm Lebewohl zu sagen. Zwei Stunden lang kamen seine Freunde in ununterbrochener Reihe und schüttelten ihm die Hand. General Banks und seine Offiziere waren darunter. Admiral Farragut war mit vielen Marineoffizieren zugegen.

Es schien dem General gut, dem Volke von New Orleans einige Abschiedsworte zu sagen. Inmitten der Arbeit seiner Zurüstungen für die Abreise fand er Zeit, eine Abschiedsaddresse zu schreiben, so großartig in Wahrheit, Weisheit und Einfachheit, daß sie ewig für eine der edelsten Aeußerungen der Zeit oder irgend einer Zeit angesehen werden muß.

Abschieds-Addresse.

Bürger von New Orleans!

Es dürfte weder unpassend noch unzeitig sein, daß einige Worte beim Scheiden eines Mannes an Euch gerichtet werden, dessen Name in Zukunft unauflöslich mit Euch verkettet ist.

Ich werde nicht in Bitterkeit sprechen, denn ich habe gegen Niemanden eine persönliche Animosität. Als ich im Commando der Golfarmee war, fand ich Euch gefangen, aber Ihr hattet Euch nicht ergeben; Ihr waret besiegt, aber im Zustande der Unordnung; Ihr waret von der Gegenwart der Armee befreit, aber nicht im Stande für Euch selbst zu sorgen. Ich stellte die Ordnung wieder her, bestrafte das Verbrechen, eröffnete den Handel, kaufte Vorräthe für Eure verhungernden Mitbürger, schuf Euer Papiergeld um, und gab Euch Schutz und Ruhe, wie Ihr sie seit Jahren nicht genossen hattet.

Während ich dies that, waren meine Soldaten Vorwürfen und versteckten Insulten ausgesetzt.

Und wenn ich jetzt zu Euch spreche, die Ihr die Wahrheit kennt, so erkläre ich hier, daß Jeder, der ruhig bei seinem Geschäfte geblieben ist und den Feinden der Ver. Staaten nicht Vorschub oder Beihülfe geleistet hat, niemals von den Soldaten der Ver. Staaten belästigt worden ist.

Die Leute, welche' es unternommen hatten, Euch zu regieren und die Stadt mit Waffengewalt zu vertheidigen, waren geflohen, aber Eure Frauen haßten Diejenigen, welche gekommen waren, um sie zu beschützen. Durch einen einfachen Befehl, No. 28, befahl ich jedem Soldaten meiner Armee, die Frauen von New Orleans so zu behandeln, wie Ehrenmänner es thun sollten. Dies hatte eine solche Wirkung, daß ich jetzt die gerechtigkeitsliebenden Frauen von New Orleans auffordere, zu sagen, ob sie jemals sich eines so vollständigen Schutzes und einer so ungestörten Ruhe erfreut haben, als seit der Ankunft der Bundestruppen.

Die Feinde meines Landes habe ich, soweit sie nicht bereuten und unversöhnlich waren, mit verdienter Strenge bestraft. Ich bin der Ansicht, daß Rebellion Hochverrath ist, und daß hartnäckiger Hochverrath den Tod nach sich ziehen muß, und jede Bestrafung für einen Hochverräther, welche geringer ist, als diese Strafe, ihm den Vortheil der Gnade der Regierung giebt. Auf diese Theorie hin habe ich die Autorität des Bundes aufrecht erhalten, und es ist mir nicht bekannt, daß in dieser Beziehung Klagen laut geworden sind. Ich glaube nicht, daß ich den Fehler zu großer Strenge begangen habe, denn diese Strenge ist immer nur unloyalen Feinden meines Landes gegenüber gezeigt worden, nicht aber gegen loyale Freunde. Sicherlich, ich hätte Euch mit den Annehmlichkeiten britischer Civilisation regaliren können, und würde dennoch in den angeblichen Grenzen einer civilisirten Kriegsführung geblieben sein. Ihr hättet in Höhlen erstickt werden können, wie die Covenanter in Schottland auf Befehl eines Befehlshabers aus königlichem Geblüt erstickt wurden, oder Ihr hättet gebraten werden können, wie die Bewohner von Algier während der französischen Campagne ; Eure Frauen und Töchter hätten der Schändung überlassen werden können, wie die spanischen Damen während des Halbinselkrieges, oder Ihr hättet mit dem Tomahawk niedergemetzelt werden können wie unsere Mütter bei Wyoming von den wilden Aliirten von Großbritannien in unserer eigenen Revolution; Euer Eigenthum hätte allgemeiner Plünderung übergeben werden können, wie der Palast des Kaisers von China; Kunstwerke, welche hier Gebäude schmücken, hätten weggeschickt werden können, wie die Bilder des Vaticans, Eure Söhne hätten vor den Mündungen der Kanonen in Stücke zerschossen werden können, wie die Sepoys in Delhi, und doch wäre alles Dieses nur innerhalb der Grenzen der Kriegsführung Seitens der äußerlich polirtesten und heuchlerischen Nationen Europas gewesen. Für solche Dinge wären die Handlungen mancher Einwohner Eurer Stadt gegen die Freunde der Union hinreichend herausfordernd und rechtfertigend gewesen.

Aber ich habe so Etwas nicht gethan. Im Gegentheil, die schwerste Strafe außer für Criminalverbrechen, welche nach jedem Gesetze strafbar sind, ist Verbannung mit Arbeit auf einer wüsten Insel gewesen, wo meine Soldaten lagerten, bevor sie hierher kamen.

Es ist wahr, ich habe den reichen Rebellen Geldstrafen auferlegt und beinahe eine halbe Million ausgegeben, um die 40,000 Menschen von allen Nationen hier zu pflegen, welche durch den Krieg verarmt sind. Und ich verlasse Euch jetzt mit dem Bewußtsein, daß ich mir die Segenswünsche der unterdrückten und loyalen Leute unter dem Dache der Hütte und in der niedern Wohnung des Sclaven mit mir nehme und bin ganz zufrieden, die höhnischen Mienen der Leute in den Salons und die Flüche der Reichen auf mich gezogen zu haben.

Ich fand Euch zitternd vor den Schrecken eines Sclavenaufstandes. Alle diese Gefahren habe ich dadurch beseitigt, daß ich den Sclaven so behandelte, daß er keine Ursache zur Empörung hatte.

Ich fand den Kerker, die Kette und die Peitsche als das einzige Mittel, um Eure Diener zum Gehorsam zu bringen. Ich verlasse sie friedlich, arbeitsam und durch die Gesetze der Güte und Gerechtigkeit regiert.

Ich habe bewiesen, daß die Pest von Eurer Stadt fern gehalten werden kann.

Ich habe eine Million Dollars Eurem Reichthum hinzugefügt in der Form neuen Landes von den Anschwemmungen des Mississippi.

Ich habe Eure Straßen, Kanäle und öffentliche Plätze gereinigt und verbessert und Eure Zugänge zu den bebauten Ländereien geöffnet.

Ich habe Euch größere Freiheit bei den Wahlen gegeben, als Ihr je vorher genossen hattet.

Ich habe die Justiz so unparteiisch verwalten lassen, daß Eure eigenen Advokaten die von mir angestellten Richter mit Complimenten geehrt haben.*

Ihr habt somit die Wohlthaten der Gesetze und der Gerechtigkeit der Regierung gesehen, gegen welche Ihr Euch empört habt.

Warum denn wollt Ihr nicht alle zum Gehorsam gegen diese Regierung zurückkehren, nicht mit dem Munde allein, sondern mit dem Herzen?

Ich beschwöre Euch, wenn Ihr jemals wieder Gedeihen sehen wollt, welches Euren Straßen und Werften wieder Geschäfte giebt, — wenn Ihr je wieder Eure Stadt als den Markt der westlichen Welt zu sehen hofft, welcher durch die Flüsse auf mehr als 300 Meilen genährt wird, welche den Handel eines Landes, größer als eines Menschen Geist es je begriffen hat, in die richtigen Canäle bringen — wenn Ihr das wollt, kehrt zu Eurer Pflicht zurück.

Wenn Ihr Euren Kindern die Erbschaft hinterlassen wollt, welche Ihr von Euren Vätern überkommen habt, nämlich eine feste constitutionelle Regierung, wenn Ihr verlangt, daß sie in Zukunft ein Theil des größten Reiches sein sollen, welches die Sonne je beschienen hat, — kehrt zu Eurer Pflicht zurück.

Nur ein Ding steht im Wege.

Es steht nur Eins in diesem Augenblicke zwischen Euch und Eurer Regierung, und das ist die Sclaverei.

Die von Gott verdammte Einrichtung, welche hierher ihre letzte Zuflucht genommen hat, wird nach seiner weisen Bestimmung ausgerottet werden, wie das Unkraut unter dem Weizen, sollte auch der Weizen zugleich mit ausgerissen werden.

Ich habe mir diesen Gegenstand sorgfältig überlegt.

Ich kam zu Euch, indem ich durch Lehren, durch meine Geistesrichtung, politische Stellung, gesellschaftliche Verbindungen geneigt war, Eure inneren

---

* Als Major Bell die Richterbank des Profoßgerichtes verließ, schenkten ihm die Advokaten einen werthvollen Stock mit Ausdrücken der Achtung und Freundschaft, welche bei Weitem werthvoller waren als das Geschenk.

Gesetze aufrecht zu erhalten, wenn die Möglichkeit dazu mit Sicherheit für die Union vorhanden wäre.

Monate der Erfahrung und Beobachtung haben mir die Ueberzeugung aufgezwungen, daß die Existenz der Sclaverei mit Eurer und der Union Sicherheit unverträglich ist. Da das System der Sclaverei nach und nach zu seinen gegenwärtigen Dimensionen gewachsen ist, so würde es das Beste sein, wenn es nach und nach entfernt werden könnte; aber es ist besser, bei Weitem besser, daß es auf ein Mal beseitigt werde, als daß es noch länger die gesellschaftlichen, politischen und Familienbeziehungen unseres Landes vergifte. Ich spreche nicht aus philantropischen Rücksichten für die Sclaven, sondern nur von den Wirkungen der Sclaverei auf den Meister. Seht Euch die Sache selbst an.

Seht Euch um, und sagt, ob der böse Einfluß nicht das Gerüste, auf welchem Eure Gesellschaft ruht, beinahe zerstört hat.

Ich sage Euch Lebewohl mit dem Gefühle eines Menschen, welcher seine Ergebenheit für sein Vaterland mit Gefahr für Leben und Vermögen bewiesen hat, welcher bei dieser Aeußerung weder Hoffnung noch Interesse haben kann, außer dem Wohl derer, die er anredet und laßt mich hier mit der feierlichsten Berufung des Himmels als Zeugen wiederholen, daß dieses die mir durch Erfahrung aufgedrängten Ansichten sind.

Kommt also und unterstützt die Regierung unbedingt. Nehmt Eure Institutionen selbst in die Hand, modelt sie nach dem Völkerrechte und Gottes Rechte um, und erreichet so das große Gedeihen, welches Euch durch Eure geographische Lage geboten wird, und von welchem Ihr nur einen Theil genossen habt.

Benjamin F. Butler.

New Orleans, 24. Dezember, 1862.

Giebt es etwas Edleres als dies? Etwas Wahreres? Etwas unerschütterlich Weiseres? Glücklich das Land, welches bei einer Krisis einen Mann aus dem Privatleben herbeirufen kann, welcher zuerst solche Dinge vollbringen und sie dann in einer Reihe von so ernster und großartiger Einfachheit aufzählen kann. So hätte Cäsar schreiben können, als Cäsar noch ein Patriot war. So Napoleon, wäre er der Bürger eines freien Landes gewesen. Aber sie thaten es nicht. Die Situation war einzig in ihrer Art und das Schriftstück steht allein und erhaben über Alles, was die großen Feldherrn, welche die Welt gesehen hat, geschrieben haben.

Vielleicht darf ich den Eindruck beschreiben, welchen das Lesen der Addresse auf ein Individuum, nämlich dem Verfasser dieser Zeilen gemacht hat. Ich war drei Jahre lang beschäftigt gewesen, die Lebensgeschichte des größten aller Yankees, Benjamin Franklin, zu schreiben, oder wenigstens zum Schreiben vorzubereiten. Als ich die Abschiedsaddresse las, kam ich ganz unwiderstehlich zu dem Schlusse, daß ich meine fesselnde Arbeit eine Zeit lang aufgeben, und Butlers Mitbürgern erzählen müsse, wie es geschehen sei, daß ein alter Hunkerdemocrat, der Breckinridge Candidat für die Stelle eines Gouverneurs von Massachusetts, der für Jefferson Davis in der Charleston Convention gestimmt hatte, in zwei Jahren fähig wurde, die Abschiedsaddresse Butlers zu schreiben.

Eine andere Uebersicht über Butlers Verwaltung von New Orleans hat das Licht der Welt erblickt. Ihr Verfasser heißt Jefferson Davis. Er war jedoch gescheidt genug, mit der Veröffentlichung so lange zu warten, bis er Grund hatte, zu glauben, daß der General auf seinem Wege nach dem Norden sei. Sie wurde in der That in Richmond an dem Tage veröffentlicht, bevor General Butler New Orleans verließ, so daß er sie nicht sah, bevor er nach New York kam. Man weiß daß Jeff. Davis in der von ihm unterm 23. Dezember, 1862, erlassenen Proclamation verordnete:

1. Daß alle Offiziere, welche unter Butler dienten, nicht als Soldaten in ehrlichem Kriege, sondern als Räuber und Verbrecher angesehen werden sollten, welche den Tod verdient hätten, und daß sie im Falle der Gefangennahme hingerichtet werden sollten.

2. Daß die Soldaten dagegen gegen Ehrenwort, nicht mehr zu dienen, entlassen werden sollten.

3. Daß vor allen Dingen der „besagte Benjamin F. Butler" nicht länger als wie ein gewöhnlicher Feind der Conföderirten Staaten behandelt werden solle, sondern wie ein vogelfreier Mensch und Feind der Menschheit, und daß er im Falle er gefangen werde, sofort hingerichtet werde „durch Aufhängen."

Ganz ohne Etwas von dieser Bannbulle zu wissen, nahm General Butler Passage in einem nicht armirten Transportdampfer. Am Morgen des 24. Dezember, des Tages seiner Abreise, war die Levee gedrängt voll von Leuten, deren Betragen und Gefühle ganz anders waren, als die der wüthenden und lärmenden Menge, welche ihn bei seiner Landung am 1. Mai begrüßte. Er verbrachte die letzte Stunde mit Admiral Farragut auf dem Flaggenschiff

Hartford, welches beiden durch glorreiche Erinnerungen theuer war. „Ad=
miral Farragut ist einer der Leute, welche ich liebe," sagte der General oft.
Er hatte dem Admiral ein Salut abfeuern lassen, als die Nachricht von seiner
wohlverdienten Beförderung kam, und der Admiral hatte versprochen, bei
der ersten Gelegenheit ihm das Compliment „mit Zinsen" wiederzugeben.
So wehten denn der General und seine Familie unter dem Donner der gro=
ßen Kanonen der Hartford, welcher sich mit den einer Batterie an dem
Landungsplatze und dem Hurrahrufen einer großen Menge von Soldaten
und Bürgern vermischte, der Stadt New Orleans ein Lebewohl zu.

Auf seiner Heimfahrt kam er auf eine Nähe von sechs Stunden bei der
Alabama vorüber, eine Thatsache, welche dadurch interessant wird, daß ein
gewisser Richard Yeadon in Charleston $10,000 für das Einfangen Butlers,
todt oder lebendig, offerirte, und „eine Tochter Südcarolinas" an den Char=
leston Courrier schrieb: „Ich beabsichtige, den Hanf zu spinnen, um den
Strick zu machen, an welchem in Gemäßheit des Befehls unseres edlen
Präsidenten der alte Butler gehängt werden soll, wenn er gefangen wird,
und meine Tochter bittet um die Erlaubniß, ihm den Strick um den Hals
legen zu dürfen."

Nach Butlers Abreise probirte sein Nachfolger die Politik der Versöhnung.
Sie machte sofort und vollständig Fiasco. „Diese Leute im Süden," sagte
ein englischer Literat, welcher mit General Banks nach New Orleans ge=
gangen war, „mit ihrer orientalischen Civilisation und Gesellschaftssystem
haben die Ansicht, welche die Völker des Ostens haben, daß Güte und Ver=
söhnung einfach Schwäche bedeuten, welche aus einer Furcht entstehen,
Strafe zu verhängen. Sie haßten Butler und fürchteten ihn; jetzt hoffen
die größeren Narren unter ihnen auf eine gewisse Straflosigkeit für die noch
unter ihnen schlummernde Hochverrätherei." General Banks mußte den
Versuch, die Feinde der Union durch sanfte Worte und nachsichtige Maßre=
geln zu gewinnen, aufgeben. Das Zeugniß notorischer und unzweifelhafter
Thatsachen hat dem Lande bewiesen, daß soweit General Banks die Politik
seines Vorgängers angenommen hat, seine Verwaltung des Golfdepartements
erfolgreich gewesen ist, und daß, soweit er im Wesentlichen davon abgewichen
ist, die Verwaltung Fiasco gemacht hat. Ich will nicht allgemein bekannte
Thatsachen hier noch anführen. Die eiserne Hand allein kann, bis zur
Ausrottung der Sclaverei die freche und gewissenlose Rotte niederhalten,
welche so schrecklichen und weit ausgebreiteten Ruin über das Land gebracht
hat. Wenn die Sclaverei todt ist, so ist die Bitterkeit jener Partei so harm=
los wie das Girren einer Taube. Jeff. Davis müßte, wenn er ein freies
Mississippi vertritt, selbst im Staate unschädlich sein. Das Tödten der

Sclaverei iſt das Ausziehen der Giftzähne aller der Todtfeinde des Landes
und der Menſchheit. Bis dahin beruht die Sicherheit nur in der eiſernen
Hand.

Drei und Dreißigſtes Capitel.

Zu Hauſe

Aber warum war er aus dem Golfdepartement abberufen worden?
Es war natürlich, daß der General ſelbſt ein wenig neugierig in dieſer Beziehung war. Seine Neugierde iſt aber bis jetzt noch nicht befriedigt worden.
Als er in New York ankam, fand er einen Brief des Präſidenten vor,
welcher ihn nach Waſhington einlud. Er wurde von allen Mitgliedern der
Regierung mit der Herzlichkeit und Achtung empfangen, welche ſeinen hervorragenden Dienſtleiſtungen gebührte. Er fragte den Präſidenten warum
er abberufen worden ſei, und der Präſident verwies ihn an den Staatsſe-
cretär und den Kriegsminiſter, welche, wie er ſagte, die Maßregel emp-
pfohlen hätten. Der General wandte ſich hierauf an Herrn Stanton.
Herr Stanton antwortete, daß die Urſache nicht einen Mangel an Vertrauen in ſeine Ehrenhaftigkeit als Mann, oder ſeine Geſchicklichkeit als
Commandeur in ſich begreife.
„Gut!“ ſagte der General, „Jetzt haben Sie geſagt, warum ich nicht
abberufen worden bin; ſagen Sie mir nun auch weshalb ich abberufen
worden bin.“
„Sie wie ich,“ antwortete Stanton lachend, „ſind Advokaten, und es iſt
unnütz, daß Sie bei mir Hausſuchung halten wollen, denn ich werde Ihnen
nichts ſagen.“
Und das iſt die ganze Aufklärung, welche die Regierung ihm verſchafft
hat. Wir ſind trotzdem berechtigt, zu glauben, daß er abberufen wurde,
um die franzöſiſche Regierung zu befriedigen, welche ſein Verfahren gegen
die fremden Neutralen von Louiſiana gemißbilligt hatte. Die Frage drängt

sich nun auf: „Ist die französische Regierung befriedigt worden? Ist die Versöhnungspolitik erfolgreich gewesen? Ist es irgendwie von Nutzen gewesen, das Land der Dienste eines seiner besten Verwaltungsbeamten zu berauben?" Die jüngsten Scenen im Hafen von Brest geben die beste Antwort darauf.

General Butlers Anspruch auf seine Ancienetät als Generalmajor kam bei dieser Gelegenheit im weißen Hause aufs Tapet. Ohne viel über den Gegenstand nachgedacht zu haben, hatte er in seiner Unschuld angenommen, daß ein Generalmajor, welcher seinen Rang und sein Patent Wochen lang, bevor irgend ein anderer Generalmajor ernannt worden war, erhalten und verdient hatte, nothwendiger Weise der älteste Generalmajor sei. „Der Präsident," sagte Butler in seiner formellen auf Ersuchen des Kriegsministers gemachten Darlegung, „hat Gewalt, viel zu thun, aber es ist mit Recht behauptet worden, daß selbst ein Parlamentsakt nicht Jemandens Onkel zur Tante machen kann. Wie kann also der Präsident einen jüngeren Offizier zum ältesten Offizier desselben Ranges machen? Ich gebe zu, daß der Präsident einem jungen Offizier das Commando über einen älteren geben kann, aber dazu gehört ein Congreßakt, und es kann keinen geben, wodurch die Ancienetät der Offiziere anders gemacht werden kann, als es der Militärkalender mit den Daten feststellt."

Der Präsident sagte, daß er nichts von den Daten wisse, an welchen die verschiedenen Patente ausgestellt seien.

„Ich weiß nur," sagte er, „daß ich Ihnen Ihr Patent zu allererst gegeben habe."

Die Offiziere, welchen die Frage zur Entscheidung überwiesen wurde, entschieden, daß der Präsident bei der Ertheilung von Patenten nicht an den Militärkalender gebunden sei, und einen jüngeren Offizier, wenn er wollte, zum älteren machen könne. Folglich rangirten General McClellan, Gen. Fremont, General Dix und General Banks, welche sämmtlich später als Butler ihr Patent erhielten, vor ihm. Dies ist eine Kleinigkeit, welche kaum der Erwähnung werth ist. Aber es ist wieder ein Beweis, wie systematisch einer der sehr wenigen Männer von vorzüglichen Executivtalent im Dienste des Volkes durch Unhöflichkeiten belohnt worden ist.

Der General sagte bei Gelegenheit einer Unterredung mit dem Präsidenten über die Negerfrage, daß wenn es nöthig wäre, die ganze Armee zu Abolitionisten zu machen, so brauche man nur jedem Corps eine Zeit lang Dienst ganz unten im Süden zu geben, wo, wie General Phelps sagte, die Sclaverei in all ihrem Stolz und all ihrem Elend existirt.

Es ist bemerkenswerth, daß die einzigen Mitglieder des diplomatischen

Corps in Washington, welche den General besuchten, der russische Gesandte
und der Gesandte der freien Stadt Bremen waren. Die Freunde und
Feinde der Vereinigten Staaten, ebenso die „neutralen" Mächte schienen es
instinctiv zu fühlen, daß General Butler die fleischgewordene Sache der
Union ist.

Das Volk, wie ich kaum zu sagen brauche, empfing den General in einer
Weise, welche ihm keinen Zweifel ließ, daß seine Arbeiten im Südwesten
von seinen Mitbürgern verstanden und gewürdigt wurden. Baltimore,
Washington, New York, Lowell, Boston, Philadelphia, Harrisburg und
Portland empfingen ihn mit allem Glanze, welcher die Würde und den
Eclat eines ehrenden Empfanges erhöhen kann.

Die Scene in der New Yorker Academy of Music am Abende des 2.
April, 1863, als General Butler auf der Bühne vortrat, wird niemals von
dem Jüngsten, der ihr beigewohnt, vergessen werden. Das Haus war
überfüllt bis auf den entferntesten Stehplatz im Amphitheater. Die unge=
heure Bühne war voll von Bürgern, auf welche New York am stolzesten ist.
Als der General erschien, sprangen die Anwesenden auf und riefen nicht etwa
drei Mal oder drei Mal drei Mal Hurrah, sondern es entstand ein wahrer
Jubel, ein lange anhaltende Reihe ununterbrochener Hurrahs, ein allge=
meines Schwenken mit Hüten und Taschentüchern. Es vergingen einige
Minuten, bevor Ruhe wieder hergestellt werden konnte. General Butler
sprach zwei Stunden lang, und wurde bei jedem zweiten Satze durch enthu=
siastischen Beifall unterbrochen. In Boston konnte er in der Fancuil Halle
nicht entwischen, bevor er nicht 3,000 Hände geschüttelt hatte.

Seit der Rückkehr Butlers nach dem Norden hat er bei jeder Gelegenheit,
öffentlich oder im Privatgespräch der Regierung seine herzlichste und uner=
schütterlichste Unterstützung gegeben. Ein weniger großmüthiger Mann
würde in Versuchung gerathen sein, wenigstens andeutungsweise sich für den
in seiner plötzlichen Abberufung liegenden Tadel abzufinden, und von der
wiederholten Weigerung der Regierung zu sprechen, seinen Wunsch zu er=
füllen, den er so oft ausgedrückt hatte, und ihn in dem Cabinet und im Felde
zu verwenden.

Im Gegentheil, er hat seinen ganzen Einfluß gebraucht, um die Regie=
rung aufrecht zu erhalten. „Die gegenwärtige Administration," sagte er
in seiner Rede vom 2. April in New York, „war nicht meine Wahl. Ich
habe nicht für sie oder irgend eines ihrer Mitglieder gestimmt. Aber sie ist
die Administration meines Vaterlandes, sie ist das einzige Organ, durch
welches ich die Kraft der Nation, ihre Integrität zu bewahren, in das Leben
setzen kann, und so lange ich glaube, daß das Land e h r l i c h verwaltet wird,

bedecke ich alle Irrthümer, welche von der Regierung gemacht worden sein
mögen, gern mit einem Schleier, und unterstütze sie von ganzem Herzen mit
Hand und Geld. So helfe mir Gott. Ich bin keinem andern Menschen
Loyalität schuldig. Meine Loyalität gehört der Regierung, und es ist mir
gleichgültig, wem das Volk gewählt hat, um das Land zu verwalten. So
lange die Wahl auf constitutionellem Wege geschehen ist, und die so gewähl-
ten Personen ihre Plätze und ihre Befugnisse erfüllen, bin ich ein Hochverräther, wenn ich in meiner Unterstützung schwanke. Das ist, was ich unter
Loyalität gegen eine Regierung verstehe."

Es ist schon früher bemerkt worden, daß zur Zeit der Verhaftung Slidells
und Masons der General dafür hielt, daß sie nicht ausgeliefert werden dürften. Es ist nöthig, hier anzuführen, daß seine reifere Ueberlegung, wie sie
sich in der Rede vom 2. April, 1863, zeigt, die folgende ist: „Wir handelten damals klug, daß wir nicht mit England Skandal anfingen." Zu gleicher
Zeit sprach er die Ueberzeugung aus, daß die Vereinigten Staaten nicht
freundschaftliche Beziehungen mit einer Macht haben sollten, welche in der
Praxis mit den Rebellen alliirt seien.

„England sagte uns, was wir thun sollten, als wir Mason und Slidell
verhafteten, und es glaubte, es würde zum Kriege kommen. Es brach die
Ausfuhr der Gegenstände ab, welche wir, wie es glaubte, brauchten, und
welche vorher exportirt worden waren. Laßt uns dasselbe thun. Laßt uns
den Abbruch des Verkehrs erklären, so daß nicht eine Unze von Lebensmitteln in irgend einem Falle in eines Engländers Mund kommt, bis die Rebellion vorüber ist. Ich sage es nochmals, laßt uns Abbruch des Verkehrs
erklären, bis diese Seeräubereien aufhören. Das können wir mit Recht
thun, und wenn wir es ja thun, so werden die Engländer gleich wissen,
wohin die Widderschiffe bestimmt sind, und würden an den „„Kaiser von
China"" deshalb schreiben."

Vier und Dreißigstes Capitel.

Rückblick.

General Butler hat eine besondere Eigenschaft: Er ist ein großer „Durchsetzer." Er gehört zu der Sorte der Leute, welche immer den Sieg davontragen. Es ist in ihm die Verbindung von Eigenschaften und Kräften, welche am Mächtigsten bei dem Hervorrufen von Ereignissen ist. Ein gutes Beispiel, wie er es versteht schnell seine Mittel den Zwecken anzupassen, ist mir soeben von einem seiner Freunde erzählt worden. Eine reiche Corporation in Neu England weigerte sich für den Bau einer Brücke zu bezahlen, weil der Unternehmer ein paar Tage über die angeblich festgesetzte Zeit gebraucht hatte. General Butler wurde von dem Unternehmer als Advokat engagirt. Da er sah, daß sich juristisch nichts machen ließ, obgleich der Verzug bei der Vollendung der Brücke sehr entschuldbar war, brachte er den Fall vor das Forum der öffentlichen Meinung. In andern Worten, er erzählte die Geschichte jeden Menschen, den er gerade traf. Er ließ Paragraphen ohne Ende in die Zeitungen rücken. Die Brücke wurde mit Recht als eine vorzügliche Arbeit empfohlen und Bemerkungen über die Herzlosigkeit einer Corporation, welche den Buchstaben des Gesetzes benutzte, um einen Mitbürger des Lohnes für seine Arbeit zu berauben, wurden hinzugefügt. Mit einem Worte, er nahm das Mitgefühl und das Urtheil der ganzen Gemeinde für den Unternehmer ein und brachte die Corporation zu einem Vergleiche. Dies mag vielleicht für einen gelehrten Advokaten eine nicht gesetzliche Verfahrungsweise genannt werden. Trotzdem ist es wahr, daß der eingeschlagene Plan die beabsichtigte Wirkung hatte, und daß der Zweck bei der Sache Gerechtigkeit.

Es ist vielleicht von Nutzen, nachzuforschen, was das Geheimniß von Butlers Erfolgen ist.

Mutterwitz! Das ist ein großer Theil des Geheimnisses. Der Mann hat die Sache verstanden. Er ist im Stande gewesen, eine Sachlage stets zu verstehen, und zu verstehen, was diese Sachlage erforderte. Von der Stunde an, wo er mit Jefferson Davis im Dezember 1860 die Hand schüttelte bis jetzt hat er nie im Dunkeln getappt oder seinen Weg langsam zu einer bestimmten Politik zu finden gesucht. Seine Meinung, welche in der Regel entworfen wurde, ist immer durch die Entwickelung der Ereignisse gerechtfertigt worden. Er hatte Recht, als er Massachusetts zum Marschiren fertig machte. Er schlug den rechten Weg nach Washington ein. Er hatte Recht, daß er Fort Monroe als die Basis gegen Richmond ansah. Der Blitz der Inspiration, welcher ihm eingab, die Neger Contrebande zu nennen, war glücklich. Jeder Schritt zum Fortschritte in der Negerfrage war der Zeit und den Umständen nach richtig. Die einzige Idee, eine Militärcommission zur Prüfung von Offizieren zu ernennen, war Alles werth, was er je von der Regierung erhalten hat. Sein Befehl, wonach Offiziere für Plündern Seitens ihrer Soldaten zu bezahlen hatten, war gleichfalls ein Meisterstreich. Noch besser würde es vielleicht gewesen sein das ganze Regiment, Mannschaften und Offiziere, verantwortlich gemacht zu haben. In New Orleans hatte er außerordentlich Recht, sowohl in Theorie wie in Praxis. Jeder Tag brachte neue Beweise von der Fruchtbarkeit seines Geistes, von seinem Talente, zu regieren. Die Politik, die Böswilligen zu isoliren, zu schwächen und zu beseitigen, und die arbeitende Klasse in der Scala der menschlichen Gesellschaft zu erhöhen, gleichviel ob die Arbeiter weiß, schwarz oder gelb waren, ist die einzige, welche die Nation einträchtig gleichartig, stark und frei machen kann. Niemand hat, Niemand kann einen andern Weg zur dauernden Wiederherstellung der Union zeigen. Den falschen König „Minorität" zu entthronen und an seiner Statt die Majorität zur Geltung zu bringen, das war es, was er in Louisiana versuchte. Nur eins fehlt, um den Erfolg vollständig zu machen: die gänzliche Abschaffung der Sclaverei, welche die eigentliche Macht der herrschenden Faction ist, und in verächtlicher Knechtschaft jeden armen Mann im Süden hält, gleichviel was seine Farbe sein mag.

General Butler ist durchaus kein Träumer oder Theoretiker. Sein Talent ist es, Mittel zu finden, um einer veränderten Sachlage begegnen zu können oder etwas Spezielles zu erreichen. Er ist außerordentlich glücklich darin, eine Maßregel im Augenblick zu treffen, welche gerade seinem Zweck entspricht und zugleich nach allen Richtungen hin, welche er nicht speziell im Auge gehabt hat, wirkt. So z. B. erreichte sein Plan der Ernährung der Armen von New Orleans die Hauptabsicht, Tausende von Hungernden zu retten, brachte zugleich auf die Häupter der Urheber des Ruins alle schlimmen Folgen ihres Betragens herab, und war in gutem Einklange mit seiner allgemeinen Politik, die eine Klasse niederzuhalten und die andere zu erheben.

Mutterwitz ist das große Mittel. Er besitzt ein großes, gesundes, thätiges und erfahrenes Gehirn, das beste Geschenk des Himmels und das Mittel, durch welches alle andern Geschenke kommen. Muth, Willenskraft, Festigkeit, mag man sie nennen, wie man will, General Butler besitzt sie. Es ist nicht sein Loos gewesen, dem Bleiregen und Eisenhagel in der Schlacht ausgesetzt zu sein, aber er hat bei jeder Gelegenheit den Muth gezeigt, welchen die Gelegenheit erforderte. Er hat eine eigenthümliche Gleichgültigkeit gegen die Schreckensbilder gezeigt, welche im Kriege eine so große Rolle spielen. Er hat Muth gezeigt, vorwärts zu gehen und der Gefahr, eingebildet oder wirklich, in das Gesicht zu schauen. Er hatte den Muth der Ueberzeugung, welcher so selten in einer Republik ist, in welcher Leute von öffentlicher Stellung die Gunst der Menge wünschen. Er wagt es, die entferntesten Folgen seiner Politik auf sich zu nehmen. Er wagt es, die Verantwortlichkeit zu tragen. Er wagt es, Verläumbung zu ertragen. Er wagt es, die Wahrheit, die ganze Wahrheit zu sagen. Ich behaupte, daß in den vielen tausend Seiten, die er als Beamter geschrieben hat, nicht eine absichtliche Entstellung oder Unterdrückung von Thatsachen sich befindet. Lüge ist die natürliche Zuflucht der Feigheit. Ein tapferer Mann lügt nicht und braucht nicht zu lügen.

Ehrlichkeit. Gegenüber der Gelegenheit eines unrechtmäßigen Gewinns, wie sie kein Mensch seit Warren Hastings gehabt hat, sind seine Hände fleckenlos geblieben. Er konnte mit vollster Sicherheit eine halbe Million jede Woche verdienen, und wenn er dies gethan hätte, so würde er in dem entschiedenen Rufe der Unbestechlichkeit nach Hause gekommen sein, denn er würde dann ein Interesse daran gehabt haben, diesen Ruf zu erzeugen, und er würde nicht die großartige Gleichgültigkeit in Bezug auf seinen guten Namen haben zeigen können, welche das Privilegium eines Mannes ist, der stark in dem Bewußtsein seiner Rechtschaffenheit ist. Die Thatsache, daß ein so gewandter Mann der Corruption angeklagt ist, beweist fast ganz allein seine Ehrlichkeit.

Humor. Ein glücklich gewähltes Wort ist ein Theil der Kunst des Regierens. Brave Männer haben mitunter einen Fonds von Humor in sich, durch welchen sie die Lacher auf ihre Seite bekommen. Würde Lord Palmerston jemals ohne seine Witze Premierminister von England geworden sein, oder Lincoln Präsident der Vereinigten Staaten, wenn er nicht zu den

Maſſenverſammlungen meilenweit in den Prairien zum Lachen gereizt
hätte? Die Pointe, der Humor und' die Lebhaftigkeit, mit welcher General
Butler ſpricht, ſind ein Element zu ſeinem Erfolge während ſeiner Lauf=
bahn im Dienſte ſeines Landes geweſen.

Feſtes Vertrauen. „Nach der Rückkehr nach Norden,“ ſagt einer
der Stabsoffiziere des Generals, „wurde ein früherer Mayor von Chicago
im St. Nicholas Hotel in New York dem General vorgeſtellt. Es war
gerade zur Zeit, als die Sachen ſehr ſchlimm ausſahen. Der Mayor war
augenſcheinlich ſehr niedergeſchlagen durch die Anzeichen für die Bundes=
waffen und fragte den General in einem Tone großer Niedergeſchlagenheit:

„Glauben Sie, daß wir je dieſen Krieg erfolgreich beendigen werden?“

„Gewiß!“ ſagte der General. „Sehr entſchieden glaube ich das!“

„Aber wie?“

„Gott weiß es, ich weiß es nicht. Aber ich bin damit zufrieden, daß e r
es weiß.“

Ich habe ihn oft ſo auf ähnliche Fragen antworten hören.

„Wir ſollten durch m a r ſ c h i r e n,“ ſagte er ein Mal, „aber wir werden
es nicht thun, und ich habe Furcht, wir werden durch ſt o l p e r n. Jedenfalls
werden wir auf irgend eine Art durchkommen.“

Humanität. Die Papiere, welche ſich auf die militäriſche Laufbahn
des Generals beziehen, ſtrotzen von Beweiſen, daß er ein guter und ruhig
handelnder Menſch iſt. Er hatte ſeine Soldaten in ſtrenger Zucht, aber
ſtets ſo, daß er für ihren Vortheil am Beſten ſorgte. Er war gegen Ver=
gehen, die aus Unachtſamkeit geſchahen, milde und nachſichtig. Er war groß=
müthig gegen die Armen. Er war ſtets bemüht, da Ehre zu geben, wo
Ehre verdient war. Er war erfinderiſch in den Mitteln verdienten Offi=
zieren Beförderung zu verſchaffen. Er ſympathiſirte mit der Beſorgniß der
Eltern für ihre Söhne in der Armee, und tröſtete manches blutende Herz
durch die zarte Weiſe, mit welcher er ſchlimme Nachrichten zukommen ließ.

Artigkeit. Die Etikette der Stellung des Generals wurde gewiſſen=
haft befolgt; ebenſo Admiralen und Generalen, wie jungen Lieutenants und
Soldaten gegenüber. Den Feinden ſeines Landes gegenüber konnte er ein
brüllender Löwe oder ein Brummbär werden. Seine Untergebenen und die
loyalen Bürger von New Orleans aber erfuhren, daß ihr General ein
Gentleman war. Er hatte keine Kleinlichkeit gegen andere Befehlshaber,
ſondern nur Bewunderung und Dankbarkeit für Leute wie Farragut, Grant,
Roſecrans, Meade und alle andern Helden des Krieges. Er beſaß auch
Achtung vor den geſcheidten und tapferen Männern, welche weniger erfolg=
reich waren.

Patriotismus. Niemand sollte mehr wegen seiner Vaterlandsliebe als wegen der Liebe zu seiner Mutter gepriesen werden. Wenn das Land verloren ist, sind wir alle verloren. Wenn das Land geschändet ist, sind wir geschändet. Sein Vaterland zu lieben ist ein natürliches Resultat der Selbstliebe. Aber wenn es Jemanden giebt, welcher vollständiger mit seinem Lande in diesem großen Kampfe vorwärts gegangen ist, wenn Jemand die heilige Sache sich mehr zu Herzen genommen odr versucht hat, seinen Antheil an dem wichtigen und heiligen Werke zu geben, so muß dieser Mann das wahrhafte Modell eines glühenden und echten Patrioten sein. Möge aber keiner von uns für sich oder einen Freund beanspruchen, daß er besonders in Patriotismus überlegen sei. Wir sind alle darüber einig, daß, sollte es so lange dauern, das Land wiederherzustellen, wie es dauerte, bevor die Spanier die Mauren vertreiben konnten (800 Jahre), die Arbeit gethan werden muß.

Verstand ohne Muth existirt vielleicht nur in der Einbildung. Muth ohne Verstand macht den Menschen zu einer Bulldogge. Verstand und Muth ohne Erfahrung, ohne Welt- und Menschenkenntniß leiten oft irre. Verstand, Muth und Erfahrung zusammen verlangen doch noch ein ehrliches Herz und ein erhabenes Ziel. Und selbst alle diese Eigenschaften sind in Zeiten wie die jetzige ungenügend ohne eine ungeheure Arbeitskraft. Aber wenn uns ein Mensch begegnet, welcher einen fruchtbaren Geist besitzt, Muth, Kenntnisse, Erfahrung, Vaterlandsliebe und Ehrlichkeit hat, verbunden mit einer gesunden Körperconstitution, welche ihm den vollständigen Gebrauch aller seiner Kräfte giebt, so muß ein Land sicher reich an Talenten sein, wenn es im Stande ist, in Zeiten der Gefahr sich seiner Dienste zu entschlagen.